Mémoires
d'un protohistorien

Jean Guilaine

Mémoires
d'un protohistorien

La traversée des âges

© Odile Jacob, mars 2019
15, rue Soufflot, 75005 Paris

www.odilejacob.fr

ISBN : 978-2-7381-4642-7

Avant-propos

Jusqu'ici bien calfeutré dans mon univers de recherches archéologiques, voici qu'Odile Jacob est venue bousculer ma quiétude en me proposant une épreuve d'un genre tout autre : l'autobiographie. Crucial changement de perspective : ce n'est pas du passé qu'il va être question mais de *mon* passé. J'ai accepté l'offre sans me départir d'une certaine crainte due à la gravité de l'instant. En prenant dès lors conscience du temps qui s'amenuise, de l'échéance qui se profile, c'est tout naturellement que ma réflexion va exercer son vagabondage sur les années écoulées tout en demeurant modeste sur les projets encore possibles. L'exercice qui m'est proposé est vertigineux : tenter un bilan ou, plus exactement, s'interroger sur la traversée de la vie. Qu'ai-je fait de celle-ci ? Quelles satisfactions m'a-t-elle donné ? Quels regrets ? Y a-t-il eu des moments d'exaltation ? Des phases de vague à l'âme ? Sans doute un peu tout cela à la fois.

En me retournant sur mon passé, je constate, avec une sorte de servitude consentie, que c'est l'archéologie qui résume presque toute mon existence. Elle a été le fil conducteur, la passion, dévoreuse d'années et d'énergie, source de joies et d'épreuves, exaltante et parfois décourageante. Ainsi va la vie : bonne et fâcheuse, jubilatoire et déplaisante, positive et contrariée : un équilibre.

Ce sont les diverses étapes de cette trajectoire que j'entreprends de conter dans ce livre. Mon objet d'étude principal fut la protohistoire : Âge de la pierre polie, Âge du bronze, Âge du fer pour s'en tenir à une terminologie générale. C'est-à-dire la période, forte de plusieurs millénaires, qui conduisit nos lointains prédécesseurs de la sédentarisation et de la constitution des sociétés villageoises aux premiers États de la planète : Égypte et Mésopotamie, soit de − 12 000 à − 3 000 en Méditerranée de l'Est. En revanche en Occident, où l'évolution sociale est sensiblement différée, on peut situer mon investissement de chercheur entre 10 000 avant notre ère (je pense à mes recherches dans l'Azilien de La Balma de la Margineda, en Andorre) et la fondation de Marseille, vers − 600, phase marquée par mes travaux sur les dépôts de bronzes launaciens. C'est donc une tranche de temps hypertrophiée, forte d'une dizaine de millénaires, que j'ai essayé d'embrasser tout au long de ma carrière. Je tâcherai dans les pages qui suivent d'en esquisser les contours les plus significatifs.

*

J'ai pris la résolution d'agencer cet essai en cinq séquences. La première résume mes années d'enfance et d'adolescence[1]. La deuxième retrace ma vocation naissante jusqu'à mon engagement professionnel. Elle nous fera entrer de plain-pied dans la recherche archéologique. J'y exposerai ma vision de la pratique et des thèmes que j'ai tenté d'approfondir dès le début de ma carrière. On verra que, par-delà la matérialité de l'archéologie, ce sont les scénarios historiques qui ont toujours, en toile de fond, guidé mes préoccupations[2]. Je m'interrogerai de ce fait sur la finalité de la discipline : bien intentionnée, est-elle sûre de renvoyer une image objective et « équilibrée » du passé ?

Une troisième séquence, de caractère géographique, fera référence à des lieux qui me sont chers ou qui ont servi de cadre à mes expériences. Mais aussi à quelques images et aux éblouissements d'un instant qui se sont gravés en moi.

La quatrième évoquera les dernières étapes de ma carrière ainsi que les structures au sein desquelles j'ai œuvré. Une vie scientifique est aussi faite de rencontres, de moments décisifs, de personnalités qui la guident, l'orientent, voire la bousculent et en modifient la trajectoire : j'ai une dette envers certaines et je voudrais, dans ces pages et avec toute l'humilité reconnaissante qui convient, leur rendre hommage.

J'ai tenté, enfin, dans une cinquième séquence, plus détachée, de narrer certaines situations tantôt inquiétantes, tantôt amusantes auxquelles j'ai été, volontairement ou non, mêlé. Et aussi quelques dérivatifs agréables qui m'ont accompagné mais qui ont toujours échoué à me couper vraiment de l'archéologie.

*

Traversée de périodes et de cultures enfouies sous les siècles, traversée des étapes de ma vie : j'ai tâché de concilier, de marier l'imposante durée de la dizaine de millénaires convoqués avec celle, de quelques décennies à peine, de ma trajectoire individuelle. Je n'ai pas voulu écrire un texte trop austère en dépit du sérieux de l'entreprise : on y trouvera des anecdotes. Ces pages sont donc un singulier métissage de vécu, de réflexions, d'histoires, de digressions, de moments drôles ou graves. Le récit navigue à droite, à gauche, va et vient dans l'espace, tantôt remonte le temps et tantôt le descend. Un modeste et sincère mémoire d'ego-histoire que je livre, que j'offre au lecteur inconnu, comme une bouteille que l'on jette à la mer.

PREMIÈRE PARTIE

———————

LA TRAVERSÉE
DES JEUNES ANNÉES

Une enfance
entre ville et campagne

Mi-citadin, mi-rural

Je suis né à Carcassonne, une veille de Noël d'avant la Seconde Guerre mondiale. C'était au temps du Front populaire. Mes parents s'étaient mariés trois ans plus tôt. Décidèrent-ils de n'avoir qu'un enfant ou les circonstances firent-elles que je n'eus par la suite ni frère ni sœur ? Je ne sais. Étant fils unique, j'ai l'impression d'avoir été un peu plus choyé que si j'avais eu à partager avec d'autres rejetons l'amour de mes géniteurs.

Mon père – Raymond Guilaine – était le fils d'un ouvrier travaillant dans une usine de pompes, les établissements Fafeur. La famille paternelle habitait au début du xxᵉ siècle dans le quartier de la Barbacane, au pied de la Cité. C'était, avec le faubourg voisin de La Trivalle, un espace populaire qui fournissait de la main-d'œuvre aux industries de la ville : manufactures textiles, fabriques d'alcools et de liqueurs, produits de la vigne. Des maraîchers exploitaient les jardins jouxtant les bords de l'Aude. Une forte colonie espagnole s'était implantée en cette partie du chef-lieu, bien avant la guerre civile, à la recherche d'un emploi plus ou moins stable. Beaucoup de gitans aussi, réputés pour, à l'inverse, fuir tout travail. Mes grands-parents paternels parlaient seulement occitan, le français leur étant totalement étranger. Le castillan et le catalan étaient aussi langues courantes dans cet environnement.

Faute de revenus substantiels, mon père dut quitter l'école à 14 ans, après l'obtention de son certificat d'études. Il m'a souvent raconté avoir subjugué le jury lors de l'épreuve orale d'histoire.

Du sujet proposé – la campagne d'Italie – il connaissait les moindres détails, les déplacements des armées, les victoires de Bonaparte jusqu'à la paix de Campo-Formio. Je ne sais si un candidat d'aujourd'hui au baccalauréat ferait preuve d'une telle érudition. Même son propre instituteur n'en revenait pas car, en classe, le « petit » Guilaine avait toujours été discret, peu disert. Sans doute l'enseignant n'avait-il pas perçu le goût pour l'histoire que manifestait son élève, lecteur précoce de tout ce qui concernait le passé de la France et friand de Lavisse. Cette appétence pour l'histoire – une vraie passion – se perpétuera tout au long de sa vie ; il demeurera fidèle aux événements majeurs du passé de notre pays. Il ne dédaignait pas non plus les secrets d'alcôve et était imbattable sur le nom des maîtresses de nos rois. Les soirs d'hiver, lors des veillées, il me racontait ou me lisait quelque haut fait d'armes auquel il ajoutait une conclusion en guise de morale. Parfois, il préférait me narrer un récit funeste dont la chute, toujours triste, me nouait la gorge ou m'embuait les yeux. Et puis il y avait la cité de Carcassonne, cette forteresse qui avait été le décor permanent de son enfance, puis de sa jeunesse. Alors les Trencavel, Raimond de Toulouse, Simon de Monfort, la croisade contre les Albigeois (on ne parlait pas encore de Cathares) revenaient souvent dans ses propos. Tout ce bagage avait été assimilé à l'école publique et je me suis rendu compte, bien des années après, combien ce savoir historique était la version classique, la reproduction de l'enseignement alors divulgué par les « hussards noirs » de la République : grands personnages ayant « fait » la France, rejet de l'Ancien Régime, ferveur pour la Révolution, admiration pour Napoléon et sarcasmes à l'endroit de Badinguet, culte de l'école laïque et obligatoire. À l'inverse de ses parents, mon père était bilingue. À l'école, seul le français était admis, l'occitan, traité de « patois », était présenté comme la langue des vulgaires et des incultes. À cette époque commença la lente descente aux enfers de l'idiome des troubadours. La nation, en se construisant sur la base unique du français, allait s'amputer d'une culture occitane multiséculaire. Ferry, apôtre admiré de l'éducation pour tous, fut aussi le fossoyeur d'un certain capital linguistique méridional.

Ma mère était originaire d'un petit village situé à quelque 25 kilomètres au sud de Carcassonne, dans les reliefs tourmentés des Corbières de l'Ouest : Villebazy. Mes grands-parents maternels ne roulaient pas sur l'or. Au début, ils vivaient des « journées » effectuées chez autrui puis, après l'acquisition de quelques vignes, le maigre revenu de la vente du vin assurait l'ordinaire. Il est vrai que le jardin et le poulailler, la chasse et la collecte favorisaient une forme d'autarcie économique. À l'école communale, ma mère était toujours première mais le « maître » n'avait aucune ambition pour ses élèves, tous de petits paysans (les enfants des « nantis » n'allaient jamais à l'école publique mais étaient envoyés à la ville comme pensionnaires dans quelque institution religieuse : surtout ne pas mêler sa progéniture à celle de la piétaille). Donc, cet instituteur se disait que, devenus grandets, ces petits allaient inévitablement travailler avec leurs parents, au service d'autrui. Quant aux filles, on leur trouverait bien un mari parmi les jeunes gens de leur condition sociale, leur destinée naturelle étant celle de femme au foyer, à faire la soupe et des enfants. On mesure combien ce pédagogue trahissait sa profession en ne poussant pas ses écoliers vers de possibles meilleurs lendemains, à tout le moins en leur refusant le désir d'en apprendre davantage. Il avait décidé, une fois pour toutes, qu'il ne présenterait jamais personne au certificat d'études primaires et qu'à 12 ans l'école était finie. Que de fois ai-je entendu ma mère, avide d'instruction, pester contre ce maître je-m'en-fichiste et son enseignement volé ! Si la IIIᵉ République compta beaucoup d'admirables instituteurs, elle enrôla aussi dans ses rangs quelques médiocres serviteurs. Celui dont ma mère souffrit n'avait qu'une passion : l'horlogerie. Il s'était aménagé un petit atelier dans lequel il trafiquait montres et horloges, n'hésitant pas à abandonner sa classe, après avoir inscrit au tableau quelque problème à résoudre, pour s'esquiver et aller manipuler ses chères mécaniques.

Ma mère quitta donc l'école à 12 ans, sans nul chiffon de papier. Son avenir était tout trouvé : « à la journée » comme tous les camarades de son âge, elle allait travailler les vignes de propriétaires fortunés. Une telle situation aurait pu être déprimante. Ce n'était pas le cas : simplement, on n'était pas né sous une bonne étoile. Le monde était comme ça et on acceptait sa condition sans se révolter. Le manque n'empêchait pas la bonne humeur. On se contentait de peu puisque tout un chacun – d'en bas – était à la même enseigne. Ma mère a toujours eu un tempérament joyeux. Elle m'a souvent dit avoir eu une jeunesse heureuse. Si, par la suite, sa vie a connu bien des périodes de désenchantement, au moins a-t-elle toujours tenté, grâce à une certaine dose de gaîté naturelle, de dominer les phases de temps maussade.

Lorsque mes parents envisagèrent de se marier, mon père décida de se lancer dans le petit commerce. Il abandonna son travail d'ouvrier ajusteur aux usines Fafeur – où il avait suivi son propre père –, acheta dans la ville basse une petite épicerie et y installa ma mère qui, délaissant le travail de la vigne, se retrouva du jour au lendemain derrière un comptoir. Lui-même ouvrit sur le marché un stand de fruits et légumes. Ayant fait l'acquisition d'une voiture – une Quadrillette Peugeot dont l'image ne m'a jamais quitté –, il pouvait s'approvisionner auprès des maraîchers des portes de la ville. Ce fut, pour mes parents, des années heureuses : le travail marchait bien, l'argent circulait, les clients étaient fidèles. Mais tout cela n'eut qu'un temps. La guerre allait changer la donne : la voiture fut vendue avant d'être réquisitionnée, le stand sur le marché fermé et l'épicerie allait végéter en raison du rationnement imposé par les autorités puis par les Allemands lorsque, à compter de 1942, le sud du pays tomba sous leur occupation. Une inflexion négative s'amorçait.

Dès ma plus tendre enfance, j'ai donc vécu dans deux lieux différents : Carcassonne, où mes parents tenaient leur modeste commerce et Villebazy où, pour toutes les vacances, mes grands-parents maternels m'accueillaient toujours avec empressement[1]. J'ai eu de ce fait une double vision de la société : en ville, celle d'un quartier ouvrier, avec une forte composante italienne et espagnole, avec des familles aux maigres revenus et aux fins de mois difficiles ; à la campagne, celle d'une société de très petits propriétaires (sauf deux, plus aisés) et de journaliers également sans grands moyens. Au village, l'occitan régnait en maître. On y suivait « l'heure vieille », c'est-à-dire l'heure déduite de la trajectoire solaire, le temps légal étant considéré comme une invention inadéquate de penseurs urbains. Là, je découvrais les vignes, les champs, le travail agricole, la forêt, les récits de chasse pleins d'exaltation, la pêche aux barbillons et aux « cabots » avec les vers rouges extraits des tas de fumiers, le chant des grillons puis, quand la canicule s'accentuait, celui des cigales, le croassement des grenouilles lors des crépuscules estivaux. La ville, c'était l'école, les devoirs, la monotonie, les contraintes ; la campagne, c'était l'évasion, la délivrance. Au regard des longues semaines de la vie citadine, le temps des vacances était toujours de trop courte durée.

Au village, j'étais aussi le témoin de spectacles qui m'interrogeaient. J'observais le rude travail manuel des hommes. En ce temps, point de tracteur. Chevaux ou bœufs tiraient charrues et charrettes. J'assistais aussi à l'implication des femmes dans des corvées physiquement pénibles. J'ai vu des enfants, venus gagner quelque menue monnaie pour aider leur famille, « faire les vendanges » comme coupeurs, ployant sous les seaux de raisins tandis que les porteurs de hottes, attendris, se baissaient pour leur permettre d'en vider le contenu. Aujourd'hui, à l'heure des machines à vendanger, de telles situations seraient jugées scandaleuses. Point d'eau à l'évier. Il fallait aller la puiser à la fontaine publique et en ramener sans cesse de pleins arrosoirs à la maison. Très tôt m'apparut le contraste entre les avantages urbains et la rudesse de la condition villageoise qui faisait régner un art de vivre de peu. Ce tableau, c'était, sans que je m'en rende compte, celui des temps ultimes d'une France rurale condamnée. Tout allait changer par la suite avec la mécanisation, la fin des petites propriétés familiales, l'exode implacable vers les centres urbains. Pourtant la ville et le village de mon jeune âge allaient être liés par une épreuve commune : la guerre.

Une enfance par temps de guerre

La guerre a accompagné mon enfance. Je n'avais pas tout à fait 3 ans quand elle fut déclarée et pas tout à fait 8 quand le Midi fut libéré en août 1944. Mais j'ai gardé des souvenirs très précis de cette époque. De fait la situation alla progressivement en se dégradant. Le rationnement devint de plus en plus sévère. Je revois ma mère tenant scrupuleusement à jour des cahiers sur lesquels elle collait les tickets alimentaires des familles auxquelles on délivrait des denrées, étroitement contingentées en fonction de l'âge de leurs membres : J1, J2, J3, etc. Ces restrictions contraignaient les citadins à se tourner vers les campagnes dont les habitants, vivant souvent en autarcie grâce à leur jardin et à leur poulailler, subvenaient plus facilement à leurs besoins. Le bouche-à-oreille permettait d'entrer en contact avec quelque fermier à même de céder, contre monnaie sonnante ou un produit rare, une ou deux volailles. J'ai gardé en mémoire un déplacement en car qui nous mena en Lauragais, dans un village proche de Castelnaudary pour y négocier quelque troc. Nos hôtes, méfiants car tout cela était prohibé, se firent tirer l'oreille mais l'affaire fut conclue et un échange eut lieu dont j'ai oublié les tenants et les aboutissants. Deux choses me sont restées : le bénédicité récité avant le repas par l'enfant de la maison à peine plus âgé que moi et qui répondait au prénom de Moïse ; la crainte de mes parents qui, serrant précieusement le sac renfermant quelque victuaille, s'angoissaient à l'idée de voir le car stoppé et fouillé sur le chemin du retour par de féroces inspecteurs du contrôle économique.

Les humains n'étaient pas seuls à avoir faim : c'était le cas aussi de nos chers animaux de compagnie. Une fois, mes parents avaient pu se procurer une poule et l'avaient soigneusement enfermée dans le buffet. Or notre chatte ne trouva rien de mieux que de forcer la porte de ce placard pour, en catimini, s'emparer de la volaille et, à l'abri des regards, s'en repaître en partie. On ne badinait pas alors avec les maigres ressources alimentaires. Mon père entra dans une colère folle, prit la coupable et la fracassa contre les murs de la maison avant de mettre sa dépouille dans la poubelle. La colère, dit Horace, est une courte folie. Deux ou trois heures après, l'adrénaline étant retombée, mon père commença à avoir quelque remords : la bête n'avait obéi qu'à son instinct et on ne pouvait l'accuser de cela. La sentence avait été disproportionnée au regard de la faute. De plus la bête était d'un naturel doux et câlin. Le désespoir du repentir commençait à miner le bourreau lorsque, vers 7 ou 8 heures du soir, nous entendîmes un bruit qui venait de la poubelle. Peu après le couvercle de celle-ci se souleva et la tête de la chatte apparut. Un chat, dit-on, a sept vies. La nôtre avait frôlé la mort mais n'avait pas succombé à ses blessures. Elle finit par s'extraire de sa prison et, bien mal en point, s'aplatit à nos pieds comme pour nous demander un pardon que mon père s'empressa de lui accorder. Toute la famille se mit à la cajoler, à lui donner du lait, à être à ses petits soins. À compter de ce jour, elle ne commit plus de larcin.

Il est vrai que l'alimentation restait un problème majeur. Comme tout le monde, j'ai mangé des rutabagas et des topinambours, végétaux au goût peu exaltant. Là où les capacités agricoles étaient faibles, on consomma des plantes de disette, des sortes de salades sauvages le plus souvent. La valeur de certains végétaux, parfaitement dédaignés depuis des lustres, s'envola brusquement : *mouchicrabes*, *couscounilles*, fausses-gerbes, *rouzonabres*, *arrucats*, pissenlits permirent de satisfaire les estomacs creux. Certains m'ont dit qu'ils avaient consommé de la soupe de coquelicots.

L'acmé fut atteint lorsque le boulanger nous fit manger un pain quasiment sans trou, une sorte de pâte jaunâtre assez peu comestible. Nous finîmes pourtant par nous habituer à cette sorte de mastic peu engageant. Un cousin habitant un village du pays de Sault, dans le piémont pyrénéen, nous rendit un jour visite et nous apporta un pain croustillant avec une belle mie blanche et aérée, de la meilleure qualité d'avant-guerre. Mes parents s'extasièrent devant la saveur, quelque peu oubliée, de cette baguette. Ayant moins d'expérience gustative et désormais habitué à mâchouiller depuis de longs mois une pâte médiocre, je ne trouvai aucun délice à ce vrai pain.

Il n'y avait pas que de tristes moments dans la tourmente. Jusqu'en 1942, date marquant les débuts de l'occupation allemande dans la zone libre, de nombreux intellectuels et artistes s'étaient repliés dans le sud de la France. Les divertissements ne manquaient pas.

Nous devînmes des habitués du théâtre municipal, tradition qui se perpétua après la guerre. Les goûts de mon père, ordonnateur de ces soirées, étaient très éclectiques : opéras, opérettes, chanteurs populaires (c'était l'époque des « chansons marseillaises » de Vincent Scotto et de ses interprètes : Alibert, Darcelys). Le crooner du moment était pourtant Tino Rossi qui fit salle comble dans un cinéma de la ville, l'Odeum, où, sans micro alors, il fallait ouvrir toutes grandes les oreilles pour entendre son filet de voix.

Après le franchissement de la ligne de démarcation, les troupes allemandes s'installèrent en ville. Les casernes ne suffisant pas à loger les effectifs, certains immeubles furent réquisitionnés. Les uniformes verts devinrent omniprésents. La garnison défilait régulièrement. Le « pas de l'oie » impressionnait par sa rigueur physique, les chants militaires également. La méfiance gagna la population : on finissait par soupçonner ses voisins immédiats d'être des « collabos ». Certains ne cachaient pas leur sympathie pour l'occupant, voire le secondaient : miliciens et membres du Service d'ordre légionnaire au béret vissé en oblique.

Dans un pays en proie au doute, le maréchal Pétain entreprit une tournée pour redonner confiance à la population désorientée. Il vint à Carcassonne le 14 juin 1942. La voiture officielle, découverte, passa devant nous, place Davilla, le chef de l'État français debout, en tenue militaire. « Découvre-toi, me dit mon père, mais n'applaudis pas. Pétain a pactisé avec l'ennemi. »

Il est vrai que nous étions de tout cœur avec les Alliés. Le frère de ma grand-mère, Jules Pelouze, nous visitait régulièrement pour nous informer de nouvelles d'ordre politique que nous ignorions. Son fils, Gabriel Pelouze, cheminot à Narbonne et membre du Parti communiste, avait été arrêté en 1940 pour avoir distribué des tracts. En 1941, il fut condamné à vingt ans de travaux forcés et vingt ans d'interdiction de séjour. Il sera plus tard transféré à la prison d'Eysses, à Villeneuve-sur-Lot, avec 1 200 autres prisonniers politiques. Il y prit la tête d'une mutinerie en février 1944. Vichy se dépêcha d'envoyer Darnand, chef de la Milice, lequel, à la tête d'une cour martiale, le condamna à mort. Il fut fusillé avec dix de ses camarades : il avait 34 ans.

Peu à peu, le climat se durcissait. La résistance s'organisait. Les garnisons risquant d'être bombardées par l'aviation alliée, un couvre-feu fut instauré. À la tombée de la nuit, l'éclairage des rues ne fonctionnait plus et la ville, pour éviter tout repérage aérien, était plongée dans le noir total. Les particuliers étaient priés de colmater les moindres fentes de leur porte ou de leurs fenêtres afin qu'aucun rai de lumière ne soit discerné. Situation merveilleuse pour nous, enfants, qui profitions de cette obscurité profonde pour jouer à nous faire peur. Dès qu'un bruit de bottes annonçant l'approche d'une patrouille survenait, nous allions nous cacher au fond de quelque couloir mystérieux. Les rondes de l'occupant ou de ses acolytes avaient aussi pour objectif de repérer les citoyens écoutant la radio de Londres d'où de Gaulle et ses collaborateurs galvanisaient les membres de la Résistance. Le poste de radio était en effet l'outil magique qui nous reliait au monde libre : nous l'écoutions avec jubilation, l'oreille collée dessus, toutes lumières éteintes. Il délivrait souvent des avalanches de messages codés que nous ne comprenions pas mais cela nous communiquait un sentiment de délivrance.

Les risques de bombardement avaient eu aussi pour conséquence la décision de la municipalité de mettre à l'abri la population. Sur les boulevards ceinturant la ville basse, avaient été creusées des tranchées, véritables cuves cimentées en sous-sol où les habitants devaient se précipiter au premier son d'une sirène hurlante. Périodiquement, ce puissant avertisseur sonore était mis en action pour éduquer la population et la préparer à toute éventualité. Inutile d'ajouter que ces tranchées qui serpentaient en sous-sol des trois principaux boulevards et qui étaient accessibles, de place en place, par des bouches en escaliers, un peu comme dans le métro parisien, devinrent l'un de nos terrains de jeu favoris. L'obscurité y dominait, des sortes de petits soupiraux espacés donnant un peu de clarté à ces antres troglodytiques. Courses folles dans les couloirs souterrains, parties de cache-cache, guerres de bandes avec d'autres gamins venus s'attribuer ces territoires convoités, étaient notre passe-temps quotidien. Par bonheur ces retranchements ne servirent pas. Ils furent rebouchés après la Libération par les prisonniers allemands. C'est avec une pointe de désespoir que nous regardâmes se combler peu à peu ces grottes artificielles qui avaient si bien abrité nos jeux secrets.

Le maquis de Villebazy

Le développement des maquis dans les reliefs de la Montagne Noire et des Corbières, les attaques incessantes subies par les convois allemands, le sentiment qui gagnait les esprits que les Alliés allaient bientôt retourner la situation en leur faveur, entraînèrent une crispation toujours plus forte chez les troupes d'occupation. L'idée d'un prochain bombardement de la ville devenait une hypothèse plausible. Prudents, mes parents décidèrent de me mettre à l'abri au cas où Carcassonne deviendrait une cible des Alliés. Je fus donc expédié dare-dare à Villebazy, chez mes grands-parents. Au village, pensaient-ils, loin des risques encourus, tout péril serait écarté. Ce fut l'inverse qui se produisit. Le terroir de Villebazy, collinéen, moutonné, est, dans la plus grande partie de son extension occidentale, très largement anthropisé et mis en valeur par la vigne et les céréales. En revanche, tout son espace oriental est constitué d'une aire de reliefs boisés dont les abrupts s'intensifient rapidement. C'est un domaine que la topographie rend réfractaire à toute exploitation hormis le bois et les troupeaux. De cette zone difficile d'accès, l'administration avait, dès la fin du XIXe siècle, acquis de larges parts, rapidement plantées en réserves forestières. Une des fermes reculées du secteur, Coume-Mazières, devint même la résidence d'un garde chargé de veiller sur ce milieu sylvestre. Mais l'éloignement, les difficultés de communication décidèrent l'Administration à abandonner les lieux au profit de gîtes plus abordables. Le domaine, une ancienne métairie à deux corps de bâtiments, déserté, fut rapidement repéré par un maquis en cours de constitution. Base reculée difficilement accessible, loin des grands axes de circulation, c'était un lieu idéal, camouflé, discret, bien qu'à peu de distance de Villebazy, village le plus proche. Une vingtaine de maquisards vint s'y établir : leur nombre ira ensuite croissant. L'objectif de ces rebelles consistait à commettre des coups de force contre des patrouilles ou des convois allemands sur l'axe Quillan-Carcassonne avant de se replier rapidement dans leur repaire des Corbières.

Un maquis ne peut survivre sans connivences multiples et sans être ravitaillé par les villages alentour. Des complicités unissaient donc les résistants à plusieurs habitants des localités voisines. Le boulanger de Ladern panifiait aussi la farine livrée au maquis.

Au cours de l'été 1944, les Allemands décidèrent d'en finir avec les rebelles qui ne cessaient de les harceler. Ils arrêtèrent le boulanger de Ladern et l'amenèrent à Carcassonne où ils l'exécutèrent. Le 17 juillet, nous vîmes, au village, des camions bâchés, emplis de soldats, encadrés de motos, side-cars et mitrailleuses, emprunter l'unique route traversant la localité pour gagner les reliefs voisins. Le site de Coume-Mazières avait été dénoncé, repéré et ordre avait été donné d'en expulser les résistants. Le canon tonna, entraînant immédiatement des incendies au sein de ces espaces forestiers. La ferme fut encerclée. Les maquisards réussirent à fuir à travers bois tandis que, pour faire diversion, l'un d'eux était resté au camp pour résister en tirant sur l'assaillant et laisser croire que tout le groupe était sur place. Quand les Allemands encerclèrent puis s'emparèrent de la métairie, ils furent dépités de n'y trouver qu'un unique partisan : un volontaire sénégalais qui s'était sacrifié pour couvrir la fuite de ses camarades et qu'ils criblèrent de balles.

Vexés de ce fiasco, ils décidèrent de reporter leur vindicte sur le village. Ils nous demandèrent de nous tenir à l'extérieur de nos maisons et patrouillèrent ainsi à travers la localité, tirant régulièrement des rafales afin de nous terroriser. J'étais là, devant la maison familiale, aux côtés de ma grand-mère, de ma tante et de ses deux jeunes enfants, tous angoissés, tandis que mon grand-père essayait de parlementer. Les Allemands souhaitaient s'emparer du maire, soupçonné d'avoir favorisé l'implantation du maquis et qui se cachait dans les vignes alentour. Ils décidèrent que si le maire ne se rendait pas, ils mettraient le feu au village et feraient des victimes pour l'exemple. Tenus au courant de l'opération, les chefs de la Kommandantur, sur intervention du préfet, décidèrent finalement de ne pas toucher à la population civile. La compagnie repartit alors non sans avoir commis divers pillages et saccages.

Quelques jours après, les Allemands revinrent dans un village voisin, Lairière, et abattirent quatre résistants. Dans une ferme proche de Villebazy, Cantauque, le maître des lieux, soupçonné de cacher de jeunes réfractaires au Service du travail obligatoire (STO), fut arrêté et périt des tortures qu'on lui infligea.

Villebazy, où mes parents croyaient me mettre à l'abri, aurait donc pu être le lieu d'un drame. On me rapatria dès lors sur Carcassonne où la situation empirait. Se sentant vaincus, harcelés de tous côtés par les maquisards, les Allemands jetèrent leurs dernières forces dans la répression. Le 19 août, ils firent sauter leur dépôt de munitions au château de Baudrigues et y exécutèrent dix-huit prisonniers dont le chef départemental de la Résistance, Jean Bringer. Le 20, ils incendièrent tout un quartier près de la gare, y tuant 28 personnes. Carcassonne fut libérée peu après.

L'épuration ne tarda pas. Quatre miliciens furent les premiers à être fusillés dans la cour externe de la caserne Laperrine au milieu d'une foule vociférante. J'ai assisté à cette exécution. Les miliciens passèrent devant leur cercueil, grand ouvert, attendant leur dépouille. Ils furent mitraillés par un peloton d'exécution. C'est une femme qui leur donna le coup de grâce. Je n'avais pas encore 8 ans. J'ai souvent pensé, tout au long de ma vie, à cette fusillade. D'autres suivirent qu'avec mes parents nous évitâmes. Comme ces exécutions de miliciens, guettées par un public vengeur, prenaient des allures de spectacles populaires, l'administration décida qu'elles auraient désormais lieu à quelques kilomètres de la ville, sur le site de Salvaza. L'absence alors de tout moyen de locomotion raréfia les badauds. Avec quelques camarades nous y allions parfois, en dehors de ces épisodes fatidiques, pour observer les impacts des balles sur le mur des fusillés.

Au cœur même de Carcassonne, une autre distraction consistait – dans cette période des plus surréalistes – à observer, au pied d'un immeuble, la sortie des femmes tondues pour avoir accordé leurs faveurs à l'occupant. Passant sous les invectives des adultes, la plupart se cachaient le visage à l'aide de leur foulard : on devinait aisément au contact direct de l'étoffe sur leur crâne l'absence totale de chevelure.

La Libération
et les années qui suivirent

La liberté, après plusieurs années de privation, fut vécue comme un défoulement. Et pourtant les rationnements subsistaient. Qu'importe, il fallait rattraper le temps perdu et l'envie de vivre était la plus forte. Des fêtes naquirent dans tous les quartiers de la ville : les bals succédaient aux bals. De nouvelles danses, importées d'Amérique, faisaient alors fureur : swing, be-bop, boogie-woogie, slow. L'influence américaine, perçue comme le symbole de la liberté retrouvée, était à son faîte. Le jazz entrait dans les mœurs. Bien qu'apparus timidement pendant l'Occupation, les zazous, sortes de snobs rebelles et dans le vent, se faisaient remarquer par leur veste à carreaux, des pantalons trop larges et trop courts, leurs godasses épaisses. C'était souvent des fils de bonne famille jouant les décontractés. Les jeunes gens des milieux modestes s'en moquaient mais dans le même temps, tâchaient de les imiter. Finalement, tout le monde se prétendait plus ou moins zazou. Il était de bon ton de mâcher du chewing-gum et de chanter du jazz. Une boîte de nuit, le Congo, allusion à la musique afro-américaine, ouvrit, rue de l'Aigle-d'Or, et devint le havre du « hot-club » de Carcassonne. Dans tous les bals, les gens s'émerveillaient devant les meilleurs danseurs de be-bop et leurs fantaisies acrobatiques. Cette frénésie fut d'assez courte durée : deux ans environ. Seuls quelques quartiers périphériques à population ouvrière continuèrent à maintenir leur fête annuelle. En revanche le centre-ville, plus bourgeois, cessa très vite ce genre de défoulement. Et puis le quotidien – rationnement, inflation, tensions politiques, problèmes sociaux succédant à la brève unanimité de la Libération – reprit le dessus. La parenthèse était close.

Jusqu'à 13-14 ans, j'eus deux idoles : Jacques Hélian, côté musique et Fausto Coppi, côté sport. C'est, sans doute, pour réagir contre les opéras ou les opérettes auxquels mes parents me conviaient régulièrement au théâtre municipal, qu'à l'instar de mes copains du quartier, nous adorions le grand orchestre de Jacques Hélian, un saxophoniste qui avait pris la tête d'une formation copiée sur le style de Ray Ventura et ses collégiens. C'était en fait du divertissement pour tout public : chansons en vogue, fantaisie, jazz, airs délicieusement susurrés par Jean Marco, le crooner de l'époque. Chaque année, l'orchestre donnait un gala à Carcassonne et, pour rien au monde, je n'aurais manqué ce rendez-vous. Pas plus que son émission hebdomadaire de radio, le samedi, après le communiqué de 13 heures. La mort de Jean

Marco, dans un accident de voiture, enleva à la formation son meilleur élément.

J'ai toujours aimé le vélo que j'ai beaucoup pratiqué. Enfant, mon père me contait les exploits des Petit-Breton, Lapize, Speicher, Magne et bien d'autres. L'engouement reprit à la Libération avec la réapparition en 1947 du Tour de France, une course culte. Seize heures étaient l'instant magique où, calés contre le poste de radio, nous écoutions l'incontournable Georges Briquet nous narrer les péripéties de l'étape du jour. Cette première année de l'après-guerre, Carcassonne fut même ville étape et Lucien Teisseire s'imposa sur la ligne d'arrivée. En ce temps-là, l'épreuve se pratiquait avec des équipes étrangères et régionales. Il y avait même une équipe de France qui rassemblait les meilleurs nationaux. Le Midi avait ses champions : Massal, Vietto, Teisseire, les frères Lazaridès. C'est Robic qui, dans la dernière étape, s'imposa *in extremis* comme vainqueur du Tour. Gino Bartali remporta l'épreuve en 1948. Mais en 1949, pour sa première présence dans l'épreuve, le *campionissimo* Fausto Coppi se surpassa et recommença en 1952. Cet Italien aux cheveux lisses, le nez pointu, les jambes tout en longueur terrassait ses adversaires en montagne ou contre la montre. Il enthousiasmait les foules par son aisance racée. Retiré de la compétition, il mourra à la suite d'une prestation en Afrique, à peine âgé d'une quarantaine d'années laissant dans les annales du cyclisme un souvenir durable.

Fausto Coppi, Jacques Hélian… Quand on a 12 ou 13 ans, les étoiles s'éteignent vite. D'autres centres d'intérêt vous guettent en permanence.

Les années de lycée

Le lycée de Carcassonne fut le lieu de mes études primaires et secondaires. On pouvait alors effectuer dans cet établissement le parcours du primaire. On m'inscrivit donc, au sortir de la maternelle, au « petit lycée ». Avantage : cet établissement se trouvait à 100 mètres à peine de notre domicile. Je n'étais donc pas dépaysé. En classe de septième, premier examen pour l'accès à la sixième. Bon élève, je me retrouvai l'année suivante chez les « grands ». Six années m'amenèrent à la terminale, en classe de philosophie. J'ai gardé un souvenir heureux de ce temps où se construisent des amitiés qui traversent l'existence.

C'est en sixième que je fis ma première (et dernière) communion. Mes parents, lors de leur mariage, n'étaient passés que devant monsieur le maire. Et pour cause : ma mère n'était pas baptisée, mon grand-père refusant tout net que ses deux filles soient intégrées, dès leur plus jeune âge, dans le système religieux des « exploiteurs ». À l'inverse, mes aïeux paternels avaient, sans conviction excessive, « suivi le troupeau » et fait baptiser leurs enfants. La question se posa à ma naissance. Dans un contexte social où la très grande majorité des enfants – même ceux d'ardents communistes, ce qui est assez surprenant – fréquentait le catéchisme, mon père décida de ne pas me mettre à l'index. Je fus baptisé pour la forme. En revanche, ma culture religieuse se limita à quelques années d'un enseignement délivré, au lycée même, par l'aumônier du lieu. Ces leçons ne me laissèrent qu'une faible empreinte et cela d'autant que ma famille ne fréquentait jamais les offices. Elle était même plutôt hostile, ne cessant de dénoncer la collusion de la religion avec la bourgeoisie ou ce qui restait de l'aristocratie. La première communion mit un terme à l'expérience. Je suis resté, tout au long de ma vie, un agnostique tranquille, enclin à comprendre ceux qui croyaient au ciel mais sourcilleux dès que des formes de prosélytisme religieux tentaient d'imprégner l'espace public.

Je m'étais toujours intéressé à l'histoire, à la géographie, aux sciences naturelles. En sixième, je m'attelais au latin et à l'anglais, l'espagnol n'intervenant qu'à compter de la quatrième. Les choses se passaient plutôt bien avec les langues bien que souffrant d'une forme de timidité dès que je devais m'exprimer en public, sorte de blocage qui, en dépit des apparences, ne m'a jamais vraiment quitté. Avec le latin, ce fut, au début, difficile. Je rageais sur mes versions et mes thèmes. La *Guerre des Gaules* ne me laissa pas, en dépit de ses aspects historiques, un souvenir d'allégresse. Pourtant, à compter de la seconde, je me découvris soudain une certaine appétence pour cette langue. Moi qui l'avais jusque-là considérée comme une torture, je me mis à l'aimer, à en apprécier les subtilités, les nuances, les ouvertures sur le français. Je pris même une option de latin en classe de philosophie et poursuivis son étude en propédeutique (c'est ainsi qu'on appelait autrefois l'année préparatoire d'université) et au certificat d'histoire ancienne.

Mon enseignement secondaire se déroula donc sans problème majeur. Quand vinrent les dernières années, il fallut opérer des choix. J'hésitais entre Philo-lettres et Sciences expérimentales. L'histoire et la littérature me firent pencher pour la première option tout en conservant un fort attrait pour les sciences naturelles et la physique-chimie. C'est après le baccalauréat qu'il fallut encore se décider. Le goût de mon père pour l'histoire et l'enthousiasme qu'avait soulevé en moi l'un de mes professeurs, Louis Signoles, me firent opter pour cette discipline.

Ah ! Le lycée de Carcassonne. L'établissement était alors exclusivement masculin ; quelques jeunes filles venaient, en fin de cycle, y préparer Mathématiques élémentaires. C'était un espace où se côtoyaient, en toute amitié, des enfants d'extraction différente : petite bourgeoisie, commerçants de fortunes diverses, viticulteurs de la campagne environnante, employés ou salariés. En revanche, la bourgeoisie huppée ou les « propriétaires » d'une certaine aisance mettaient leurs rejetons à l'école privée (et confessionnelle) Saint-Stanislas, soucieux d'éviter à leur progéniture la promiscuité des fils de classe inférieure, décidés ainsi à perpétuer une certaine tradition idéologique. Était encore ancrée l'idée qu'il fallait maintenir un certain cloisonnement social et la nécessité de faire perdurer le principe d'un état de classes. L'enseignement supérieur, où les garçons des deux établissements concurrents étaient appelés à se mélanger par la suite, contribuait heureusement à abolir cette distinction.

CHAPITRE 2

Bribes d'adolescence et de jeunesse

Le passage de l'enfance à l'adolescence se produit peu à peu sans qu'on y prenne garde. Il n'y a pas de seuil. C'est pourquoi je propose de revenir un instant en arrière pour évoquer la rencontre avec cette Méditerranée qui allait tant compter dans la suite de ma vie.

Rencontre avec la Méditerranée

J'étais enfant lorsque le médecin de famille détecta, en palpant mon cou, un chapelet de ganglions. Il décréta que je manquais d'iode et conseilla à mes parents un séjour à la mer. C'était en 1942, au cœur de la guerre. Ma mère parvint à louer la résidence secondaire d'un couple de Carcassonnais, et nous partîmes tous deux pour quinze jours à La Nouvelle, port et plage situés sur le golfe du Lion, mon père faisant marcher le petit commerce. Ce fut la découverte de la mer : de grands espaces d'eau bleue et des plages de sable fin à perte de vue. Ces paysages maritimes furent une vraie révélation. Moi qui n'avais connu jusque-là que les tours grises de la cité de Carcassonne, les rues et boulevards de la ville basse, les reliefs de vignes et de forêts de Villebazy, je m'extasiai désormais devant ces étendues marines qui se perdaient dans le lointain de la ligne d'horizon.

Au retour de ce bref séjour, le médecin fit de la surenchère : quinze jours, c'était bien mais trop peu pour que l'iode fasse réellement effet. Pour cela, il fallait résider à la mer pendant un mois et, au minimum, trois années d'affilée. Le conseil fut retenu mais impossible dans l'immédiat à mettre en pratique. 1943 et 1944 furent les années où la guerre atteignit son paroxysme. Avec le départ des troupes allemandes au cours de l'été de 1944, l'horizon se dégagea. Dès 1945, nous revînmes à La Nouvelle pour un séjour d'un bon mois. Et nous en fîmes autant les années suivantes. Ce rituel estival se poursuivit jusqu'en 1955. Ces séjours avaient quelque chose d'enchanteur : les baignades, la pêche aux poissons de rochers ou aux crevettes, les longues promenades sur les plages illimitées étaient le lot quotidien. L'arrivée des chalutiers et la vente des poissons dès leur arrimage, le spectacle de la pêche à la traîne sur la plage, les filets mis à sécher, le défilé des cargos entrant dans le port, les promenades nocturnes sur la jetée pour emmagasiner l'iode « à pleins poumons » étaient autant de plaisirs renouvelés chaque jour.

Au fil du temps, les distractions se modifièrent. Vers mes 15 ans, je m'étais intégré à une bande de copains venus de diverses villes de l'arrière-pays : Narbonne, Carcassonne, Toulouse. Nous étions au début des années 1950. Nous allions au casino dont les soirées étaient animées par un orchestre narbonnais, le Melodian Star. C'était l'époque des rumbas rythmées aux maracas ou des mambos, plus syncopés. Et puis, en septembre, se déroulait la fête du village. Nous y vîmes Bécaud, à ses tout débuts, et surtout Charles Trénet dont les passages à La Nouvelle étaient fréquents. Ayant passé son enfance entre Narbonne et Perpignan, il était là chez lui et sa notoriété s'intégrait au patrimoine local. Sa « mer » était la nôtre et, depuis La Nouvelle, l'on apercevait quotidiennement à l'horizon les Albères et le Canigou, terrains de jeu des « jeunes années » du poète.

Évidemment, à 15 ans, on commence à regarder les jeunes filles d'un autre œil. Le mythe Bardot n'allait pas tarder à se faire sentir. On vit rapidement toutes ces demoiselles succomber à la mode du moment : queue-de-cheval, foulard noué au cou, lunettes de soleil, taille de guêpe, jupes en Vichy et à volants sur jupons gonflants. Nos copines faisaient des prouesses pour être les plus fidèles répliques de la star.

De ces séjours nouvellois j'ai gardé en moi le meilleur : l'attrait de la Méditerranée, de cette mer qui me renvoyait le message d'un lourd passé historique lequel devait, un jour, alimenter mes questionnements d'archéologue[1].

Étudiant toulousain

J'avais 17 ans lorsque je m'inscrivis en propédeutique à la faculté des lettres de Toulouse. Celle-ci se trouvait alors rue Lautman où elle jouxtait la faculté de droit. Implantée au cœur de la ville, à un pas de la place du Capitole ou de Saint-Sernin, elle ne s'établira que bien plus tard sur le campus du Mirail. Mes parents m'avaient loué une chambre sur les quais du Canal, face à la gare. C'était un lieu mal famé et, lorsque je rentrais tard, je trouvais parfois une prostituée postée dans le couloir même de mon immeuble. J'abandonnais bientôt ce logement pour une chambre située sur la rive gauche de la Garonne, place Olivier, dans le quartier Saint-Cyprien. Deux ans après, je changeais encore de lieu pour un espace plus tranquille, rue Raymond-IV.

L'entrée dans l'enseignement supérieur est une sorte de baptême et de libération. On a l'impression d'être devenu adulte alors qu'on n'est encore qu'un adolescent. L'éloignement de la famille contraint à se débrouiller par soi-même et à découvrir la vie. À Toulouse, la « colonie » étudiante carcassonnaise était forte, on ne se sentait pas exilé. Mais on nouait des amitiés avec des garçons et des filles venus d'autres horizons du Sud-Ouest, sinon d'ailleurs. La propédeutique, première année de sélection, accomplie, c'est dans le cadre du groupe plus restreint des étudiants d'histoire de ma génération que je liai des amitiés. Je retrouvai parmi eux Colette, une cousine du côté de la famille Pelouze, elle aussi attirée par l'histoire.

La vie étudiante n'est pas toujours aussi joyeuse que l'on croit. J'ai certes connu des amis qui, libérés de la tutelle parentale et heureux de pouvoir enfin vivre leur vie loin de celle-ci, se sont abandonnés aux distractions et aux plaisirs légers. Leurs études en ont souffert : ils se sont rapidement repris en main ou ont bifurqué. J'avais, pour ma part, le double souci de ne pas décevoir mes parents et de pouvoir conserver la bourse de l'Éducation nationale qui me permettait de tenir. De sorte que suivre les cours, potasser dans une chambre peu chauffée, aller en bibliothèque consulter des ouvrages qu'on ne peut se payer (opération difficile car, très recherchés, ces livres ont déjà été empruntés lorsqu'on les sollicite), plus le temps des repas sommaires au restaurant universitaire, toutes ces activités emplissent facilement une journée et laissent peu de temps à la détente.

Il faut pourtant s'octroyer quelques moments de distraction. À Toulouse, ceux-ci ont généralement consisté en des séances de cinéma, jusqu'à deux fois par semaine grâce aux réductions accordées aux étudiants. Mes deux premières années de faculté ont certainement été celles au cours desquelles j'ai « consommé » le plus de films de ma vie. Et pourtant à peu près tous sont sortis de ma mémoire, excepté quelques-uns. J'ai été sensible au romantisme de *Elle n'a dansé qu'un seul été* de Arne Mattsson et *Marianne de ma jeunesse* de Julien Duvivier. Mes goûts étaient des plus éclectiques : je m'initiais à tous les genres. Je n'ai pas oublié Robert Mitchum dans *Rivière sans retour* ou Paul Meurisse dans *Les Diaboliques* ni, bien entendu, Brigitte Bardot et Curd Jürgens dans *Et Dieu créa la femme*. À l'occasion aussi, j'appréciais de plus anciennes créations projetées dans les ciné-clubs : *Les Enfants du paradis* ou *Rendez-vous de juillet*. Ma mémoire flanche…

C'est également à cette époque que j'ai découvert, aux côtés de Daniel Gélin et de Françoise Arnoul, Amalia Rodrigues et le fado portugais dans *Les Amants du Tage*. Séduit par cette voix et par la douce mélancolie de la mélodie, je fis l'acquisition du 45 tours pour le réécouter en boucle sur mon tourne-disques. Plus tard, lors de mes déplacements à Lisbonne, je réservais toujours une soirée pour aller, dans quelque taverne, me laisser bercer au son d'un(e) fadiste.

Ma « crise » cinématographique s'estompa bientôt au profit de réunions entre amis à écouter des disques. J'ai conservé le souvenir de soirées consacrées au jazz, à Trénet (beaucoup) ou à de jeunes auteurs (Suc et Serre). Au théâtre du Capitole, j'ai vu Louis Armstrong et Ella Fitzgerald, Lionel Hampton, Don Byas.

Les distractions estudiantines culminaient en période de carnaval. La tradition toulousaine consistait à fabriquer un personnage en carton-pâte, le « Roi paillard ». Le visage grimé, les étudiants, toutes facultés et écoles confondues, défilaient dans la ville rose. Immanquablement le cortège prenait fin sur le Pont-Neuf où, après un simulacre de jugement, Paillard, accusé de tous les vices, était balancé dans la Garonne. Lors de cette période, l'AG était le siège d'une « chorale paillarde » qui interprétait des chansons de corps de garde dont de puissants amplificateurs inondaient la « rue des Lois ». J'avoue avoir alors gravé dans ma mémoire un répertoire assez conséquent. Les comédiens ou chanteurs de passage à Toulouse étaient automatiquement invités par les meneurs étudiants lesquels, coiffés de la faluche, décoraient les visiteurs de l'« Ordre de la tétine sublime ».

Revenons à de plus sérieuses considérations. J'ai eu à cette époque quelques enseignants qui ont suscité en moi respect, voire admiration. Bien plus tard, j'en retrouverai certains comme collègues et, dès lors, la barrière de la déférence s'estompera au profit de relations plus amicales. J'en citerai quelques-uns. D'abord Michel Labrousse, professeur d'histoire romaine mais aussi directeur de la circonscription des antiquités historiques, auteur d'une thèse sur Toulouse antique. Philippe Wolf, qui, plus tard, retiré en Andorre, viendra me retrouver sur mon chantier de La Balma de la Margineda et auquel je rendais régulièrement visite dans son appartement de Santa Coloma. En 1984, il me poussa à prendre en main dans la série « Histoire des villes » qu'il dirigeait chez Privat une « Histoire de Carcassonne » dont je m'acquittai avec Daniel Fabre[2]. Frédéric Mauro, à qui je dois la découverte de la Méditerranée de Braudel. Jacques Godechot, très austère, spécialiste de la Révolution française et homme de grande rigueur. François Taillefer me poussa vers l'Académie des Sciences et Lettres de Toulouse qu'il animait et dont je suis aujourd'hui membre d'honneur. Mais ce fut Louis-René Nougier qui, grâce à ses talents de vulgarisateur, me fit aimer la préhistoire alors que lui-même pratiquait si peu le terrain. Tout en suivant l'enseignement d'histoire basique, je fus happé par d'autres disciplines : histoire de l'art antique, médiéval, moderne, ethnologie, anthropologie. Ce sont ces matières-là qui allaient finalement décider de ma carrière.

Le tourment algérien

Mon enfance et ma jeunesse ont été prises en étau entre deux guerres : la Seconde Guerre mondiale et la guerre d'Algérie. J'ai évoqué, à propos de la première, mes souvenirs de l'occupation allemande et des risques encourus à Villebazy du fait de la proximité du maquis. L'Algérie, ce fut une tout autre histoire. Certes, avant il y eut l'Indochine. Mais le théâtre des opérations était lointain et c'était d'abord l'affaire de l'armée et de la gendarmerie. En revanche, le soulèvement algérien de 1954 et l'enlisement des opérations entraînèrent, à côté de l'armée régulière, l'intervention du contingent et le rappel de jeunes hommes ayant déjà accompli leur service militaire. J'avoue avoir eu beaucoup de chance. Étudiant, puis enseignant, je bénéficiais d'un sursis jusqu'à l'âge de 25 ans, ce qui me mettait provisoirement hors d'atteinte.

J'étais pourtant loin de rester insensible et inactif. En France, la question algérienne était devenue un vrai drame national. Le rappel du contingent, les familles régulièrement endeuillées par la disparition, de l'autre côté de la Méditerranée, d'un fils ou d'un frère, l'angoisse des parents créaient un climat de peur auquel s'ajoutaient les menaces que faisaient peser les activistes algériens sur les complexes pétroliers. Les slogans du genre « L'Algérie, c'est la France » invitaient à ne pas abandonner l'importante population pied-noir, mais chacun essayait de ne pas confondre les grands propriétaires coloniaux et les petites gens d'outre-Méditerranée. En métropole, les règlements de comptes entre travailleurs algériens compliquaient la situation. En Algérie, la recrudescence des combats, la barbarie, hélas inhérente à toutes les guerres, nous étaient rapportées par les appelés lors de leurs permissions. La droite se drapait dans la nécessité de maintenir à tout prix dans le giron national ce dernier espace d'une grandeur passée. La gauche flottait. Guy Mollet et Robert Lacoste avaient entrepris une politique de pacification qui ne donnait guère de résultats. Pierre Mendès France avait bien compris que, tôt ou tard, le dénouement de la question algérienne se terminerait par l'indépendance. Il avait mis un terme à la guerre d'Indochine mais passait pour un bradeur de l'Empire auprès de « patriotes » qui voyaient avec rage se déliter notre puissance extra-métropolitaine. Étudiant en histoire, je saisissais combien la décolonisation était inéluctable et le droit des peuples à disposer d'eux-mêmes la base même de la démocratie. Le milieu étudiant était, pour une bonne part, sensible à la fondation, par Édouard Depreux, du PSU (Parti socialiste unifié) qui militait pour des négociations immédiates et auquel adhéreront Mendès et Rocard. La « paix en Algérie » gagnait les esprits, confortée par l'émotion que suscitait régulièrement la mort d'un camarade envoyé défendre contre son gré les intérêts des « coloniaux ». C'est ainsi que je m'effondrai lorsque j'appris en 1958 la mort en opération de mon ami d'enfance et d'adolescence Jacques Blachère. Lors de mes séjours à Villebazy, nous étions inséparables : jeux de gamins d'abord puis les années passant, courses de vélo, omelettes pascales, fêtes de village, conquêtes amoureuses. Nous correspondions depuis son départ outre-mer. J'avais répondu à son dernier courrier mais n'avais pas envoyé ma réponse qui, enveloppe timbrée prête à être lancée, était restée sur une étagère de la cuisine de mes parents. C'est un habitant de Villebazy qui, croisé fortuitement, m'informa de son décès. Je me mis à courir jusqu'à la maison pour y déchirer rageusement ma lettre. Mourir à 20 ans. Pour qui ? Pour quoi ?

À Carcassonne comme à Toulouse contester la présence de l'armée en Algérie passait pour une traîtrise. Un camarade de lycée qui avait entrepris des études de médecine, Paul Oriol, n'hésitait pas à clamer son refus d'entériner une guerre coloniale anachronique. Nous étions sentimentalement mendésistes. Mais la gauche officielle, et notamment la SFIO, coincée entre ses sentiments pacifistes et les responsabilités du pouvoir, le souci légitime de ne pas abandonner les « Français d'Algérie », la peur aussi d'un putsch militaire qui finira par se produire, naviguait à vue. Par manque de courage aussi et cela exaspérait.

Vers 1959, Georges Guille, ex-secrétaire d'État du gouvernement Mollet et président de l'assemblée départementale, vint à Saint-Hilaire soutenir la candidature au conseil général d'un membre de la SFIO. Il ne put éviter d'aborder dans son discours le climat empoisonné de l'affaire algérienne, se déclarant pour la fin immédiate des hostilités et une négociation avec les « rebelles ». Je ne pus m'empêcher de lui porter publiquement la contradiction (cela se faisait lors des réunions électorales). Me disant d'accord avec son analyse, je lui demandais pourquoi en conséquence on ne le voyait jamais dans toutes les manifestations pour la paix en Algérie. Il esquiva ma question d'une façon très politicienne.

On connaît la suite : la volte-face de De Gaulle après son « Je vous ai compris » d'Alger, les négociations avec le FLN, les morts du métro Charonne manifestant pour la paix, le massacre des Algériens de France par Papon, les coups fourrés de l'OAS, etc. La guerre d'Algérie, étalée sur huit ans, a empoisonné ma jeunesse de manière quotidienne et insidieuse, avec son triste cortège de débats, ses drames personnels, les chocs de positions irréconciliables. 1962 marqua la délivrance d'un cauchemar. De Gaulle se décidait finalement à appliquer la politique de Mendès. Il y a désormais à Carcassonne, face aux Archives départementales, une stèle portant les noms de tous ceux qui sont tombés, à la fleur de l'âge, en Algérie. Je passe régulièrement devant ce monument et j'éprouve toujours un pincement au cœur en lisant le nom de Jacques Blachère.

La jeunesse quand même…

Bien sûr, en dépit du climat pesant de la guerre d'Algérie, il y eut la jeunesse. D'ailleurs les informations officielles laissaient entendre que, là-bas, l'armée française allait de succès en succès et que la fin était proche. La vie continuait donc avec ses problèmes quotidiens et sa part de distractions. À 18 ans, mes parents m'avaient offert un scooter vespa, comme en possédaient tous les jeunes de mon quartier. Les fêtes de banlieue ou les bals des environs étaient nos rendez-vous favoris. J'avais appris tôt à danser avec les filles du village maternel. Je ne me débrouillais pas trop mal. En ces années 1950, la danse se pratiquait en couple. On ne se trémoussait pas seul et sur place comme on peut le voir aujourd'hui. Et pour aller au bal du samedi soir, on s'habillait : costume-cravate, et souliers cirés. Le bal avait ses règles et les organisateurs en maintenaient scrupuleusement les codes. Les fâcheux, les malappris, les trublions ou les alcoolisés étaient expulsés sans ménagement. Les pistes de bal étaient réservées aux seuls danseurs, les badauds se tenant respectueusement à distance.

J'ai beaucoup aimé la danse. Quand on tient dans ses bras une bonne cavalière, que les pas s'accordent harmonieusement, que le balancement des deux corps s'opère dans une symétrie parfaite, on ressent un plaisir inexprimable. Ce sont ces choses en apparence si simples qui font le sel de la vie. Rumbas et boléros avaient mes préférences. Paso-dobles, tangos, slows, cha-cha-cha entraient également dans mes savoir-faire. En revanche la valse, qui me faisait tourner la tête, et le rock, pour lequel je ne me sentais pas assez doué, me laissaient sur la touche. Plus tard, chercheur au CNRS, alors que je dirigeais des chantiers de fouilles estivaux avec de nombreux étudiant(e)s, j'amenais régulièrement ceux-ci, en fin de semaine, dans les fêtes de village. Beaucoup, j'en suis sûr, n'ont pas oublié ces moments de gaîté collective.

Le scooter me donnait une certaine liberté. J'en profitais pour faire des balades sur divers sites archéologiques et historiques ou, tout simplement, pour flâner sur de petites routes secondaires avec une amourette du moment.

Évidemment la télévision n'avait pas encore fait son apparition et la radio était le seul média populaire. Ma mère se délectait des chanteurs en vogue : Georges Guétary, André Dassary, André Claveau, Édith Piaf, Rina Ketty, Jacqueline François, Georges Ulmer… J'en passe et des meilleurs. Mon penchant pour l'orchestre de Jacques Hélian s'était émoussé et je prêtais désormais une plus grande attention aux textes : Mouloudji, Montant, Ferré, plus tard Brel, Ferrat, Barbara. Mais je confesse avoir eu longtemps un faible pour Brassens, pour sa poésie mais aussi sa truculence rabelaisienne et son impertinence à une époque où cela n'allait pas de soi et où la radio refusait d'émettre certaines de ses œuvres. Raison de plus pour acheter ses 33 tours ! La première fois que j'assistai à l'un de ses concerts, ce fut à Toulouse, à la Halle aux Grains, le 10 novembre 1954. J'étais en compagnie de ma cousine Colette et d'Henri Gougaud, un camarade du lycée de Carcassonne : tous trois étions en classe de propédeutique-lettres. Gougaud devait par la suite composer lui-même des chansons, se produire dans des cabarets parisiens ou les faire interpréter par quelques « grands » (Reggiani, Ferrat). Romancier, il devait se spécialiser dans l'écriture et l'édition de contes. À la fin du récital toulousain, je fis signer à Brassens son livre *La Tour des miracles* : la date est mentionnée sous sa dédicace. J'ai revu Brassens sur scène une bonne dizaine de fois.

La vie fit que cet engouement pour la chanson s'estompa par la suite, happé par des préoccupations diverses. J'avoue avoir pris beaucoup de distance avec ce genre. Sans mésestimer pour autant les qualités de quelques interprètes contemporains, je pense – mais je me trompe peut-être – que l'âge d'or de la chanson française est derrière nous.

Une situation familiale précaire

Je limitai mes études à quatre années. J'avais hâte de gagner ma vie. Cette décision tenait aux difficultés financières que connaissaient mes parents. D'ailleurs sans la bourse de l'Éducation nationale dont j'avais bénéficié jusque-là, je n'aurais sans

doute jamais fait d'études supérieures. Je suis, en cela, redevable
à la République.

La petite épicerie de quartier tenue par mes parents s'était
maintenue pendant la guerre en raison de la fidélisation de la
clientèle, contrainte de s'approvisionner chez un commerçant
officiel lequel gérait le contingent de denrées attribué à chaque
ménage. Ces provisions étaient rares et les recettes maigres mais
un minimum de chiffre d'affaires se trouvait ainsi assuré. Tout le
monde attendait impatiemment la fin du conflit et le retour sur
les rayons de produits devenus introuvables. Quand la guerre fut
terminée, les marchandises refirent surface et mes parents crurent
le temps du négoce revenu. Erreur. Les grandes surfaces firent
alors leur apparition et, notamment, au centre-ville, à quelques
pas de leur boutique, les Galeries de Paris, futur Monoprix. Les
tarifs pratiqués par ces magasins – lesquels s'approvisionnaient
directement chez les producteurs ou les usines – étaient nettement
en dessous de ceux des petits commerces, contraints de passer
par plusieurs intermédiaires. Finie la clientèle fidélisée. La ména-
gère allait désormais acheter son alimentation là où elle pouvait
gagner quelques francs. Le modeste commerce de proximité allait
connaître dès lors un long naufrage. À cela s'ajoutait une inflation
permanente qui réduisait à néant les maigres marges bénéficiaires
encaissées. L'augmentation régulière des impôts accentuait encore
le déficit chronique de l'épicerie.

Ma mère tint bon quelques années mais fut finalement
contrainte de jeter l'éponge. Elle ferma sa boutique au début des
années 1960. Au sentiment d'échec qui la perturbait s'ajoutait la
tristesse d'avoir perdu sa clientèle. Les voisines longtemps venues
papoter avec l'épicière, y parler avec légèreté des potins du quartier, y narrer quelque histoire coquine, se détournaient d'elle. Car
l'épicerie de naguère était un peu le confessionnal du coin : on
venait y conter ses joies, ses problèmes, ses peines. Et cela créait

une sorte de convivialité, d'estime réciproque, de compréhension mutuelle. C'est tout ce climat que la conjoncture détruisait : le magasin jusque-là si joyeux n'était plus qu'un espace triste et désert. Ma mère se sentait diminuée, lasse, coupable presque de cette détérioration des relations humaines alors qu'elle était une victime de la transformation économique et sociale.

Mon père vivait tout aussi mal cette situation. Il avait long-temps cru qu'il suffisait d'être vaillant et opiniâtre pour gagner une petite place au soleil. Or il se retrouvait à près de 60 ans démuni et sans moyens. Il fut en quelque sorte repêché par un ancien camarade de quartier, devenu adjoint au maire. Lui ayant fait part de la précarité de son état, il fut embauché à la mai-rie dans un poste tout à fait mineur. Il travailla alors au parc municipal où il retrouvait, à l'occasion, le métier d'ajusteur de sa jeunesse. Il recevait une petite indemnité plus qu'un salaire.

Ayant pris conscience de ces difficultés croissantes, je décidai d'interrompre mes études et de chercher un emploi. On me fit patienter quelques mois avant de me proposer d'enseigner l'his-toire au lycée de Carcassonne. J'acceptai. Cette intrusion dans l'enseignement secondaire allait durer quatre ans. Mais, en mon for intérieur, c'est d'archéologie que je rêvais en poursuivant recherches et publications. Car, depuis quelques années, la pas-sion s'était inscrite en moi.

DEUXIÈME PARTIE

LES TEMPS DE L'ARCHÉOLOGIE

CHAPITRE 3

Naissance d'une vocation
(1955-1963)

Dans les pages qui suivent, je vais camper les premiers temps de ma carrière. Pas facile quand on est un jeune provincial habitant une ville non universitaire ! Comment suis-je parvenu à forcer les portes d'une profession toujours considérée comme d'accès difficile ? J'avais certes un avantage : celui d'être au cœur d'une région où l'archéologie du Néolithique*¹ et de l'Âge du bronze* était en jachère, entre Méditerranée et Garonne moyenne. Un autre atout était d'ordre historiographique : longtemps minorées, ces périodes, qui virent le développement des premières civilisations agricoles et qui constituaient un thème à défricher, commençaient à présenter un intérêt aux yeux des « patrons » de la discipline. La protohistoire*, ce stade de l'évolution des sociétés qui prend place entre le temps très long du Paléolithique (celui des chasseurs-collecteurs) et celui des civilisations classiques de l'Antiquité, retenait désormais l'attention. Reprenons donc le fil de cette trajectoire en commençant par revenir sur mes motivations profondes.

Tout d'abord l'histoire

Ma passion pour l'archéologie est le corollaire d'un vif intérêt pour l'histoire. Deux « passeurs » ont joué un rôle décisif dans cet appétit. Le premier fut mon père. J'ai déjà dit son goût pour cette discipline. Cela lui venait-il d'avoir vécu toute son enfance et

---

1. Tous les mots suivis d'un astérisque sont expliqués dans le glossaire en fin d'ouvrage.

ses premières années d'adulte au pied de la cité de Carcassonne ?
J'en suis assez persuadé. Lorsqu'au quotidien, le regard est happé
par ces vieux remparts, la pensée peuple immanquablement la
scène de personnages imaginaires. L'esprit donne vie au décor.

Mais le Moyen Âge n'était pas le seul centre d'intérêt de mon
père. Si je l'entends encore me vanter les prouesses du Grand Ferré
ou de Du Guesclin, les périodes plus récentes le galvanisaient tout
autant car elles étaient davantage en prise avec le contemporain. Ses
héros étaient républicains : l'incorruptible Robespierre, les enfants
Barra et Viala, le député Baudin abattu sur les barricades de 1951
en essayant d'entraîner les ouvriers contre le coup d'État, Jaurès
assassiné par les va-t-en-guerre. Il pestait contre les forces conser-
vatrices : la hiérarchie cléricale, les despotes, le « mur d'argent ».
Il avait beaucoup lu Hugo et admirait la dimension humaniste de
son œuvre. Les personnages hugoliens revenaient souvent dans ses
propos : « N'oublie pas Jean Valjean ! Elle me fait penser à cette
pauvre Cosette… Elle est morte comme Fantine… Sache qu'à côté
de Napoléon, l'autre c'était "Napoléon le petit", Badinguet… ».
Tout cela peut paraître anachronique mais mon père était né
en 1900 et fréquentait l'école dans la décennie qui suivit : cette
littérature et la geste qui l'accompagnait en cette seconde moitié
du XIXe siècle étaient alors encore très proches dans le temps des
tourbillons politiques ou sociaux qui les avaient produits.

Mon père avait aussi un faible pour les histoires d'alcôves qui
l'amusaient beaucoup. Il était incollable sur le nom des maîtresses
des rois, les bâtards qui peuplaient les cours, les aventures des
brus de Philippe le Bel ou les courtisanes de Versailles. Il ne
lui manquait aucun des exemplaires publiés de l'œuvre de Guy
Breton, *Histoires d'amour de l'Histoire de France* dont François
Périer nous régala sur les ondes. Heureusement, il ne mettait
pas sur le même plan les événements tragiques de la nation et
les passe-temps coquins de nos monarques et de leur entourage.

Les premiers l'enthousiasmaient et il était sensible à leur caractère dramatique, les seconds le faisaient rire.

Le deuxième personnage qui joua pour moi un rôle de passeur fut un professeur de lycée, Louis Signoles. Le programme d'histoire de première concernait la Révolution et le Ier Empire, une période riche en péripéties mais surtout génératrice de réflexions idéologiques. Brillant orateur et enseignant talentueux, Louis Signoles passionnait son auditoire. Les situations sociopolitiques ouvraient déjà sur des visions philosophiques, nous préparant ainsi d'une certaine façon aux thèses qui nous seraient enseignées l'année suivante, lors de la « deuxième partie du baccalauréat ». Alors que j'avais décroché le prix d'Histoire, saisissant mon goût pour la discipline, Louis Signoles me conseilla de poursuivre dans cette voie. Je suis resté fidèle à cet engagement et j'ai éprouvé une grande tristesse en apprenant le décès de mon mentor, à 54 ans, alors qu'il enseignait désormais dans un lycée parisien.

Voilà donc mes deux premiers « maîtres » en la matière : mon père et un professeur de secondaire. Cet appétit pour l'histoire ne m'a jamais quitté. L'archéologie, qui est devenue par la suite ma passion quotidienne, est d'ailleurs une discipline à vocation historique et anthropologique. Épris de grandes fresques, sensible aux flexures marquant l'évolution des sociétés, j'ai constamment cherché à conserver un regard d'historien dans l'interprétation des faits matériels, à donner du sens à des objets « morts », à les remettre en scène en les situant dans un tableau contextuel ouvert.

Ensuite l'archéologie

L'archéologie fut pour moi une sorte de prolongement de l'histoire. Dès les années de lycée, j'avais porté un certain intérêt à la préhistoire mais sans recevoir de réponses aux questions que je me posais. L'enseignement secondaire a toujours été très distant envers les temps préhistoriques, alors qu'ils représentent quelque 98 % de l'histoire de l'humanité. Lorsque j'étais élève en classe de sixième, on les expédiait en une ou deux heures. Il est vrai que les enseignants n'étaient nullement formés pour enseigner ces périodes en apparence compliquées et où les risques d'anachronismes sont incessants. Par ailleurs, les hommes préhistoriques ont donné lieu à tellement de fantasmes, de clichés, de fausses représentations qu'il n'est pas facile de rétablir le cours des choses. Une vision fortement évolutionniste a trop souvent tendance à dépeindre ces populations comme baignant dans une sorte de barbarie, de sauvagerie primitive qu'infirment notamment les œuvres d'art pariétal*, vieilles de 30 000 ans, expression d'un évident raffinement artistique et intellectuel.

Il était également prévu un retour sur les civilisations préhistoriques dans le cours de géographie de la classe de seconde. Le retard pris tout au long de l'année en raison de l'envergure du programme me priva de cette possible remise à flot. Bien sûr, comme tout le monde, j'avais lu *La Guerre du feu* de Rosny Aîné, et j'avais pu mesurer les difficultés auxquelles les populations préhistoriques étaient confrontées mais, contrairement à ce que prétendent souvent les archéologues, ce roman n'opéra en moi aucun déclic. En revanche, adolescent, je m'interrogeais sur ces termes, à la fois savants et sibyllins : Acheuléen*, Moustérien*, Aurignacien*, Solutréen*, Magdalénien*, etc. qui me tombaient parfois sous les yeux au hasard de mes lectures. Un halo mystérieux les enveloppait et je me promettais d'essayer un jour d'en savoir davantage sur ce qu'ils recouvraient. L'enseignement secondaire ne m'apporta aucune réponse. De son côté, l'archéologie historique était, elle, plus parlante. Les pyramides, les pharaons, les Phéniciens, inventeurs de l'alphabet, les Grecs avaient une autre résonance et, depuis la sixième, nous semblaient plus familiers.

Dans les premières classes du secondaire, la mythologie grecque me passionna. Il faut dire qu'elle était quasiment présente dans les textes classiques des cours de français ou de latin. Avec les travaux d'Hercule ou le récit de Thésée allant tuer le Minotaure dans son labyrinthe, on était dans le merveilleux. Mais avec la guerre de Troie, la fiction et la réalité historique se confondaient souvent tant la géographie des lieux évoqués avait une résonance archéologique. En cours de latin, la *Guerre des Gaules* mêlait histoire et archéologie : Gergovie, Bibracte, Alésia... Les Gaulois étaient alors présentés dans l'enseignement comme de pauvres hères, peu cultivés, querelleurs et passablement buveurs. Les Romains, au contraire, étaient dépeints comme vaillants, disciplinés, grands architectes et fins lettrés. L'opposition était telle que la colonisation latine apparaissait comme un miracle salvateur. Évidemment, j'ignorais que de telles images s'accompagnaient de sous-entendus idéologiques et la défaite de Vercingétorix n'allait pas pour moi sans un petit pincement au cœur.

Tout cela demeurait finalement assez livresque, virtuel. C'est le « terrain local » qui allait m'apporter ce que l'enseignement secondaire me refusait. Je découvris l'histoire de ma région à la lecture de l'ouvrage de Jean Girou, *L'Itinéraire en terre d'Aude*, et je n'eus alors de cesse d'aller visiter à bicyclette les sites les plus proches de ma ville natale. Cette curiosité se renforça lorsque se tint à Carcassonne, en 1953, le congrès des Sociétés savantes du Languedoc-Roussillon. Les érudits du coin rivalisèrent de zèle pour évoquer les vestiges archéologiques de la région. J'appris ainsi que si l'on connaissait très peu de choses sur l'oppidum gaulois subsistant sous la Cité de Carcassonne, en revanche il existait à quinze kilomètres en amont de la ville, sur les bords de l'Aude, un autre site gaulois du plus haut intérêt, La Lagaste. On y aurait fouillé en 1938 un puits refermant deux œnochoés* (cruches) en bronze très significatives. Dès lors, La Lagaste devint mon terrain de prospection privilégié. J'y allais à vélo et ramenais dans mes sacoches des bouts d'amphore et des tessons sans importance. Plus tard, j'y ramassai une monnaie de Marseille « au taureau bondissant ». Les yeux rivés au sol, je tâchais de détecter le moindre indice susceptible de me faire cogiter des heures durant : c'est là tout le plaisir du prospecteur. Et c'est sur cet oppidum gaulois que j'ai connu mes premières émotions « protohistoriques » !

Cette même année 1953, la Société d'études scientifiques de l'Aude ouvrit au public le petit musée qu'elle avait aménagé, rue Aimé-Ramon, au dernier étage de la Chambre de Commerce. Derrière ses vitrines, je contemplais les vestiges issus de diverses opérations archéologiques conduites dans les environs : haches polies, céramiques, objets de bronze et même un crâne trépané d'époque « barbare ». Enfin, du matériel, du concret, et antérieur à l'époque romaine ! Le sympathique gardien des lieux était un militaire à la retraite, le colonel F. Jaupart, amusé de l'intérêt qu'un jeune lycéen pouvait prendre à lécher ainsi les vitrines de cette collection. Il m'invita à quelque temps de là à adhérer à la Société d'études scientifiques et ne cessa de montrer une attention toute paternelle à sa jeune recrue (j'avais 16 ans). Dès lors, je me plongeai dans la lecture du bulletin annuel de l'association, fondée en 1889, et qui constituait une véritable mine d'informations.

Des sites archéologiques, en grotte ou en extérieur, il y en avait beaucoup dans ma région, plus que je l'imaginais. Dès lors les excursions à vélo pour aller retrouver les sites, signalés avec plus ou moins de détails, se succédèrent à un rythme soutenu. J'apprenais à scruter le sol. Et c'est en allant voir les restes d'un cimetière d'époque romaine tardive à Laure-Minervois que je découvris, par le plus grand des hasards, un gisement (on disait alors une « station ») néolithique : intrigué par la multitude de silex blancs qui jonchaient le sol sur le plateau dominant la nécropole, j'en fis une ample moisson, avant d'y revenir à maintes reprises. Chez moi, j'enfermai mes précieux silex dans des boîtes à chaussures après les avoir triés, plus ou moins sommairement.

En prospectant les environs, je découvris d'autres gisements du même type. Grâce à ces découvertes, je tenais là, entre mes mains, de frustes outils fabriqués, plusieurs millénaires auparavant, par des populations ayant vécu sur ces lieux. Mais le plaisir de la collecte s'efface vite devant le désir d'en savoir davantage, d'aller plus loin dans la réflexion. En un mot, je devais contextualiser mes modestes trouvailles. L'université allait accélérer ma détermination.

Émergence d'une vocation

Après une année de propédeutique, j'allais préparer un certificat d'Histoire ancienne sous la férule de Michel Labrousse, spécialiste de l'Antiquité romaine. Mon goût pour l'archéologie ne faiblissait pas et je commençais, en mon for intérieur mais assez confusément, à envisager une possible carrière dans cette voie. Un jour, n'y tenant plus, je m'en ouvris à Michel Labrousse. La réponse fut sage :

« Mais Guilaine, vous rêvez ! Préparez votre licence, passez des concours d'enseignant pour vous stabiliser. Et puis vous irez faire de l'archéologie pendant vos week-ends !

– Mais, monsieur, comprenez-moi... je veux faire de l'archéologie tout le temps, sept jours sur sept...

– Abandonnez vos rêveries, très peu de gens font carrière en archéologie. »

Pour Michel Labrousse, comme pour beaucoup de gens à l'époque, l'archéologie était encore un passe-temps d'amateurs dont, en qualité de directeur régional des Antiquités historiques, il collectait les découvertes pour alimenter ses chroniques dans la

revue *Gallia*. Le CNRS commençait à peine de recruter ses premiers chercheurs à plein-temps. Mais, pour en faire partie il fallait être près des patrons d'influence, être dans les bons « canaux ».
À l'évidence, ce n'était pas le cas à Toulouse.

Un autre enseignant du certificat d'Histoire ancienne était
Louis-René Nougier. Orateur hors pair, au brio communicatif,
il enseignait la préhistoire et donnait ainsi quelques notions sur
ces temps anciens aux futurs professeurs du Secondaire. Séduit
par cet enseignement qui m'ouvrait enfin les yeux sur toutes ces
« cultures* » préhistoriques dont les noms m'avaient longtemps
intrigué, je me lançais à corps perdu dans de multiples lectures qui
me faisaient découvrir un monde jusque-là insoupçonné. Nougier
avait lui-même rédigé une volumineuse thèse sur les « civilisations

Figure 1. Professeur d'histoire au collège mixte de Castelnaudary (1960-1961).
Deuxième rangée, debout, cinquième à partir de la gauche : Michel Passelac,
futur archéologue au CNRS. *Cliché J. Rativet.*

campigniennes* », expression qui désignait alors des populations d'époques diverses, essentiellement néolithiques, utilisant un outillage de silex robuste probablement en liaison avec leurs activités de déforestation. Insatiable, je ne me contentais pas des bibliographies proposées aux étudiants, et je parcourais des articles de pointe parus dans des revues spécialisées. Je me rendis compte que la réalité scientifique était bien plus complexe que ce qu'en disait l'universitaire. Et c'est précisément cette complexité, ces incertitudes motivantes pour la recherche, qui aiguisèrent mon appétit de savoir. J'en profitai pour passer, parallèlement à mes études d'histoire, un certificat d'archéologie préhistorique et un certificat d'ethnologie. Je suivis également les cours que, dans la lignée d'Émile Cartailhac et du comte Bégouën, fondateurs de la préhistoire toulousaine, délivrait Louis Méroc, directeur régional des Antiquités préhistoriques, un juriste peu disert mais homme de terrain et typologiste pointilleux.

Mais comment concilier l'enseignement général donné à l'université et les problématiques régionales fondées sur les vestiges livrés pas les gisements languedociens ? Il me fallait sortir des théories abstraites pour me confronter à des expériences concrètes, et tâcher d'en savoir plus sur les découvertes que j'avais faites autour de Carcassonne. Je me résolus à entrer en contact avec les acteurs de la préhistoire languedocienne. Et d'abord avec Odette et Jean Taffanel qui, depuis plus de vingt ans, avaient établi à Mailhac un séquençage de l'Âge de fer* méridional grâce à la fouille opiniâtre d'un oppidum, le Cayla, et de plusieurs nécropoles. Avec Maurice Louis ensuite, chargé du cours de préhistoire à la faculté des lettres de Montpellier, et qui rédigeait avec les Taffanel un ouvrage de référence sur le *Premier Âge du fer languedocien*[1]. Mais mon vrai premier cicérone en matière de Néolithique fut Jean Arnal, un médecin de Tréviers (Hérault), qui s'était lancé dans une révision des cadres théoriques du Néolithique. Vers le milieu des années 1950, il était devenu sans conteste l'un des tout premiers spécialistes de cette période, en avait défini plusieurs cultures ou « faciès* » et jouissait pour cela d'une renommée méritée. Des échanges de lettres et de fréquentes rencontres firent assez vite de moi un connaisseur expérimenté des questions touchant au Néolithique du sud de la France. Je rencontrai aussi Jacques Audibert, un jeune chercheur au CNRS de Montpellier, qui tentait de se construire un statut pour échapper à l'incontestable notoriété d'Arnal. Par-delà ce noyau méridional, je me constituai, par voie épistolaire, un réseau de correspondants qui m'adressaient leurs publications sous la forme de « tirés-à-part ». Je commençais ainsi à tisser ma toile en accumulant des informations venues des quatre coins du pays.

J'allais parallèlement visiter diverses collections, publiques ou privées. La plus proche géographiquement était constituée par les admirables séries extraites des gisements de la région de Narbonne par Théophile et Philippe Héléna et largement exposées dans les vitrines du musée de cette ville.

C'est ainsi que, à 19 ans, j'écrivis mon premier article sur le Néolithique de l'Aude dans le *Bulletin de la Société d'études scientifiques* de ce département[2]. Un an après, je risquai une brève communication dans le *Bulletin de la Société préhistorique française*. Avec une crâne assurance, j'y contestai la datation des tombes mégalithiques de la plaine de l'Aude, ces grands dolmens attribués jusque-là à des populations d'affinités ibériques et caractérisées notamment par un type de céramique – le Campaniforme* dont j'aurai l'occasion de reparler. J'attribuais ces caveaux à une culture antérieure et considérais les gens du Campaniforme comme de simple réutilisateurs[3]. Ce papier me valut immédiatement par courrier quelques remarques pertinentes de Gérard Bailloud, alors l'un des maîtres du Néolithique français, dont j'avais ce faisant récusé la position défendue dans son ouvrage *Les Civilisations* *néolithiques de la France dans leur contexte européen* publié deux ans auparavant.

Tous ces échanges avec les meilleurs spécialistes me donnèrent de l'assurance et d'autres publications suivirent tandis que le cercle de mes relations scientifiques s'élargissait : Raymond Riquet, anthropologue, Jacques-Pierre Millotte, professeur à l'université de Besançon, Guy Gaudron, secrétaire général de la Société préhistorique française...

En 1958, j'avais 21 ans. Ayant appris qu'il existait au CNRS un corps de préhistoriens professionnels, je posai, dans l'innocence de mon enthousiasme, une candidature « libre » auprès de cet organisme. J'ignorais tout, du fond de ma province, du fonctionnement de l'institution. Je suppose qu'autant d'inconscience dut faire sourire les membres de la commission compétente. Cependant l'un d'eux, Raymond Vaufrey, avisa de ma candidature Max Escalon de Fonton, maître de recherche au CNRS et qui venait de succéder à Maurice Louis en qualité de directeur des Antiquités préhistoriques du Languedoc-Roussillon, devenant ainsi le « patron » de l'archéologie préhistorique de ma région. Escalon vint me voir, m'expliqua les rouages du CNRS et me proposa de travailler avec son équipe, essentiellement provençale. Mon attachement au cercle toulousain me causa quelque gêne. Je demandai à réfléchir d'autant que mon dossier, en dépit de diverses publications, devait encore être étayé, si je voulais entrer dans le corps des chercheurs professionnels. À cette époque en effet, la thèse n'était pas nécessaire pour être candidat au CNRS. C'est à l'intérêt et à l'épaisseur du dossier ainsi qu'à la qualité de ses travaux qu'un postulant pouvait être recruté. Raison de plus pour fortifier mes acquis.

Déjà le Campaniforme

Deux thèmes de recherche s'étaient déjà imposés à moi. D'abord le Néolithique, pratiquement ignoré entre Méditerranée et Garonne. Tout restait à faire en ce domaine. La seconde moitié du Néolithique, notamment, était un grand vide que je m'efforçais de combler en tâchant d'y définir les caractéristiques des industries de la pierre et de la céramique, de façon à rééquilibrer nos connaissances par rapport au Languedoc oriental où J. Arnal avait décrit des horizons culturels originaux (Ferrières, Fontbouisse). Dès 1957, j'évoquai dans plusieurs articles l'existence de populations néolithiques proches de celles que M. Louis avait baptisées les « Pasteurs des plateaux » de l'Hérault et du Gard[4]. Symétriquement, je parlais des « Pasteurs de l'Aude-Roussillon », expression transitoire avant la reconnaissance d'un site éponyme, ce que je ferai en 1963 lors de mes fouilles dans les grottes de Véraza : ainsi naquit mon « Vérazien[5] ».

L'autre centre d'intérêt intellectuel pour moi fut le « Campaniforme ». On désigne ainsi un gobelet décoré d'un motif original de bandes imprimées et qui se répand dans diverses régions d'Europe à compter de 2500 avant notre ère. Cette expansion correspond à de nouvelles pratiques de sociabilités – beuveries dans un gobelet stéréotypé, affirmation de l'individualisme à partir d'un contenant emblématique –, une nouvelle idéologie qui bouscule les dernières sociétés néolithiques et assure la transition vers l'Âge du bronze. En raison de la large propagation géographique de ce processus, ce thème de recherche trouvait un écho européen et sortait des problématiques plus spécifiquement méridionales. Cette variété de céramique, diffusée lors de contacts maritimes ou terrestres, connaissait, dans son extension, de fortes disparités régionales. Certaines terres avaient été accueillantes à ce

Figure 2. Avec J. D. Van der Waals, du Centre de recherche bio-archéologique de Groningue, spécialiste du « Campaniforme ».

style de poterie et aux attributs spécifiques qui lui étaient associés (poignards à lame de cuivre, plaques perforées considérées comme des protège-poignets d'archers, boutons d'os ou d'ivoire percés en V, etc., autant de marqueurs de distinction de sujets particuliers) ; d'autres régions, en revanche, n'avaient guère été réceptives à cette innovation.

Or le bassin de l'Aude, entre le golfe du Lion et la « voie d'Aquitaine » débouchant vers Toulouse, avait été une aire de pénétration particulièrement fréquentée par les Campaniformes, au même titre que d'autres régions côtières ou au débouché de grands fleuves. Ainsi de la baie de Lisbonne, de la basse Andalousie, de la Bretagne, de la basse vallée du Rhône. S'offrait donc à moi un axe de recherche de large intérêt sur les lieux mêmes de mes expériences. De plus, le petit musée de la Société d'études scientifiques de l'Aude conservait les restes de plusieurs récipients se rattachant au complexe campaniforme. L'une des questions qui se posaient alors était celle de l'évolution interne de ce complexe. Celle-ci pouvait être approchée par le biais des thèmes décoratifs figurant sur les parois des vases et qui se transformaient au fil des trois à quatre siècles que durait ce phénomène. Je flairais là une piste possible, déjà abordée en Allemagne par E. Sangmeister et aux Pays-Bas par J. D. Van der Waals et W. Glabergen. En me basant sur les séries issues de la tombe mégalithique de Saint-Eugène, je publiai donc dans le *Bulletin de la Société préhistorique française,* une note montrant tout l'intérêt d'une éventuelle périodisation fondée sur les styles ornementaux[6]. Parallèlement, je rendais compte dans la revue *Ogam* des travaux entrepris par nos collègues hollandais sur le même sujet[7]. Là-dessus, R. Riquet me proposa de rédiger, en collaboration avec A. Coffyn, une synthèse de la question à l'échelle de la France. Cela me contraignit à manipuler une lourde documentation bibliographique mais me positionna comme l'un des spécialistes du sujet. Notre travail parut en 1963 dans la revue *Gallia-Préhistoire*[8]. Je n'ai jamais abandonné ce thème de recherche en raison de son intérêt largement européen. En 1967, j'en fis même le sujet de mon premier ouvrage.

Bref, au début des années 1960, mon dossier avait pris de l'épaisseur et je commençais à être connu dans la profession comme un jeune néolithicien dynamique.

Les contraintes de la vie m'avaient poussé en 1959 à devenir enseignant dans le Secondaire à Carcassonne d'abord, puis à Castelnaudary et à Lézignan-Corbières. Je continuais pour autant de m'investir dans la publication d'articles dans des revues spécialisées. C'est dans ce contexte que j'envoyai, à tout hasard,

Figure 3. Gand (Belgique). IVe Colloque Atlantique (1975). De gauche à droite :
G. Verron, J. Briard, J. Guilaine, J. L'Helgouach, P.-R. Giot.

quelques-uns de mes travaux à l'abbé H. Breuil, le maître mondialement honoré de la préhistoire. Contre toute attente, celui-ci me répondit de façon très encourageante et me conseilla de travailler aux côtés de M. Escalon de Fonton, Toulouse ne possédant alors aucune équipe avalisée par le CNRS en matière d'archéologie pré et protohistorique. Ce dessein cadrait parfaitement avec le souhait dont m'avait fait part Escalon de promouvoir en Provence et en Languedoc une génération de jeunes chercheurs professionnels. Fort de son appui, je posai à nouveau ma candidature au CNRS mais sans chance aucune car je ne remplissais pas les conditions : en effet, il fallait être libéré des obligations militaires. Or j'étais sursitaire et enseignant. Je pris la décision de laisser mon sursis aller à son terme. Je fus incorporé en 1962 mais réformé en raison d'un souffle au cœur détecté depuis mon plus jeune âge (un médecin avait d'ailleurs prévenu mes parents : « À 20 ans, votre fils aura un cœur de vieillard. » Or je suis octogénaire…). Dès lors, ma candidature au CNRS, largement appuyée par Escalon, fut favorablement envisagée à la session d'automne 1962 sans que je n'eusse jamais rencontré un seul membre de la commission de recrutement. Ma nomination prit effet le 1ᵉʳ mars 1963 en qualité d'Attaché de recherche. Escalon devenait mon directeur de recherche et Pierre-Roland Giot mon « parrain de recherche ». Une nouvelle vie s'ouvrait devant moi. Devenu archéologue professionnel, je me promis de tout faire pour me montrer digne de la confiance que l'on m'accordait.

Max Escalon de Fonton (1920-2013)

C'est donc à Max Escalon que je dois mon entrée au CNRS. Je n'étais pas seul dans ce cas. Nous étions trois : Jean Courtin, Jean-Louis Roudil et moi-même. D'autres recrutements eurent lieu ensuite sous sa férule et notamment celui de Dominique Sacchi qui se spécialisa dans l'étude du Paléolithique supérieur. Le souhait d'Escalon était d'implanter en France méditerranéenne une équipe de chercheurs à plein-temps afin d'ancrer la discipline et de la faire sortir de cet amateurisme qui lui collait à la peau. Il pensait fort justement que la préhistoire ne serait une science adulte que le jour où elle se serait totalement professionnalisée. En ce sens, il faisait preuve de modernisme. La plupart des directeurs régionaux des Antiquités préhistoriques ou historiques étaient alors des professeurs d'université, voire dans quelques cas des amateurs de qualité, qui, contre une modeste indemnité, se contentaient de gérer les demandes formulées par les fouilleurs présents dans l'espace de leur circonscription. Ils faisaient ainsi le lien entre les chantiers et le ministère qui délivrait les autorisations de fouille. La plupart ne souhaitaient pas la professionnalisation du système car ils avaient tout à perdre du pouvoir et du prestige que leur conférait leur position provinciale. Certains voyaient même d'un mauvais œil les chercheurs du CNRS, encore rares mais dont le nombre augmentait sensiblement, car ceux-ci disposaient de tout leur temps pour faire avancer certaines questions. Ces spécialistes risquaient en effet de très vite les dépasser scientifiquement à une époque où la plupart des directeurs régionaux, accaparés par d'autres tâches professionnelles, demeuraient des « généralistes ».

Il y avait donc des joutes à mener dans deux directions. D'une part contre les amateurs les plus médiocres, collecteurs d'objets, mais souvent soutenus au sein des sociétés savantes par les élus locaux qui les appréciaient. D'un autre côté, et au sein même des structures officielles, contre le frein qu'exerçaient certains notables nationaux ou régionaux, qui ne tenaient pas à voir l'archéologie devenir une profession à plein-temps, à moins que ce ne soit sous leur houlette. J'eus la chance d'avoir Max Escalon et Pierre-Roland Giot comme mentors à mes débuts. Ils furent les premiers en France à recruter de jeunes chercheurs et à les regrouper, dans le Midi et en Armorique, dans des formations du CNRS au sein desquelles la préhistoire récente (je n'aime pas cette expression mais elle était courante à l'époque) allait tenir une place déterminante.

Un mot aussi sur l'homme. Derrière un regard parfois sévère, un air distant, se cachait un être qui savait se montrer drôle, manier la plaisanterie mais dans des limites toujours bienséantes. Un zeste entretenu d'aristocratie.

Figure 4. Max Escalon de Fonton (1920-2013) sur sa fouille de l'abri de Châteauneuf-les-Martigues (Bouches-du-Rhône) (1950). *Cliché transmis par J. Courtin.*

Je dois dire aussi qu'Escalon fut un patron compréhensif, peu exigeant, heureux d'avoir pu mettre le pied à l'étrier à des méridionaux soucieux de défricher leurs terres d'origine. Cela faisait partie de sa propre philosophie. Poussé lui-même par un patriotisme provençal sincère, il s'ingéniait à mettre en avant dans les matériaux archéologiques qu'il découvrait sur ses divers chantiers (car il pratiqua beaucoup le terrain) les marqueurs susceptibles de différencier les cultures du sud-est de la France de celles des territoires voisins. Cultivant une vision indigéniste de sa discipline, il avait pris le parti de souligner les spécificités méridionales afin qu'elles ne fussent point diluées dans de plus larges complexes globalisants. Une terminologie toute personnelle lui fit dénommer divers faciès ou cultures à partir de sites éponymes dont il fut le fouilleur. Il refusait toute annexion à l'aire pyrénéo-aquitaine où avaient été pour l'essentiel définies les civilisations classiques de la préhistoire. À une époque où désormais les recherches sur le Paléolithique supérieur* et le Mésolithique* prenaient leur envol dans le Midi, il pensait que tout était à construire et il ne se priva pas d'innover[9].

CHAPITRE 4

Premiers chantiers, premières synthèses (1963-1975)

Mon accès au monde professionnel de la recherche allait donner un coup d'accélérateur à ma vie. Tout a commencé par une pratique intensive du terrain, une sorte de boulimie d'interventions qui s'est soldée par la mise au jour de nombreux matériaux sur lesquels j'ai appuyé mes réflexions. Mais j'ai très vite été incité à la généralisation, afin d'offrir une vision synthétique des processus à l'échelle ouest-méditerranéenne. Puis, le mouvement s'est emballé avec la publication d'un ouvrage essentiel de la préhistoire française. Toute cette activité s'est produite alors que je dirigeais l'un des cinq grands programmes anthropologiques et ethnologiques du CNRS qui ont marqué en France les décennies soixante et soixante-dix du siècle dernier. Tâchons d'analyser les diverses facettes de ce tourbillon.

Les débuts au CNRS : du terrain à la thèse

Dès mon entrée au CNRS, je participai, en mai 1963, sous la direction d'Escalon, à la fouille de l'abri de Montclus (Gard), un pied de paroi fréquentée au Mésolithique et au Néolithique ancien. L'équipe était des plus réduites. J'étais l'unique fouilleur. Jean Da Silva portait les couffins de sédiments au poste de tamisage situé à quelques pas de l'abri. Mme Escalon et ma femme Christiane tamisaient, Yves Palun était chargé de faire des sondages aux pieds des barres rocheuses de la région et Max Escalon

Figure 5. L'auteur : esquisse au crayon par une participante britannique à une campagne de la grotte Gazel (Sallèles-Cabardès, Aude), vers 1968.

veillait à la bonne marche de l'ensemble. La terre extraite recelait des scorpions et il fallait faire attention à leur dard, tant à la fouille qu'au tamisage…

De retour en Languedoc, je me mis en quête de gisements à étudier. Pour Escalon, un archéologue était avant tout un homme de terrain. Il m'encouragea donc à multiplier les chantiers. Je fouillais avec des étudiants les mois d'été mais aussi pratiquement toute l'année, avec des équipes d'amateurs recrutés parmi enseignants et lycéens lors des week-ends et, en semaine, seul avec ma femme Christiane. L'abri Jean-Cros (La Bastide-en-Val), la grotte Gazel (Sallèles-Cabardès), les grottes de La Valette (Véraza) furent mes premiers chantiers. Mais il y en eut bien d'autres : grottes des Corbières, dolmen des Fades à Pépieux, grotte du Gaougnas (Cabrespine), nécropole de la Clape (Laroque-de-Fa), Balma de Montbolo, etc.

À cette époque, il s'agissait de reconstituer l'évolution à travers le temps des cultures successives du Néolithique entre Méditerranée et Garonne. À l'instar de la fouille de Luigi Bernabo Brea aux Arene Candide (Ligurie), l'on cherchait des stratigraphies* dilatées, autrement dit des superpositions de multiples couches, permettant de décliner l'identité et la succession de ces cultures. Le Néolithique ayant été jusque-là peu étudié en Languedoc occidental, je défrichais. Et c'est ce que je continuais de faire, dans les années 1970, dans l'abri de Font-Juvénal à Conques (Aude). À la grotte Gazel, j'eus la chance de mettre en évidence une longue stratigraphie au sein du Néolithique ancien. À Font-Juvénal, avec une puissante sédimentation de 6 à 7 mètres – dont 5 mètres de Néolithique –, c'est le Néolithique moyen et final que j'analysai tout particulièrement. À Montbolo, je révélai une culture (faciès) ignorée du Néolithique moyen. La recherche de grottes et d'abris était légitimée par l'aptitude de ces cavités à avoir servi de havres tout au long de la préhistoire. Il y avait donc dans le Midi un

« culte de la stratigraphie ». Il est vrai aussi que les moyens financiers dont nous disposions étant limités, les grottes permettaient
de faire du qualitatif sur des espaces restreints. C'est Louis Méroc
qui commença à effectuer des décapages extensifs en plein air à
Saint-Michel-du-Touch (Haute-Garonne) vers la fin des années
1960 mais cette pratique intervenait dans le cadre de sauvetages
imposés par l'extension du bâti urbain et non dans un contexte
de fouilles programmées.

Dans ma quête, deux jeunes lycéens carcassonnais m'avaient
rejoint : Henri Duday et Jean Vaquer. Je crois que ma position
de jeune chercheur leur plut et conforta leur vocation. Je fis de
mon mieux quelques années plus tard pour leur ouvrir les portes
du CNRS. À Montpellier comme à Toulouse, bientôt à Barcelone,
mes chantiers connurent une certaine notoriété entraînant assez
vite la participation de fidèles : Jean Gasco, Araceli Martin, Maria-
Angels Petit, Josep Castany, Emmanuel Vigneron et bien d'autres.

J'étais entré au CNRS grâce à mes publications. À l'époque,
la thèse n'était pas nécessaire pour devenir chercheur : il suffisait de faire la preuve de son aptitude à la recherche. Les deux
premières années (1963, 1964), j'axais toutes mes activités sur le
terrain. Il est vrai qu'Escalon, qui se méfiait des universitaires qu'il
jugeait déconnectés des réalités de la fouille, ne poussait pas ses
poulains vers les diplômes. Mais, en 1965, le CNRS décida que
la carrière des chercheurs dépendrait en partie de l'obtention de
leur thèse. Escalon me demanda alors de m'inscrire en doctorat.
Cependant, il eût fallu pour cela que je puisse être titulaire d'un
diplôme d'études supérieures (devenu par la suite la maîtrise) ce
qui n'était pas le cas. Je décidais donc de préparer dare-dare un
DES dont je choisis moi-même le titre : *La Civilisation du vase
campaniforme dans les Pyrénées françaises*. Je disposais en fait de
toute la documentation iconographique et bibliographique nécessaire car j'avais déjà publié sur ce thème et en connaissais bien

la problématique. Je passais l'été à rédiger ce mémoire qui fut ensuite publié en 1967 et qui devint ainsi mon premier livre[1]. À l'automne 1965, après l'obtention du DES, je m'inscrivis en thèse auprès de l'université d'Aix où Escalon, mon directeur au CNRS, enseignait. Mon sujet : l'Âge du bronze entre Golfe du Lion et Garonne supérieure, entre Albigeois et Pyrénées. Mon mémoire reposa sur une documentation constituée de dessins effectués dans les musées, agrémentée de résultats que j'avais moi-même obtenus sur des gisements étudiés par ma petite équipe depuis une dizaine d'années. Fin 1967, mon mémoire était prêt. Je soutins ma thèse en mars 1968. La Société préhistorique française décida de la publier dans ses « Suppléments » à l'instar du mémoire que, parallèlement, Jean-Louis Roudil avait rédigé sur le Languedoc oriental[2]. Mais, en dépit de son volume, mon diplôme n'était qu'une thèse de troisième cycle. Je dus donc, quatre ans après, en 1972, soutenir une thèse d'État sur travaux, la deuxième de ce genre en France dans notre discipline après celle de Michel Brézillon.

Synthétiser le Néolithique ouest-méditerranéen

Mes recherches dans les gisements stratigraphiés de la grotte Gazel, entre 1963 et 1971, puis à compter de cette date, dans l'abri de Fort-Juvénal m'avaient familiarisé avec les questions d'identité culturelle des populations ayant vécu dans le sud de la France entre le VIe et le IIe millénaire avant notre ère. Les travaux que j'entrepris dans une cavité du Vallespir, non loin de la frontière espagnole – La Balma de Montbolo – m'avaient permis de recueillir d'abondants matériaux céramiques fort originaux et jusque-là non identifiés dans la littérature spécialisée.

Je m'empressai de publier ces vestiges, datés du Ve millénaire, dans un ouvrage qui surprit par son côté novateur[3]. J'en avais profité pour repenser la périodisation des cultures sur les deux versants des Pyrénées et cette nouvelle façon de voir les choses avait fait quelque bruit à Barcelone. J'en avais rapidement conclu que la mise en place des premières communautés agricoles en Méditerranée de l'Ouest devait être repensée dans un cadre géographique plus large que celui correspondant à mes propres investigations de terrain : du sud de l'Italie au Portugal. Deux éléments me permirent d'atteindre cet objectif.

D'abord l'enseignement universitaire. Au lendemain de ma soutenance de thèse, j'avais été promu chargé de recherche. Je fus alors sollicité pour donner un enseignement d'archéologie préhistorique à l'université Paul-Valéry, à Montpellier, dans le cadre de son Institut d'ethnologie. J'acceptais la charge qui venait s'ajouter à celle de conservateur des Collections de préhistoire du musée de Narbonne. L'enseignement oblige à de nombreuses lectures. Mes préférences me poussaient vers les monographies ou les synthèses de la sphère méditerranéenne et j'orientais mes leçons vers ces thèmes. En 1971, happé par d'autres responsabilités que j'allais prendre à Toulouse, j'abandonnai avec regret cet enseignement. Dans la ville rose, je dus alors animer plusieurs séminaires dans le cadre de la toute nouvelle antenne de l'École des hautes études en sciences sociales : j'y développais plus particulièrement désormais le thème du Néolithique.

Les livres, c'est bien. Mais les voyages et les contacts directs avec les matériaux, c'est mieux. Afin d'avoir un aperçu concret des cultures que j'évoquais dans mes cours, j'entrepris donc, à partir de 1965, une série de voyages en Espagne, Portugal, Italie, ex-Yougoslavie et, par la suite en Grèce et dans plusieurs pays des Balkans. J'envisageais déjà d'ouvrir des chantiers de fouille en Espagne (dès 1975) et en Italie (dès 1981). Des émotions, des joies et des amitiés que ces périples m'ont procurées, je parlerai plus loin ; ils m'ont surtout permis d'avoir la perception directe des matériaux qui concouraient à l'élaboration de ma vision des faits et des concepts qui en découlaient. Des cours délivrés à Montpellier, puis à Toulouse et des leçons de mes missions, je tirai donc la matière d'un ouvrage de synthèse sur le Néolithique de l'Ouest méditerranéen – *Premiers bergers et paysans de l'Occident méditerranéen* – que publièrent (ironie du sort) les éditions Mouton[4] ! L'ouvrage reçut le prix Rocheron de l'Académie française. Il fut rapidement épuisé et je dus quelques années après rédiger une postface pour une nouvelle édition (1981). L'ouvrage me positionna comme archéologue des origines de ruralité. Or, c'était là un thème à la mode chez les historiens. Cette spécificité plut à Jacques Le Goff qui me proposa de devenir directeur d'études, au titre de cumulant, à l'École des hautes études en sciences sociales, établissement qu'il présidait. J'y fus élu en 1978 après avoir été, un an durant, directeur d'études intérimaire en remplacement d'Emmanuel Le Roy Ladurie qui bénéficiait d'une année sabbatique. Une autre sphère venait de s'ouvrir à moi.

Piloter la préhistoire française

En 1971, je m'étais promis de participer au congrès de l'Union internationale des sciences préhistoriques et protohistoriques qui devait se tenir à Belgrade, dans ce qu'était alors la Yougoslavie. Souhaitant faire d'une pierre deux coups, je doublai ce déplacement (en 4L !) d'une mission dans divers musées de Slovénie, Croatie, Serbie, Bosnie-Herzégovine. La liste des institutions et établissements visités en dit long sur mon appétit d'observation : Ljubljana, Split, Šibenik, Zadar, Nin, Rijeka et, bien entendu, Belgrade. Avec quelques collègues français présents au congrès – Jacques Briard,

Jean-Pierre Mohen, Louis-René Nougier, Roger Grosjean – nous allâmes visiter cet étonnant site de Lepenski Vir – avec ses singuliers blocs sculptés à gueule de poisson – unique dans la préhistoire européenne. Ce curieux établissement, avec ses aménagements trapézoïdaux et ses sépultures, avait été fouillé par D. Srejović dans le cadre d'un sauvetage lié à l'exhaussement des eaux du Danube dans le secteur des Portes de Fer. Nous avions loué deux voitures dont l'une eut un accident dès la sortie de Belgrade. L'affaire débutait mal. Nous finîmes pourtant, après avoir emprunté des routes compliquées qui parfois faisaient cause commune avec la voie ferrée – ce qui n'était guère rassurant – par arriver à un débarcadère du Danube. Là, il fallait monter dans deux petites embarcations, chacune manœuvrée à la rame par un pêcheur, pour gagner le site un peu à l'amont. Or l'un des deux autochtones était ivre, ne cessait de rire, ce qui ne nous tranquillisait guère. Au retour, le courant du fleuve était tel que le tangage reprit de plus belle : lors d'un faux mouvement, Jacques Briard fut délesté de sa pellicule des photographies qu'il venait de prendre – elle fut engloutie instantanément par les eaux.

C'est lors d'une visite du site de Vinça caractérisé par son impressionnante coupe stratigraphique que, dans le car qui nous ramenait vers Belgrade, Henry de Lumley m'apprit que le prochain congrès de l'UISPP se tiendrait en France, à Nice, en 1976. La préparation d'un forum de cette envergure doit s'amorcer très à l'amont. La coutume veut que le pays invitant offre à ses hôtes un panorama de l'état des recherches les plus récentes réalisées sur son territoire. Il fallait donc se mettre tôt au travail si l'on voulait tenir les délais. L'idée d'une somme qui serait le reflet des connaissances sur la préhistoire de l'Hexagone prit corps. H. de Lumley, pressenti pour être le secrétaire général du congrès – en fait, sa cheville ouvrière, le président étant confiné dans une position plus honorifique – me proposa de gérer l'ouvrage consacré au Néolithique et aux Âges des métaux. Nous étions jeunes : j'avais 34 ans, lui 37. Nous lancer dans cette aventure qui supposait la participation de nombreux collaborateurs, dont certains étaient des universitaires chevronnés d'une autre génération, risquait d'occasionner des grincements de dents. Il y en eut en effet mais la dynamique d'entraînement fut la plus forte. Les trois ouvrages que le CNRS publia en 1976 sous le titre *La Préhistoire française* sont reconnus aujourd'hui comme un moment fort de la bibliographie historiographique[5].

Leur conception même peut être discutée. Notre souhait était d'abord de faire une bonne place aux recherches environnementales qui étaient alors en pleine ascension et qui n'avaient pratiquement jamais eu – dans les ouvrages sur le Néolithique et la protohistoire notamment – la place qu'elles méritaient. En ce sens, les chapitres qui leur furent consacrés innovaient. Ensuite, l'essentiel des présentations se fit dans une perspective régionale afin de souligner la grande diversité culturelle des diverses parties de l'Hexagone. Sans négliger certaines questions traitées à une échelle plus générale, cette somme se présente comme une sorte de mosaïque des cultures pré et protohistoriques perçues au gré des spécificités de chaque région, en respectant un certain équilibre entre celles-ci (et entre les auteurs !). On a parfois critiqué ce découpage qui, en multipliant les angles de vision, empêchait de dégager des phénomènes de portée plus générale. Je pense qu'à cette époque les temps n'étaient pas encore mûrs pour, compte tenu de l'avancement des recherches en France, aborder des questions de plus haut niveau. Le tout récent ouvrage *La Protohistoire de la France* que j'ai codirigé avec D. Garcia[6], aborde des problèmes plus globaux, corrigeant ainsi, plus de quarante ans après, certains manques de *La Préhistoire française*.

Corriger une recherche imparfaite : l'intégration des sciences de l'environnement

Mon insertion au cœur des pratiques archéologiques s'était finalement très bien passée. J'étais reconnu comme un bon connaisseur des problèmes et des matériaux du Néolithique et de l'Âge du bronze. Pourtant, être un spécialiste apprécié des styles céramiques ou des outils de bronze me laissait une impression d'inachevé, de frustration. Était-ce bien là l'objectif que je m'étais fixé dans mes rêves de devenir un jour archéologue ? Revenons en arrière. Quand j'avais pris conscience que l'étude du Néolithique était celle du premier monde paysan, j'avais pensé que c'était là matière à investir, à me motiver. J'avais vécu dans mon enfance et mon adolescence auprès des terriens des Corbières à une époque où les techniques étaient encore largement manuelles. Me plonger dans ce que l'archéologie pouvait dire des origines de ce monde ne pouvait que m'intéresser. Et cela d'autant que, dans le courant des années 1950, la mécanisation, les remembrements, les crises économiques contribuaient à déstabiliser à tel point les populations rurales qu'on n'hésitait plus à évoquer « la fin des paysans ». Raison de plus pour en décrypter les origines dans une perspective de temps long ! Il est vrai que la matérialité des outils, le calendrier agricole et ses impératifs, « les travaux et les jours », les espaces exploités et les jachères, les semailles et les moissons, le travail de la vigne et tant d'autres choses s'étaient offerts à mes yeux d'enfant. Tout cela créait en moi une insatisfaction. Insatisfaction d'autant plus profonde que les approches naturalistes existaient et pouvaient fort bien combler ce manque. D'autres pays avaient fait la démonstration de l'intérêt des sciences de l'environnement dans l'analyse des sociétés anciennes. En France, la défiance régnait. Les paléoécologistes se méfiaient de la validité des sites archéologiques, trop perturbés par l'action de l'homme, pensaient-ils. Les néolithiciens se contentaient le plus souvent de déterminations fauniques d'animaux domestiques ou chassés et c'était tout.

J'avoue avoir éprouvé une certaine déception lorsque je me suis rendu compte que l'archéologie du Néolithique se résumait – à mes débuts – à des classifications de silex et de haches polies, à la typologie de récipients (dont je m'étais fait une spécialité), à la description de parures et d'atouts extraits des sépultures de l'époque. Comment reconstituer l'étroit rapport de l'homme à son environnement, les péripéties de ce face-à-face, cette socialisation de la nature amorcée par les premiers agriculteurs ? L'archéologie de mon pays ne répondait pas à ces interrogations. Elle avait focalisé ses approches sur les caractères de l'habitat et, plus encore, sur les tombes des populations anciennes. La dimension spatiale des interventions humaines sur le milieu était restée étrangère. Or l'histoire du Néolithique c'est d'abord celle de l'anthropisation de l'espace, de l'implication des communautés dans l'artificialisation du paysage et cela dans le but premier de se nourrir et donc de subsister. Il fallait évidemment faire appel aux sciences de la nature pour combler cette désespérante lacune mais aussi faire bouger de l'intérieur les rigidités de la discipline, bien installée dans les systèmes typologiques construits à partir de la documentation des habitats et des nécropoles. En un mot, faire considérer l'environnement, l'espace « hors site* », comme un objet de recherche archéologique à part entière.

Je me suis investi dans cette entreprise avec les moyens dont je disposais : en plaidant pour le recrutement d'environnementalistes au Comité national du CNRS où je siégeais, mais surtout en intégrant à mes propres recherches des équipes de naturalistes intéressés par le thème de l'anthropisation. La montée en puissance progressive, bien que trop lente à mon goût, des sciences de la nature appliquées à l'archéologie au cours des années 1970 et, de ce fait, le décloisonnement des relations entre archéologues et environnementalistes allaient amorcer un éveil.

Ballon d'essai

Mon premier ballon d'essai pour appliquer l'étude de l'environnement à un site néolithique fut l'abri Jean-Cros, un petit auvent des Corbières qui s'ouvre à 500 mètres d'altitude dans un cadre aujourd'hui désertifié et livré aux bois et aux sangliers. Ce plateau fut pourtant largement exploité jusqu'au XIXᵉ siècle grâce à l'élevage ovin et aux coupes forestières. Des ruines de bergeries y sont çà et là visibles. Toutes ces installations n'ont pas résisté aux conditions de vie difficiles, au manque d'eau et à l'exode rural des débuts du XXᵉ siècle. L'abri, fouillé entre 1963 et 1968, fut fréquenté au Néolithique ancien par de petits groupes humains tirant parti de l'élevage ovin et de la chasse aux sangliers. Des études de sédiments, des analyses palynologiques* (portant sur des pollens), la détermination de charbons de bois fossiles (anthracologie*), des recherches malacologiques* conduites sur des mollusques terrestres, suggèrent un milieu boisé dominé par le chêne pubescent. La sédimentation évoque un climat de type océanique, caractérisé par des pluies fines et fréquentes. Le climat méditerranéen, avec ses saisons plus contrastées, n'était pas encore en place[7].

Mais l'abri Jean-Cros ne nous livrait qu'un instantané, un moment du premier Néolithique. Pour bien mesurer l'action de l'homme sur le milieu, il fallait disposer d'un gisement à longue durée d'occupation. C'est l'abri de Font-Juvénal à Conques-sur-Orbiel, sur le versant méridional de la Montagne Noire, qui allait me permettre de séquencer les étapes successives de la « socialisation » du milieu naturel dans une recherche conduite lors des

années 1970. Avec une accumulation sédimentaire de 6 à 7 mètres
de puissance, se trouvaient là fossilisés les restes d'occupation des
débuts du Néolithique jusqu'au plein Âge du bronze, avec même
des incursions de l'Âge du fer et du « Petit Âge glaciaire » médiéval
et moderne. La conjonction des sciences naturelles (anthracologie, palynologie, carpologie*, malacologie, etc.) et des sciences de
l'archéologie allait permettre de brosser dans la longue durée les
transformations du paysage, la part de l'exploitation du milieu
forestier ambiant, voire les changements de statut du site au fil
du temps. La pluridisciplinarité était bien en marche mais posait
d'autres problèmes sur le champ couvert par toutes les disciplines
sollicitées : certaines apportaient des éléments sur l'abri et ses
environs immédiats, d'autres sur un rayon plus large, d'autres
enfin sur un espace plus lointain encore. L'interprétation de toutes
ces données montrait la complexité de l'approche écologique et
enrichissait les débats.

L'étroite fréquentation des naturalistes associés à mes recherches
me donna l'idée, bien des années après, de publier un ouvrage
transpériodes qui ferait le point sur les divers angles d'attaque
susceptibles de documenter les transformations du milieu imputables aux interventions humaines. C'était une façon de montrer les liens désormais noués entre approches archéologiques
et environnementales appliquées aux périodes protohistoriques
sensu lato (à compter du Néolithique) et historiques. Ainsi prit
corps *Pour une archéologie agraire*[8]. L'archéologie, à côté de ses
approches classiques (traces de parcellaires, de champs, de labours,
outils agricoles, prospections aériennes et télédétection des structures), y développait quelques pistes novatrices : typologie des
terroirs médiévaux, murs et enclos de pierres sèches, phytohisto-
rique de la haie vive, paysages ruraux et techniques agricoles du
XVIIe au XIXe siècle, apports de l'expérimentation. Les marqueurs
sédimentaires ou végétaux de l'anthropisation (fumiers, scories

agropastorales, etc.), la formation et l'érosion des sols, les pollens, charbons de bois et microfaune comme miroirs de l'environnement humanisé, y tenaient une bonne place. Parmi les nombreux exemples illustrant ces processus, beaucoup étaient pris parmi mes propres gisements : Gazel, Font-Juvénal, Roquemengarde (France), Balma Margineda (Andorre), Torre Sabea et Trasano (Italie).

L'ascension rapide de l'archéologie préventive dans la dernière décennie du XXe siècle allait, grâce à l'étude tant souhaitée du « hors site », entraîner un élargissement salutaire de la documentation. Dix ans après notre manifeste *Pour une archéologie agraire*, il était devenu nécessaire de refaire une mise au point. Je pris donc la tête d'un numéro de la revue *Études rurales* que j'intitulai, parodiant Braudel, « La très longue durée » pour montrer en Occident ou ailleurs l'amplitude temporelle de l'histoire des campagnes[9].

Dès 1976, j'avais fondé à Toulouse les éditions Archives d'écologie préhistorique, dont l'intitulé voulait refléter cette alliance entre archéologie et reconstitution des environnements anciens. Quarante ans et plus ont passé et la vitalité des publications parues sous ce sigle témoigne du succès de l'entreprise.

Cet intérêt pour l'analyse des impacts humains sur l'environnement ne m'a jamais quitté. Entre 1990 et 1995 j'ai dirigé, en étroite collaboration avec P. Ambert, un programme de carottages dans un ensemble de dépressions fermées, situées entre Carcassonne et la Méditerranée. Il existait en effet le long de cet axe, à travers le Minervois et le Narbonnais, de nombreux étangs demeurés marécageux, ou, très souvent, drainés artificiellement. Leur sédimention, plus ou moins accusée selon leur morphologie, constitue un bon réservoir d'informations sur l'évolution des environnements fossilisés au fur et à mesure de leur comblement. Quinze cuvettes et étangs ont ainsi fait l'objet de forages, les résultats les plus intéressants concernant les sites côtiers (Capestang, Ouveillan, Peyriac-de-Mer, Petit-Castelou). Ces travaux ont montré le poids grandissant de l'homme sur les milieux naturels à compter du Néolithique.

À la tête d'un programme
sur la ruralité pyrénéenne

Revenons au début des années 1970. J'allais être bientôt sollicité pour prendre la tête d'un grand programme de recherche à caractère essentiellement anthropologique et ethnologique que le CNRS souhaitait mener dans le cadre géographique des Pyrénées. Je sortais là de ma propre discipline. Mais cela n'était pas pour me déplaire : j'avais approché ces matières à l'université et m'ouvrir à d'autres horizons ne pouvait que m'enrichir. Pourquoi les Pyrénées ? Les effets de la décolonisation, lors des années 1960, avaient conduit certains anthropologues, pour qui se fermaient les terrains exotiques, à se demander si quelques régions de France, jusqu'ici peu étudiées, ne se prêtaient pas à des enquêtes de ce type. Une reconversion sur l'ethnologie de la France s'amorçait qui allait braquer les projecteurs sur des populations ignorées de l'Hexagone. Le CNRS accompagna ce mouvement en finançant des Recherches coopératives sur programme (ou RCP). Deux eurent une perspective essentiellement ethnologique : l'Aubrac, le Châtillonnais. Une troisième eut à ses débuts une ambition davantage tournée vers l'anthropologie physique et la démographie avant d'évoluer vers la sociologie, il s'agit de Plozevet. Le quatrième de ces grands programmes fut la RCP « Pyrénées » dont j'allais assumer pendant six ans (1973-1978) la direction. La problématique de départ était plutôt biologique : subsistait-il dans certaines vallées montagnardes, en apparence fermées aux influences extérieures, des populations constituant des sortes d'isolats, un concept alors en vogue en démographie comme en anthropologie ? C'est Jacques Ruffié qui en avait lancé l'idée. Il apparut vite qu'une telle orientation ne pouvait exclure les sciences humaines. L'enquête finalement retenue puisait son originalité dans la volonté de formuler une définition des groupes biologiques et culturels pyrénéens dans leur environnement propre et dans une perspective historique la plus large.

Il n'était pas question ici de se limiter à un seul terrain d'enquête mais d'investiguer dans plusieurs « zones témoins », sélectionnées assez largement et implantées sur un espace de plus de 300 kilomètres. Cinq aires géographiques furent donc retenues : le pays de Sault, le Capcir, la vallée de Barèges, la vallée de l'Ouzom, le Pays basque. Il s'agissait en fait de cinq programmes distincts, fonctionnant séparément, mais fusionnés en une problématique commune. L'objectif consistait au final à cerner le concept de « communauté pyrénéenne » à travers de nombreuses disciplines intervenant dans la recherche : pré- et protohistoire, anthropologie physique, ethnologie, linguistique, démographie, écologie, psychologie sociale, histoire. Pour définir la notion de « communauté », l'on souhaitait faire appel au repérage de seuils et de distances, notions alors en cours d'élaboration dans diverses disciplines (génétique, géographie, psychologie sociale, dialectologie, etc.). Tout cela visait à définir des unités humaines dans l'espace par amalgame de tous les niveaux à l'œuvre, du biologique au culturel, tout en prenant en compte les données de la microgéographie, de l'écologie, de l'histoire. N'oublions pas que le maître mot était alors celui de pluridisciplinarité. Un thème transversal, plus général, portait sur l'évolution du milieu – et notamment le milieu forestier – sous le double effet des facteurs naturels et anthropiques.

C'est d'ailleurs ce dernier thème qui, conduit à la fois par des naturalistes et des historiens, a été le mieux couvert bien que dans des directions différentes : évolution de la végétation des Pyrénées de l'Est au cours des dix derniers millénaires, effet de la radioactivité sur les végétaux, histoire de la forêt sous l'Ancien Régime...

S'agissant du thème central – la communauté –, toutes les disciplines impliquées ont contribué par leurs réflexions au projet. Pour autant, la définition synthétique envisagée n'est jamais venue. Il eût fallu, pour cela, dans chaque discipline établir des seuils, puis par un système de grilles et de matrices, croiser l'ensemble de ces données afin d'aboutir à un modèle intégrant celles du versant historico-culturel et celles du versant biologique. Mais si chaque discipline peut élaborer des seuils, la confrontation entre domaines différents nous a paru hors de portée. Par ailleurs, l'outil informatique, qui aurait pu nous aider dans ce genre de démarche, n'était pas alors disponible. Surtout, nous avons bien mesuré que la plasticité de l'espèce humaine est telle que la cohérence d'une population sous un éclairage donné s'évanouit, s'abolit, dès qu'on l'envisage sous un autre angle.

Une autre leçon de cette expérience a concerné le concept d'« isolat », théorie alors très à la mode. Or le couplage de la démographie, de la génétique et de l'anthropologie sociale nous a montré, à partir de divers exemples, que si l'endogamie villageoise était repérable, l'isolement total était un leurre. Ainsi, à compter du XVIIIe siècle, certains villages du pays de Sault montrent-ils des liens privilégiés dans le choix du conjoint ; de même la conjoncture a pu favoriser, à certains moments, le coefficient de consanguinité de certaines localités. Pour autant, la distance génétique entre ces villages est restée faible, d'où la difficulté de les isoler les uns des autres de manière significative. En archéologie plus particulièrement, la notion d'isolement culturel, fût-ce en milieu montagnard ou réfractaire, reste très relative. D'autre part, vouloir faire coller la culture matérielle avec les faits historiques ou linguistiques, voire avec les données anthropobiologiques, risque d'aboutir à une impasse ou à des simplifications abusives.

Finalement, c'est en pays de Sault, sur lequel ont porté les principaux efforts du programme, que les résultats ont été les plus déterminants : des carottages de tourbières, la fouille archéologique de deux sites préhistoriques (Belvis et Dourgne), les études démographiques du Moyen Âge à aujourd'hui ont livré un aperçu de l'évolution des populations dans le temps et l'espace. Ces populations elles-mêmes ont été finement analysées selon plusieurs optiques : anthropologie morphologique (stature, poids, mensurations du corps et des membres, mensurations céphaliques, dermatoglyphes), reconstitution des familles, incidence du choix du conjoint sur le patrimoine génétique, études hémotypologiques visant à définir des facteurs héréditaires à partir des marqueurs sanguins, études épidémiologiques[10]. Le champ culturel a porté sur de multiples facettes : fertilité des femmes, mortalité, émigration, structure des ménages, ethnologie de l'alimentation, systèmes de parenté, sociabilité masculine, mutations de l'oralité (occitan), alphabétisation, goûts musicaux, ressenti de l'identité villageoise, intégration étatique.

De très nombreuses publications ont vu le jour à la suite de ces enquêtes dont beaucoup portaient sur des sujets neufs et ouvraient sur un renouvellement des approches méthodologiques dans certains domaines. Mais ce programme fut surtout une aventure intellectuelle, un espace de camaraderie, un vivier de jeunes chercheurs qui allait irriguer les milieux du CNRS et de l'université.

Pendant six ans, Christiane et moi avons assumé la gestion administrative et financière de cette opération, labeur d'autant plus compliqué en raison du nombre élevé des participants et de l'émiettement des crédits. Il fallait aussi faire le lien entre les diverses interventions, assurer la cohésion d'ensemble du programme. Le CNRS eut conscience de la lourdeur de l'investissement qui était le mien alors que, parallèlement, je poursuivais mes recherches archéologiques sur d'autres terrains. Tout cela fut pris en compte. Je fus promu « maître de recherche » (on dirait aujourd'hui directeur de recherche) le 1er janvier 1974. Je venais d'avoir 37 ans.

CHAPITRE 5

De la pratique archéologique

À ce stade du récit, je souhaite évoquer la manière dont j'ai pratiqué l'archéologie protohistorique. Ce faisant, je tenterai de réfléchir sur la discipline et sur la façon dont, pour ce qui me concerne, j'ai conçu son approche. Point n'est question de proposer ici un quelconque modèle, un brevet de méthode. Car, et heureusement, il existe bien d'autres moyens de cultiver cet art et d'y trouver satisfaction. Et cela d'autant que de nombreuses sciences ont aujourd'hui investi le champ de l'archéologie, chacune selon sa propre démarche. On ne tirera donc aucune leçon de l'exposé qui va suivre. Il s'agit, plus modestement, de quelques lignes d'un parcours individuel et de l'évocation des acteurs avec lesquels il s'est accompli.

J'ai été, ont dit certains collègues, un « activiste du terrain ». Soit. Mais pas seulement. Le ponctuel a ses limites. Les visions globales, les scénarios historiques ont aussi le charme des grandes fresques qui tentent de pénétrer, à un autre niveau, la complexité des phénomènes. J'ai été marqué tôt par cette empreinte braudélienne que j'ai tenté, à mon échelle, d'intégrer à ma vision de la Méditerranée ancienne. Suivent donc quelques réflexions sur ce singulier binôme disciplinaire qui puise sa documentation dans le particulier, la culture du détail, le monographique mais dont l'objectif est, à l'autre pôle, de rassembler des données éparses pour tenter de penser le processus, la globalité, voire l'universel.

Lire le sol, creuser la terre

Comme tout passionné, j'ai débuté le terrain par des prospections, toutes périodes confondues. Dès qu'un espace cultivé venait de faire l'objet d'un défonçage profond par des machines agricoles, j'accourais. Ces sous-solages font en effet remonter à la surface des masses de sédiments (et parfois des vestiges) n'ayant jamais subi l'action érosive de labours régulièrement répétés. On ne fait pas systématiquement de trouvailles. Mais il n'est pas rare que les lames des engins ramènent à l'air libre silex, tessons, ossements, etc. J'ai aussi découvert des sites en prospectant des terrains ayant longtemps été pâturés par des troupeaux ou voués à des travaux agricoles légers. Ces espaces ayant été tôt abandonnés, en raison de leur faible rendement et de la presque disparition des élevages ovins, présentaient la particularité de ne posséder qu'une très faible couverture végétale dans les années 1960. On y repérait facilement les silex dont la couleur originelle avait viré au blanc. La prospection en ces lieux, un demi-siècle et plus après mes ramassages, est devenue quasiment impossible : la végétation a tout envahi.

L'observation de surface a aussi ses limites. Des vestiges de périodes très diverses y sont mêlés. Dans le sud de la France, pays de vieilles terres agricoles, un labour peut très bien, en un lieu longtemps occupé, mettre au jour des silex paléolithiques ou néolithiques, des morceaux de tuiles romaines ou des fragments de cruches médiévales. Même si la récolte se borne à des restes néolithiques, rien ne dit qu'ils relèvent d'une unique et même période.

La prospection permet donc le repérage de sites. La photographie aérienne a longtemps été un autre atout en la matière. Je ne l'ai jamais pratiquée mais, dans notre équipe toulousaine, d'autres collègues (F. Claustre, J. Vaquer) y ont eu recours. Aujourd'hui, grâce à Google, enceintes, fossés ou autres aménagements protohistoriques peuvent être détectés sur l'écran de l'ordinateur sans qu'il soit nécessaire d'avaler des kilomètres à pied à travers champs.

Il n'est pas rare, lors d'une conférence auprès d'un large public, de s'entendre poser la question suivante : « Mais comment faites-vous pour découvrir des sites préhistoriques ? » La réponse est simple. Dans les régions calcaires, les recherches ont longtemps été focalisées sur les grottes et les abris. Tout simplement parce que les humains sont allés chercher refuge dans ces antres naturels. Et cela, à toutes les époques, depuis le plus lointain Paléolithique. Campements provisoires ou répétitifs, asiles pour bergers et troupeaux, espaces de relégation pour défunts, lieux attirant visiteurs ou curieux en raison de leur configuration ou de leur étrangeté, les cavernes, même les plus restreintes ont, pour les raisons les plus diverses, capté l'attention. Cela explique cette « ruée vers les grottes » qui a caractérisé les premiers temps de la recherche préhistorique et qui a souvent engendré de véritables saccages à une époque où n'existait nulle législation contraignante.

J'ai dit plus haut comment les prospections pédestres permettaient d'identifier les gisements de plein air. Il n'est pas toujours nécessaire de parcourir péniblement des hectares de labour. À distance et à condition d'avoir quelque pratique, un simple coup d'œil permet de localiser une zone potentiellement intéressante, s'il ne s'agit pas d'une anomalie géologique. Une tache plus brune ou rougeâtre révélera un sédiment anthropisé ou modifié par quelque combustion et c'est là qu'il faut aller voir. Comme le géologue, l'archéologue est donc d'abord un lecteur des couleurs du sol.

La prospection n'est finalement qu'un stade préliminaire. Le vrai travail de terrain, c'est la fouille. Je l'ai beaucoup pratiquée et dans des contextes divers. Longtemps, dans les années 1960 et début 1970, dans des cavités ou sous des auvents. C'était en effet une étape de la recherche où il était de mise de définir les caractères matériels des cultures néolithiques, de juger de leur évolution interne et de cerner la façon dont elles disparaissaient ou se transformaient. On vivait sous l'envoûtement du modèle « Arene Candide », cette caverne ligure où L. Bernabo Brea avait démontré, à la faveur d'une stratigraphie dilatée, la succession de plusieurs horizons temporels. C'était aussi un moment où les crédits limités octroyés par le ministère de la Culture ne permettaient pas d'engager des travaux de grande envergure spatiale. On faisait donc du « qualitatif stratigraphique ». Mais, dans le souci de ne rien laisser dans l'ombre, ce fut aussi la période où les sciences de l'environnement furent étroitement associées aux travaux des néolithiciens méridionaux : palynologie, anthracologie, malacologie, microfaune, etc. Il n'est pas innocent que les premiers pas en France de l'anthracologie, étude des charbons de bois fossiles, et de la carpologie, celle des graines et semences préhistoriques, soient dus à deux chercheurs montpelliérains : Jean-Louis Vernet et Jean Erroux.

Vers le milieu des années 1970, le cadre chrono-culturel du Néolithique méridional était globalement fixé : entre le VIᵉ et le IIIᵉ millénaire avant notre ère. La recherche de terrain s'est alors naturellement orientée vers les sites de plein air. En dehors d'une recherche en Andorre où mes travaux ont concerné un gisement stratifié sous abri (La Balma de la Margineda), je n'ai dès lors fait que « du plein air », non seulement en France (Carsac, Roquemengarde, Médor, Pont de Roque-Haute, Ribos de Bila, Rocher du Causse) mais aussi à l'étranger. Car cette inflexion est allée de pair avec de nouvelles préoccupations. D'abord le souci d'élargir géographiquement l'emprise de mes expériences de terrain : ce furent successivement l'Espagne, l'Andorre, l'Italie, Chypre, puis un programme en Grèce. Parallèlement, mes problématiques paléoenvironnementales me poussaient à étudier des gisements contrastés sous l'angle écologique. L'objectif était d'approcher d'éventuelles différences dans la façon dont les premières sociétés d'agriculteurs avaient colonisé et exploité des espaces fortement différenciés. Ainsi furent étudiés des sites côtiers afin de voir comment pouvaient se concilier production et prédation, c'est-à-dire la nouvelle économie agricole et la poursuite d'activités traditionnelles de ressources marines. Examiner aussi la façon dont les localités s'étaient implantées en regard des contraintes posées par l'évolution naturelle du littoral et la remontée progressive du niveau marin : Leucate-Corrège (Aude), Pont de Roque-Haute (Hérault), Torre Sabea (Pouilles, Italie), Sidari (Corfou, Grèce). La conquête des terres intérieures, à des distances variables en regard des emprises côtières, fut approchée à partir des stratigraphies audoises déjà analysées (grotte Gazel, abri de Font-Juvénal) mais s'exerça également à partir d'opérations de terrain variées : La Poste-Vieille (Pezens, Aude), Roquemengarde (Saint-Pons-de-Mauchiens, Hérault), Trasano (Italie), Shillourokambos (Chypre). En revanche, les questions de la néolithisation montagnarde ne peuvent être traitées qu'à partir de gisements d'abris : Dourgne en pays de Sault et La Balma de la Margineda en Andorre. L'analyse que menait parallèlement Guy Jalut dans les Pyrénées de l'Est permettait d'évaluer les premiers impacts humains correspondants sur le paysage ambiant.

Fouiller est une activité de patience, donc longue, fastidieuse en raison des contraintes de l'enregistrement méthodique des éléments observés à la fouille. Vestiges divers, restes de faune, pierres réparties sur le sol, aménagées ou non, charbons, etc. tout cela était relevé en trois dimensions (abscisse, ordonnée, altitude) sur un listing et complété par dessin sur papier millimétré, voire par photographie. C'était ainsi que l'on fonctionnait. Aussi la

direction d'un chantier est-elle physiquement éprouvante, stressante lorsqu'on a à gérer à la fois la conduite du terrain, l'archivage des notes de fouilles et la logistique de l'équipe. Fouiller,
c'est un peu livrer une bataille. Il y a le temps de la préparation
(scientifique et pratique), celui du déroulement de l'action pendant plusieurs semaines, enfin le moment de la fermeture qui
n'est pas le moindre (démontage du chantier, classement des
informations). Puis viendra le rapport à écrire pour l'administration. J'ai accompli cet exercice tout au long de ma carrière
à raison parfois de plusieurs opérations annuelles sans gémir
en dépit de problèmes en tout genre : la jubilation l'a toujours
emporté sur la fatigue et l'abattement.

Le terrain,
premier laboratoire de l'archéologue

Être archéologue, c'est d'abord avoir un contact direct avec la
pratique du métier. C'est saisir la difficulté qu'implique la lecture
des sols et des coupes stratigraphiques, clés de toute chronologie
relative. Mais c'est surtout une école d'humilité. L'archéologue a
toujours, dans sa tête, des thèmes, des thèses qu'on lui a enseignés,
qu'il a lus ou qu'il a lui-même échafaudés et qu'il aimerait bien
que ses expériences de terrain viennent confirmer, voire amplifier.
Hélas, la fouille est souvent rebelle : elle apporte une vision différente, elle nuance, parfois même elle contredit les idées reçues.
Cela n'est pas pour autant négatif. Le terrain peut ainsi mettre
le chercheur sur une autre piste, sur un autre angle d'attaque
pour repenser une question en débat et ouvrir ainsi une nouvelle
hypothèse, plus enrichissante. Il a aussi l'avantage d'apporter des
données fraîches, neuves, dont il faudra désormais tenir compte
dans l'examen d'une question.

Mais je pense surtout que le terrain incite l'archéologue à la prudence dans les interprétations. Il le pousse à ne pas en faire trop en matière de spéculation. Dans tout colloque traitant de sujets qui me sont proches, je perçois immédiatement l'instant où un orateur, après la présentation des faits, « décolle » pour passer au stade interprétatif. J'en mesure d'autant plus le fossé, la marge qui sépare l'accumulation documentaire de la thèse qui en est proposée. Précisément, cet intervalle subtil entre les données et la construction historique ou ethnographique qui en résulte est le nœud capital. C'est là que se joue toute la crédibilité de l'hypothèse. Et un praticien de terrain sera toujours mieux armé qu'un pur esprit pour apprécier le lien entre le fait brut et son interprétation.

Je n'ai pas oublié la maxime de Louis Méroc : « Qui n'a pas fouillé bas, ne peut que bafouiller. » Elle date certes d'un temps où la fouille était considérée comme l'action primordiale, la clé de tout. C'était une époque où l'on se méfiait des « discoureurs », où la discipline préhistorique, venue tout droit des sciences naturelles, était d'abord une pratique d'observation, de classification, de mise en ordre typologique et chronologique. Elle se gardait des hypothèses, elle cherchait surtout des preuves.

Cette démarche, heureusement, n'a pas disparu mais elle a dû faire place à de nouvelles approches. Et d'abord la montée en puissance des analyses de laboratoire qui ont révolutionné notre savoir en apportant des solutions que la simple fouille, collecte de vestiges, ne pouvait résoudre. Citons-en deux. En premier lieu, la révolution du radiocarbone* qui, outre les précisions de datation, a fait voler en éclats les premiers cadres chronologiques. Plus récemment, la révolution génétique qui met progressivement en place une histoire affinée des peuplements et des mouvements de populations.

D'autre part, les interrogations sur les sociétés du passé, dans une perspective à la fois historique et anthropologique, ont donné naissance à une approche plus théorique, plus réflexive. Cette archéologie plus spéculative, d'abord venue des pays anglo-saxons, s'est confrontée à celle, plus naturaliste, plus « cartésienne » qu'on pratiquait sur le continent, et notamment en France. Y a-t-il alors deux archéologies, l'une fonctionnaliste, l'autre cognitive ? Il faut, me semble-t-il, raison garder et prendre le meilleur des deux.

Après le terrain :
grandeur et misère de la monographie

Au terme de X campagnes, le terrain est terminé, vestiges et prélèvements ont gagné dépôt de fouilles et laboratoires pour y être analysés en vue d'une publication ultérieure. L'objectif idéal en effet est, à terme, la publication qui synthétisera l'ensemble de ce qui a été mis au jour et livrera les conclusions scientifiques de l'opération. La monographie se veut ainsi la restitution à la communauté des chercheurs de la mission dont le responsable a été chargé. À plus large échelle c'est aussi le devoir qui est dû à la collectivité par celui qui a bénéficié des autorisations légales et des crédits issus de l'argent du contribuable.

Or mener à son terme une monographie, telle que celle-ci est conçue aujourd'hui, n'est pas une mince affaire. Il faut réunir autour de soi des chercheurs de spécialités fort diverses, distribuer les responsabilités, veiller à ce que ces partenaires tiennent les délais impartis (c'est le plus difficile), organiser périodiquement des rencontres de discussions et de mises au point, contrôler la cohérence globale de l'ouvrage à venir. Lorsque ce dernier verra enfin le jour, il sera le résultat d'un nombre incalculable de journées passées sur le terrain mais aussi de minutieux travaux de laboratoire et d'exercices de rédaction. Qui n'a pas goûté au couple fouille-monographie ne peut évaluer le labeur dont la publication terminale est le témoin. C'est pourquoi beaucoup de chercheurs s'exonèrent de la monographie, cette dévoreuse de temps, et se contentent de quelques notes synthétiques dressant un résumé de leurs travaux. Mon terrain de l'abri Jean-Cros s'est déroulé entre 1963 et 1968. L'ouvrage qui en a résulté a vu le jour dix ans après…

Le défaut fréquent des archéologues, en privilégiant des opérations successives qui sont autant de fuites en avant, est de rejeter vers un futur sans fin la préparation des publications princeps. Je me souviens d'un jour où, lors d'un conseil supérieur de la recherche archéologique des années 1980, nous avons fait collectivement le constat que beaucoup de chantiers, plutôt bien dotés financièrement et qui engloutissaient chaque année une bonne part des crédits à distribuer, ne donnaient lieu à aucune perspective de publication. J'avais alors proposé de stopper ces opérations, d'accorder à leurs responsables les moyens de préparer leur bilan et, en attendant, de ne pas leur délivrer de nouvelles autorisations d'intervention. Afin de ne blesser personne, je plaidais moi-même coupable et me mis dans le lot des « inculpés ». Je fus à peu près le seul à défendre cette option. Tous mes collègues ne pouvaient se résigner à passer la bonne saison sans fouiller. Car la fouille est une sorte de drogue indispensable chez beaucoup d'archéologues : c'est le temps où le directeur de chantier se sent investi d'un statut particulier, le guide d'une collectivité qu'il conduit, voire impressionne par son savoir (surtout lorsque l'équipe est composée d'étudiant(e)s). Lui enlever cette primauté pour l'enfermer dans un bureau devant une feuille blanche lui est insupportable. Il serait intéressant d'évaluer, au cours des cinquante dernières années, le nombre de fouilles programmées (et bien entendu le niveau de leur dotation) qui n'ont jamais débouché sur des monographies. Ces réflexions, je l'avoue, sont un peu datées. Elles me sont inspirées par une époque où toute fouille était subventionnée par le seul ministère de la Culture. Depuis, les temps ont changé ! Les interventions de sauvetage, imposées par le rythme galopant des travaux publics ou privés, se sont multipliées. On a énormément fouillé de gisements. De sorte que je n'ose plus aborder la question de la documentation non exploitée dans des monographies pluridisciplinaires...

Je ne veux nullement me placer ici en donneur de leçons. Si j'ai, pour ma part, cultivé largement le genre de la monographie[1], je ne suis pas venu à bout de la publication de tous mes chantiers. Peut-être en ai-je trop fait ? En tout cas, j'essaie de mon mieux de combler mes arriérés.

Sur l'archéologie : points de vue

Il y a, certes, diverses façons de pratiquer l'archéologie. Restons ici dans la caricature et considérons les pôles extrêmes de la discipline : d'un côté, une archéologie opérationnelle ; de l'autre, une archéologie théorique. La première se donne pour objectif principal la fouille et l'exploitation des matériaux mis au jour. Elle trouve son bonheur dans la découverte de vestiges inédits venant documenter l'état d'une question donnée, confirmant ou infirmant les thèses jusque-là admises, renouvelant progressivement l'état des connaissances par un incessant apport cumulatif. La seconde se complaît dans les grandes questions historiques. Moins sensible à l'accumulation documentaire mais sans la négliger pour autant, elle se veut plus modélisante, plus portée à la résolution de scénarios politiques, plus tentée par des interrogations de haut niveau : les organisations sociales, les pratiques religieuses, le pourquoi et le sens des changements culturels entre autres.

Évidemment, chacune se méfie de l'autre, voire la dénigre tout en sachant leur nécessaire complémentarité. Les archéologues de terrain se gaussent des « intellos », incapables de conduire un chantier de fouilles ou de faire les choix méthodologiques pour aborder l'étude, toujours complexe, d'un site, les accusent de ne pas savoir « lire la terre », de se complaire dans des interrogations purement spéculatives et invérifiables, menant souvent à des impasses.

Les seconds, du haut de leur savoir, affichent quelque mépris pour les tâcherons du terrain, vus comme des « boueux » sans envergure, se gargarisent de leur propre érudition pour avancer des concepts aux énoncés assez abscons, pensent avoir trouvé la dernière hypothèse explicative (la meilleure, bien sûr) qui va rendre obsolètes toutes les précédentes et leur ouvrir toutes grandes les portes de la postérité sans se douter de la déconstruction que va en faire la génération suivante.

J'ai « manié » ces deux types d'archéologie que j'ai volontairement décrits ci-dessus sous un angle quelque peu outrancier. Je pense qu'il s'agit en fait de deux facettes complémentaires d'une même discipline et que l'une ne peut se passer de l'autre et inversement. Les théories, les hypothèses, les constructions intellectuelles sont indispensables pour avancer dans notre compréhension des processus. Mais seul le terrain apporte le fait indiscutable, la preuve tangible, objective (si toutefois l'objectivité a un sens…) de l'échafaudage interprétatif. C'est ce va-et-vient permanent entre, d'un côté le terrain, la documentation en accroissement constant, l'accumulation des données sans cesse enrichies par la multiplication des chantiers et, d'autre part, la réflexion théorique, la remise en question des hypothèses, la proposition de nouvelles idées pour repenser les théories fatiguées, qui fait le sel de la discipline. Ne solliciter qu'un versant m'apparaît frustrant. Je pense que tout archéologue doit fouiller de la même façon que les grands historiens sont tous passés par l'analyse des textes, des compoix, des listes de denrées et de chiffres avant de se lancer dans de plus ou moins larges synthèses. Le chantier, c'est apprendre à mesurer la distance entre une réalité brute, dormante, anonyme et les théories qui courent sur la question. C'est appréhender pleinement l'étendue qui sépare les données de la construction historique sous-jacente, avec l'espoir toujours présent de pouvoir relier positivement les fils des unes à l'autre. Que serait en effet l'amoncellement de vestiges sans un scénario explicatif pour leur donner sens ? Des natures mortes. Il faut un récit historique à l'archéologue pour, précisément, légitimer sa démarche. C'est, *in fine*, son ambition.

Certes, on peut trouver du plaisir sur le terrain, sur les lieux mêmes où le vestige se révèle, naît en quelque sorte et va connaître, grâce à l'opérateur, une nouvelle vie. À l'opposé, on peut éprouver quelque jubilation dans le maniement de concepts qui vous fait entrevoir la possibilité d'une autre hypothèse restée jusque-là inaperçue. Mais jouer sur les deux tableaux me semble plus délectable. On a alors l'impression de tenir les deux bouts d'un fil conducteur. Ne voir dans l'archéologue qu'un gratteur de sol est déprimant mais se contenter de rédiger d'honorables synthèses en manipulant les travaux d'autrui, sans apporter sa propre contribution à l'échafaudage collectif me semble quelque peu illégitime. J'ai connu des archéologues qui ont passé leur vie le nez collé au sol et d'autres qui se sont contentés d'hypothèses passagères ou de simples mises au point. Après tout, si c'était là leur agrément tant mieux pour eux. J'ai, pour ma part, pris autant de plaisir dans l'analyse que dans la synthèse. Je pense que c'est dans cette double position, manuelle et intellectuelle, que l'archéologue peut s'exprimer pleinement. Il n'y trouvera pas qu'un simple bonheur professionnel, il pourra, plaisir ultime, y découvrir une sorte de philosophie, une expérience de vie.

En laboratoire

Les analyses de laboratoire ont progressivement pris une importance capitale dans l'approche archéologique. Leur place n'a cessé de grandir au fur et à mesure de l'émergence de disciplines nouvelles dont l'application à l'étude du passé s'est révélée pertinente. Le paysage transformé par l'action de l'homme est approché par les sciences de l'archéobotanique (palynologie, anthracologie, carpologie) mais aussi par les données de la microfaune (rongeurs, oiseaux) et de la malacologie qui documentent sur la plus ou moins forte ouverture du milieu. Les faunistes nous renseignent sur la part respective de l'élevage et de la chasse, les politiques d'abattage, la composition des troupeaux, la fonction des bêtes (alimentation, reproduction, trait, monte), etc. La chimie ouvre de nouveaux horizons, à partir de l'étude des résidus, sur les boissons (alcools, hydromel), les denrées alimentaires consommées ou l'usage de certains matériaux (cire d'abeille). La pétrographie nous fixe sur les gîtes d'origine de certaines roches nécessaires à la confection d'instruments utilitaires ou de prestige, à la fabrication de marqueurs sociaux de distinction (parures). Les physiciens apportent les précisions chronologiques (radiocarbone, thermoluminescence*, OSL*) indispensables à l'élaboration des scénarios. Toutes ces approches, bien connues des archéologues, sont aujourd'hui incontournables et livrent à l'enquête sur un site ou une culture un lot d'informations dont la rigueur et le détail ne cessent de croître. L'archéologie est devenue une discipline d'interface.

L'objectif n'est pas de multiplier à l'envi les analyses mais de répondre, à un moment donné, à certaines interrogations en suspens. Et de débusquer, derrière le vestige et la batterie d'examens à laquelle il a été soumis, le pourquoi de sa création et l'usage qu'en a fait la société. C'est la raison pour laquelle l'archéologue doit rester, en dernier ressort, le maître du jeu. Quelques exemples illustreront cet énoncé un peu théorique. Les programmes sur la caractérisation des gîtes d'obsidienne, roche volcanique utilisée par les néolithiques dans l'orbe méditerranéen, ont précisé l'origine et la dispersion des produits faits avec ce matériaux depuis les centres émetteurs : Turquie orientale, Cappadoce, Mélos, Lipari, Pantelleria, îles Pontines, Monte Arci. L'essaimage des haches alpines d'apparat aux quatre coins de l'Europe n'a pas seulement révélé l'existence d'axes de diffusion préférentiels : ces réseaux de circulation ont montré en quoi les bénéficiaires de ces pièces « de luxe » dominaient de leur statut d'exception le corps social. On pense à cet effet aux défunts reposant sous les imposants tumulus de la région de Carnac, lesquels bénéficiaient aussi de l'octroi de bijoux de variscite extraite d'affleurements du Sud-Ouest ibérique. Exotisme, originalité et qualité des artefacts : autant de critères propres aux marqueurs de la différence sociale.

Le gain de ces analyses peut modifier en profondeur la construction de certains scénarios historiques. Au début du XXe siècle, un ingénieur belge qui conduisait diverses fouilles dans le sud de l'Espagne, Louis Siret, avait émis l'hypothèse que des influences égyptiennes avaient enrichi les aspects culturels des civilisations espagnoles du IIIe millénaire. Sa thèse reposait alors sur le comparatisme typologique entre monuments et vestiges du nord-est de l'Afrique et données de la péninsule Ibérique. Par la suite, le rejet des thèses diffusionnistes avait fait abandonner totalement ce point de vue. Or de récentes analyses ont bien montré l'exportation depuis le Levant ou l'Ancien Empire égyptien d'ivoire d'éléphants d'Asie jusque dans la région comprise entre Almeria et l'embouchure du Guadalquivir et cela dès 3000-2500 avant notre ère : quelque deux mille ans avant l'expansion phénicienne des liens unissaient donc la Méditerranée de l'Est à

Gibraltar. Et cela, évidemment, au profit des élites qui régnaient alors sur l'espace andalou.

Dans un autre registre, les analyses paléogénétiques sont en train de remettre au goût du jour les vieilles thèses migratoires à travers l'Europe protohistorique du IIIe millénaire, naguère critiquées puis délaissées au profit de simples circulations d'objets. Des mouvements de population depuis l'aire des steppes du sud-est en direction du nord-ouest du continent sont aujourd'hui envisagés par les généticiens. Ceux-ci avancent même l'idée d'une migration massive depuis la basse vallée du Rhin en direction des îles Britanniques, déplacements qui auraient modifié en profondeur la composition de la population d'outre-Manche.

Cette étroite connexion avec des collègues de disciplines voisines susceptibles d'enrichir sinon d'infléchir mes propres réflexions, je n'ai jamais cessé de l'entretenir.

Avec des naturalistes, des anthropobiologistes, des archéologues

Le chercheur ne saurait être un misanthrope. Il vaut mieux qu'il soit doué d'une certaine empathie naturelle. Travailler en solitaire, c'est à terme l'aigrissement, la morosité assurée. J'ai aimé le travail en équipe, seule façon de progresser, de confronter idées et résultats, d'œuvrer en commun sur un projet en tâchant de concilier des opinions discordantes. Débattre doit être un plaisir et non une souffrance. Je pense avoir, tout au long de ma carrière, joué ce jeu collectif de la pluridisciplinarité et avoir beaucoup donné pour en favoriser l'effervescence créatrice. Trois disciplines ont régulièrement été convoquées dans mes approches : l'archéologie, bien sûr, l'anthropobiologie et les sciences de la nature.

Abordons ces dernières. J'ai toujours conçu le Néolithique comme un phénomène d'anthropisation du milieu naturel : l'homme « trafique » aux fins d'exploitation alimentaire son environnement et, ce faisant, le « socialise ». Loin d'être un simple prédateur, il transforme son décor quotidien, le contrôle et le modèle à sa guise. Pour apprécier le degré de modifications qu'il impose ainsi au paysage, le concours de naturalistes dans la recherche m'a constamment paru indispensable[2]. C'est pourquoi j'ai toujours associé des collègues naturalistes à mes expériences de terrain. Quelques-uns m'ont crédité d'un compagnonnage soutenu, chacun dans sa spécialité : analyse des pollens, des charbons de bois fossiles, des sédiments « naturels » ou fortement pollués par les activités humaines, des grandes faunes ou des moindres espèces – rongeurs, oiseaux, escargots, reptiles, etc. –, petites certes mais si sensibles aux perturbations écologiques. La mise en place d'un tel réseau a parfois rencontré quelques difficultés. C'est ainsi que vers la transition des années 1960-1970, il n'était pas toujours facile en France de s'adjoindre la collaboration d'un palynologue (c'est-à-dire le spécialiste qui, derrière son microscope, détermine les pollens des végétaux et reconstitue ainsi les paysages disparus) dans l'analyse de sites archéologiques. Les botanistes se méfiaient en effet des lieux où l'homme avait vécu : ils craignaient que divers remaniements d'origine anthropique rendent leurs résultats contestables. Ils préféraient des milieux supposés non pollués par la présence humaine comme les tourbières ! Au point que j'avais un temps fait appel, par l'intermédiaire de mon ami J. D. Van der Waals, à un palynologue néerlandais réputé, Wilhem Van Zeist, pour conduire un programme sur divers sites de la Montagne Noire. Cette intrusion étrangère ne fut pas du goût des botanistes français... Heureusement Guy Jalut, de l'université Paul-Sabatier, accepta bientôt de partager mes investigations.

Évidemment, la physique a sans cesse été présente dans la construction des chronologies que tout chercheur passe son temps à affiner pour asseoir ses scénarios dans une temporalité la plus fiable possible.

J'ai tôt porté intérêt aux restes humains, si longtemps négligés par les premiers fouilleurs des tombes collectives. Lorsque je débutais, l'anthropologie des restes humains était surtout une discipline métrique. On mesurait des ossements, on en tirait des indices. Les crânes, tout particulièrement, étaient considérés comme la matière « noble » : Raymond Riquet excellait dans ce domaine. La plasticité de l'espèce humaine contribua à montrer la vanité de certaines classifications typologiques. De sorte que la discipline, longtemps confinée dans les laboratoires, décida de s'investir sur le terrain même en essayant d'accorder toute sa place aux gestes funéraires. L'anthropologue devenait dès lors un fouilleur et son approche une science des comportements culturels[3]. À l'époque où il n'était pas encore question d'ADN – nous étions dans les années 1970 –, l'identification des groupes sanguins demeurait la recherche la plus pointue en matière d'étude des populations. Elle s'exprimait pleinement dans les travaux d'Arthur Mourant, de Luca Cavalli-Sforza ou de Jacques Ruffié. J'avais tenté de convertir J. Ruffié, puis Georges Larrouy (ce dernier venait de prendre la direction du Centre d'hémotypologie du CNRS) à essayer de typer des squelettes d'époque médiévale. Si, pensais-je, la démarche était positive sur des sujets âgés seulement de quelques siècles, alors pouvait-on caresser l'espoir d'appliquer la méthode à des individus plus anciens et, notamment, néolithiques. La voie avait été ouverte par des recherches menées à Budapest et à Pise et dont les résultats avaient été jugés positifs. Mais nos tests ont rapidement buté sur la question des contaminations *post mortem* et nous avons abandonné l'enquête. L'ADN allait bientôt rendre obsolète ce genre d'investigations. C'est pourtant sur une extrapolation des marqueurs sanguins que L. Cavalli-Sforza et A. Ammerman ont construit leur théorie de la « vague d'avancée » pour expliquer les mouvements ou les mixages de populations lors de la conquête de l'Europe par les néolithiques. Aujourd'hui les analyses génétiques et génomiques contribuent à préciser de façon spectaculaire l'étude des peuplements, des brassages, des migrations et à écrire ainsi une nouvelle page de l'histoire de l'humanité[4].

Enfin, l'archéologue ne peut se passer d'autres archéologues. Il n'est pas seul sur le terrain. Il est entouré d'une équipe de collaborateurs, en fait des collègues, qui prennent leur part dans la conduite de la fouille, dans la gestion des vestiges mis au jour, et, plus globalement, dans la bonne marche du chantier. Car il ne s'agit pas seulement de décaper des sédiments en équipe : il faut en permanence débattre, nourrir la discussion sur la validité de l'approche, faire des choix, alimenter la controverse, se chamailler parfois ! Très tôt, j'ai associé de jeunes chercheurs à mes travaux avec l'idée constante de promouvoir les meilleurs vers leur professionnalisation. J'ai eu quelques succès dans cette voie. Au fond la recherche fonctionne grâce à un agrégat de bonnes volontés embarquées avec obstination dans la poursuite d'une quête commune.

Publier, éditer

J'ai toujours aimé le livre, le plaisir de tenir une œuvre dans mes mains, d'en feuilleter des pages, de caresser le grain du papier, de m'extasier devant une illustration au trait ou une photographie surannée. Pour avoir vu, dès mon plus jeune âge, travailler au quotidien un imprimeur, l'observer monter les caractères au plomb, actionner ses machines, classer les pages fraîchement pressées, j'ai pris conscience de ce fabuleux moyen de communication. C'était certes une époque encore bien éloignée de l'informatique…

Curieusement, j'ai passé ma vie à travailler sur des civilisations sans écriture. Mais cette dernière m'est apparue très tôt comme le meilleur canal de transmission des résultats de mes recherches. Et la publication archéologique a toujours été, de façon plus générale, au cœur de mes préoccupations. D'abord pour mes premiers travaux avant de me consacrer à ceux des autres. J'ai en effet publié sur place, à Carcassonne, les ouvrages de mes débuts sur les presses d'une imprimerie locale, la maison Gabelle, qui, en son temps, faisait un peu d'édition. Ainsi parurent *La Civilisation ou vase de campaniforme dans les Pyrénées françaises*, *La nécropole de la Clape*, *La Balma de Montbolo* et les Actes du colloque de Narbonne sur le Néolithique du sud de la France (1970). J'avais même lancé une petite série, Atacina, du nom des anciens habitants des rives de l'Aude, les Atacins, et que j'animais avec mon collègue Dominique Sacchi. Dès ma prise en charge de l'antenne de Toulouse de l'École des hautes études, je fondai, afin de publier les travaux de mes collaborateurs et étudiants, les Archives d'écologie préhistorique. Dans les années 1970, l'écologie, au sens de la connaissance de l'environnement, était un terme que la société considérait comme positivement porteur : il fleurait bon l'approfondissement scientifique des milieux anciens ou actuels mais aussi, pour le grand public, un sentiment hédonique de retour à la nature et de délivrance en regard des mégalopoles toujours plus polluées. Commencé avec des moyens limités, la série a bien résisté au temps et est devenue un classique de l'édition pré et protohistorique grâce à l'implication de Claire Manen et Thomas Perrin qui ont multiplié les titres : monographies de sites, synthèses, actes de colloques, thèses, autant de champs couverts. J'en suis assez fier.

Mon passage aux éditions Hachette, dans la décennie 1980, en qualité de directeur d'une collection destinée à un large public, ne retirait rien à mon intérêt pour la publication spécifiquement scientifique. C'est ainsi qu'en 1986 je pris en main et pendant près de neuf ans la direction de la revue du CNRS *Gallia-Préhistoire*. J'évoque ces moments dans d'autres pages du présent livre. Il y eut aussi la participation à de nombreux comités de rédaction ou conseils éditoriaux de revues scientifiques dont je fus ou je suis toujours membre[5].

Mais l'un de mes plus intenses moments éditoriaux fut celui de la publication de mes séminaires du Collège de France. C'est Frédéric Lontcho qui me poussa à éditer chez Errance le contenu de ces réunions : j'éditais ainsi douze volumes comme témoignages de ces rencontres entre les orateurs et le public. J'y reviendrai plus loin.

À travers livres ou notes scientifiques, le chercheur met à la disposition de ses collègues, voire du grand public, les résultats de ses investigations. Mais, dès qu'une certaine notoriété vous distingue, vous êtes sollicité de toutes parts. On vous demande de préfacer des ouvrages et parfois sur des sujets dont vous êtes assez éloigné ! Je me suis souvent prêté de bonne grâce à cet exercice. Vous recevez aussi gracieusement les livres de vos collègues. Le don n'est pas toujours innocent. Celui qui offre espère bien que peut-être vous ferez de son ouvrage un compte rendu (élogieux si possible) dans quelque bonne revue, assurant ainsi à son opus une notable publicité.

Et puis il y a les contributions à des « hommages » en l'honneur de collègues, sommes qui sont offertes à des universitaires ou à des chercheurs proches de leur départ en retraite[6]. C'est une vénérable tradition qui rend heureux le bénéficiaire auquel on fait une ultime fleur. On ne peut guère s'y soustraire surtout si ce collègue a lui-même écrit un texte pour vos propres mélanges. Le seul problème est que ces sollicitations arrivent parfois en même temps dans des périodes de grande saturation. Il faut alors, pour tenir tête, emprunter à vos heures de sommeil. Il y a aussi les recueils d'hommages *post mortem* qui entrent dans le même registre : le récipiendaire n'est malheureusement plus là pour apprécier le geste affectueux de ses amis...

Échos de la mondialisation

La pratique de l'archéologie a beaucoup changé depuis mes débuts dans les années 1950. Jusque vers 1970, en dehors de quelques rares cas d'opérations de sauvetage, il n'y avait en France que des fouilles programmées. Au cours de ces dernières décennies, la montée en flèche de l'archéologie préventive a quelque peu « démonétisé » – c'est le mot – les recherches programmées qui ont toujours souffert d'un manque de moyens, en dépit d'efforts budgétaires certains. Aussi, universitaires ou chercheurs du CNRS préfèrent-ils ouvrir des chantiers à l'étranger considérés comme plus rentables pour leur recherche (mais les réductions des crédits au ministère des Affaires étrangères ont, ces dernières années, un peu freiné les volontés).

J'ai connu un temps où les chercheurs pouvaient prendre leur temps, engranger de nouvelles données apportant d'intéressantes précisions, avant de publier leurs résultats. Aujourd'hui, on publie au plus vite la moindre découverte ou l'analyse toute fraîche car il faut accumuler les publications, si possible dans des revues internationales réputées (pour la plupart éditées dans la sphère anglo-saxonne). Cette course au chiffre de parutions se double d'un aspect archéométrique. L'espace de la recherche archéologique s'est progressivement dilaté avec l'entrée en scène de très nombreuses disciplines (datations isotopiques, géologie, sciences de l'environnement, paléodiète, chimie des matériaux, sciences du climat, paléogénétique, etc.). Autant de matières que l'archéologie a longtemps considérées comme des sciences connexes venant enrichir ses problématiques. Or le territoire de ces études ne cesse de grandir, de sorte que l'archéologue est souvent réduit au rang de simple pourvoyeur de données venant alimenter les questionnements propres à ces disciplines. Il s'en contente souvent en se disant qu'il sera cosignataire dans quelque revue prestigieuse d'un papier dont il n'aura pas écrit la moindre ligne. L'archéologue doit donc impérativement ne pas abandonner les problématiques historiques qui sont les siennes et rester l'arbitre de certaines interrogations.

Reconnaissons aussi que grâce à l'information mondialisée favorisée par Internet, les horizons documentaires se sont largement ouverts. À mes débuts, j'achetais sur mes deniers le maximum d'ouvrages dont j'avais besoin dans mes enquêtes comparatives. Et l'on se construisait un réseau de collègues en pratiquant l'échange de tirés à part. Comme l'on ne pouvait tout acheter, on passait une partie de son temps dans des bibliothèques, générales ou spécialisées, dans lesquelles on élargissait sa propre documentation. Aujourd'hui, les chercheurs ne fréquentent que rarement les bibliothèques qui sont pourtant de magnifiques réservoirs de données. La mise en ligne d'ouvrages et de revues leur évite de se déplacer. De plus, ils organisent un tissu de correspondants travaillant sur les mêmes sujets, se transmettent les fichiers numériques de leurs productions respectives dont ils bâtiront sur ordinateur la bibliothèque virtuelle. Le risque, si on n'élargit pas sans cesse le nombre des intervenants, est de constituer un petit groupe de spécialistes travaillant en vase clos et s'annexant la spécificité d'une problématique particulière en s'autocitant les uns les autres. Certains peuvent se sentir exclus de cénacles trop fermés.

Ces réserves émises, il est certain qu'Internet a contribué à internationaliser la recherche et à faire sauter certaines barrières. Je regrette, bien entendu, que le français n'ait pas accompagné cette évolution et que l'anglais soit aujourd'hui à peu près l'unique vecteur de la transmission scientifique. Faut-il incriminer les politiques qui n'ont pas su (ou pu) pallier cette perte d'influence de notre langue ?

Autre corollaire de l'informatique : la publication papier, toujours plus concurrencée par les articles en ligne. Certes, comme tout chercheur, j'ai donné des contributions à des revues publiant exclusivement sur Internet. Et c'est aussi par ce biais que l'on accède désormais à des publications « prépubliées » et dont le tirage sur papier n'interviendra que de longs mois après. L'objectif est d'aller très vite dans la transmission d'une idée ou d'un résultat. Mais j'ai la fâcheuse habitude de penser que cette préparution virtuelle n'est qu'un sas d'attente et que tant que l'édition papier n'est pas là l'article n'est pas tout à fait publié. J'ai d'ailleurs du mal à mentionner dans mes bibliographies des articles parus seulement en ligne. Déformation due à un trop long compagnonnage avec le livre ? Probablement. Je n'ai pas le sens de l'adaptation technique immédiate...

Un autre aspect de la mondialisation est la multiplication des colloques. Les échanges, les rencontres en sont favorisés. On en arrive parfois à une forme d'engorgement, en raison de la multiplication de réunions portant sur les mêmes thèmes : on y rencontre M. ou Mme X qui vous redébite systématiquement ses thèses ou ses données, déjà passablement entendues. À vouloir être présent partout, se faire voir à tout prix, certains finissent par se croire indispensables sur un sujet donné. Un peu de prise de distance peut créer de l'oxygène pour la communauté. Enfin la cosignature d'articles entre collègues de diverses nationalités, désormais bien développée, est un signe de décloisonnement de la recherche. Cette pratique s'élargit et montre la plasticité, l'interpénétration des acteurs. Elle est un peu en contradiction avec la notion de palmarès scientifique mondial qui, à l'inverse, entretient la compétition entre la production de chaque nation ou université.

Un risque aussi : celui de voir les acteurs de terrain, producteurs de données, se faire « souffler » leurs matériaux, dans le cadre d'une collaboration proposée par des laboratoires (étrangers) à moyens financiers supérieurs, dans un contexte de vastes enquêtes dont ceux-ci sont les maîtres d'œuvre. Les cosignatures sont parfois une façon discutable de rapter les découvertes notables d'autrui. La paléogénomique, notamment, a tendance à devenir le monopole de trusts à gros budgets qui s'arrogent, parfois sous la contrainte, l'exclusivité de certains matériaux. Je ne sais si la science y gagne mais l'éthique peut souffrir de ces excès de « colonisation ».

Archéologie, idéologie, histoire

À quoi sert l'archéologie ? Question souvent posée. À mieux connaître à travers le temps et l'espace l'évolution des façons de vivre, d'échanger, les transformations techniques, les rites de la mort, toutes ces approches fondées sur l'analyse de vestiges matériels. Soit. Mais cette vision « matérialiste » de l'archéologie ne saurait suffire. L'archéologie, c'est aussi un moyen d'écrire l'histoire et, mieux encore, de la penser[7].

On sait que l'archéologie peut carrément s'inscrire en faux contre certaines lectures « officielles » de l'histoire. Ainsi, lorsque les Britanniques ont pris possession de l'Australie et ont légitimé cette annexion en la déclarant territoire désert, il a fallu que l'archéologie atteste la présence sur place de populations autochtones présentes depuis 50 000 ans : une réalité que les colonisateurs tentaient d'anéantir pour faire valoir leurs droits. Les massacres du Rwanda ou de Bosnie, dont les charniers sont fouillés par des archéologues, entraînent une nouvelle écriture de l'histoire, plus objective, plus juste, en la dépolluant de mythes ou de mensonges[8]. Finalement, si l'on brasse l'histoire dans la très longue durée, on s'aperçoit que celle-ci n'a été qu'un constant processus de domination de notre espèce sur elle-même : domination au sein de la cellule familiale, dominations politique, économique, religieuse, sociale.

Or je me suis toujours senti plus proche des dominés que des dominants. J'ai toujours préféré Vercingétorix résistant à César, Trencavel et Bélibaste victimes de l'expansion royale à Saint-Louis, Sitting Bull, symbole des libertés amérindiennes, à Buffalo Bill, Dreyfus injustement condamné à Mercier et A. du Paty de Clam. Peut-être mes origines modestes et provinciales y sont-elles pour quelque chose.

L'une des tâches de l'archéologie est donc de réécrire l'histoire à partir de la vision des dominés, des vaincus. Les mouvements féministes ont courageusement entrepris cette croisade. L'archéologie a fait quelques pas dans ce sens. Ainsi la recherche sur le Moyen Âge, longtemps limitée à l'étude des châteaux et des abbayes, c'est-à-dire des dominants politiques et religieux, a commencé peu à peu à s'intéresser au menu peuple avec le programme de l'EHESS sur les villages désertés ou avec la fouille de Gabrielle Demians d'Archimbaud à Rougiers (Var). Car il est une règle d'or en archéologie et en histoire : aucune période n'est supérieure à une autre. Toutes sont des volets, des pans, de l'histoire humaine et, à ce titre, chacune mérite considération. Certes, toutes ces périodes ne bénéficient pas d'une documentation égale : certaines ont laissé beaucoup de vestiges (souvent en liaison avec le choix des matériaux de construction : pierre d'un côté, bois et argile de l'autre), d'autres moins. Mais ce sont précisément celles qui sont peu documentées qui méritent d'autant plus notre attention pour tenter de surmonter notre ignorance à leur égard. Quand je siégeais au Conseil supérieur de la recherche archéologique, j'avais milité pour que l'on mette tout particulièrement l'accent – et les crédits – sur ces périodes « déficitaires » pour tenter de mieux les comprendre.

Les musées, sortes de vitrines archéologiques de l'Histoire, ont-ils suivi ce mouvement de rééquilibrage ? Je n'en suis pas persuadé. Il me semble en effet que ce moyen d'ouverture vers le public tend à renforcer les périodes les plus connues au détriment de celles que l'on laisse, volontairement ou non, dans l'ombre. Résultat : on ne prête qu'aux riches, la muséographie ne faisant qu'entretenir une vision orientée en survalorisant certaines époques jugées plus « nobles » ou plus importantes que d'autres, ce qui conforte une lecture de l'histoire qui appellerait plutôt un dépassement. Regardez dans le Midi le nombre de musées consacrés à la période romaine : Nice, Fréjus, Arles, Vaison, Nîmes, Javols, Narbonne, Saint-Bertrand-de-Comminges... Et pour y voir systématiquement les mêmes thèmes : la cuisine, les jeux, les échanges, la mort... Citez-moi dans ces régions un seul musée consacré spécifiquement au Néolithique, à l'Âge du bronze ou aux débuts de l'Âge du fer ? Vous aurez de la peine à me répondre. Et pourtant la documentation sur ces périodes laissées dans l'ombre est très abondante, qu'il s'agisse du potentiel des garrigues du nord de Montpellier et du Gard ou celui des plaines de Carcassonne et de Toulouse. Et ne parlons pas des statues-menhirs du Tarn-Languedoc-Rouergue qui constituent le groupe de stèles anthropomorphes le plus important et le plus remarquable de toute l'Europe. En dehors des exemplaires conservés au musée Fenaille de Rodez ou à Nîmes, beaucoup de ces œuvres gisent dans de petites expositions locales ou s'abîment aux intempéries sur des propriétés privées. Or toute cette première vie rurale constitue le fondement de nos racines paysannes, entre le VIe et le Ier millénaire avant notre ère. On lui préfère une culture transplantée qui a acculturé, de gré ou de force, ces populations autochtones, nos vrais ancêtres. La colonisation est distinguée, pas l'autochtonie, le temps de « l'Indépendance » comme disait Camille Jullian. Il est vrai que les gens ont souvent un comportement de soumission devant leurs oppresseurs et les glorifient. Sans nier les apports culturels, jugés « bénéfiques », de toute colonisation, ne pourrait-on envisager un juste rééquilibrage des divers moments de notre histoire en cessant d'être hypnotisés par la grandiloquence architecturale, qu'elle soit romaine, féodale ou louisquatorzième ? N'en déplaise à Ernest Lavisse, ni les néolithiques ni les Gaulois ne sont des « barbares » pas plus que les Romains ne sont des « civilisés ». Tous sont grands, chacun à leur façon.

Et précisément les politiques, qui ont la prétention de tracer le chemin, devraient-ils être aux avant-postes de cette impulsion à repenser notre histoire, à en scruter les forces et les faiblesses. Or ils n'ont souvent d'yeux que pour un récit conventionnel et se gardent de favoriser toute remise en question, tout renouvellement intellectuel salutaire. Ce faisant, ils s'abaissent.

TROISIÈME PARTIE

LA TRAVERSÉE DES ESPACES

CHAPITRE 6

La traversée des Pyrénées : l'espace ibérique

L'archéologie est d'abord affaire de lieux. Toute culture est amarrée à un espace et constellée de sites qui ont chacun leur propre ancrage. Les pages qui suivent répondent à une perspective géographique. J'ai fait le choix de braquer les projecteurs sur deux péninsules qui me sont chères : l'ibérique d'abord, l'italienne dans le chapitre suivant avec quelques appendices balkaniques. Puis, viendra une sélection de havres dont les images sont demeurées présentes en moi, comme autant de tableaux paysagers que la mémoire vient contempler par intermittence.

De l'autre côté des Pyrénées

Je fus tôt attiré par la péninsule Ibérique et son archéologie. En Languedoc occidental, vers la fin des années 1950, toute tentative de travailler sur la fin du Néolithique (ou Chalcolithique*) rencontrait inévitablement le concept de « culture pyrénaïque ». Dans les années 1920, en effet, Luis Pericot, futur professeur de l'Université de Barcelone, avait soutenu une thèse de doctorat consacrée aux tombes mégalithiques de la Catalogne. Il en avait étudié l'architecture et les mobiliers funéraires. À partir de ceux-ci, il avait défini une « culture pyrénéenne » (en espagnol : *pirenaica*) caractérisée par un certain nombre de marqueurs typiques de cette époque et de cette région : des armatures de flèches en silex avec long pédoncule, des lames de silex de belle facture, des lames de poignards en cuivre, des boutons d'os perforés en

V, des palettes de schiste et des vases « campaniformes » (en forme de cloche renversée). Cette thèse fut élargie et republiée en 1950[1]. Or, sur le versant nord des Pyrénées de l'Est, c'est-à-dire en Roussillon et dans le bassin de l'Aude, l'architecture mégalithique et les équipements qui accompagnaient les défunts dans leur caveau présentaient d'étroites parentés avec les monuments catalans et leur contenu. Il s'agissait peu ou prou du même ensemble culturel. Jean Arnal, mesurant cette proximité, baptisa donc « pyrénaïques » des populations du Néolithique final de cette région pour faire écho à la thèse de Luis Pericot. Ce terme – un barbarisme puisque c'était la francisation de *pirenaico* et que l'on aurait dû dire « pyrénéen » comme l'avait fait Pericot – fit fortune outre-Pyrénées et passa pendant deux bonnes décennies dans la littérature spécialisée. Pour mieux connaître les « pyrénaïques » français, le mieux était d'aller en examiner les pièces marquantes dans les musées de la Catalogne, ce que je fis à plusieurs reprises.

En 1958, lors d'un petit colloque organisé à Nîmes par l'École antique, je rencontrai et sympathisai avec Ana Maria Muñoz, doctorante à l'Université de Barcelone. Une amitié naquit : elle dure encore quelque soixante ans après. Travaillant tous deux sur les mêmes sujets de part et d'autre des Pyrénées, nous ne pouvions que collaborer et partager nos résultats. Nous eûmes l'idée d'écrire ensemble un article sur les tombes du Néolithique moyen sur les deux versants de la chaîne. Cette étude parut en 1964 dans la *Revue d'études ligures*, une publication alors très en vogue entre la Toscane et l'Èbre grâce au dynamisme de son infatigable directeur, Nino Lamboglia[2]. Ana Muñoz soutint sa thèse sur les Sepulcros de fosa de Catalogne et son ouvrage parut en 1965[3]. Un temps assistante à Barcelone, elle fut ensuite nommée à l'Université de Murcie où elle resta de longues années avant de terminer sa carrière à Madrid, à l'Université « à distance » (UNED).

En 1965, je séjournais quelque temps à Barcelone. À l'université, je rencontrais les professeurs Luis Pericot et Juan Maluquer de Motes. Pericot, après avoir enseigné un temps à Valencia (au cours duquel il avait fouillé les célèbres gisements du Parpalló et de la Cocina), avait regagné son université d'origine. Juan Maluquer, après une thèse sur les cultures hallstattiennes de la Catalogne, avait enseigné à Salamanque où il avait notamment fondé la revue *Zephyrus*. En 1965, il était, lui aussi, revenu en Catalogne. Très dynamique, il allait prendre en main le renouveau de la protohistoire catalane (et au-delà) et fonder la revue *Pyrenae*. Les discussions avec ces maîtres étaient des plus enrichissantes. Mais mon premier séjour à Barcelone, que j'allais renouveler bientôt, avait un autre intérêt. La bibliothèque du Musée archéologique était d'une rare richesse et n'avait pas son pareil de l'autre côté des Pyrénées. Je pouvais y travailler en toute liberté. J'y revins à plusieurs reprises lors de la préparation de ma thèse sur l'Âge du bronze. Eduardo Ripoll, son directeur, m'y accueillait toujours avec une grande cordialité et je sympathisai avec son proche collaborateur, Miguel Llongueras. Barcelone jouissait alors d'un prestige particulier en raison de « l'École » qui y avait été fondée quelques décennies auparavant par l'un des initiateurs des recherches protohistoriques en Espagne, Pedro Bosch-Gimpera.

Pedro Bosch-Gimpera (1891-1974)

Il convient de s'arrêter un peu sur cet étonnant personnage et sur le rôle qu'il joua dans l'historiographie de l'archéologie ibérique. Né en 1891, Bosch, après des études de Lettres, d'Histoire et de Droit à Barcelone, avait séjourné trois ans à Berlin (1911-1914) où il avait suivi des enseignements d'histoire mais aussi de préhistoire et d'archéologie. Il fut influencé par les leçons de H. Schmidt (sur la question de l'origine ibérique du vase campaniforme) et de G. Kossinna autour des problèmes liés à la genèse des peuples. En 1916, il fut nommé professeur à l'Université de Barcelone où il réunit autour de lui un groupe de jeunes chercheurs auxquels il communiqua son enthousiasme lors du séminaire de préhistoire qu'il animait. Il créa en 1915 le Service des Fouilles qui jusqu'en 1939 fut l'organisme officiel de l'archéologie en Catalogne. Doyen puis recteur (1933-1939) de l'Université de Barcelone, il multiplia les recherches mais, dans le même temps, déploya une grande activité scientifique sur le thème de la préhistoire et de la protohistoire de la péninsule Ibérique tout en abordant aussi des thématiques à l'échelle de l'Europe (mégalithisme, campaniforme, migrations celtiques, etc.). Chassé par l'intervention franquiste, il séjourna à Londres, puis au Guatemala avant de se fixer à Mexico où il devint professeur à l'université. Il développa alors des recherches sur l'archéologie du continent américain. Bosch-Gimpera fut, pendant la période de l'entre-deux-guerres, l'un des plus importants préhistoriens européens. La guerre civile espagnole ne lui permit pas de poursuivre son œuvre. Ses publications, après son exil, souffrirent d'un éloignement géographique qui le coupa du renouvellement de la documentation.

Au temps de sa période barcelonaise, Bosch avait noué des liens d'amitié avec Théophile et Philippe Héléna, des archéologues narbonnais. C'est chez les Héléna qu'il se rendit d'abord lorsqu'ayant franchi la frontière franco-espagnole pour s'exiler, il décida d'aller à Paris avant de gagner Londres. France Héléna, la veuve de Philippe, me parla souvent de Bosch, de son charisme, de son envergure intellectuelle. Elle me fit cadeau de sa magistrale *Etnologia de la Peninsula Ibérica* (Barcelone, 1932), synthèse de la préhistoire ibérique, exemplaire que Bosch avait offert et dédicacé à Philippe Héléna[4].

Je ne me souviens plus par quel canal je finis par entrer en contact avec lui dans le courant des années 1960. Bosch était alors professeur honoraire à l'Université de Mexico, mais, malgré la distance qui le séparait de l'Europe, il manifestait toujours un vif intérêt pour la préhistoire méditerranéenne et ibérique, et la Catalogne demeurait très chère à son cœur. Nous échangeâmes des courriers et des tirés à part. Pour le jeune chercheur que j'étais, recevoir de temps en temps une lettre du « maître » était le meilleur des encouragements. Plus que tout c'était le style enthousiaste, la passion juvénile que leur auteur avait su conserver, par-delà les péripéties de la vie, pour des centres d'intérêt remontant à sa jeunesse qui me séduisaient. Nous finîmes par nous rencontrer en 1971 au congrès de Belgrade de l'Union internationale des Sciences préhistoriques et protohistoriques. J'ai gardé le souvenir d'une discussion, lors d'une excursion au musée de Novi Sad, et qui porta sur un article que je venais de publier avec Octavio Da Veiga Ferreira, sur le Néolithique ancien du Portugal. Cet article révélait pour la première fois la place importante tenue par la culture à céramique cardiale* dans l'implantation des premières sociétés agricoles en Lusitanie. Nous passâmes aussi de bons moments à évoquer divers aspects du Néolithique ibérique.

Bosch devait disparaître trois ans après. C'est Ignacio Barandiaran qui m'apprit son décès. Je décidai alors de dédier à sa mémoire l'ouvrage de synthèse que je préparais : *Premiers bergers et paysans de l'Occident méditerranéen*. En recevant en 2006 le grade de docteur *honoris causa* de l'Université de Barcelone, c'est à Bosch-Gimpera, le fondateur de l'École barcelonaise de préhistoire, que j'ai beaucoup pensé et à l'honneur qui m'était octroyé de recevoir la reconnaissance du département qu'il avait animé près d'un siècle plus tôt.

Un voyage en Ibérie

De mes nombreux déplacements dans la péninsule Ibérique, j'ai gardé le souvenir plus particulier de celui que j'ai effectué en 1965. Ce fut en effet mon premier grand voyage archéologique, celui au cours duquel je découvris quelques-unes des richesses archéologiques de cette terre. Ma femme Christiane m'accompagnait, comme d'habitude. Nous nous déplacions dans notre « dauphine ». Escalon m'avait octroyé une mission CNRS. La somme disponible n'était pas grosse mais, en période franquiste, le franc dominait très largement le cours de la peseta. De sorte que nous pouvions loger dans des hôtels très convenables et parfois même passer la nuit dans quelque majestueux « parador », en rajoutant un peu d'argent de notre poche. Une situation qui ne s'est plus reproduite par la suite. À Reus, nous avons rendu visite à Salvador Vilaseca, un médecin passionné d'archéologie, qui conservait dans son grenier, emballés dans des cartons, les matériaux issus de ses nombreuses recherches dans sa région. À Valencia, nous fûmes accueillis au musée de la Préhistoire par Domingo Fletcher Valls, sorte d'aristocrate aux cheveux soigneusement plaqués et éminent spécialiste de la culture ibérique. Nous sympathisâmes avec son adjoint Enrique Pla. À l'université, Miquel Tarradell, récemment rentré du Maroc, enseignait l'archéologie préhistorique. Avec son épouse Mathilde, ils furent des hôtes charmants. Nos conversations archéologiques n'en finissaient pas. Tarradell devait, quelques années après, obtenir sa mutation pour Barcelone. Mais le destin s'acharna sur lui. Il perdit successivement son épouse, encore jeune, et son fils qui mit fin à ses jours. Ces drames bouleversèrent sa vie. C'était un universitaire de talent, très doué pour les visions synthétiques comme en témoigne son ouvrage *Les Arrels de Catalunya*[5].

À Valencia, je pus enfin observer pour la première fois les étonnantes céramiques à décor d'impressions de coquillage (le « cardium », d'où leur nom de poteries cardiales*) des grottes de la Sarsa et de l'Or que je ne connaissais que par les publications. Nous décidâmes même de monter, par une route alors tortueuse, jusqu'à Alcoy où le musée local conservait d'importantes collections du même horizon. Il faut dire qu'en 1965, les autoroutes n'existaient pas encore et qu'en dehors des « nationales » les voies secondaires n'étaient pas toujours d'une qualité à toute épreuve.

À Villena, José Maria Soler nous présenta, sur la table de sa salle à manger, le trésor constitué de plus de 50 bracelets, coupes et carafons d'or, de 3 fiasques d'argent et autres menues parures qu'il avait découvert. Cet ensemble exceptionnel dit « trésor de Villena » donna lieu à bien des controverses sur sa datation. Il est toujours l'un des joyaux de la protohistoire ibérique.

Nous continuâmes notre route vers le Sud, visitant à chaque fois les musées, nombreux en Espagne, des villes traversées : Alicante, Gandie, Murcie, Grenade, Cordoue. Bien entendu, joignant l'utile à l'agréable, nous en profitions pour découvrir leurs monuments historiques. L'Alhambra avec l'Alcazar et les jardins du Generalife, la mosquée de Cordoue, quelques-unes des églises dont l'Espagne regorge. À Grenade, Antonio Arribas, un Barcelonais dont les parents de l'épouse (Gloria Trias, une spécialiste de l'époque grecque) avaient longtemps séjourné à Carcassonne, nous retint. Il était alors professeur à l'Université de Grenade et termina sa carrière à Palma de Majorque. Je passai de longues heures à examiner les mobiliers issus de sa fouille à la grotte de la Cariġüela, un site capital pour l'étude du Néolithique ancien et dans lequel il avait pris la relève des travaux de J. C. Spahni.

La poursuite du périple nous amena à Antequera, capitale du mégalithisme andalou avec ses trois méga-tombes de Menga, Viera et Romeral. Un crochet par Cordoue nous permit de voir les vestiges issus de la grotte de Murcielagos de Zuheros et notamment le fameux vase à engobe rouge (« *a la almagra* », disent les Espagnols), largement représenté dans diverses publications. Notre dernière grande étape fut le Musée d'archéologie nationale à Madrid. Il nous fut présenté par son directeur, Martin Almagro Basch, qui était en ce temps le grand « patron » de l'archéologie ibérique puisqu'il exerçait aussi en tant que professeur à l'université et avait la haute main sur les opérations de fouilles qui se déroulaient en Espagne. Grâce à lui, nous pûmes avoir accès à certains mobiliers non exposés et conservés dans les réserves. Je pense notamment à une large variété d'armes, d'outils, de vaisselle, de parures, provenant des anciennes fouilles des frères Siret dans la nécropole de Los Millares (Almeria). J'ai conservé de ce périple le meilleur souvenir : il m'avait confronté à la richesse et à la variété de la préhistoire ibérique. Mais ce n'était là qu'un premier pas. D'autres déplacements furent envisagés et réalisés, au gré de colloques et de conférences.

Montbolo et Vérazien

En 1963-1964, les recherches que j'avais effectuées dans les trois cavités du complexe karstique de La Valette à Véraza (Aude) m'avaient permis de décrire les styles céramiques d'un faciès du Néolithique final que je dénommai « Vérazien* » du nom de la commune qui abritait ces gisements. Restait à envisager l'extension géographique de ce faciès. En France, il s'étendait de la Méditerranée à la Garonne supérieure et moyenne, de l'Hérault aux Pyrénées. Mais au-delà ? Un voyage en Catalogne montra la présence de quelques éléments apparentés. Mais c'est Araceli Martin qui, dans une série de travaux successifs, fit la démonstration que le Vérazien occupait aussi sur le versant est-pyrénéen catalan le créneau du Néolithique final.

De même, en 1968-1969, des recherches dans une grotte de fort difficile accès située à Montbolo (Pyrénées-Orientales) me mirent en présence d'un faciès original du Néolithique moyen. Il avait déjà été observé par P. Ponsich dans la grotte de Montou à Corbère-les-Cabanes mais n'avait pas encore été décrit par son inventeur. Je définis donc avec J. Vaquer le « groupe de Montbolo* » et la visite des musées de Catalogne acheva de me convaincre que cet horizon s'était également étalé jusqu'en terre barcelonaise.

Montbolo et Vérazien faisaient la démonstration que les Pyrénées n'avaient jamais été, au Néolithique, une barrière culturelle. Bien au contraire, une même ambiance avait prévalu sur les deux versants de la chaîne, se perpétuant à l'Âge du cuivre avec l'horizon dit du « Campaniforme pyrénéen ». Ces parentés culturelles de part et d'autre de la montagne sont donc fort anciennes : une lointaine esquisse de l'identité catalane ?

Tout cela me poussa à proposer une nouvelle périodisation du Néolithique de la Catalogne. Jusque-là, depuis les années 1920, seuls un Néolithique ancien dit Montserratien* (fondé sur les céramiques à décor cardial issues par J. Colominas des cavités proches de l'abbaye de Montserrat) et un Néolithique récent baptisé à partir des nombreuses tombes en fosse de l'aire Sabadell-Barcelone (« Sepulcros de fosa* ») constituaient l'ossature conventionnelle du Néolithique de Catalogne. Avec le Montbolo et le Vérazien j'ajoutais deux étages de plus à l'échafaudage. J'arrivai ainsi à un découpage en cinq phases : Cardial-Épicardial*/Montbolo/Sepulcros de fosa/Vérazien/Campaniforme.

On ne peut pas dire que cette proposition qui venait bousculer de longues traditions d'enseignement ait été reçue, à Barcelone, avec grand enthousiasme. Elle était due, de plus, à un jeune chercheur étranger venant sans complexe « donner des leçons »

aux maîtres qui se sentirent soudainement dépassés sur un champ
où le manque de recherches avait entraîné un certain assoupisse-
ment. Je pense, avec le recul, qu'elle a eu quelque utilité car elle
a entraîné sur place une prise de conscience et a poussé une jeune
génération de préhistoriens à reprendre l'étude du Néolithique
catalan à travers de nouvelles expériences de terrain. C'est d'ailleurs cette même génération qui réserva à ma périodisation le
meilleur accueil. Celle-ci servit d'appui pour aller encore plus
loin dans la précision chrono-culturelle envisagée.

Chantiers-écoles
et colloques de Puigcerda

Le chantier de fouilles que j'avais ouvert en 1970 dans l'abri
de Font-Juvénal à Conques-sur-Orbiel (Aude) allait fonctionner
comme une sorte d'école de terrain pendant une dizaine d'années.
On y décortiquait une stratigraphie étagée du Néolithique ancien
jusqu'au Moyen Âge selon les méthodes alors en vogue (carroyage,
prise des coordonnées cartésiennes, essai de double approche par
dégagement de petites unités spatiales combinées avec des lectures
de coupes verticales). Eduardo Ripoll, conservateur du musée
de Barcelone et professeur à la toute nouvelle Université autonome de cette ville, encourageait ses étudiants à travailler avec
des chercheurs français, conscient des percées méthodologiques
qui agitaient alors la préhistoire de terrain. En revanche, certains
de ses collègues barcelonais étaient peu enclins à ce genre de
collaboration et souhaitaient au contraire verrouiller les Pyrénées,
agitant le spectre à mon égard d'une sorte de colonialisme culturel
quand mes seules ambitions se situaient au niveau des confrontations méthodologiques et conceptuelles. Je vis ainsi défiler sur
mes chantiers de jeunes archéologues décidés à s'impliquer dans

le renouvellement de l'archéologie catalane : Araceli Martin fut la première, Maria-Angels Petit la seconde, puis vinrent, dans le désordre, Josep Mestre, Julia Chinchilla, Roso Vilardell, Nuria Rafel, Elisenda Vives, Josep Castany, entre autres, mais aussi des Valenciens dont Bernat Marti. Ces chantiers de fouilles n'avaient rien de sévère, l'atmosphère y était gaie, surtout lors des bals rituels du samedi soir ou lorsque les Catalans s'amusaient à faire « caball fort » : des pyramides humaines, qui me faisaient craindre qu'elles ne finissent par quelque douloureux accident.

Dans ces rapprochements amicaux transpyrénéens, il faut dire la part déterminante qui revint, dès 1974, aux colloques organisés à Puigcerda par Salvador Torrent Masip, Josep Padro et Miguel Cura, dont le flambeau sera repris plus tard par Pierre Campmajo, Sara Aliaga, Oriol Mercadal, Christine Rendu. Animées par de jeunes archéologues, un peu à l'écart des instances universitaires, mais dans l'optique de contacts transpyrénéens fraternels, ces réunions, toujours vivaces, ont eu un effet très positif. Dès leur début j'y nouais des amitiés durables avec la « nouvelle vague » de l'archéologie catalane : Enriqueta Pons, Aurora Martin, Ramon Ten, Josep Tarrus, Miguel Cura, Jordi Rovira, Vicente Baldellou, Enric Sanmarti, Emilio Junyent, Francesc et Carmen Gusi et autres. Vingt ans après la première session, les organisateurs me firent l'honneur de me dédier en 1994 la Xe version de la réunion autour du thème « Cultures et milieux de la préhistoire au Moyen Âge. Vingt ans d'archéologie pyrénéenne[6] ». J'ai depuis participé à quelques autres sessions de ces colloques, toujours avec une évidente satisfaction.

De telles proximités, autant affectives que scientifiques, expliquent mon souhait d'ouvrir les chantiers de fouilles en Catalogne et en Andorre dont j'aurai l'occasion de reparler.

Toujours l'Espagne

J'ai beaucoup aimé l'Espagne et j'y ai tissé des amitiés solides au gré de conférences, commissions, jurys de thèse et colloques. Aussi, bien des souvenirs restent-ils attachés à ces déplacements outre-Pyrénées. En 1996, se tint à Saint-Jacques-de-Compostelle un colloque international sur le Néolithique atlantique et les origines du mégalithisme organisé par Anton Rodriguez Casal. À cette occasion eut lieu une visite de la splendide cathédrale. Mieux, pour recevoir dignement les congressistes, le clergé voulut nous faire profiter de l'étonnant rite local du « botafumeiro ». On désigne sous ce terme un énorme encensoir, suspendu à un épais cordage et que l'on fait balancer d'un bout à l'autre de la cathédrale devant les fidèles, à la fois admiratifs et effrayés par le va-et-vient d'une telle masse volante. En ma qualité de président du colloque, j'eus le privilège d'allumer l'encens de cet imposant bassin métallique. Ensuite, plusieurs officiants, tout de rouge vêtus, activèrent une machinerie complexe pour mettre en branle le « botafumeiro ». Bénéficiant d'un élan toujours plus accentué, le très gros encensoir se mit à balancer, animé d'un mouvement qui lui faisait atteindre le plafond de l'édifice, redescendre pour passer presque sur la tête des présents et, dans une course pendulaire, regagner de la hauteur pour remonter de l'autre côté de la nef. Il s'agissait là, nous a-t-on dit, d'un rite destiné à « purifier » la cathédrale et à combattre les mauvaises odeurs qu'apportaient les pèlerins, souvent crasseux au terme d'un long voyage où les conditions d'hygiène laissaient parfois à désirer. Les fidèles sont subjugués par cette masse métallique ainsi projetée dans le vide et qui semble leur foncer dessus avant de s'éloigner à nouveau.

Les processions de la semaine sainte à Saint-Jacques-de-Compostelle donnent l'occasion aux bourgeois de la ville de faire pénitence en se donnant en spectacle en robe de bure, pieds nus et l'air contrit. À ces manifestations d'une piété de façade, je préfère les chants et les guitares des *tunas* estudiantines.

À Valladolid, l'un de mes passages dans cette ville coïncida avec un anniversaire à la mémoire des rois catholiques, Ferdinand et Isabelle, représentés pour l'occasion par deux énormes mannequins de carton-pâte. Cette liesse populaire, je pus aussi la mesurer lors des Fallas de Valencia au cours desquelles défilent corps constitués et associations de la ville.

Les relations amicales avec de nombreux collègues espagnols m'ont beaucoup apporté. Elles expliquent pourquoi j'ai fait partie (ou suis encore membre) du comité scientifique des grandes revues de préhistoire de ce pays : *Trabajos de Prehistoria* (Madrid), *Complutum* (Madrid), *Pyrenae* (Barcelone), *Archivo de Prehistoria Levantina* (Valence), *Zephyrus* (Salamanque), *Fonaments* (Barcelone), *Materialidades* (Palma de Majorque). Sur la proposition de Pablo Arias j'ai, pendant quelques années, présidé le Comité international chargé de piloter et d'évaluer l'Institut de préhistoire de l'Université de Cantabrie à Santander. Cela entraînait des déplacements fréquents dans cette ville. J'écoutais les chercheurs et les universitaires faire le bilan de leurs travaux de terrain et de laboratoire. J'allais ensuite défendre la qualité de leurs recherches devant leurs « financiers » : l'université, la région, la Fondation Bottin. Le soir, à l'hôtel Silken face à l'Atlantique, je regardais la nuit tomber sur l'océan.

J'ai visité à plusieurs reprises le Musée archéologique national à Madrid, aujourd'hui magnifiquement rénové. Lors du Congrès international de préhistoire de 2011 à Burgos, j'ai été séduit par le musée de l'Évolution, dû à la persévérance d'Eudald Carbonell et de son équipe : une réalisation étonnante dans un pays demeuré longtemps sous l'emprise religieuse.

J'avais examiné en 1965 les dolmens d'Antequera : la massivité imposante de Menga, la délicatesse de Viera, la sublime « cueva del Romeral », fleuron des tholos d'Occident. Je les revis en 2008, quarante-trois ans après, impeccablement rénovés et dotés à proximité d'un très beau Centre de documentation sur le mégalithisme. Il est vrai que les classiques monuments sévillans de la Pastora ou de Matarrubilla, que je revis en compagnie de Leo Garcia Sanjuan, de Chris Scarre et de Roger Joussaume, faisaient à côté un peu démodés. Depuis, les découvertes des deux tholos de Montelirio ont apporté à notre connaissance du Chalcolithique sud-ibérique une documentation exceptionnelle et révélé la place majeure tenue à cette époque par le méga-site de Valencina de la Concepción.

De même, je n'ai pas oublié un week-end « au pas de course » passé en compagnie de Manuel Fernandez Miranda à visiter quelques-uns des grands sites de la région d'Almeria : Los Millares, Tabernas, Almizaraque (et la villa des frères Siret), El Argar, Fuente Alamo et autres. Pas plus que ma descente, avec Pepa Villalba, dans l'une des mines de variscite de Gava, près de Barcelone. C'est dans ces gîtes souterrains que descendaient les mineurs néolithiques à la recherche du beau minéral vert, transformé ensuite en superbes colliers destinés aux privilégiés de l'époque.

Au Portugal

En 1969, je décidais de me rendre pour la première fois au Portugal. Et toujours en voiture avec Christiane, je franchis les Pyrénées par le Pays basque pour filer sur Burgos, Valladolid, Salamanque. J'entrai peu après dans l'espace salazarien et mieux valait ne pas parler du système : la Pide, police politique, veillait.

Le premier spectacle qui s'offrit à nos yeux une fois la frontière hispano-lusitanienne franchie nous laissa pensifs : un homme juché nonchalamment sur un âne tandis que sa femme allait à pied, en menant la bête par la bride et en portant un gros récipient (je suppose plein) sur la tête. L'égalité des sexes avait encore un long chemin à parcourir.

Je me souviens d'avoir vu à l'Institut Mendes Correa de l'Université de Porto les restes anthropologiques des « concheiros » mésolithiques de Muge, ces accumulations de coquilles de mollusques marins consommées par les populations de pêcheurs-cueilleurs des temps postglaciaires. D'avoir travaillé aussi dans les musées de Guimaraes, Figueira da Foz, Alcobaça, Torres Vedras, Cascais. Évidemment, c'est à Lisbonne que je consacrai le meilleur de mon séjour en prenant bien des notes et en dessinant les pièces exposées au musée des Services géologiques, à celui du Carmo ou au Musée archéologique national de Belem dans lequel étaient présentés, dans un certain désordre, de multiples vestiges provenant des recherches (un peu expéditives, m'a-t-on dit) de Manuel Heleno. Je sympathisai avec Georges Zbyszewski et, surtout, Octavio da Veiga Ferreira. Au retour je rédigeai et signai avec celui-ci un article sur le Néolithique ancien du Portugal. J'avais pu me rendre compte qu'il existait bien dans ce pays au moins deux étapes dans le déroulement de cette période : l'une à dominante cardiale, l'autre plus récente donnant une sorte d'épicardial particulier et que je baptisais « horizon de Furninha[7] ». Avec Veiga Ferreira, chercheur très enthousiaste, nous avons visité divers sites de la région de Lisbonne dont les hypogées* de Alapraia et les établissements fortifiés de Vila Nova de São Pedro et de Zambujal (où Leonel Trindade avait amorcé une collaboration avec l'Institut archéologique allemand). Je séjournai aussi longuement en Alentejo pour y visiter plusieurs tombes mégalithiques qui en parsèment l'espace (dont la fameuse Anta de Zambujeiro).

Évidemment, ce n'était là que le point de départ de toute une série de voyages qui, périodiquement, allaient m'amener au Portugal. L'occasion m'en était notamment fournie par la direction de la thèse de Victor Gonçalves, lequel devait faire une belle carrière à l'Université de Lisbonne. À chacun de mes déplacements, nous allions voir sites ou découvertes récentes. Ainsi de la fouille du site de Santa Justa ou l'avancement des recherches que Joaquina Soares et Carlos Tavares da Silva conduisaient avec méthode et opiniâtreté autour de Setubal.

J'ai toujours été sensible au charme de ces visites à Lisbonne, aux promenades sur le port, à la prégnance de l'océan, aux airs de fado qui s'échappaient, la nuit tombée, des restaurants ou des cabarets.

V. Gonçalves souhaitait développer une collaboration de terrain avec notre Centre d'anthropologie de Toulouse. Pris par mes travaux en France et en Italie, je ne pouvais personnellement m'impliquer dans cette opération. Ce fut donc Françoise Claustre qui accepta la proposition et participa à plusieurs campagnes sur le dolmen de São Miguel do Penedo dans lequel fut notamment trouvé un grand nombre d'armatures de flèches. J'aurais aimé ouvrir un chantier au Portugal mais, trop pris dans les années 1980 par une multitude de responsabilités, il m'était impossible de faire face.

Le nord du Portugal connaissait aussi, à cette époque, un dynamisme certain. Victor Jorge y avait entrepris une révision du mégalithisme, obtenu sur quelques monuments des datations fort anciennes, ce qui confirmait, d'une certaine façon, la chronologie précoce d'une partie du mégalithisme atlantique, situation déjà notée en Armorique. Son épouse, Susana, avait abordé la question des habitats du Néolithique final dont elle avait tiré matière à une volumineuse thèse. Je me décidai, à leur invitation, d'aller donner un enseignement à l'Université de Porto. J'en profitai pour visiter leurs sites de Castelo Velho et de Castanheiro do Vento et, pour partie, quelques panneaux gravés d'époque paléolithique de la gorge de Foz Coâ qu'une mobilisation internationale avait réussi à sauver face à un projet de barrage électrique qui devait ennoyer la vallée.

J'ai aussi tissé des liens d'amitié avec João Cardoso, un élève de Veiga Ferreira, rencontré en Italie lors d'un colloque à Riva del Garda, et dont je pus, quelques années après, visiter la belle fouille de Leceia à Oeiras. Consacrant un volumineux ouvrage à la mémoire de son maître défunt, il m'invita à y évoquer des souvenirs partagés avec Octavio, plus de trente ans auparavant, lorsque nous allions, empruntant des routes improbables, visiter des sites perdus dans la campagne portugaise[8].

Docteur honoris causa
à Barcelone et Lisbonne

Si Martin Almagio Gorbea me fit octroyer le titre de membre correspondant de l'Académie royale d'histoire (Madrid), c'est à l'amitié de Josep Fullola et de Maria-Angels Petit que je dois d'être docteur *honoris causa* de l'Université de Barcelone. Pour ce que j'en sais, ce ne fut pas aisé. Cette année-là en effet (2006), l'unique titre de docteur *honoris causa* de l'université était en compétition entre le département d'Archéologie et celui d'Histoire du cinéma, chacun de ceux-ci présentant un candidat. Les historiens du cinéma avaient choisi Woody Allen tandis que le choix des archéologues s'était porté sur moi. Je sortis vainqueur de cette épreuve, les votants ayant préféré un chercheur s'étant beaucoup investi dans l'archéologie catalane qu'un comédien auréolé d'une renommée internationale.

Je me revois, habillé de la longue robe noire couverte en partie de la minicape bleu ciel connotant les « littéraires », en gants

blancs, et coiffé d'une curieuse calotte à franges, attendre dans
le hall de la salle d'apparat – le paranimph – mon intronisation
officielle. À l'intérieur la cérémonie avait déjà commencé, pré-
sidée par le recteur de l'université. Quand deux universitaires,
également en tenue de faste, vinrent me chercher et que la grande
porte s'ouvrit devant moi, une surprise m'attendait. À ma grande
stupéfaction, la chorale de l'université entonna alors un hymne
occitan, le « *Sé Canto* ». Ce fut un grand moment d'émotion
que je n'oublierai jamais. Je devais apprendre que tout avait
été soigneusement préparé depuis de longs mois. En effet la
professeure Maria-Angels Petit, qui participa dans sa jeunesse
à plusieurs de mes campagnes de fouilles, n'avait point oublié
ce chant aimé des étudiants occitans et régulièrement entonné
lors des veillées. Or Maria-Angels avait une tante professeur de
musique au val d'Aran, ce petit coin des Pyrénées espagnoles
au sein duquel la langue occitane s'est maintenue et est officiellement reconnue. Cette personne connaissait donc l'air et
les paroles du « *Sé Canto* ». Elle les transmit à sa nièce. Et c'est
ainsi que lors des semaines qui précédèrent la délivrance de
mon doctorat, la chorale de l'université s'appliqua à répéter ce
chant languedocien pour honorer un chercheur venu de « *tras
los montes* ».

La manifestation, en présence de plusieurs professeurs de
diverses disciplines (Lettres, Droit, Sciences, Médecine), tous en
tenue de cérémonie, m'impressionna un peu par son rituel et sa
pompe. Après une présentation de mon parcours par Josep Fullola
et ma réponse, le recteur me remit le parchemin authentifiant
mon nouveau grade[9]. Par-delà toute cette magnificence, j'avoue
être fier de cette reconnaissance. J'ai déjà dit combien j'avais pu
être inspiré, depuis les débuts de ma carrière, par les œuvres des
maîtres barcelonais. Être considéré un peu comme l'un des leurs
m'émeut encore aujourd'hui.

Tout récemment, les autorités de l'Université de Lisbonne décidèrent de m'accorder la même distinction. Après qu'une chorale de jeunes étudiantes eut interprété, dans le hall d'accueil du rectorat, quelques chants dont certains avaient une certaine proximité avec le fado, le cortège des universitaires, recteur et doyen de la faculté des lettres en tête, pénétra dans la salle d'apparat de l'établissement au son du traditionnel « *Pomp and Circumstance* ». Comme mes collègues, j'avais revêtu la tenue d'honneur du lieu : une tunique noire à fortes réminiscences ecclésiastiques. Après les discours d'usage, le recteur me remit la médaille et le parchemin, témoignages de mon nouveau grade. Le chœur de chambre de l'université interpréta des compositions des XVᵉ-XVIᵉ siècles dont « Je ne l'ose dire » de Pierre Certon (1515-1572). Vint ensuite la longue file de ceux qui étaient venus m'adresser leurs compliments et remerciements : de nombreux collègues, portugais et étrangers avaient tenu à me dire leur amitié. Dans ces moments solennels et intenses, on est payé en quelques minutes des efforts de toute une vie.

CHAPITRE 7

Des Italies aux Balkans

Italies : on pourra s'étonner de ce pluriel. Je le maintiens : il n'y a pas une mais des Italies. L'étirement du pays en latitude explique la diversité des cultures néolithiques, les différences entre celles du Sud et celles du Pô. Et que dire de la Sardaigne et de la Sicile ? Autant de laboratoires et autant de séductions qu'inspire la variété identitaire des expressions protohistoriques. J'aurais beaucoup à dire sur ces terres où m'ont conduit de nombreux voyages d'étude. Ce tour d'horizon n'est donc qu'un échantillon parmi des lieux fascinants et des amitiés forgées au fil des ans. Il y eut aussi les Balkans parcourus au gré de diverses missions au cœur même de l'Europe.

Les Arene Candide

C'est par l'examen des matériaux extraits de la caverne des Arene Candide (« Les sables blancs ») à Finale Ligure, dans le golfe de Gênes, que tout a commencé. Dans le courant des années 1950, la renommée des fouilles de Luigi Bernabò Brea s'était largement répandue en France et en Espagne à la suite des deux ouvrages, publiés en 1946 et 1956, aux éditions de l'Institut d'études ligures à Bordighera[1]. Pour la première fois, la démonstration était faite de la longue durée du Néolithique (on sait aujourd'hui qu'elle recouvre environ quatre millénaires en Occident) et de la possibilité d'une analyse stratigraphique qui révélait, au fil du temps, une succession de cultures que les chronologies contractées, alors en vogue, avaient tendance à télescoper. Cette fouille fut donc tout naturellement prise pour modèle et un peu partout, dans l'arc méditerranéen occidental, on se mit à la recherche de stratigraphies dilatées du même ordre. Le site avait aussi permis de reconnaître quatre grandes étapes successives au sein du Néolithique. La plus ancienne, caractérisée par des récipients à parois ornées de motifs d'impressions, confortait l'idée qu'une grande famille culturelle avait fondé le premier monde agricole en Méditerranée de l'Ouest. Et L. Bernabo Brea d'en chercher des racines dans l'espace levantin, imaginant aussi des sortes de marins-agriculteurs partant, tels des conquistadores, à la recherche de terres neuves et diffusant leur économie au fil d'une expansion vers l'ouest toujours plus accusée. On devait s'apercevoir progressivement que tout n'était pas aussi simple et qu'au sein de cette grande famille existaient des divergences dans la morphologie des récipients, dans leur montage technique, dans la thématique décorative. Les Arene Candide en particulier se distinguaient par une production spécifique tant au plan du modelage des vases que de la façon de les orner.

Une seconde phase n'avait guère de parallèle en France bien que ce point de vue ait été récemment nuancé. Il s'agit de la Culture des Vases à bouche carrée, ainsi appelée en raison de l'orifice quadrangulaire de ces récipients, ornés de motifs géométriques, gravés ou incisés. On pensait que ces motifs avaient pu inspirer les productions du Néolithique moyen français d'où l'intérêt qu'ils suscitaient chez tout néolithicien d'au-delà des Alpes…

Une troisième phase avait des parallèles en France puisque la céramique qui la caractérisait n'était autre que celle du Chasséen*, un complexe essentiel dans notre Néolithique, marqué notamment par la prolifération de vases de couleur brune ou claire.

Enfin un quatrième horizon se signalait par des céramiques à décor de cannelures et correspondait à l'étape finale du Néolithique, celle que l'on dénommait alors Chalcolithique.

On voit combien la caverne des Arene Candide, outre le séquençage chrono-culturel qu'elle mettait en lumière, était à même d'enrichir la réflexion de tout néolithicien occidental. J'ai passé de longues heures à en examiner les vestiges au musée de Genova-Pegli comme à celui de Finale Ligure.

Plus tard, Santo Tiné puis Roberto Maggi reprendront les recherches et préciseront divers aspects stratigraphiques de ce gisement que l'historiographie a quelque peu rendu mythique[2]. Il y a une raison à cela : L. Bernabo Brea y a fait la démonstration que le Néolithique se déroulait sur une longue durée et qu'en se fondant sur l'évolution des styles de poterie il pouvait être découpé dans le temps en plusieurs phases tout à fait distinctes. Les néolithiciens ont retenu la leçon.

Foggia et le Tavoliere

En 1973, l'opportunité se présenta de participer à un colloque sur le Néolithique et la protohistoire de la Daunia, région sur l'Adriatique autour de l'ergot du Gargano, au patrimoine archéologique fort riche et connue pour ses habitats préhistoriques ceinturés de fossés que John Bradford avait repérés lors de ses survols aériens[3]. C'était mon premier contact avec les céramiques néolithiques de cette région que S. Tiné était alors en train de périodiser, du Néolithique ancien jusqu'au Chalcolithique. Une exposition au musée de Foggia en résumait parfaitement les divers aspects. Je découvris, non sans émerveillement, la grande variété stylistique des céramiques du Néolithique sud-italien, depuis les cultures à *impressa* jusqu'au belles céramiques rouge vif et anses en bobine de l'horizon de Diana-Bellavista, avec une mention toute spéciale pour les récipients à motifs trichromiques de la grotte Scaloria : certains, probablement à finalité rituelle, avaient été placés sous des égouttoirs et s'y trouvaient toujours en position d'origine, fossilisés sous les dépôts stalagmitiques qui les avaient comme pétrifiés.

Cette réunion me mit également en présence des « patrons » italiens du moment. Ainsi de Salvatore Puglisi avec qui nous visitâmes Coppa Nevigata avec sa muraille fortifiée de l'Âge du bronze ainsi que la coupe verticale présentant la strate néolithique à coquillages et aux fins perçoirs supposés avoir été utilisés pour l'extraction des mollusques et leur consommation. Ou de Antonio Radmilli, accroché à son porte-cigarettes, très volubile lors des séances. Ou encore de Paolo Graziozi, éminent spécialiste de l'art dont Louis René Nougier avait sollicité l'expertise lors de la découverte, un temps controversée, des peintures de Rouffignac. Et de Ferrante Rittatore, visage écarlate, appuyé sur sa canne, et commentant les communications sur la protohistoire. Afin de tisser des liens plus solides avec nos collègues yougoslaves, les organisateurs avaient invité certains d'entre eux : A. Benac, S. Batovic, B. Cečuk, M. Nikolanci. La jeune classe italienne était là aussi : G. Cremonesi, S. Tiné, A. Manfredini, M. Cipolloni, A. Fugazzola, R. Grifoni, G. Odetti, etc.

Les excursions en dehors de Coppa Nevigata nous menèrent aussi à la grotte Paglici où A. Palma di Cesnola avait repris les recherches et dont la longue séquence, du Gravettien* à l'Épigravettien*, et l'art pariétal nous furent commentés en détail par ce chercheur. Ou à Passo di Corvo, immense site de quelque 40 hectares, et dont Tiné avait dégagé deux des nombreux fossés qu'il intégrait. C'est dans cette région du Gargano que se trouvent les mines de silex de la Defensola, tôt exploitées pour la qualité de leurs matériaux exportés dans tout le Sud péninsulaire.

Et c'est aussi en Daunia que se rencontrait le groupe de stèles anthropomorphes, le plus sud-oriental de l'Europe de l'Ouest. Des stèles en fait extrêmement schématiques, qui n'avaient rien à voir avec celles du Trentino ou de la Lunigiana : une ceinture, deux seins (pour les féminines), une ébauche de chevelure tout au plus, un poignard très stylisé pour l'une, masculine. Il est vraisemblable que ces monuments, regroupés sur la commune de Sterparo, formaient un ensemble délimitant quelque aire sacrée ou jalonnant une esplanade. L'Âge du bronze de la région était tout aussi intéressant. Et la muraille de Coppa Nerigata donnait une bonne idée des puissantes architectures de protection qui avaient été bâties pour mettre à l'abri les populations de l'Adriatique méridionale. Plusieurs établissements fortifiés jalonnaient en effet la ligne de côte lors du plein Âge du bronze jusqu'aux localités autour de Tarente. Parce que la période était troublée ? À cause des risques d'invasions maritimes ? C'est pourtant l'époque où les importations de céramiques mycéniennes infiltrent certaines agglomérations autochtones du Sud-Est italien mais aussi de Sicile et de Campanie. Le contraste est grand entre la vaisselle des populations locales et celle des intrus égéens. La première, souvent d'un brun brillant, peut s'orner de bandeaux pointillés ou de plages « excisées », une décoration obtenue en enlevant la pâte de la surface, encore molle, du contenant. De plus, les anses des écuelles, largement dégagées et originales confèrent à ces récipients une certaine fantaisie propre à cette civilisation « apenninique* » comme l'avait baptisée U. Rellini. En revanche, les vases importés (on connaît aussi des ateliers qui ont rapidement copié techniques et motifs des productions mycéniennes) présentent la particularité d'avoir été montés à l'aide du tour, façon de faire qui n'était toujours pas appliquée en Occident où le modelage s'effectuait « au colombin » selon la vieille méthode héritée du Néolithique. Et la décoration de damiers, spirales, motifs oculés, serpentiformes, peinte sur paroi claire tranchait avec la monotonie des séries indigènes. Cette culture s'effacera vers la fin de l'Âge du bronze lors de l'extension vers le sud des influences villanoviennes* et du rite funéraire de la crémation des défunts.

Pise

Quand, au début des années 1980, j'ai commencé de fréquenter le département des Sciences préhistoriques de l'Université de Pise, j'ai eu l'impression de me trouver devant une ruche intellectuelle. Sous la houlette du « maître », A. Radmilli, officiaient Giuliano Cremonesi, Carlo Tozzi, Renata Grifoni, Claudio Arias, Giovanna Radi, Claudio Sorrentino et leurs collaborateurs. Les étudiants étaient nombreux et enthousiastes. Plusieurs participèrent à nos recherches dans le Sud péninsulaire, en Salento et Materano. L'équipe enseignante était habilitée comme « Scuola Speziale » pour préparer au doctorat. C'était l'un des « staffs » les plus en pointe de la recherche préhistorique italienne. Puis, le temps a fait son œuvre et le déclin est venu. Giuliano a été emporté le premier pour avoir tant abusé de la cigarette. Le vieux maître Radmilli a quitté la scène à son tour. Les autres collègues sont partis en retraite. Et Pise a beaucoup souffert du non-renouvellement de ses postes d'enseignants. Ce qui fut l'une des plus brillantes écoles italiennes de la préhistoire a été abandonné, lâché par le système universitaire et le tarissement des crédits de la politique berlusconienne. Une leçon à méditer sur la fragilité des équipes de recherche et d'enseignement. Mais je conserverai toujours l'image de ce sympathique foisonnement lorsque je venais au 52, Via Santa Maria donner quelques cours ou m'enfermer dans les « magasins » de l'Institut pour travailler sur nos séries céramiques sud-italiennes, ne cessant de m'extasier devant les belles coupes peintes, à pâte *figulina*, extraites par C. Tozzi du site de Catignano dans les Abruzzes.

C'est à l'École normale de Pise qu'avec Salvatore Settis je mis en chantier le double tome consacré à l'Antiquité de *L'Histoire de l'Europe* que nous avait commandé l'éditeur Einaudi, par le truchement de Maurice Aymard[4].

J'aimais cette ville en raison des sentiments qui me liaient à ses enseignants : les promenades le long de l'Arno, les incontournables déambulations sur le Campo Santo, les restaurants, une ambiance universitaire sereine. Je ne vous ai pas oubliés, vous qui gravitiez autour du « 52 » : Andrea Pessina, Antonia Ciccone, Stefania Campetti, Anna-Maria Tosatti, Fabio Negrino, Assunta Orlando, Marzia Bonato, et vos visages de jeunes archéologues enthousiastes réapparaissent périodiquement à ma mémoire. Avec Renata Grifoni et Giovanna Radi, nous nous rappelons de temps à autre ces moments radieux.

Florence et Sienne sont peu éloignées de Pise. Et, dans chacun de ces pôles, la préhistoire s'est naturellement épanouie. À Sienne, Arturo Palma di Cesnola a su dynamiser une école où Lucia Sarti m'a invité à donner des leçons et à commenter ses sites à céramique campaniforme. À Florence, où enseigna longtemps Paolo Graziozi, puis Anna Vigliardi, je passai quelquefois au 21, Via Sant'Egidio : Fabio Martini y est à présent le bon maître des lieux ; c'est aussi le siège de l'Istituto Italiano di Preistoria e Protostoria dont je suis membre étranger correspondant. J'ai assisté et parfois présenté des communications à quelques-unes des sessions organisées par cette institution : Florence, Lipari, Bologne, Forli. Toujours en Toscane, je n'ai pas oublié ce grand colloque sur le Chalcolithique européen qui se tint à Viareggio, à l'initiative de Daniela Cocchi. C'était en 1987. J'y ai présenté une synthèse sur l'Âge du cuivre en France en collaboration avec mes collègues P. Pétrequin, J. L'Helgouach, J.-C. Blanchet, J. Roussot-Larroque[5].

De Rome à Picciano

Lors des recherches que j'entrepris en Italie du Sud, se posait l'inévitable problème du logement et de la nourriture de l'équipe. Nous n'avions pas les moyens de nous payer hôtel et restaurant. Avec les budgets dont nous disposions, il fallait compter au plus juste. Je laissais mon ami Giuliano Cremonesi régler au mieux ces questions d'intendance, ce dont il s'acquittait avec efficacité en s'adressant à des religieux qui disposaient de bâtiments désaffectés ou de chambres vides en raison de la crise des vocations.

Il fallait d'abord gagner le Sud italien à quelque 2 000 kilomètres de Carcassonne. Le trajet s'effectuait au début dans nos voitures personnelles puis, quelques années après, je louais deux Espaces Renault à l'intention des participants. J'ai toujours pour ma part utilisé mon propre véhicule car il fallait d'abord recouvrer les subsides de la mission. Or ceux-ci, bien que délivrés par le ministère des Affaires étrangères, transitaient obligatoirement par l'École française de Rome. Je faisais donc une première étape entre Carcassonne et Nice. Le deuxième jour, j'arrivais à Rome assez tôt. Avec Christiane, nous logions dans un Motel aux portes de la ville. Car conduire dans Rome était au-dessus de mes forces. Un bus m'amenait au centre-ville près de la Piazza Navona. Après avoir salué le directeur, je rendais visite à l'intendant, M. Hartmann, lequel me conduisait dans une banque voisine et me remettait en liquide le montant de mes crédits. Je rentrais au Motel avec la précieuse pécune. Le lendemain, nous reprenions la route en direction du sud-est.

À Gallipoli, nous étions logés dans un ancien séminaire que gérait un vieux prêtre, Armando Manno, flanqué d'un plus jeune ecclésiastique. Deux jeunes femmes étaient attachées à leur service. Elles assuraient la cuisine et l'entretien. Le couple Cremonesi et le nôtre bénéficiions de chambres individuelles. Les autres membres de la troupe logeaient dans un vaste dortoir aux lits séparés par des tentures. Si le repas de midi se prenait sur le chantier de fouilles, nous nous retrouvions le soir au réfectoire du séminaire autour de plats qu'avaient préparé les deux jeunes femmes. Il advint un jour que la mère du jeune prêtre, âgée et malade, mourut. La nouvelle nous parvint par l'intermédiaire de cris, de longues plaintes hystériques poussées par les deux femmes de la maison : « *E morta la mamma ! E morta la mamma !* »

Nous compatissions mais sans trop saisir la nécessité de hurler de la sorte l'avis de décès. J'ai cru comprendre par la suite que ces femmes accomplissaient un rite de lamentation, peut-être d'origine antique. Cela dura environ une demi-heure. Nous les pensions sérieusement peinées. Erreur. Une heure après, le rite accompli, elles riaient comme des folles.

En fin de séjour, il fallait régler son dû au vieux prêtre. Je le revois encore me présentant la facture. Je réglais cash. Il empochait alors la liasse de billets avec une satisfaction non feinte, la glissait dans un repli de sa soutane et partait, d'un pas allègre, porter le tout à la banque.

Lors de la fouille de Trasano, nous logions dans un monastère situé à quelques kilomètres de Matera, en Basilicate, à Picciano. C'était un assez bel édifice à cour centrale, flanqué d'une chapelle renfermant la statue d'une madone, très prisée dans la région car on lui attribuait divers miracles. Le monastère faisait office de lieu de réunions lors de colloques religieux, de centre de retraites temporaires. Il disposait pour cela d'assez nombreuses chambres à divers étages. La communauté était réduite à cinq ou six bénédictins. On nous assurait le gîte et le couvert. Nous mangions le soir dans un grand réfectoire destiné à accueillir périodiquement un nombre élevé de pèlerins. Les moines prenaient leur repas dans une pièce séparée. Les messes étaient quotidiennes. Pris par nos travaux de terrain, nous quittions le monastère de bonne heure pour n'y retourner qu'en fin de journée. Il est vrai que, parmi les participants italiens et français il n'y avait guère de croyants fervents. Pendant la dizaine d'années au cours desquelles nous logeâmes dans l'établissement, nous n'avons jamais reçu la moindre observation des moines sur nos absences permanentes aux offices (et même le dimanche, jour de repos où nous en profitions pour visiter les sites de la région). Les bénédictins s'étaient accoutumés à nos mœurs d'universitaires agnostiques et ne nous en tenaient pas rigueur. Vers les dernières années de notre mission de fouilles, le père supérieur fut muté : son successeur, plus pointilleux sur l'identité de ses hôtes, s'étonna que notre petite communauté d'archéologues ne soit jamais présente aux offices. Il s'en ouvrit aux autres moines, trouvant étrange que, depuis une décennie, leur établissement puisse accueillir ouvertement des incrédules. Sans doute, les bénédictins lui firent-ils observer qu'une trentaine de chercheurs et d'étudiants italiens et français séjournant au monastère pendant un mois plein était pour le couvent une opération économique rentable, au-delà du geste fait en direction d'« infidèles ». Il est vrai aussi que nos séjours répétés avaient permis de tisser avec les bénédictins des liens d'amitié. Il n'était pas rare qu'après le repas du soir, archéologues et religieux devisent joyeusement autour d'un verre de *grappa*, car le monastère avait aussi son bistrot. Ou que les deux groupes se retrouvent, exaltés, lors d'un match de football, devant l'unique poste de télévision du monastère, les moines étant des passionnés de *calcio* (football). Au fil des années, nous connaissions aussi les qualités et les faiblesses humaines de chaque religieux sur lesquelles je ne dirai mot. Certains nous confiaient pourquoi, à la suite de tel événement familial, sentimental ou autre, ils avaient revêtu l'habit. Cette sincérité nous touchait et affermissait nos liens.

Picciano était aussi un lieu de pèlerinage. Et, tout particulièrement lors du mois de mai – le mois de Marie – période qui coïncidait avec celle de nos fouilles. Le week-end, des cars, des voitures particulières bondées gagnaient le monastère implanté au sommet d'un relief que l'on atteignait par une étroite route. Certains visiteurs ralliaient même le monastère à pied, depuis la vallée voisine, accomplissant ainsi un acte de foi, pour aller implorer la Madone. Chaque dimanche, la sculpture de la Vierge était sortie de la chapelle, portée sur des brancards par des volontaires qui se relayaient de place en place. On lui faisait faire ainsi le tour du bâtiment, accompagnée par une foule bigarrée de croyants au milieu des chants et des prières : un spectacle à ne pas rater tant il nous semblait suranné.

Mais Picciano n'était pas qu'un lieu où s'exprimait la foi. À midi, tout le monde pique-niquait joyeusement alentour et surtout « faisait la foire ». Car, à l'extérieur du monastère s'installait régulièrement lors des week-ends toute une foule de marchands de souvenirs, de bibelots, de bondieuseries ou d'objets nettement plus profanes. On pouvait manger et boire, acquérir quelque vierge miraculeuse mais aussi la cassette du dernier chanteur en vogue. Ainsi allaient les dimanches de mai sur la colline sacrée de Picciano !

J'ai gardé le meilleur souvenir de ce temps passé en terre matérane. J'y ai arpenté les « gravinas », ces lits de rivières sèches sur lesquels s'ouvrent des grottes transformées en sanctuaires byzantins. J'ai visité et revisité les « sassi », demeures taillées dans la roche où vécurent longtemps des populations sous-classées. La « campagne » est alors merveilleuse, entre champs de céréales parvenues à maturité et fleurs épanouies d'un printemps déjà estival. Et surtout le silence bienfaisant de ce lieu, perdu sur une éminence, proche du monde céleste.

La Sardaigne

Un livre entier ne suffirait pas pour évoquer mes souvenirs de Sardaigne. Les images se bousculent en raison de leur multitude. Je connaissais la Corse et les monuments « torréens* » mis en évidence par mon collègue R. Grosjean. Il me fallait voir ces autres curiosités architecturales que sont les nouraghes*, tours mégalithiques sardes et les talayots*, leurs équivalents des Baléares. Ce que je fis sans tarder et à plusieurs reprises. Je suis toujours un peu abasourdi mais réellement admiratif à chaque fois que je visite (ou revisite) certains des lieux sacrés du nouragisme : Sant'Antine, Abbasanta, Barumini, Arrubiu. La taille de l'appareil utilisé, l'élévation des tours et du « donjon », la disposition des escaliers, l'aménagement des étages, l'encorbellement des murs, la perfection des plafonds et des clés de voûte… Et tout cela pour bâtir des colosses de pierre dont le faîte pouvait dépasser 15 à 20 mètres de hauteur ! Rien d'étonnant qu'ait pu éclore l'idée que c'était là le travail d'ingénieurs mycéniens venus pour « faire la leçon » à ces Sardes ignorants. Et puis, il a bien fallu se résoudre à l'idée que les nouraghes étaient l'œuvre de constructeurs autochtones passés maîtres dans le travail de tailler la pierre, de l'ajuster, de la manipuler, de la soulever au moyen d'échafaudages complexes mais parfaitement contrôlés. Et par des populations qui n'avaient encore qu'un faible usage d'outils métalliques…

J'ai tissé des liens de respect et d'affection envers Giovanni Lilliu, le vieux maître de l'archéologie sarde et l'auteur de la première monographie détaillée d'un complexe nouragique – Barumini – que j'eus le bonheur de visiter plusieurs fois en sa compagnie.

La Sardaigne de l'Âge du bronze se singularise également par ses « Tombes de Géants » qu'il s'agisse des plus anciennes, à piliers et tables mégalithiques ou des plus récentes en blocs régularisés et voûte à claveaux. Ce sont des tombes collectives, assimilables à nos sépultures dolméniques, dites « allées couvertes », mais dressées au cœur du IIe millénaire c'est-à-dire en un temps où le dolménisme du continent était bel et bien révolu. Elles présentent de plus la particularité d'être précédées d'une sorte de parvis construit en hémicycle, sans doute un legs d'une époque antérieure comme ces « cours » qui précèdent l'entrée des sépulcres de Montessu. J'ai beaucoup aimé les monuments de Coddo Vecchiu (Capichera) et de Li Lolghi.

Un autre trait original du stade final du nouragisme est l'apparition de centres culturels qui s'organisent autour de puits sacrés, réceptacles d'offrandes et d'ex-voto. À Santa Cristina, les visiteurs se succèdent, un peu comme au temps des pèlerins d'autrefois. Et comment ne pas rester stupéfait devant cette étonnante statuaire de taille plus qu'humaine de Monte Prama, ces « paladini » majestueux, hiératiques et souverains ? Aux petits « bronzetti », si touchants de vie et d'expression, ils ajoutent la gloire de leur massivité et nous rappellent le poids social des dominants de leur époque. Récemment, je suis allé, avec Alexandro Usai et Mauro Perra, sur les lieux mêmes de leur découverte. Les colosses étaient à l'origine dressés sur leur piédestal, le long d'une avenue où leur carrure devait fortement impressionner les passants. Remettre des copies sur place pourrait donner naissance à un spectaculaire musée de site.

Bien sûr, la Sardaigne ce n'est pas seulement l'Âge du bronze. On ne peut passer sous silence les prospecteurs et tailleurs de l'obsidienne du Monte Arci dont certains produits ont été transférés sur la péninsule mais aussi en Corse, en Provence et jusqu'en Catalogne. J'ai arpenté ce massif en compagnie de Carlo Lugliè. J'ai aussi gardé le souvenir d'une visite sur les lieux de fouille de Cucurru's Arriu où furent excavés les « proto-hypogées » aux défunts dotés de ces petites et opulentes figurines du Ve millénaire.

Et aussi de tournées sur plusieurs nécropoles à « Domus de Janas », ces tombes creusées dans le roc qui se mettent à proliférer vers la fin du Ve millénaire : Santu Pedru, Montessu, Anghelu Ruju, Sant'Andrea Priu (où les paléochrétiens transformèrent en lieux de culte les salles d'accueil des hypogées). J'eus, à chaque fois, de bons cicérones : Ercole Contu, Enrico Atzeni, Fulvia Lo Schiavo, Giuseppa Tanda, Maria-Grazia Melis.

Mais je voudrais clore ces trop courtes évocations par deux souvenirs. Le premier concerne un colloque organisé par S. Tiné sur le Monte d'Accoddi, près de Sassari, cet étonnant monument néolithique à longue rampe menant à un édifice tronco-pyramidal. Tiné avait, après d'autres, repris l'étude de cet édifice et mis en évidence l'existence, lors d'une phase antérieure, d'un « temple rouge » (ainsi désigné en raison de la peinture de ses parois), ensuite remblayé par des aménagements ultérieurs. Le président de séance, un certain Gullini, mandarin de l'archéologie classique, voulait nous faire croire que ce monument ne pouvait avoir été bâti sans quelque influence mésopotamienne : au fond une sorte de ziggourat locale dont le modèle aurait été transplanté jusqu'en Sardaigne. Je pestais contre ces interprétations diffusionnistes dépassées. Rien n'y fit. À l'une de mes observations, il me rabroua, sûr de son jugement. Ainsi va le pouvoir intellectuel quelquefois…

Une autre fois, l'ami Enrico Atzeni, de l'Université de Cagliari, voulut me faire visiter, outre le Musée des statues-menhirs de Laconi, les divers lieux des environs de cette localité d'où provenaient ces monuments et sur lesquels subsistaient encore *in situ* des pierres levées et les tombes mégalithiques de Masone Perdu et de Corte Noa. Tout se passa fort bien jusqu'au moment où une pluie diluvienne nous chassa du terrain, nous laissant trempés jusqu'aux os. Heureusement, le patron de l'hôtel qui nous hébergeait alluma un grand feu de bois dans une cheminée à l'ancienne et nous pûmes peu à peu nous sécher en devisant sur l'originalité des statues sardes et de leur étrange « capovolto », une sorte de trident ou de « candélabre », dont on n'a jamais découvert de réplique lors des fouilles archéologiques.

Lipari

Lipari, c'est avant tout le domaine expérimental de l'œuvre de Luigi Bernabo Brea. Après l'opération ligure des Arene Candide, Bernabo, devenu surintendant des Antiquités de Sicile, a fait de l'archipel des Éoliennes son multiforme terrain de recherches en mettant la protohistoire et l'Antiquité au cœur de ses questionnements. Partir de Naples en aéroglisseur est assez plaisant. On gagne ainsi les îles basaltiques. Le Stromboli crache toujours sa fumée. C'est la nuit tombée qu'il faut contempler à distance son cratère rougeoyant. À Lipari, avec Jean Vaquer, nous nous sommes mis en quête de la coulée d'obsidienne exploitée par les néolithiques. Elle est de fait fossilisée par les coulées plus récentes d'époque historique. Mais c'est au Castello qu'il faut monter pour s'imprégner de l'œuvre de Bernabo. Et d'abord au musée où il a exposé la masse documentaire issue de ses nombreuses fouilles. Il était surtout un céramologue. Si la plupart des visiteurs sont noyés sous l'abondance des tessons, le néolithicien, lui, trouve cette accumulation à son goût car il peut s'adonner à satiété à sa marotte du comparatisme céramique. Et devant le musée s'étale la fouille même de ce site perché où se sont succédé, en complément avec les recherches menées sur le Castellaro Vecchio, toutes les cultures de la protohistoire sicilienne depuis les premières fréquentations du Néolithique ancien (culture de Stentinello) jusqu'à l'époque hellénistique. Évidemment, la poterie peinte à trois tons du Néolithique moyen et le Serra d'Alto qui la relaie, avec ses motifs géométriques et ses anses spiralées, soulignent l'originalité des cultures sud-italiennes du Ve millénaire. C'est pourtant dans un autre secteur de l'île que fut reconnue à partir de plusieurs tombes et des restes d'habitats, la culture de Diana*, attribuée au Néolithique final et au cours de laquelle les trafiquants ont, par mer, exporté l'obsidienne liparote dans toute la moitié sud de la péninsule. Au IIIe millénaire, d'autres lieux éponymes – Piano Conte, Piano Quartara – témoignent du dynamisme de l'archipel.

Mais, au-delà des occupations stratifiées du Castello, c'est dans les îles voisines qu'il faut se rendre pour bien apprécier les caractères de l'Âge du bronze insulaire qui connaît, dès sa phase ancienne, une remarquable expansion.

Et d'abord à Filicudi pour y visiter les maisons du village de Capo Graziano, site éponyme d'un faciès du bronze ancien. Les productions céramiques qui en proviennent présentent des affinités avec les vaisselles des horizons contemporains de la Méditerranée centrale – Rodi-Tindari-Vallelunga du Nord-Ouest sicilien, Proto-apenninique de la Péninsule, Bonnànaro de Sardaigne. À Capo Graziano toutefois, des récipients importés, peints, montrent de timides intrusions d'origine égéenne. C'est là le point de départ d'un mouvement d'ouverture à de nouveaux venus des rivages grecs qui, autour de 1500 avant notre ère, vont aller à la rencontre des autochtones éoliens et siciliens.

À Panarea, si le site de Milazzo, référence pour l'Âge du bronze moyen, possède encore des habitations dans la tradition circulaire ou subquadrangulaire autochtone, les contacts avec les cultures mycéniennes s'affermissent comme en d'autres points de la Sicile et de l'Italie péninsulaire. Ces relations ont-elles favorisé l'usage de signes gravés sur céramique, parfois considérés comme les embryons d'une écriture mi-abstraite mi-pictographique ? Ce sont surtout les céramiques tournées et peintes de la sphère égéenne qui signent le renforcement de ces réseaux. On en trouve à Lipari, à Panarea, à Capo Graziano, à Salina (Portella). À San Calogero (Lipari) existait même une petite tholos* à l'architecture d'inspiration égéenne. Les bronzes produits obéissent souvent à des modèles est-méditerranéens.

À l'Âge du bronze final et au début de l'Âge du fer, la tradition historiographique fait état d'immigrants qui, venus de la péninsule, se seraient établis à Lipari. Le lien est parfois fait avec les populations subapenniniques d'Italie méridionale puis avec des groupes proto-villanoviens qui se seraient infiltrés jusque dans le Sud. De Campanie ou de Calabre, plusieurs vagues « ausoniennes » auraient ainsi gagné les îles Éoliennes. Des récits, fondés sur des textes d'auteurs antiques, courent là-dessus. L'archéologie a quelques difficultés à conforter la véracité de ces contes mythologiques : Liparo, fils d'Auson, roi d'une population d'Italie méridionale, aurait pris possession des îles Éoliennes. On qualifie d'« Ausonien* » ces temps de la fin de l'Âge du bronze.

On reste étonné devant tout ce peuplement insulaire du IIᵉ millénaire et de l'empathie des navigateurs pour cet archipel à un moment clé de l'histoire de la Méditerranée, lorsque la frontière entre les deux bassins de la Mer intérieure est en train de se dissoudre.

En Sicile

C'est un curieux concours de circonstances qui me conduisit en Sicile. En 1990, je reçus un courrier m'invitant à venir examiner à Sciacca une collection de vases campaniformes. Il émanait d'un avocat de cette ville qui prétendait conserver un ensemble de vestiges archéologiques provenant pour partie d'un héritage familial. Je restai sceptique en raison du faible nombre de vases campaniformes jusque-là signalés sur la grande île.

À quelque temps de là, bien que dubitatif, j'acceptai l'invitation et m'envolai pour Palerme avec Jacques Coularou. Le premier contact avec l'invitant, Primo Veneroso, fut plutôt réservé : nous nous demandions si nous n'étions pas victimes d'un malentendu d'autant que notre hôte semblait prendre son temps avant de nous montrer ses « trésors ». Mais, le lendemain, lorsque notre logeur nous conduisit dans sa maison de la place Matteotti, les nuages se dissipèrent. Il avait installé, sur la grande table de sa salle à manger, une vingtaine de gobelets campaniformes, tous plus beaux les uns que les autres : récipients de style « maritime » à décor de bandes imprimées en oblique, vases peints de bandes noires et rouges complétées par des incrustations de matière blanche, écuelles de style ibérique, coupes et plats tronconiques sur pied ornés de motifs géométriques traités au peigne à petites dents. Je perçus tout de suite l'intérêt de la série. Il me semblait dès lors que la Sicile avait été sous-estimée dans sa contribution à la question campaniforme. D'autre part, au-delà de l'intérêt de la série dans le contexte de la protohistoire insulaire, se posait la question des interrelations de l'île avec les autres ensembles européens de la même culture. Je décidai de m'atteler sans tarder à l'étude de ce lot. Je n'étais pas au bout de mes peines car Primo Veneroso, tout heureux de m'avoir donné satisfaction, me dit le jour de mon départ : « Vous reviendrez, car vous n'avez pas tout vu, j'en ai d'autres en réserve... » Il ne m'avait volontairement montré qu'une partie de ses possessions. Il avait réussi à m'« appâter », sûr ainsi de me voir revenir. Je revins donc, à deux reprises, pour continuer à dessiner les vases qui sortaient des placards comme du chapeau d'un prestidigitateur. Et, après que quelques années se furent écoulées, nous publiâmes à Toulouse, avec Sebastiano Tusa, le catalogue de ces récipients[6]. En dépit de son intérêt typologique, le manque de contexte précis tempère quelque peu cet apport. N'empêche : la Sicile retrouve toute sa place dans la problématique du campaniforme. La collection Veneroso ne se limite pas à des gobelets chalcolithiques. Elle est un vrai résumé de la protohistoire sicilienne, et toutes les cultures de l'île y sont, peu ou prou, représentées : San Cono, Malpasso, Castelluccio, Thapsos, Pantalica. J'eus même l'étonnement de retrouver, parmi les objets de bronze présentés, des pièces indubitablement langue-dociennes et gauloises des VIIe-VIe siècles avant notre ère : décou-vertes en qualité d'offrandes ou d'ex-voto dans les sanctuaires de la Grande Grèce, elles attestent des circuits maritimes qui sillon-naient alors la Méditerranée d'époque archaïque. Nous avions envisagé de publier, sous la forme d'un album photographique, quelques-unes des plus belles pièces de la collection. La mort de Primo Veneroso en 2014 nous a fait abandonner ce projet.

De mes déplacements en Sicile émergent divers souvenirs. D'abord la visite à la nécropole de Castelluccio, qui a donné son nom à une culture du Bronze ancien aux magnifiques vases peints. Ces hypogées, creusés dans les divers bancs d'une colline calcaire, étaient fermés par des dalles taillées et parfois sculptées. La façade même de ces monuments pouvait être découpée dans la roche de façon à simuler des piliers supportant quelque linteau comme dans le cas de Cava Lazzaro.

Syracuse semble grecque par ses maisons blanches qui s'insèrent entre le bleu sombre de la mer et le bleu plus aéré du ciel. Il faut y visiter le musée Paolo Orsi, le premier grand archéologue de l'île, l'heureux fouilleur d'une multitude de sites. Le protohistorien y trouvera matière à émerveillement. Il faut dire que c'est là, en Sicile orientale, qu'eut lieu tout au long des Âges du bronze et du fer le mariage entre le dynamisme autochtone et les incessants influx venus de Méditerranée orientale. Et d'abord à Thapsos, où l'architecture égéenne vint concurrencer les habitudes ancestrales dans l'art de bâtir. De ce premier emporion* d'Occident, il reste assez peu à voir mais on se rattrapera au musée en contemplant l'originalité des céramiques à piédestal et longues anses agrémentées de motifs peints de quadrupèdes ou d'oiseaux. En revanche, il n'est que de parcourir la campagne syracusaine pour tomber sur des nécropoles hypogéiques, fortes de plusieurs centaines de sépulcres creusés dans la roche, ces cellules ressemblant aux multiples alvéoles d'une ruche. La moindre paroi rocheuse en est constellée comme à Pantalica mais aussi dans d'autres cimetières : Caltagirone, Monte Dessueri, Cassibile. La qualité des mobiliers funéraires associés à certains personnages m'a rappelé le contenu des tombes de privilégiés qui emplit les vitrines des musées d'Italie méridionale. Et n'oublions pas, en Sicile, l'importance de la métallurgie du bronze, matérialisée notamment par le dépôt de Mendolito à Adrano (900 kilos répartis en un millier d'objets : fibules, haches, rasoirs, parures, plaques décorées, sans oublier les si singulières pointes de lance « siciliennes »). Il est vrai qu'on est là sur les pentes de l'Etna où le feu, sorti d'une supposée forge souterraine, alimentait le culte d'Adrano, divinité parente d'Héphaïstos, le vulcain hellène.

Malte

J'hésite à englober Malte dans la sphère italique. Bien sûr, il y a cette proximité avec la Sicile et les réseaux d'échanges de matériaux ou d'artefacts entretenus avec les périphéries de l'archipel. Mais la préhistoire de Malte est tellement originale qu'elle fait de ses deux îles une sphère culturelle toute particulière.

J'y vins la première fois en 1978, attiré par Jacques Audoir et Robert Clarke lors du tournage, pour la Société française de production, d'un film sur le mégalithisme et qui eut droit à un titre un peu pompeux : *Les Cathédrales de la préhistoire*. Ce fut un choc. Et pourtant j'avais vu bien des mégalithes en

Occident. Mais l'originalité des temples, monuments uniques dans tout l'espace méditerranéen, leur plan en trèfle, la perfection dans la taille et le jointoiement des piliers, la qualité des sculptures surprennent. Pour les plus anciens, leur massivité aussi. Lorsqu'on se trouve sur le parvis de Ggantija à Gozo, que l'on observe la superposition des blocs de calcaire corallien et que l'on tente d'évaluer l'élévation, à plus de 10 mètres de la façade légèrement concave du temple méridional, on imagine, outre la prouesse technique de l'opération, le degré d'organisation sociale ayant permis aux populations insulaires de mener à bout un tel chantier. Et encore sans l'usage du métal car le grand millénaire qui a vu fleurir ces étonnants monuments – entre 3500 et 2500 avant notre ère – est ici caractérisé par une quasi-absence d'outils de cuivre ou de bronze. Et, au-delà de cet exemple, c'est bien là que réside le miracle maltais : comment de petites communautés peu ou prou isolées sur un archipel rocheux, aride, ont-elles trouvé le moyen d'exprimer, à travers une formule mégalithique singulière, une spécificité culturelle quasiment unique ? Cela en dit long sur les capacités créatrices de populations restreintes mais susceptibles de se dépasser dans l'affirmation identitaire à travers des architectures hors normes. Visiter Hagar Kim ou Mnaidra est un enchantement pour l'archéologue. À Tarxien, on a vu les choses en grand puisque trois temples ont été à un moment réunis dans un même complexe : d'où l'hypothèse que le maître du lieu pouvait exercer sa domination sur l'ensemble de l'archipel. Simple supposition. Il semble moins hasardeux d'admettre qu'à une époque où la pression démographique jouant son rôle, la société a vu émerger des dominants, lesquels ont réussi à maintenir la cohésion des diverses communautés en inventant un système religieux intégrateur. À travers processions, rituels ou manifestations diverses dont les temples étaient le centre, ces élites faisaient fonctionner selon leurs intérêts une forme d'ordre social. Comme dans le mégalithique funéraire d'Occident, elles ne se distinguaient pas dans la mort, mais abolissaient alors toute marque de discrimination en intégrant à leur décès la tombe collective. Ici, ce sont des hypogées, et non des moindres qui ont accueilli les dépouilles des défunts, quel que soit leur rang, car, sur ce plan encore, les Maltais néolithiques ont donné dans la démesure en creusant dans le sous-sol des îles de grandes cavernes à multiples cellules transformées tantôt en chambres mortuaires tantôt en salles d'accueil de pèlerins ou de visiteurs venus chercher quelque inspiration auprès des « ancêtres ». Il faut être descendu à Hal Saflieni pour apprécier la qualité architecturale du « Saint des Saints » ou des loges transformées en caveaux. N'oublions pas que les restes de plusieurs milliers d'individus ont été extraits de ce méga-sépulcre. Et qu'il en fut sans doute de même dans le monument du Cercle Brochtorff à Gozo, moins bien conservé toutefois.

Ces temples furent-ils le siège d'un culte particulier ? Pas forcément. Peut-être y entretenait-on simplement, par le biais de rituels ou de sacrifices, une histoire mythologique de la société maltaise autour d'ancêtres fondateurs. Il n'est pas exclu pour autant qu'une divinité féminine (ou une sorte de Mère ancestrale) ait été adorée si l'on prend en compte les restes d'une grande statue dressée dans une « chapelle » du temple tarxien[7].

Ces bijoux du mégalithisme méditerranéen sont pourtant fragiles, en particulier les sanctuaires construits à partir du calcaire à globigérines, un matériau facile à sculpter mais friable, qui se désagrège, et ne résiste guère aux embruns, aux vents, aux pluies. Inquiètes de leur état de conservation, les autorités maltaises m'avaient consulté. Je leur avais conseillé de recouvrir les monuments les plus exposés avec un système de toitures transparentes en matière synthétique, un peu comme cela a été fait à Mallia, en Crète, par des architectes français.

Finalement, leur choix s'est porté sur des sortes de grandes tentes bien arrimées qui ont, à Mnaidra et Hagar Kim, bientôt à Tarxien, mis les temples sous cloche. Leur ruine est donc provisoirement stoppée et c'est là l'essentiel. Je suis heureux pourtant de les avoir connues « au soleil », en un temps où leur calcaire brillait de mille feux et où les enceintes de Mnaidra se détachaient sur l'azur combiné du ciel et de la mer.

À travers les Balkans

Les Balkans et l'Égée ont joué un rôle essentiel, en raison de leur situation géographique, dans la diffusion de l'agriculture à travers le continent européen. Divers voyages réalisés pour les principaux au cours des années 1970 et 1980 m'ont permis de m'y familiariser avec sites et matériaux. La plupart des pays parcourus (Yougoslavie, Roumanie, Bulgarie, Hongrie, Albanie) étaient alors sous régime communiste, ce qui posait souvent des problèmes administratifs compliqués : obtention de visas, autorisation de circuler, nécessité d'être accompagné par une personne « agréée », chargée de vous guider dans certains secteurs et de vous éloigner d'autres jugés « sensibles ». Il y avait souvent une ambiguïté, un non-dit : le plaisir pour les collègues de ces pays de recevoir un hôte venant de France tandis que les autorités envisageaient toujours avec méfiance un visiteur issu de l'Occident « capitaliste ».

Quelques souvenirs. Ainsi le marché si singulier de Sarajevo où Aloj Benac nous fit découvrir, dans une taverne, les plats culinaires du cru et notamment les farcis. Ce collègue cordial et digne disparut quelques années après, lors des tragiques événements de Bosnie.

À Bucarest, nous sympathisâmes avec notre « guide » – Ian Chicideanu – qui nous confia être un lecteur épisodique du

Figure 6. Visite d'un site préhistorique de Bosnie-Herzégovine, lors d'un colloque sur la Néolithisation de l'Europe. De gauche à droite : D. Garasanin, D. Srejović, M. Garasanin, D. Bassler, J. Guilaine et autres participants. À droite coiffé d'un chapeau : A. Benac.

magazine *Paris Match* (alors très difficile à se procurer car perçu comme une vitrine de l'Occident frivole). Il adorait les articles de Jean Cau. Quel ne fut pas son étonnement lorsque Christiane lui apprit qu'elle était apparentée à ce journaliste, cousin germain de l'une de ses tantes et dont elle fréquentait toujours la famille !

L'attaché culturel français, M. Michel, souhaita organiser à l'ambassade de France une réception en mon honneur. Il me demanda la liste des archéologues à inviter. Je ratissai large. Il tempéra mon zèle : « Ne vous faites aucune illusion. Il n'en viendra pas un. La police est partout et un chercheur qui se rendrait à l'ambassade de France, pays de l'ennemi occidental, aurait sans tarder des ennuis. »

Il avait vu juste. À tour de rôle, tous mes collègues, avec qui j'avais noué de cordiales relations, déclinèrent l'invitation, invoquant quelquefois des motifs cocasses. Un seul vint : Cornélius Mateesco, le fouilleur de Vadastra, alors en fin de carrière et ne risquant plus grand-chose.

Parti avec un beau soleil de Paris pour une mission en Hongrie, je débarquai avec Christiane à Budapest où il neigeait abondamment. Mal chaussé pour la circonstance, je décidai d'acheter une paire de bottes. Ayant touché en forints une bourse de l'Académie des Sciences de Hongrie, je réglai mon achat dans cette monnaie mais comme j'étais français, donc occidental, donc « riche », on me fit payer ces chaussures au prix fort. Le soir même, je décidai d'amener Christiane dans un bon restaurant de la ville. Repas de qualité en effet, agrémenté par les sanglots musicaux d'un violoniste qui ne cessait de faire le tour de notre table. Sans doute pensait-il que nous étions en voyage de noce et souhaitait-il enjoliver notre séjour de musique tsigane. Là aussi, ce dîner eut un coût prohibitif sans doute majoré en raison de notre statut d'Occidentaux. Bref, entre les bottes et le repas, la bourse locale avait totalement fondu le jour même de notre arrivée. Heureusement, nous avions apporté quelques bons francs qui nous permirent de poursuivre notre voyage...

Petite déception. Grisés par les valses de Strauss, nous pensions que le Danube, à Budapest comme à Vienne, était d'un bleu romantique. Nous le découvrîmes gris-marron, d'une propreté douteuse. Je revins, bien plus tard, à Budapest lors d'un colloque consacré à l'œuvre de Braudel. La couleur du fleuve n'avait pas changé.

Nous avons aussi connu la Bulgarie profonde... et pauvre. Dans une petite ville, l'unique restaurant nous proposa une soupe claire à base de choux et rien de plus. Je souhaitais voir les belles découvertes de la nécropole de Varna : elles avaient été prêtées au Japon (je les vis plus tard, en France, lors d'une exposition au musée des Antiquités nationales). En revanche, je pus voir à Sofia les plus belles pièces des trésors de Troie que l'URSS, qui les détenait, avait temporairement prêtées au « pays frère ».

Le dépaysement fut encore plus grand lors d'une mission en Albanie. Première observation dès notre arrivée à l'aéroport de Tirana : des dizaines de blockhaus, protections d'un autre âge, parsemaient le paysage. Pratiquement aucune circulation automobile sur le réseau routier. Derrière notre hôtel, une impressionnante pyramide de marbre, bâtiment édifié à la gloire d'Enver Hodja qui avait tenu le pays d'une main de fer pendant plusieurs décennies. Des femmes aux champs travaillaient avec de rudimentaires outils de bois... Je m'imaginais presque au Néolithique ! Frano Prendi fut un guide attentionné. Plusieurs années après, je l'invitai à donner des conférences au Collège de France.

CHAPITRE 8

Coups de cœur, lieux

À présent, voici dix sites, archéologiques ou non, qui sont autant de coups de cœur. Aucun lien ne les unit. Certes, ce choix est arbitraire, j'en conviens. Mais ces lieux ont, pour des motifs très différents, pris place dans ma mémoire en raison de leur intérêt historiographique, documentaire, ou tout simplement séducteur. L'ordre suivi sera, globalement, chronologique, du plus ancien au plus récent.

Jéricho

Avec François Valla, j'ai visité plusieurs sites sud-levantins. Et d'abord Mallaha, cet établissement natoufien qui, pour la première fois, faisait la démonstration que, dès 12 000 avant notre ère, des chasseurs pouvaient se sédentariser en des lieux favorables, et se lancer le défi d'une autre façon d'exploiter leur environnement ; un comportement qui devait, à terme, déboucher sur des localités villageoises pleinement agricoles. Je n'ai pas oublié cet article de Jean Perrot[1] paru en 1966 dans *L'Anthropologie* et qui détaillait tous les caractères d'un établissement stable de « chasseurs-cueilleurs ». Valla devait reprendre par la suite l'étude du site et y multiplier les observations de qualité.

J'ai vu les belles stratigraphies du Mont-Carmel, mais aussi Hayonim, Netiv Hagdud et autres sites que ma mémoire a oubliés. Je suis allé à Hazor, Megiddo, Yarmouth. Et j'ai même passé la nuit dans un kibboutz tout près de la frontière libanaise.

Avec l'abbé Jean Puech, j'ai visité Cumran, En Gedi, Arad...
Mais si je m'attarde ici sur Jéricho, c'est en raison de son aspect
emblématique et historiographique. Car c'est là que, reprenant
les fouilles de J. Garstang, Katleen Kenyon a mis au jour une
stratigraphie dans laquelle, à un horizon épipaléolithique (natoufien) succédait une sorte de Néolithique sans céramique qu'elle
subdivisa en deux phases : A et B. D'où ces appellations devenues incontournables pour désigner les étapes précéramiques du
Néolithique proche-oriental : PPNA* et PPNB*. Elle prétendit
avoir trouvé des traces d'activités agricoles dès la première phase
mais ses observations furent discutées et le trop petit nombre de
grains de blé issus de ses fouilles n'emportèrent pas la conviction. Elle avait pourtant raison et la présence d'une agriculture
dès le PPNA est aujourd'hui acceptée. Ou plutôt, pour suivre la
terminologie des botanistes, d'une « agriculture prédomestique »
puisqu'il s'agit de la mise en terre de semences ne possédant
pas toujours les caractères propres aux versions domestiques. Au
PPNB, la cause sera entendue et aux céréales dès lors domestiquées
viendront s'adjoindre les espèces animales désormais assujetties et
cela même si Jéricho ne fut pas le lieu de leur changement d'état,
celui-ci étant probablement survenu à de plus hautes latitudes,
en Turquie ou en Syrie.

De ce plus ancien Néolithique sans poterie, Jéricho nous a
aussi laissé un étrange monument : une tour de près de 9 mètres
de haut, presque autant de diamètre, dotée d'un escalier interne
débouchant à son sommet. On ne sait pas au juste comment
se présentait la partie supérieure de cet édifice, tronquée par
l'érosion : on a dit que c'était là le plus vieux bâtiment du
monde, dressé aux environs de 9000 avant notre ère. Leadership
aujourd'hui dépassé puisque les assises de monuments circulaires
de Qaramel (Syrie) sont attribuées à des tours plus vieilles encore
de quelques siècles.

Cette tour de Jéricho ne cesse d'intriguer. Elle s'adosse à un rempart. Il n'est pas question d'en faire une quelconque fortification puisqu'elle s'élève en retrait, à l'intérieur de la muraille. Cette dernière construction pose la question de sa fonction : précédée d'un fossé, sa hauteur conservée peut atteindre 3,50 à 4 mètres mais ce n'est là qu'une estimation minimale. C'est dire l'envergure de cette enceinte. Défensive ? Peut-être. Certains ont avancé que ce rempart avait pour objectif de dévier les eaux d'un torrent qui, par temps de pluie, pouvait se déverser dans l'habitat. Évidemment, la thèse d'une fortification à valeur symbolique – une limite entre l'espace de la localité et le domaine extérieur – a aussi été émise. Nous n'en sommes pas plus avancés pour la tour elle-même : tour de guet ? bâtiment de prestige ? édifice cérémoniel ? « temple » ? L'arasement de son sommet nous enlève peut-être la possibilité d'en saisir la fonction originelle.

À Jéricho, méditant depuis le terre-plein dominant la tranchée au fond de laquelle surgissent ces vieux édifices, on reste songeur. On pense inévitablement à ces mutations qu'abordaient, vers 9000 avant notre ère, les populations levantines en s'attachant déjà, collectivement, à ceinturer en blocs massifs leur habitat et à bâtir une grande tour, inspirées par une idéologie qui nous échappe. Ce sont dans de tels moments, face à ces bâtisses muettes que l'on prend conscience des conversions d'un monde en train de naître.

Alors, la tour de Jéricho serait-elle un « sanctuaire » comme certains l'ont avancé ? Pas sûr. Les vrais temples n'apparaîtront qu'avec la ville, l'accentuation de la pyramide sociale et l'émergence de « spécialistes » à plein-temps dans la gestion du spirituel. Pour autant déjà, vers 4000/3000 avant notre ère, lors du Chalcolithique (Âge du cuivre) apparaissent de singuliers bâtiments qui furent le théâtre de rituels divers : En Gedi, Arad, Ghassoul, Megiddo et autres. Sûrement des « proto-temples »…

Tamanrasset

Les rives sud de la Méditerranée ont toujours posé quelques problèmes aux néolithiciens. Le faible nombre de gisements étudiés selon les normes d'analyse les plus modernes n'a cessé de constituer un handicap pour tenter de construire un schéma cohérent de la mise en place du Néolithique dans ces régions. En un temps où les préhistoriens étaient surtout des spécialistes des industries de la pierre, Raymond Vaufrey, constatant de possibles héritages de la culture mésolithique est-maghrébine (le « Capsien ») parmi les instruments des premiers producteurs, avait proposé la définition d'un « Néolithique de tradition capsienne » pour expliquer l'émergence des Néolithiques sur des bases autochtones par processus d'emprunt de techniques externes. On sait que les archéologues espagnols ou portugais ont un temps considéré l'Afrique comme l'une des routes ayant entraîné la conversion de la péninsule Ibérique à l'économie nouvelle. Certains envisageaient même le Sahara comme un possible foyer de celle-ci. Puis c'est le mouvement contraire qui a prévalu : quelques ressemblances dans les décors céramiques (les motifs traités à la coquille de cardium) des plus anciens Néolithiques de la région de Valencia avec ceux de plusieurs sites marocains ont entraîné une inversion de perspective : on a interprété le premier Néolithique du Maroc comme le résultat d'un influx ibérique.

La question reste complexe en raison du trop petit nombre de sites maghrébins correctement analysés. On sait aujourd'hui que des cultivateurs de blé, éleveurs de moutons, étaient bien présents au Maroc lors des derniers siècles du VIe millénaire. Mais comment sont-ils parvenus jusque-là ? Trois hypothèses s'imposent : 1) ou une diffusion par les côtes africaines depuis l'aire levantine, 2) ou un passage depuis les rivages nord par le détroit de Sicile, 3) ou, supposition déjà énoncée, un transfert à partir de l'aire ibérique. De ces trois hypothèses, l'on discute encore.

Observons aussi que l'Égypte, aux portes géographiques même du noyau moteur proche-oriental, ne semble pas avoir été immédiatement réceptive. Le blé domestique ainsi que bœufs ou caprins n'accéderont à l'axe du Nil que dans le courant du VIe millénaire, soit quelque deux mille ans après leur apparition sur les terres levantines. On a bien proposé l'existence d'une domestication autochtone du bœuf en Afrique orientale sur des bases à la fois métriques et génétiques mais ce problème reste également débattu.

C'est donc pour évoquer ces diverses interrogations que Slimane Hachi, directeur de l'archéologie algérienne, me convia, sur la proposition de Michel Barbaza, au premier colloque de préhistoire maghrébine qui se tint à Tamanrasset en novembre 2007[2]. De cette incursion saharienne, j'ai gardé le souvenir d'une mer de sable jalonnée de pitons et d'échines rocheuses du Hoggar que nous parcourions dans des quatre-quatre dont les intrépides conducteurs faisaient peu de cas de nos vertèbres. La visite de plusieurs sites rupestres trouva son acmé dans une sorte de pèlerinage à l'ermitage du père de Foucauld, perdu sur un massif difficilement accessible par une piste cahoteuse : l'Assekrem. Nous y partagâmes un repas sous la tente avec les Touaregs et dormîmes sur les paillasses de modestes cases. Mais c'est l'ascension vers l'ermitage qui nous émut le plus, ce fortin haut perché où se mesure pleinement la volonté de solitude et de dénuement. C'est, nous disait-on, de très bonne heure qu'il faut monter là-haut, à la pointe du jour. Ce que nous fîmes, arpentant les sentiers rocailleux pour gagner ces cimes. Et là, nous attendîmes le lever de soleil rougeoyant sur le Sahara. Un spectacle pour touristes, direz-vous ? Peut-être, mais qui réconforte, car ces espaces sont demeurés vierges de toute agression humaine.

Newgrange

Un séjour à Dublin, à l'invitation de George Eogan, fournit une bonne occasion pour satisfaire un vieux projet : visiter Newgrange, site emblématique du mégalithisme irlandais. Bien sûr, on n'éluda pas une tournée à l'inévitable Tara, lieu mythique de l'histoire de l'île et dont les environs sont parsemés de gisements archéologiques de diverses époques. Parmi les très nombreux sites de la vallée de la Boyne, on s'attarda sur les monstres sacrés du dolménique local : Knowth et Newgrange. Knowth est un complexe centré sur un vaste tertre qui abrite deux dolmens à long couloir disposés selon le même axe est-ouest mais dont les entrées s'ouvrent en opposition diamétrale[3]. Tout autour sont disposées 17 petites tombes, modèles réduits mais joliment remis en état sous leur tertre gazonné. Le parement du grand tumulus est composé de blocs décorés selon un art rupestre gravé qui fait la part belle à des cercles emboîtés, des spirales, des méandres, des croissants, des losanges : un graphisme à dominante curviligne.

Lors de notre visite, plusieurs tombes périphériques avaient été rénovées. En revanche, le grand tertre était en pleine restauration. Il avait été totalement ouvert et l'on pouvait prendre la mesure des caveaux qu'il recelait et de l'extrême allongement et de l'étroitesse des galeries conduisant aux chambres. Celle de l'est se composait de trois logettes, celle de l'ouest seulement marquée par un léger élargissement.

Une surprise m'attendait à notre arrivée à Newgrange. Une restauration récente me laissa un moment décontenancé. Un mur de parement périphérique ceinturait la partie avant du monument. La blancheur de la pierre utilisée contrastait avec les parpaings sombres intégrés à cette maçonnerie tandis que le tout était dominé par le vert puissant du tertre collinéen. L'aspect moderne, un peu kitch, du travail suscita en moi quelque circonspection. Mais c'était douter de la capacité des néolithiques à bâtir d'énormes monuments dans un style tout à fait « moderniste ». Preuve en était l'ampleur des transferts de matériaux utilisés pour cette bichromie : des quartz amenés depuis 40 kilomètres au sud ; des granites noirs depuis 35 kilomètres au nord[4]. Le temps de la surprise passé, me remémorant l'envergure d'autres monuments mégalithiques européens, je pénétrai, courbé, dans l'étroit couloir du sépulcre. À 2 mètres au-dessus de l'entrée, une fenêtre permettait à la lumière externe de s'infiltrer dans la tombe. On dit que le jour du solstice d'hiver, un rayon de soleil pénètre par ce puits de clarté et éclaire jusqu'à la chambre mortuaire située à 19 mètres de là. J'avais cette image en tête lors de ma progression tout au long de la galerie. Il faut croire que ses bâtisseurs n'étaient pas seulement des ingénieurs compétents : ils obéissaient aussi à des codes religieux qui les contraignaient à trouver des recettes architecturales particulièrement sophistiquées pour combiner dans ce cas une double entrée : celle d'un couloir ascendant vers une chambre surélevée et une lucarne susceptible d'éclairer cette cabine lointaine. Comme à Knowth-Est, le caveau terminal se composait de trois cellules disposées en croix. Ici également, la maçonnerie toute en dalles de dimensions diverses était remarquable et se terminait par une voûte en dôme conique encorbellé[5]. Originaux, dans les deux sites, étaient les bassins sculptés destinés à recevoir les restes des défunts incinérés. On date ces monuments de la seconde moitié du IVe millénaire, en décalage donc avec les dolmens bretons de même style, tel Barnenez. On retrouve à Newgrange, à l'entrée même du sépulcre, et sur toute la périphérie du tumulus des dalles épaisses dont plusieurs, ouvragées, reprennent des motifs serpentiformes semblables à ceux de Knowth. Le vaste tertre, de 85 mètres de diamètre, fut à son tour ceint d'un cercle de pierres levées vers la fin du Néolithique : il en subsiste quelques monolithes.

Katmandou

En 1978, je fis partie de la délégation française invitée à Delhi au Congrès international des Sciences anthropologiques et ethnologiques. Il y avait là plusieurs collègues : Maurice Godelier, Claude Lefèbure, Igor de Garine, Claude Bouville et quelques autres. C'était la première fois que je me confrontai aux foules asiatiques. En déambulant dans les rues, je me trouvai littéralement pressé, cerné, ceinturé par d'autres passants... inoffensifs certes, mais qui me procuraient une sensation de rapetissement de l'espace, d'étouffement. J'ai eu cette impression dérangeante en visitant la vieille ville de Delhi. Tout avait commencé à Bombay par un séjour de quelques heures. Avec mon collègue Igor de Garine, spécialiste de l'alimentation, et Christiane, nous avions pris un taxi pour visiter la ville. J'ai gardé le souvenir des « tours du silence », ces hauts édifices de bois qui accueillent des cadavres, et des rapaces qui tournoient dans le ciel autour des dépouilles qui leur sont livrées en pâture. Du capharnaüm aussi des voitures circulant en tous sens, dans un concert incessant de klaxons. Ou de certaines gens qui déféquaient dans les rues, au vu de tout le monde et sans nulle pudeur.

À Delhi, je fus étonné de voir les vaches vadrouiller en toute liberté dans les rues de la capitale (l'une fut percutée mortellement sous nos yeux par une voiture). À côté des secteurs résidentiels, coexistait des quartiers de déshérités, des bidonvilles où des familles très pauvres vivaient sous des tentes de fortune avec un mobilier limité à une paillasse et quelques casseroles. Les excréments séchés de bovins faisaient un combustible naturel et le soir, lorsque la température chutait, les feux de bouses enveloppaient la ville d'un nuage de fumée difficilement respirable. Nous avons profité de notre séjour pour visiter quelques sites historiques dont, bien entendu, l'incontournable Tadj Mahall dont la magnificence a quelque chose d'irréel comparé à nos architectures de béton.

Mais, au-delà du congrès, ce voyage avait pour objectif d'aller voir au musée d'Archéologie les mobiliers provenant des sites de la culture de l'Indus et notamment du plus célèbre d'entre eux, Mohenjo-Daro. Bien que le site (et le fleuve éponyme) se trouve aujourd'hui au Pakistan depuis la partition de l'ancien territoire indien, le musée de Delhi a conservé ces mobiliers et j'ai pu les examiner tout à loisir.

En Inde, il y a des jours où l'on ne peut servir de boisson alcoolisée dans les restaurants : ce sont les *dry days*. Un soir, nous allâmes manger dans une sorte de brasserie. Nous étions quatre : Marie-Antoinette de Lumley, Claude Bouville, Christiane et moi. Nous commandâmes de la bière. Le serveur nous dit que cela était impossible, c'était un *dry day*. Il risquait gros, nous dit-il, s'il contrevenait à la loi. Nous insistâmes car nous étions déshydratés. Il nous proposa une solution : il nous apporterait de la bière dans un grand carafon de faïence et nous donnerait des tasses de thé pour le boire. Ainsi fut fait. Le subterfuge était parfait. Sauf que les tasses étaient tellement petites qu'on ne pouvait y verser qu'une seule gorgée. Nous passâmes tout le repas à remplir en permanence ces petits godets et à en consommer sans arrêt le contenu.

Profitant de ce séjour, nous décidâmes de faire un saut d'avion pour visiter, ne serait-ce que sommairement, le Népal. L'avion franchit l'Himalaya qui sépare les deux pays. Ce jour-là le ciel était d'un bleu magnifique. La barrière de montagnes enneigées s'offrait à nos regards, toute scintillante de majesté. Nous franchissions le toit du monde : petit moment d'émotion...

Katmandou est très dépaysante avec son artère principale où se trouve le palais royal (le pays est devenu depuis une république), avec ses petits temples, ses maisons colorées, ses amas d'immondices et ses charmeurs de serpents. Depuis notre hôtel, nous observions le manège des maçons d'un édifice en construction. De nombreuses femmes apportaient dans des couffins le mortier, malaxé sur le chantier même, à des ouvriers qui l'étalaient. Ce matériau nous paraissait assez rudimentaire. Je ne fus pas surpris lorsque j'appris, bien des années après, qu'un tremblement de terre avait détruit une bonne partie des habitations de la capitale.

Étant allé visiter une localité à quelques kilomètres de Katmandou, nous pûmes assister à une crémation. Cela m'intéressait car il m'était arrivé de fouiller des sépultures à incinération de l'Âge du bronze final. Les restes des défunts se limitent alors à quelques poignées d'ossements très brisés, et parfois à de petits bâtonnets ou boules blanchâtres. Là, je pouvais suivre en direct l'opération conduisant à cette désintégration du corps osseux. Elle se déroulait dans une sorte de crématorium en plein air, aménagé sur les bords d'une rivière. De petits saillants rectangulaires, cimentés, bordaient le cours d'eau. On amena le corps de la défunte, une vieille femme toute recroquevillée. On le disposa sur l'un de ces saillants, on le recouvrit de bûches et tout autour. Une personne mit le feu à cet amas. Le corps mit longtemps à se consumer tandis que d'autres dépouilles étaient apportées sur les saillants voisins : à l'évidence on procédait à la chaîne. Lorsque le bûcher, régulièrement alimenté, parvint à extinction, certains ossements avaient résisté au feu. Un officiant vint alors avec une sorte de petit marteau, réduisit en morceaux les os récalcitrants, s'empara d'un balai et, d'un grand coup, envoya le tout dans la rivière...

Troie

Troie est un nom mythique de l'archéologie. Non seulement en raison de sa place dans les poèmes homériques et de la légendaire guerre entre Achéens et Troyens lors de l'Âge du bronze. Mais aussi pour l'importance des recherches que Schliemann y conduisit et qu'après lui plusieurs générations de fouilleurs ont poursuivies. Sa vision des six villes superposées peut paraître discutable eu égard aux multiples niveaux que les stratigraphes d'aujourd'hui feraient apparaître dans une séquence de cette puissance. Mais Schliemann est un peu le symbole d'une phase romantique de l'archéologie qui se mettait à la remorque des textes antiques dont elle cherchait les preuves matérielles. C'est pourquoi la découverte dans sa « seconde ville » du magnifique « trésor de Priam » – dont il orna son épouse Sophie, miroir fugace de la belle Hélène – fut pour lui la démonstration concrète du fameux « sac » de la ville. Hélas, il s'était trompé d'un bon millénaire puisque ce brillant dépôt peut être daté de 2500 avant notre ère, soit plus d'un millénaire avant la célèbre « guerre » chantée par Homère. L'archéologie et la légende ont parfois du mal à cohabiter… Mieux vaut les laisser chacune dans leur domaine respectif.

Il est vrai que ce « trésor de Priam » ainsi que d'autres découvertes du site ont connu un destin… ambulant. Schliemann, né dans le Mecklembourg avant de devenir sujet américain, les avait offerts « au peuple allemand » et elles firent longtemps le bonheur du musée de Berlin. À la fin de la Seconde Guerre mondiale, dans l'Allemagne anéantie sous les bombes, on perdit leur trace. On apprit plus tard que les Russes avaient fait main basse sur ces merveilles et qu'elles avaient pris place au musée Pouchkine. Vers la fin du XXᵉ siècle, le démantèlement de l'URSS et la situation économique de la Russie donnèrent cours à l'hypothèse que ce pays vendrait à bon acheteur les trésors de Troie. Aussitôt la Turquie, qui en avait été spoliée, monta au créneau pour les récupérer, arguant que Troie se trouvait sur son territoire. La Grèce ne fut pas en reste, prétextant que le site s'inscrivait dans la partie la plus antique de sa propre histoire. Quant à l'Allemagne, elle s'estima prioritaire puisque Schliemann lui avait fait don du trésor. Prudente, la Russie préféra le garder...

Je pus, assez curieusement, le voir lors d'un voyage en Bulgarie. Le musée de Sofia avait alors emprunté au grand frère soviétique ces bijoux le temps d'une exposition, ce qui me permit de les examiner tout à loisir. Mais je voulais aussi voir le site, la fameuse « tranchée » de Schliemann, les vestiges des deux premières enceintes et aussi celle de la sixième ville. Le chercheur a essentiellement fouillé la citadelle c'est-à-dire la résidence des gouvernants. On ne connaît guère la ville basse : M. Korfmann a essayé d'en restituer la configuration. C'est là que se trouvait la population active.

Ayant pris ma décision d'aller à Troie, je m'envolai pour Istanbul. À l'aéroport, un taxi m'amena à Cannakale d'où je pus aller sur le site. Les lieux importants de l'archéologie attirent des touristes et cela fait fonctionner l'économie locale. Or, pour le grand public, le site de Troie évoque le combat décrit par Homère. Les touristes viennent moins voir les ruines que le lieu d'une narration faussement historique dont ils ont lu le poème ou dont ils ont entendu parler. C'est pourquoi les autorités locales ont jugé bon d'aménager, à l'entrée de l'espace visité, un grand cheval de bois, sorte de copie du mannequin de la légende, subterfuge qui permit aux Achéens d'entrer dans la ville et de la livrer aux flammes. Cette reconstitution nous fit sourire. Elle montre combien le tourisme archéologique se nourrit de fantasmes, d'approximations, de fables qui n'ont rien à voir avec l'histoire mais qui ont cette faculté de motiver tout un chacun.

Les publications scientifiques, si précises qu'elles soient, ne rendent jamais l'impression que l'on peut ressentir sur un site : il faut pour cela le visiter. On est surpris à Troie de voir combien la citadelle couvre finalement un espace restreint de quelque 100 mètres de diamètre à peine.

Les lieux mythiques perdent souvent de leur lustre lorsqu'on en foule le sol. Finalement, cette forteresse protégée par une enceinte sans cesse agrandie au fil du temps n'était au départ qu'un simple réduit perché sur une colline. En dépit de ces considérations, Troie demeure un grand site archéologique par son architecture, par la composition de ses « trésors » et autres découvertes, et par l'importance de cette documentation dans l'élaboration de concepts chrono-culturels à la frontière des sphères anatolienne, égéenne et balkanique.

Mycènes

Mycènes m'a toujours fasciné. La première fois que je m'y suis rendu, ce fut un éblouissement : la porte des Lionnes, l'enceinte, le cercle A, le palais, les tholos dont le magnifique Trésor d'Atrée. Autant de merveilles contemporaines de l'Âge du bronze moyen d'Occident lequel, dans le sud de la France, ne brille guère par des manifestations architecturales d'envergure. L'Italie du Nord a ses Terramare, la Sicile Thapsos, la Sardaigne ses nouraghes, l'Espagne ses sites argariques et ses « Motillas ». En revanche, Provence et Languedoc n'affichent alors aucune œuvre majeure.

La salle « mycénienne » du musée d'Athènes expose des trésors. J'y ai passé des heures à « lécher » les vitrines, à fixer les épées historiées aux incrustations d'or et d'argent, les bijoux d'ambre, une résine qui traversait l'Europe entière, depuis la lointaine Baltique, pour être transformée dans les ateliers égéens. Je m'attardais sur les « plaquettes de Kakovatos », ces écarteurs de collier dont j'avais pu étudier un exemplaire approchant trouvé à Lastours (Aude), parmi le mobilier d'une jeune défunte déposée dans le réduit d'une grotte[6]. Mais aussi les curieux casques faits avec des défenses de sanglier (que de bêtes fallait-il tuer !), les figurines de terre cuite en psi ou en phi, le célèbre « vase aux guerriers », les ivoires sculptés, les tablettes incisées en linéaire B. Évidemment, ce sont les masques d'or qui, certainement, retiennent le plus l'attention. Ces « photographies » des puissants de l'époque nous permettent de mettre un visage sur certains d'entre eux. Schliemann, qui les mit au jour, crut y reconnaître les héros achéens de la légende, et d'abord leur chef : Agamemnon. On sait à présent que les défunts des cercles A et B ne sont pas des rois mais des nantis, une sorte d'aristocratie locale, voisinant dans la tombe avec d'autres sujets parfois peu dotés, et dont l'âge pourrait se situer entre 1750 et 1500 avant notre ère. Les vrais « rois de Mycènes » ne viendront qu'après lorsque furent édifiés la citadelle et le palais, résidence du souverain. C'est donc vers 1400 qu'ont régné les premiers authentiques monarques de ces royaumes indépendants qui fleuriront en Argolide, Béotie et Messénie. Où se trouvent leurs dépouilles ? Probablement ces rois et leur famille reposaient-ils dans ces « tholos » dont les tombeaux dits d'Atrée et de Clytemnestre constituent des prouesses d'architecture.

Séparer en archéologie les hypothèses mûrement réfléchies d'un côté et, d'autre part, l'imprégnation des esprits par la geste homérique s'impose mais reste une opération délicate. Olga Polychronopoulou a montré combien la puissance de la mythologie héroïque a longtemps pollué l'archéologie la plus sérieuse. La légende a la vie dure : on la prend pour argent comptant. Bien conscient du fossé qui sépare le mythe homérique et la recherche dépoussiérée de l'épopée romanesque, je n'en ai pas moins acquis une copie en faux or du fameux masque dit d'Agamemnon et l'ai placé à Ladern dans mon bureau. Lorsque je lève les yeux, j'observe ce personnage moustachu et barbu, qui devait, en son temps, avoir une certaine prestance. Certes, je sais bien que je n'ai pas sous les yeux le bouillant chef achéen, je m'interroge pour autant sur ce que devait être le pouvoir que cet homme, enterré avec les honneurs parmi les caveaux du cercle A, exerçait sur ses semblables, pouvoir dont on sait finalement si peu.

Mycènes, c'est aussi le mycénien, les royaumes du sud de l'Égée mais aussi l'expansion en Crète, à Chypre et dans de nombreux établissements de Méditerranée orientale et autour de la mer Noire. Ce sont également les contacts avec la Sicile, l'Italie méridionale, la Sardaigne. On a même trouvé de la céramique mycénienne à Montoro, en Andalousie. À partir des exportations de poteries égéennes, des ateliers de copies locales sont nés en Méditerranée centrale, indice de l'impact techno-culturel transmis. La mode aussi des belles tholos a diffusé. Je me souviens d'en avoir vu une, bien conservée, tout près du site néolithique de Dimini, en Thessalie. Et une autre, secondairement remodelée à San Calogero, sur l'île de Lipari. Ces influx culturels ont été déterminants dans l'élaboration des tombes en coupole qui ont fleuri en Sicile, autour de Syracuse, au cours de l'Âge du bronze moyen et final.

Petra

Le Néolithique ouest-européen affectionne les pierres levées, isolées ou groupées tantôt en cercle comme à Stonehenge tantôt en longues files comme à Carnac. De l'Ukraine au Portugal ont aussi été dressées, à partir du IVe millénaire, des stèles anthropomorphes représentant des personnages dotés de divers attributs. C'est dans un esprit comparatif entre ces monuments plus occidentaux et ceux de l'aire levantine et de la péninsule Arabique que Tara Steimer organisa à Amman une table ronde à laquelle elle m'invita[7]. Excellente occasion, pensais-je, pour aller voir, aux portes de la ville, le grand site néolithique d'Ain Ghazal, qui atteignait dans sa plus grande extension une quinzaine d'hectares, renommé en particulier pour ses mannequins de chaux modelée sur des armatures de roseaux et figurant des personnages en pied ou de simples bustes. Ce que nous fîmes en compagnie de son fouilleur, G. Rollefson. Nous en profitâmes aussi pour visiter la grande nécropole mégalithique d'Ala Safat, aux multiples dolmens, qui domine la riante vallée du Jourdain et que des carrières ainsi que l'extension urbaine ne cessent d'amputer. Heureusement, certains des plus beaux monuments ont été prélevés et reconstitués dans les jardins de l'Université d'Amman. Dans un décor montagneux à la fois désertique et grandiose, nous pûmes aussi examiner, sur le mont Nebo, la nécropole de dolmens d'Ain Jadidah, fouillée par Ingold Theusen.

La réunion terminée, nous décidâmes d'aller à Petra, site incontournable de l'archéologie jordanienne. La route d'Amman à Petra, à travers le désert, est longue et monotone : quelque 200 kilomètres. À vrai dire, plus que la cité des Nabatéens, c'était l'idée de voir Beidha, l'un des sites les plus méridionaux du Néolithique précéramique, qui m'inspirait. Nous visitâmes en effet ce gisement établi entre une haute falaise et un torrent et qui, après une dense occupation épipaléolithique*, a connu une installation à peu près constante tout au long du VIIIe millénaire. Sur une telle durée, les formes de l'habitat n'ont cessé de bouger depuis des modèles circulaires enterrés, puis « aériens » jusqu'à des quartiers de constructions rectangulaires, subdivisées en petites cellules débouchant sur un couloir axial : au fond, une évolution conforme à celle du Précéramique levantin mais selon des particularismes propres à l'ingéniosité locale.

Petra n'est pas très loin de Beidha et la configuration en est voisine : on entre pareillement dans un défilé coincé entre de hautes falaises de grès rouge. Sauf qu'ici la gorge est étroite et l'impression d'écrasement du visiteur pris entre les tenailles d'un étau de pierre le rend humble et résigné face aux extravagances vertigineuses de la nature. Que se soient installées dans ce défilé et au débouché de celui-ci une communauté puis une ville rayonnant sur le pays alentour et bien au-delà constituait un projet tout à fait improbable. C'est pourtant ce défi que relevèrent d'abord les Édomites au VIIIe siècle avant notre ère sinon plus tôt, puis, vers le VIe siècle, les Nabatéens qui allaient progressivement transformer ce relais caravanier en une agglomération de plusieurs milliers d'habitants. Ses dirigeants tiendront tête aux armées romaines avant que ne survienne l'annexion. La ville connaîtra un rapide déclin à la suite d'un tremblement de terre survenu au IVe siècle de notre ère.

Première surprise au sortir du premier défilé (le Siq), la Khazneh, avec sa façade totalement sculptée dans le grès et qui fut probablement la tombe d'un souverain. Après le second défilé, le paysage s'ouvre flanqué, sur la gauche, par de nombreux tombeaux aux façades taillées dans la roche et diversement décorés. Cette floraison de monuments montre, outre l'aptitude et la compétence des sculpteurs, une farouche volonté de domestiquer la nature : transformer la roche brute en autant d'écrins ornés selon un style particulier pour recevoir les dépouilles de personnages dominants. Mais la roche sert aussi à l'édification des divers monuments de la ville.

On nous dit qu'il faut encore visiter le Deir – le monastère – aussi beau que la Khazneh et qui se trouve sur la montagne. On y accède par un escalier taillé dans la roche et qui n'en finit pas. Mieux vaut prendre un âne que nous proposent de jeunes autochtones. Et nous voici, Christiane crinquée sur une haute jument et moi-même sur un petit âne, mes pieds touchant presque terre. Et l'ascension commence : terrible, car les bêtes se tiennent systématiquement à deux doigts du précipice. Un moindre faux pas et nous finissons déchiquetés dans le ravin... Les gamins suivent à pied, riant de notre angoisse. Le Deir est beau mais on pense forcément aux affres à venir de la descente qui, sur ces bêtes capricieuses, sera plus effrayante encore que l'ascension. Nous prenons la saine décision de revenir à pied. Ce sera moins stressant. Nos jeunes gauchos ont sans doute l'habitude des visiteurs oppressés. Nous leur rendons volontiers leurs ânes. Ils sautent dessus, nous abandonnent et redescendent sur leur monture à une vitesse qui nous sidère.

Tehotihuacan

Nous, Européens, avons trop souvent l'habitude d'associer le développement décisif de la ville, de l'écriture, de l'État à un contexte technique. On imagine mal de telles percées en dehors de la métallurgie, des équidés domestiques, des véhicules à roues. Autrement dit, nous dissocions difficilement, dans nos esprits, progrès technique et transformations sociales. Mais c'est oublier que, dans diverses parties du monde, l'évolution des sociétés n'a pas forcément emprunté les mêmes chemins et que telle trajectoire n'est pas automatiquement semblable à telle autre. Très large est la diversité culturelle et fort variées les routes empruntées. C'est ce à quoi je pensais un jour d'automne 1981 en visitant le Templo Mayor de Mexico, l'un des rares bâtiments à avoir été dégagé parmi les restes de Tenochtitlan, la capitale des Aztèques, fondée vers le milieu du XIVe siècle. J'allais me rendre en effet au vaste complexe cérémonial de Tehotihuacan, bien antérieur à la culture aztèque puisque sa chronologie s'insère entre le IIe et le VIIe siècle de notre ère. Et je n'ignorais pas qu'en Méso-Amérique comme en Équateur, au Pérou et au Chili, de grandes cultures avaient déjà, trois mille ans plus tôt, généré de grands centres politico-religieux caractérisés par d'imposantes unités résidentielles et des monuments d'envergure à plates-formes et pyramides : au fond, les prémices d'un modèle architectural approprié à ces espaces du Nouveau Monde. Ainsi d'El Paraiso, d'Aspero, de Culebras, Caral et de bien d'autres sites sur la côte du Pacifique, vite copiés sur des hautes terres péruviennes. Certes, à Tehotihuacan, la poterie est, contrairement à ces sites précéramiques, bien présente mais, au début de notre ère, il n'y a encore ni métal ni écriture. Et si l'on ajoute à cela que ni le cheval (qui sera introduit par les Européens au XVIe siècle) ni la roue (et les moyens de transport qu'elle permet) n'étaient connus des Précolombiens mexicains, on n'en est que plus admiratif des capacités physiques mises en œuvre pour créer des architectures aussi complexes.

Tehotihuacan, tout au moins son centre cérémoniel, se présentait à nous comme une longue esplanade de près de 2 kilomètres, balisée sur chacun de ses côtés de complexes architecturaux. Cette allée prend fin sur une place, encadrée de plates-formes à gradins et dont l'édifice le plus majestueux est la Pyramide de la Lune, composée de terrasses supposées et haute d'une quarantaine de mètres. J'en fis l'ascension. D'ailleurs la visite de la plupart de ces bâtiments culturels s'avère répétitive et consiste, le plus souvent, à monter des escaliers : il faut avoir le jarret solide et entraîné. Autre monument important : la Pyramide du Soleil, à cinq assises empilées, bâtie en briques crues à enveloppes de pierre. Elle dépasse les 60 mètres de hauteur. Le temple qui la coiffait a disparu. Elle se situe un peu à l'écart de la voie axiale baptisée Chaussée des morts. À l'extrémité de celle-ci se trouve la Citadelle, sorte d'enceinte carrée de 400 mètres de côté, incorporant en sa partie terminale

le temple de Quetzalcoatl (« Serpent à plumes »), pyramide flan-
quée de chaque côté de bâtiments divers. Des sculptures de serpents ou d'animaux aux gueules inquiétantes en ornent les flancs.
Tout autour on a découvert de nombreux squelettes de jeunes
hommes dont on pense qu'ils ont été sacrifiés. L'élimination
rituelle de prisonniers deviendra, plus tard, une coutume chez
les Aztèques : en témoignent les milliers de victimes exécutées
au Templo Mayor.

Plus que ces monuments aux volumes fortement géométriques
de Tehotihuacan, c'est le concept même d'urbanisation plani-
fiée qui imprègne le visiteur. On avance qu'à l'apogée de son
développement, la ville couvrait 36 kilomètres carrés et pouvait
abriter quelque 25 000 habitants (bien que l'on donne aussi à son
sujet des chiffres beaucoup plus élevés). L'archéologue, qui est un
habitué des démarches comparatives, pensera tout de suite que
Tehotihuacan est contemporain des grands moments de l'Empire
romain. Mais que l'architecture monumentale soit ici l'expression de populations ignorant le métal, le chariot ou l'écriture
laisse songeur. Dans le car qui nous ramenait à Mexico toutes
ces notions me trottaient dans la tête tandis qu'un collègue, sans
doute moins porté sur ce genre de réflexion, chantonnait du
Trénet : « Le Soleil a rendez-vous avec la Lune... » Je souriais.

Nara

Au début de l'année 2003 me parvint une invitation à participer à Nara (Japon) à un colloque sur les mégalithismes[8].
Nous étions trois « Occidentaux » dans ce cas : Caroline Malone
du British Museum, Jean-Paul Demoule, alors président de
l'Institut national de recherches archéologiques préventives
(INRAP) et moi-même. Les autres participants venaient de pays

asiatiques : Chine, Inde, Indonésie, Corée, Japon. L'Eurasie présente cette particularité d'avoir été le siège d'un intense mégalithisme sur ses deux extrêmes géographiques : à l'ouest, le monde atlantique et, à l'est, un pôle centré sur l'Inde et l'Indonésie d'une part, un autre sur le nord-est de la Chine, la Corée, le Japon, d'autre part. Ce ne sont pourtant pas les mêmes types de sociétés qui sont à la base de toutes ces manifestations. En Europe de l'Ouest, les mégalithes (dolmens et menhirs) commencent à être édifiés au Ve millénaire, donc dans le courant du Néolithique. En revanche, les mégalithes orientaux obéissant à des critères architecturaux fort variés ne sont guère antérieurs au IIe millénaire avant notre ère (certains auteurs avancent toutefois des datations plus précoces). Dans certaines régions insulaires d'Asie du Sud-Est (Sumba, Nias en Indonésie), un mégalithisme funéraire est encore d'actualité.

Cette réunion fit la démonstration des difficultés à regrouper sous le terme « dolmen » des architectures fort différentes, ce qui crée un certain embrouillamini terminologique, encore compliqué par la diversité chronologique et, surtout, la fonction liée à la plus ou moins forte complexité sociale qui en fixe les usages. Mais les organisateurs souhaitaient prioritairement faire reconnaître l'intérêt du mégalithisme de Kyushu afin d'obtenir son inscription au Patrimoine mondial à l'instar du classement dont venaient de bénéficier plusieurs ensembles dolméniques de Corée !

Cette escapade japonaise m'a laissé un excellent souvenir d'autant que j'ai pu bénéficier des lumières d'un parfait connaisseur de l'archéologie de ce pays : Laurent Nespoulous. Et d'abord, à Nara même, où il m'a présenté les travaux qui ont permis d'approfondir l'esquisse de cette première capitale urbaine de l'empire au VIIIe siècle de notre ère (710-784), avec son complexe palatial (Heijo-Kyô) qui s'étendait à lui seul sur plus de 100 hectares et dont 40 % ont été fouillés. Une porte monumentale en bois ouvrant sur le palais impérial a été reconstituée, donnant une idée partielle, mais démonstrative de la magnificence architecturale de ce grand complexe. De Nara, j'ai aussi gardé la mémoire des cerisiers en fleurs et de la plus grande statue existante du Bouddha (le Grand Bouddha de Tödaiji) qui se trouve donc au Japon et non en Asie du Sud-Est. Pêle-mêle, au gré des souvenirs, je revois des parapluies en cloche, des jardinets véritables chefs-d'œuvre de botanique, une architecture domestique dominée par le bois, des restaurants où l'on ne sait trop où mettre ses jambes, une cuisine faisant alterner pâtes et produits de l'océan, les flancs enneigés du Fouji-Yama, les gratte-ciel de Tokyo. J'ai été très agréablement surpris par l'esprit nippon de propreté et de discipline. À Tokyo, pas un papier, un mégot, ou un excrément sur le sol. Dans le métro, les usagers prennent la file au fur et à mesure de leur arrivée sur le quai. Pas de bousculades, de laissez-moi-passer-je-suis-pressé, comme dans le métro parisien.

Certes, j'ai profité de mon séjour pour visiter divers musées, dont ceux d'Osaka et de Tokyo, et y examiner les vestiges matériels de la culture Jomon – j'ai encore en tête ces grandes jarres surchargées de motifs tarabiscotés –, cet étonnant complexe évoluant sur plus de dix millénaires sans adopter réellement l'agriculture, mais tout en développant peu à peu une pyramide sociale fortement inégalitaire. J'en ai profité également pour confronter les vestiges des diverses phases Jomon à ceux de leurs successeurs, les Yayoi, qui ont introduit dans l'archipel, vers seulement 500 avant notre ère, les recettes de la riziculture connues depuis des millénaires dans la Chine voisine. Leurs vestiges sont bien sûr des outils agricoles (houes, râteaux, pelles, bêches, fourches), certains en pierre, d'autres en bois, mais aussi des épées ou pointes de hallebardes en pierre polie (imitant l'armement métallique du continent). Viendront plus tard diverses variétés de houes ou de bêches en fer. Lors de phases plus récentes, la « néolithisation » des communautés terminée, s'amorcera le développement de biens de distinction comme ces cloches de bronze (*dôtaku*) dont certaines pesant plusieurs dizaines de kilogrammes. Nous qui peinons beaucoup, en Occident, à retrouver des traces de planification agraire protohistorique, les parcellaires attribuables aux premières phases du Yayoi, avec des canaux alimentant en eau les rizières sur des superficies de plusieurs hectares, renvoient l'image de programmes agricoles aboutis.

La période Kofun qui, au IIIe siècle de notre ère, prend le relais est connue pour la monumentalité des tombeaux sous tertre de ses élites, notamment ceux dits « en trou de serrure ». C'est alors le temps des chefferies ou principautés d'envergures diverses, auxquelles le souverain, fondateur de l'État, mettra un terme de la même façon qu'en Égypte le pharaon réduira au rang de vassaux les divers roitelets prédynastiques.

Droulers-Tsiionhiakwatha

Ce toponyme étrange fait référence à un site canadien, à consonance indienne dont j'évoquerai plus loin les caractères.

À chaque fois que l'archéologue découvre un bâtiment qui présente tous les caractères d'une habitation mais qui se singularise par des dimensions hors normes, le chercheur s'interroge : bâtiment communautaire ? à destination civile ? religieuse ? Édifice propre à un groupe social particulier ? Demeure d'un dominant ? Lieu voué à des fonctions spécifiques ? Habitat collectif ? Toute construction qui transgresse les canons habituels interpelle. On s'est par exemple posé beaucoup de questions sur les longues « maisons » gravettiennes de Kostienki (Russie), sortes d'édifices avec foyers en enfilade mais dont l'authenticité des restitutions fait l'objet de réserves.

Ce thème de recherche s'est trouvé réactivé à compter des années 1980 par toute une série de fouilles réalisées dans l'ouest de la France et qui ont mis en évidence l'existence, au Néolithique final, de monuments de bois et d'argile de grandes dimensions : Antran (Vienne), Chairs à Vouillé (Vienne), Beauclair à Douchapt (Dordogne), Challignac (Charente). Des longueurs de plusieurs dizaines de mètres s'y combinent à des largeurs pouvant approcher les 20 mètres. Outre les compétences techniques nécessaires pour construire de tels édifices, la main-d'œuvre mobilisée, les prouesses des charpentiers néolithiques, se pose bien entendu la question de la fonction. Un cas particulier est constitué par les très longs bâtiments rectangulaires de la Hersonnais à Pléchatel (Ille-et-Vilaine). Le bâtiment A se développe sur 104 mètres de long et 12 de large, découpé intérieurement par des séries transversales de trois poteaux entraînant des portées transverses de plus de 8 mètres et des portées longitudinales de 7 à 12 mètres entre chaque tierce. Une entrée à l'une des extrémités et deux portes latérales se faisant face permettaient l'accès au bâtiment. Ce dernier s'insérait lui-même dans une enceinte palissadée. D'autres constructions de même type, à peine plus restreintes, s'élevaient à proximité. Des maisons d'un modèle voisin, construites en longueur, ont été dégagées à Parme, en Italie du Nord.

Diverses populations construisaient donc (ou construisent) des habitations longues en Amérique, en Asie ou en Océanie. Ce peut être des maisons de culte, réservées aux hommes, comme en Mélanésie, des maisons de réunion comme en Polynésie ou chez les Naga de l'Inde et de la Birmanie. Mais il s'agit le plus souvent de lieux de vie collectifs comme dans certaines communautés nord ou sud-américaines. Nous, Européens indépendants d'esprit, imaginons mal cette façon de vivre dans une telle proximité physique.

Un colloque tenu à Montréal, à l'initiative de Claude Chapdelaine et Adrian Burke en octobre 2014, portait précisément sur les notions de maison et de maisonnée dans la préhistoire européenne et nord-américaine[9]. Il me donna l'occasion de visiter des habitations iroquoises tout en longueur. On vit d'abord, sur le site de Mailhot-Curran, la façon dont on procède pour authentifier au sol l'existence de ces constructions : trous de poteaux, reconnaissance de foyers le long d'une ligne axiale, délimitation de l'espace intérieur, mise en évidence d'effets de parois, etc. L'exercice est assez austère mais le comparatisme ethnographique permet de reconstituer l'aspect interne de ces constructions car de tels édifices ont été décrits à une époque récente et on peut sans problème les faire revivre à l'identique. Ainsi, sur le site de Droulers-Tsiionhiakwatha où a été reconstituée une communauté de quelques habitations longues regroupées derrière une palissade de hautes gaules. Édifiées à partir d'une charpente de bois couverte de plaques d'écorces d'arbre assemblées, elles comportent un espace intérieur composé d'un long couloir axial rectiligne jalonné de place en place par des foyers utilisés par des familles logées symétriquement l'une à l'autre. De chaque côté de l'allée centrale se répartissent en effet des sortes de compartiments familiaux dotés d'une plate-forme pour le sommeil et d'un étage de rangement. Des fruits et autres végétaux, des outils, des objets divers sont accrochés aux poteaux ou à des perches transversales. On suppose que des tentures devaient cloisonner ces compartiments. À chaque extrémité, des espaces permettaient de stocker provisions ou instruments encombrants.

J'eus l'impression que ces grands intérieurs obscurs prenaient vie dès que plusieurs feux y étaient allumés à des fins de cuisine ou de chauffage. Je me suis interrogé sur les émanations de fumée et l'évacuation de celle-ci (sans doute par un système d'ouvertures momentanées ?). Vivre à plusieurs familles sous un même toit devait beaucoup contribuer à la cohésion communautaire et il fallait sans doute faire preuve d'un fort sentiment de parenté pour admettre pareille promiscuité. Voilà qui donne à réfléchir à un Occidental individualiste de mon espèce.

Cette incursion dans l'intimité iroquoise s'est terminée par un repas où se côtoyaient poisson fumé, esturgeon jaune et consommation d'une « sagamité » : une soupe épaisse à base de grains de maïs et de haricots avec de la « barbue », espèce de la famille du poisson-chat. De quoi tester aussi la cuisine amérindienne...

QUATRIÈME PARTIE

AU CŒUR DE LA DISCIPLINE : DANS LE PLAISIR DE LA RECHERCHE

CHAPITRE 9

L'engrenage du métier
(1976-1992)

Retour à mon parcours professionnel. De 1975 jusqu'au début de la décennie 1990, cette période, d'une grosse quinzaine d'années, a été celle de mon plus fort investissement professionnel, autant sur le terrain que dans diverses instances scientifiques ou administratives. D'abord, par l'élargissement géographique de mes chantiers en Andorre, en Catalogne, en Italie méridionale. Ensuite, sur divers fronts : fondation et gestion du Centre d'anthropologie, enseignement aux Hautes Études, direction de *Gallia-Préhistoire*, responsabilités au ministère de la Culture, nombreuses publications dont ma première réussite éditoriale vers un large public. Penchons-nous sur quelques-unes de ces fonctions.

Des responsabilités sans cesse accrues

Vers le milieu des années 1970, j'assumais donc la responsabilité de la RCP « Pyrénées », le programme pluridisciplinaire du CNRS, et je poursuivais parallèlement mes recherches sur divers sites archéologiques méridionaux. J'étais membre du comité national du CNRS où je venais d'être réélu pour un second mandat. C'est alors que mes responsabilités connurent une sensible montée en puissance en raison de diverses charges administratives qui me furent attribuées et qui n'allaient cesser de s'amplifier dans la décennie 1980. Elles devaient se combiner avec ma volonté de rester pour autant fidèle au terrain, source pour moi de profondes satisfactions.

En 1978, j'allais ouvrir un chantier sur le site de La Balma de la Margineda, en terre d'Andorre. Cet abri, à quelque 2 000 mètres d'altitude, allait me livrer, au cours de treize campagnes, une belle série d'occupations étagées depuis l'Azilien jusqu'au Néolithique ancien. Mais j'avais soif de pratiquer désormais de l'extensif. En 1977-1978 se déroulèrent les travaux de sauvetage sur le site protohistorique de Carsac. En 1981, je prenais en charge la fouille d'un habitat du Néolithique final de la basse vallée de l'Hérault : Roquemengarde. Mais je voulais surtout implanter un chantier en Italie du Sud-Est à la fois pour y chercher les racines du Néolithique ancien cardial et, de façon plus générale, appréhender la diffusion de l'économie nouvelle dans cette partie centrale de la Méditerranée. Georges Vallet, alors directeur de l'École française de Rome, puis son successeur trop tôt disparu, Charles Pietri, me facilitèrent les choses. Je nouai des relations avec Giuliano Cremonesi de l'Université de Pise, et cette collaboration, qui allait durer plus de dix ans, déboucha sur la fouille de deux gisements : Torre Sabea à Gallipoli et Trasano à Matera.

En 1978 toujours, j'avais été élu directeur d'études à l'École des hautes études en sciences sociales et ce nouveau grade s'était accompagné de la création à Toulouse d'un laboratoire qui allait prendre la suite de la RCP « Pyrénées » dont le programme venait de s'achever. Avec D. Fabre, nous avons baptisé cette nouvelle structure, que nous allions désormais piloter, le Centre d'anthropologie des sociétés rurales : j'en prenais la direction. L'animation de cette structure s'accompagnait désormais d'un enseignement hebdomadaire que je délivrais dans le cadre d'une antenne régionale de l'EHESS dont j'avais également la responsabilité.

L'importante part de temps que je continuais d'accorder au terrain ne m'exonérait pas de celui que je devais à la bonne marche du laboratoire toulousain. Mais ce sont les séjours à Paris qui allaient prendre dans ma vie professionnelle une place toujours plus envahissante. Le Conseil supérieur de la Recherche archéologique était alors présidé par un helléniste de Paris-I, Roland Martin. En 1983, il tomba brutalement malade à mi-mandat. Souhaitant rajeunir les cadres, le ministre la Culture me désigna pour assurer l'intérim. Je présidai donc pendant près de deux années cette assemblée. En 1985, Christian Goudineau fut nommé à son tour et me pria de rester à ses côtés car il ne maîtrisait pas assez bien, me dit-il, les problèmes de la préhistoire. La commission permanente du Conseil supérieur, dans laquelle travaillaient des individualités compétentes en étroite association avec l'administration et les inspecteurs, se réunissait chaque mois, pour, au-delà des grands-messes annuelles au cours desquelles s'octroyaient les crédits, régler les litiges juridiques, examiner les demandes liées à des découvertes fortuites, s'assurer du bien-fondé de certains montages financiers. Car on assistait alors à la montée en puissance de l'archéologie préventive, c'est-à-dire des inter-ventions urgentes de sauvetage lors de travaux publics ou privés. Tout avait commencé à Lyon où Jacques Lasfagues, directeur régional, avait mis à contribution certains aménageurs locaux pour financer des chantiers d'envergure. Un peu partout des conven-tions liant l'État, l'aménageur et une association gestionnaire des fonds (l'Association pour les fouilles archéologiques nationales, l'AFAN), surgissaient dont il fallait vérifier la validité. Au reste, la commission permanente du CSRA jouait aussi le rôle de conseil d'administration de l'AFAN : elle se réunissait alors en association Loi 1901 et chaque membre versait 1 franc symbolique de coti-sation : le droit était sauf ! Il faut dire que cette période fut un moment de grand stress de l'archéologie métropolitaine : les cré-dits dont disposait le Conseil supérieur furent réévalués d'autant que les chantiers se doublaient de la montée en puissance des analyses de laboratoire ; les programmes des fouilles préventives se multipliaient entraînant, parallèlement, une prolifération des fouilleurs temporairement rétribués. *Les Nouvelles de l'archéologie* (dont je fus un temps membre du comité de rédaction) dénonçaient sans détours les faiblesses institutionnelles de la discipline. À la sous-direction de l'archéologie, nous créâmes les *Documents d'archéologie française* (*DAF*) dont le premier numéro fut la thèse de Jean Gascó sur les structures domestiques des abris de Dourgne et de Font-Juvénal, ouvrage dont il avait assumé lui-même le maquettage.

Dans le même temps, le décès d'André Leroi-Gourhan et le départ en retraite de Paul-Marie Duval laissaient vacants les postes de directeurs des revues *Gallia-Préhistoire* et *Gallia*. Or ces publications étaient étroitement associées au fonctionnement de l'archéologie au ministère de la Culture puisqu'elles publiaient les chroniques des chantiers de fouilles dans les diverses régions du territoire sous la signature des directeurs des Antiquités. Le CNRS demanda à Christian Goudineau et à moi-même d'assumer les fonctions de directeurs de ces revues.

Mon investissement au sein du Conseil supérieur (dans le cadre duquel je rédigeais régulièrement les politiques scientifiques nationales sur le Néolithique et l'Âge du bronze), organisme où j'étais très présent, fut sans doute la raison qui décida l'administration du ministère de me confier en 1985 une mission d'Inspection générale de l'archéologie, le staff des inspecteurs en la matière se limitant à deux titulaires (Michel Brézillon et Marc Gauthier) et deux adjoints chargés de mission (Guy Barruol et Jacques Tarrête). Cela allait me valoir quelques déplacements sur le terrain et des rapports à rédiger.

On avait parallèlement pris conscience que l'investissement financier du ministère de la Culture dans les opérations ponctuelles de fouille accroissait certes les connaissances mais ne répondait pas à l'avancement de questions qui imposaient des programmes interactifs plus généraux. Le CNRS et la Culture s'associèrent alors pour créer une ATP (Action thématique programmée), baptisée « Archéologie métropolitaine ». L'objectif était de financer des thèmes transversaux à même de favoriser l'avancement de certaines questions. Je fus nommé président de cette nouvelle structure (1984-1989).

On ajoutera à ces obligations d'autres responsabilités moins prenantes mais pour autant dévoreuses de temps et d'énergie : président de la commission archéologique placé près l'usage du nouveau Tandétron de Gif-sur-Yvette pour les datations isotopiques, bientôt président du conseil scientifique du Centre de recherches archéologiques à Valbonne, membre de la Commission scientifique des fouilles du mont Beuvray, membre de la commission des musées de l'Éducation nationale, membre de la commission du Conseil national des universités, etc.

À cela, s'ajouta en 1989, à l'occasion de l'« Année de l'archéologie » décrétée par Jack Lang, la préparation de l'ouvrage *De Lascaux au Grand Louvre*, codirigé avec Christian Goudineau[1]. De sorte que lorsque cette année prit fin le mandat du vice-président du CSRA, Christian Goudineau, Christophe Vallet, chef du service, me proposa de prendre la relève. Je déclinai la proposition et conseillai le nom de mon collègue de l'EHESS, Jean-Marie Pesez, médiéviste. Le mandat de celui-ci n'alla pas à son terme. Jack Meurisse, nouvel administrateur, me sollicita à son tour. Je refusai encore une fois. J'étais trop fatigué par le surmenage créé par toutes ces fonctions administratives auxquelles s'ajoutaient mon enseignement hebdomadaire à l'EHESS et la direction de nombreux mémoires de thèses de diplômes. Je décidai de prendre du champ pour mieux privilégier ma recherche.

« *La France d'avant la France* »

Revenons en arrière. Publié en 1976 par le CNRS, l'ouvrage *La Préhistoire française*, destiné au cercle des archéologues, avait été épuisé en peu de mois. À quelque temps de là, il fut question d'envisager une deuxième édition mais cela eût nécessité des réajustements, des compléments aux diverses contributions car la recherche va vite. Cela ne se fit pas. En revanche, ce succès avait attiré l'attention de certains observateurs. Joseph Goy, qui travaillait comme conseiller éditorial auprès d'Hachette, vint me trouver et me proposa d'écrire pour le grand public une sorte de « digest » de *La Préhistoire française*. Dans son esprit, cet ouvrage devait être rédigé par les deux directeurs de l'ouvrage, Henry de Lumley et moi-même. Mon collègue n'ayant pas donné suite à ce dessein, je demeurai seul en lice, et décidai de cantonner le projet à la protohistoire, du « Néolithique à l'Âge du fer ». Nous étions en 1978 ou 1979. J'écrivis l'ouvrage en six mois. Il parut dans la série Hachette-Littérature en 1980 et reçut tout de suite un excellent écho de la critique, fut honoré d'un prix de l'Académie française et d'un prix de l'Académie des inscriptions et belles-lettres. Je pense que son titre *La France d'avant la France* n'était pas pour déplaire[2]. Il n'a cessé depuis d'être beaucoup plagié...

Je n'avais jusque-là écrit que des ouvrages ou des articles spécialisés, lus exclusivement au sein de la sphère plutôt restreinte des préhistoriens. Or, voilà que tout d'un coup, le grand public découvrait le passé ancien et peu vulgarisé de la protohistoire. Je devenais un peu une sorte de porte-parole des recherches dues à une jeune génération de chercheurs. Ce fut, je crois, une bonne promotion pour des périodes jusque-là plutôt ignorées. Dans le même temps, je pris conscience de l'importance de la médiation par le livre. Et cela me conforta dans l'idée que je pouvais dès lors, par ma plume, être une courroie de transmission entre le monde de la recherche et le public. Jacques Chancel me consacra une « Radioscopie », une émission de radio alors en vogue. D'autres émissions suivirent sur diverses chaînes. J'étais sur un petit nuage en découvrant ce milieu de l'édition, des attaché(e)s de presse, des articles dans les grands journaux ou magazines. Invité de Bernard Pivot, dans son émission culte, « Apostrophes », je mesurai à quel point la publicité que conférait un passage à la télévision pouvait influencer le public : dans la semaine qui suivit l'émission, les ventes connurent une forte progression. L'édition poche qui fut mise en place en 1985 eut, elle aussi, les faveurs de nombreux lecteurs. C'était un temps, en effet, où les gens lisaient les ouvrages de « sciences humaines ». Or ce lectorat s'est depuis beaucoup étiolé.

La France d'avant la France eut deux prolongements heureux. Le premier fut ma rencontre avec Fernand Braudel. Séduit par mon mémoire, le grand historien manifesta le désir de me connaître. Je narre plus loin les détails de cette rencontre (voir chapitre 12). Le deuxième résida dans la proposition de la maison Hachette de me confier la direction d'une collection d'ethnologie et d'archéologie qui prolongerait l'esprit et l'engouement suscité par mon ouvrage. J'acceptai et baptisai cette série « La Mémoire du temps ». Le premier volume, de caractère anthropologique, fut celui d'Élisabeth Claverie et du regretté Pierre Lamaison *L'Impossible mariage*. Suivirent des livres d'archéologie dont quelques-uns connurent une belle réussite. Je pense plus particulièrement à *Gens de l'eau, gens de la terre* de Pierre Pétrequin, *Des dolmens pour les morts* de Roger Joussaume ou *Promesse d'Amérique* de Danielle Lavallée. La synthèse de Michel Py, *Les Gaulois du Midi*, vite épuisée, a donné lieu récemment à un nouveau tirage, remodelé. Au terme d'une dizaine de titres, Hachette suspendit la série au motif que les livres de sciences humaines se vendaient de plus en plus mal.

Je n'insistai pas, d'autant que le siège avait quitté le boulevard Saint-Germain pour s'établir vers le quai de Grenelle, loin de mes lieux parisiens familiers. J'ai gardé le meilleur souvenir de ce temps où je poussais des collègues appréciés vers l'écriture à l'intention d'un large public. D'autres formes d'édition ont par la suite continué de m'accaparer. Quant à l'expression « La France d'avant la France », elle poursuit son bonhomme de chemin…

Recherches
dans l'arrière-pays barcelonais

Depuis plusieurs années, Eduardo Ripoll, directeur du Musée archéologique de Barcelone et professeur dans la toute jeune Université autonome de cette ville, m'adressait certains de ses étudiants afin qu'ils participent à mes chantiers estivaux. Soucieux de conforter ces bonnes relations, il me proposa en 1975 de venir fouiller en Catalogne dans le cadre d'un programme archéologique pompeusement appelé « hispano-français » (de fait « catalano-languedocien »…). Je devais être le responsable de l'équipe française tandis que les participants catalans, tous élèves d'E. Ripoll, œuvreraient sous la coupe de son assistant, Miguel Llongueras que j'avais plusieurs fois rencontré lors de mes visites au musée du Parc Montjuic. Nos recherches portèrent en 1976 et 1977 sur la grotte d'El Toll à Moia, une curieuse cavité constituée d'une longue galerie rectiligne d'une centaine de mètres de long, débouchant sur une petite rivière souterraine. Les premiers fouilleurs avaient creusé une tranchée axiale depuis l'entrée de la cavité jusqu'au cours d'eau terminal. Ils en avaient extrait un riche matériel archéologique – outils en silex et en os, céramique, parures – et mis au jour quelques sépultures bien conservées qui faisaient l'orgueil du petit musée local. Ne subsistaient donc que deux accumulations de sédiments paroi contre paroi, conservées de part et d'autre de cette tranchée de quelque 100 mètres de développement. Nous effectuâmes quelques interventions limitées en divers points de la grotte, assez heureux pour y mettre en évidence des occupations du Néolithique ancien et moyen et des débuts de l'Âge du bronze. D'autre part, nous eûmes la chance de découvrir dans un abri voisin – La Balma del Gai – un gisement épipaléolithique dont l'étude fut reprise ensuite par les spécialistes de l'Université de Barcelone. Lors de ces recherches à Moia, nos équipes campaient dans la cour du restaurant où nous prenions nos repas. Les tentes étaient dressées dans un coin proche de l'arrière-cour de l'établissement. Il n'était pas rare de trouver quelque volaille piétinant nos sacs de couchage... Cette auberge était appréciée des routiers de la région : ils y faisaient souvent des haltes. Moia était réputée pour ses élevages de cochons et ses usines de viande porcine : certains jours, de puissantes odeurs, rebutantes, imprégnaient l'atmosphère... La charcuterie, de bonne qualité, était largement présente dans nos menus et aussi dans les « bocadillos » pris sur le chantier pour reprendre des forces. Nos fouilles se déroulaient en août et nous assistions donc aux manifestations marquant la fête de la ville (*La festa major*), et notamment les incontournables sardanes dansées au son des « coblas ».

En 1978, nous fîmes une troisième campagne dans une autre localité, San Quirze Safaja, sur le territoire de laquelle se trouvait un vaste abri, La Balma de l'Espluga. Là encore, nous pûmes mettre en évidence diverses occupations préhistoriques. Des notes sommaires ont été publiées sur les résultats acquis lors de ces opérations dans l'arrière-pays de Barcelone[3]. Toutefois, la présentation monographique de ces recherches n'a toujours pas abouti, le décès de M. Llongueras ayant freiné nos efforts. Bien des années après, j'ai remis notre documentation entre les mains d'un jeune et excellent chercheur catalan, Xavier Oms, afin que ces publications voient enfin le jour. J'ai bon espoir de les voir se concrétiser.

En 2007, un cinéaste de talent, Javier Juncosa, souhaita tourner un film rappelant ces travaux remontant à trente ans en arrière. Dans ce court-métrage, intitulé *La Préhistoire à Moià*[4], je rappelle certains souvenirs heureux liés à nos interventions à la Cueva del Toll.

La Balma de la Margineda et la préhistoire de l'Andorre

Vers 1978, mon ami Jean Abélanet, conservateur du musée de Tautavel, reçut la proposition de l'Institut d'études andorranes de reprendre les recherches dans l'unique abri préhistorique connu de la principauté : La Balma de la Margineda, vaste auvent rocheux dominant, à près de 1 000 mètres d'altitude, la vallée de Valira, un affluent du Sègre, lui-même fournisseur de l'Èbre. Il s'agit d'un site montagneux, encadré par des massifs dépassant 2 000 mètres d'altitude. Jean me proposa de faire équipe avec lui dans cette opération. J'acceptai d'autant plus que mon souhait était d'analyser comment les néolithiques avaient pris pied dans les zones d'altitude, *a priori* plus réfractaires que les plaines côtières.

Le site n'était pas inconnu. Il avait fait l'objet, autour de 1960, de recherches assez rapides de la part de son découvreur, un jeune Andorran, Pere Canturri, passionné par l'archéologie de sa terre mais dont les travaux laissaient sceptiques ses contemporains, plus portés à faire de l'Andorre une place commerciale et financière internationale que de s'intéresser à des restes fossiles. P. Canturri se décida alors à rechercher le parrainage d'une autorité scientifique qui pourrait authentifier ses découvertes et leur conférer notoriété. Il s'adressa à Juan Maluquer de Motes, professeur d'archéologie à l'Université de Barcelone. Celui-ci vint en Andorre, effectua le diagnostic attendu, conduisit quelques fouilles dans l'abri en question et en publia les résultats dans une note succincte de la revue *Zephyrus* en 1962[5]. Il avait observé la présence de céramiques à décor d'impressions caractéristiques de la plus ancienne phase du Néolithique méditerranéen mais pensait, à tort, que la conquête de la montagne par ces premiers producteurs avait été tardive, comme freinée par les difficultés du relief. Sous les niveaux à poterie, se trouvaient d'importantes strates mésolithiques qui furent en partie déblayées par ces premières fouilles sans être identifiées.

C'est en 1979 que l'Institut d'études andorranes, institution universitaire animée par Lydie Armengol, une patriote du patrimoine andorran, organisa une première campagne de fouilles menée par Jean Abélanet, moi-même et une petite équipe. Le climat local n'était pas très bon. En finançant un chantier archéologique, L. Armengol concurrençait d'une certaine façon le service du patrimoine andorran, qui revendiquait la direction des opérations de ce type dans la principauté. Or le directeur de ce département n'était autre que Pere Canturri, le découvreur même du site ! Nous étions pris en sandwich au sein d'une confrontation entre institutions andorranes. Ne souhaitant pas déplaire à ces deux instances qui avaient chacune de bons droits, notre position était difficile. Au bout de deux campagnes, J. Abélanet jeta l'éponge, me laissant seul poursuivre les recherches dans l'abri. J'associai Michel Martzluff à celles-ci. Devant ma ténacité, l'aspect « moderne » de nos travaux, la participation de plusieurs paléoenvironnementalistes, les conflits locaux s'estompèrent. On ne vit que les aspects positifs de l'opération. Et notamment la mise en évidence d'une longue stratigraphie au sein de l'épipaléolithique qui vieillissait jusqu'à – 10 000 ans l'apparition de l'homme en Andorre, révélant aux autochtones l'ancienneté de leur ancrage territorial. La visite du chantier par les autorités andorranes donnait du crédit à nos travaux. Nous montrions aux Andorrans la profondeur de leurs racines. Des livrets de diapositives réalisés à partir de nos recherches alimentaient les écoles de la principauté[6].

Nos recherches s'étalèrent sur treize campagnes (1979-1991) et, sauf au début, se déroulaient au printemps, vers mars-avril. Il faisait froid, l'abri était peu ensoleillé et nous étions chaudement vêtus. Pour se réchauffer, Jacques Coularou, mon ingénieur CNRS, piquait parfois un 100 mètres pour activer sa circulation sanguine. Les tamiseurs n'étaient pas mieux lotis que les fouilleurs. Le sédiment était en effet très sec, pulvérulent, et le moindre mouvement impliqué au tamis soulevait des nuages de poussière à n'en plus finir. Nous étions très bien logés dans un hôtel voisin, assez luxueux. De sorte que lorsque nous rentrions dans cet établissement, après chaque demi-journée de fouille, nous étions noirs comme des charbonniers. Les pensionnaires nous regardaient avec condescendance, sinon mépris, se demandant comment de pauvres hères, mal attifés comme nous l'étions, avaient les moyens de se payer un hôtel de ce standing. Grâce à l'Institut d'études andorranes en effet, chaque fouilleur disposait d'une chambre individuelle avec baignoire et tout le confort souhaité. Cela nous changeait beaucoup des fouilles en France où nous étions souvent contraints de camper ou de loger dans des bâtiments vétustes et dans des conditions assez médiocres. En comparaison, les fouilles en Andorre furent, tout au long de ma carrière, ce que je connus de mieux s'agissant du logement et des commodités.

Nos travaux à la Margineda prirent fin en 1991, au terme de treize campagnes. Elles avaient permis de mettre en évidence une longue séquence d'occupations échelonnées depuis l'époque azilienne, lors de la transition postglaciaire, jusqu'au Néolithique ancien inclus, soit cinq mille ans de préhistoire. Le gouvernement d'Andorre assuma la publication de quatre beaux ouvrages dressant le bilan de cette fouille conduite au cœur des hautes montagnes pyrénéennes[7].

La montée en puissance des fouilles extensives

Dans le sud de la France, les recherches sur le Néolithique et l'Âge du bronze ont longtemps été confinées à des coupes stratigraphiques opérées dans des grottes ou sous des auvents. Très largement dotées en milieux karstiques, la Provence, les Cévennes, la Montagne Noire, les Pyrénées offraient de magnifiques havres aux hommes préhistoriques et, tout naturellement, aux archéologues qui partaient sur leurs traces quelques millénaires après. Le retard accumulé en matière de définition et de position chronologique des divers ensembles culturels néolithiques poussait à mieux connaître l'originalité de ces cultures et leur enchaînement dans le temps. Les longues séquences des grottes ou des abris, excellents conservatoires en la matière, étaient dès lors des lieux idéaux pour apporter des réponses. La meilleure illustration en était fournie par les résultats obtenus en Ligurie sur le site emblématique des Arene Candide, cavité dont les résultats furent publiés dès 1946, et qui avait fait la démonstration d'une superposition de cultures néolithiques clairement différenciées sur plusieurs strates. C'est dans un tel contexte que j'avais entrepris des recherches dans les années 1960 à la grotte Gazel, puis à partir de 1971 dans l'abri de Font-Juvénal. Cette vision « verticale » du Néolithique n'avait pas pour seul but la définition de caractères identitaires au fil du temps. Elle s'accordait parfaitement avec, sur un site donné, la reconstitution des paysages et leur évolution dans la longue durée. Mais cette approche stratigraphique était également imposée par un manque de moyens financiers : la faiblesse des crédits accordés ne permettait nullement d'entreprendre de grands décapages de sites de plein air et d'entretenir les équipes à même d'en exploiter les données. Les chercheurs n'étaient pas dupes de cette situation. Avec des moyens modestes, D. Peyrolles à Fontbouisse (Gard), M. Escalon à la Couronne (Bouches-du-Rhône) avaient montré dès avant 1950 l'intérêt qu'il y avait à fouiller des villages de plein air, c'est-à-dire les lieux même où vivaient les paysans du Néolithique, les cavités n'étant la plupart du temps que des sites d'activités secondaires ou spécialisées. Vers la fin des années 1960, les recherches conduites par L. Méroc et G. Simonnet à Saint-Michel-du-Touch, aux portes de Toulouse, révélaient l'existence d'une agglomération chasséenne. L'intérêt des recherches en plein air et sur d'assez larges espaces pour tâcher de bien saisir la géographie des aménagements villageois prit rapidement corps. Le processus s'engageait également dans la moitié nord du pays avec les interventions de Noyen (Seine-et-Marne) et de la vallée de l'Aisne. Mais les moyens matériels nécessaires à de telles réalisations n'étaient guères accessibles dans le contexte des fouilles programmées, trop faiblement dotées. On ne pouvait les enclencher que dans le cadre d'opérations de sauvetage faisant intervenir plusieurs sources de financement ou des crédits spécifiques.

L'occasion se présenta en 1977, lors de la construction de l'autoroute A61 entre Narbonne et Toulouse. Le site de Carsac, aujourd'hui traversé de part en part dans sa partie supérieure par l'axe routier, put être étudié et ses dimensions évaluées. Aménagé à la fin de l'Âge du bronze, vers le IXe siècle avant notre ère, sur un plateau incliné, il s'étend alors sur une vingtaine d'hectares. Réinvesti au Premier Âge du fer, lors du VIIe et du début VIe siècle, ses délimitations par des fossés témoignent de son extension. Étalé sur 25 à 30 hectares, c'est alors l'une des localités les plus étendues du Midi, bien que sa superficie ne soit pas totalement lotie et laisse place à des espaces « vides ». Les habitats, bien repérés dans sa partie la plus élevée, se complétaient de nombreux silos

Fouilles à la grotte Gazel (Sallèles-Cabardès, Aude, vers 1966).

Fouilles à l'abri-grotte du « Collier » (Lastours, Aude, vers 1970).

Tête de harpon en bois de cerf de La Balma de la Margineda (principauté d'Andorre), culture azilienne (vers 9000 avant notre ère).

Vase néolithique ancien à décor cardial. Grotte Bayol, Gard (vers 5200 avant notre ère).

Récipient à décor plastique et d'impressions du Néolithique ancien (Épicardial). Grotte Gazel, Sallèles-Cabardès, Aude (vers 5000 avant notre ère).

Vase néolithique à paroi lisse et anses « en tunnel », culture de Montbolo. Grotte de Bélesta, Pyrénées-Orientales (vers 4500-4300 avant notre ère).

Fouilles dans l'abri à puissante stratigraphie néolithique de Font-Juvénal (Conques-sur-Orbiel, Aude, vers 1975).

Fouilles dans l'abri de La Balma de la Margineda (principauté d'Andorre) à stratigraphie épipaléolithique – Mésolithique-Néolithique ancien (1986).

Site chalcolithique du Rocher du Causse (Claret, Hérault). Le mur de fermeture à structures circulaires (vers 2600-2500 avant notre ère). *Cliché J. Coularou, 1999.*

Sur le site côtier néolithique ancien de Torre Sabea (Gallipoli, Pouilles, Italie, 1981).

Vue sur le secteur est des fouilles de Trasano (Matera, Basilicata, Italie). On distingue un tronçon du grand mur formant enclos circulaire et les dépôts stratifiés du Néolithique ancien (vers 5900-5600 avant notre ère). *Cliché J. Coularou, Mission « Néolithisation », 1990.*

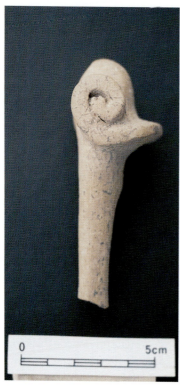

Protomé en « bec de canard » du site de Trasano (Matera, Italie). Culture de Serra d'Alto, Néolithique récent (vers 4500 avant notre ère).

Céramique sud-italienne peinte de la culture de Serra d'Alto, Néolithique récent (vers 4500 avant notre ère). Musée de Matera. *Cliché J. Coularou, Mission « Néolithisation ».*

Céramique sud-italienne à anses « en bobine » de la culture de Diana, Néolithique final (vers 4000 avant notre ère). Musée de Matera. *Cliché J. Coularou, Mission « Néolithisation ».*

Coupe à pied chalcolithique de Sicile (vers 2300-2200 avant notre ère). Sciacca, Collection Veneroso. *Cliché P. Gérard, Mission « Néolithisation ».*

Tête de félin sculptée du site néolithique précéramique de Shillourokambos (Parekklisha, Chypre, vers 8200 avant notre ère). *Cliché P. Gérard, Mission « Néolithisation ».*

Fouilles dans le secteur 3 du site néolithique précéramique de Shillourokambos (Parekklisha, Chypre, campagne 2002). *Cliché P. Gérard, Mission « Néolithisation ».*

Armature de flèche en silex blond du secteur 1 du site néolithique précéramique de Shillourokambos (Parekklisha, Chypre, vers 7800 avant notre ère).

Sépulture individuelle du secteur 3 du site néolithique précéramique de Shillourokambos (Parekklisha, Chypre, vers 7400-7200 avant notre ère).

Pendeloque en ambre à décor oculaire. Âge du bronze moyen. Grotte au « Collier » (Lastours, Aude, vers 1500 avant notre ère).

Lame de poignard en bronze de l'Âge du bronze moyen (vers 1500 avant notre ère). Fourtou (Aude).

Urne peinte à décor géométrique de l'Âge du bronze final. Grotte de Buffens (Caunes-Minervois, Aude, vers 900 avant notre ère).

Haches, bracelets, talons, faucille et objets divers du dépôt « launacien » dit « de Carcassonne » (vers 675-600 avant notre ère).

Dans les bois de Dover (Massachusetts, États-Unis) en compagnie de Stuart Swiny, professeur à l'Université d'Albany (New York), ancien directeur du Cyprus American Archaeological Research Institute (1998).

Devant le temple mégalithique nord de Ggantija (Gozo, Malte) avec Anthony Bonanno, professeur à l'Université de Malte (2001).

Devant l'une des pyramides de Chichen-Itza (Mexique, 1981).

Au Japon, pendant une excursion lors d'un colloque international sur le mégalithisme, avec Jean-Paul Demoule et Laurent Nespoulous (2003).

Les professeur(e)s du Collège de France en 1995.
Cliché J.-P. Martin, Service photographique du Collège de France.

Remise de la médaille du Collège de France au professeur Colin Renfrew, directeur du McDonald Institute for Archaeological Research (Cambridge, 2006).
Cliché Service photographique du Collège de France.

Dans une grotte du Périgord, lors du tournage du film *Le Roman de l'Homme*, avec Marcel Jullian (1922-2004), fondateur d'Antenne 2.

Au Collège de France avec Pierre Bourdieu (1995).

Au musée de l'Homme des glaces de Bolzano (Italie), devant le mannequin d'Ötzi (1997).

Avec l'anthropologue Alain Testart, lors d'une excursion au musée des Stèles anthropomorphes d'Aoste (Italie, 2011).

Rencontre avec le président de la République de Malte Guido di Marco (1931-2010), lors d'un séjour dans l'archipel, 2001. *Cliché de la présidence de la République maltaise.*

Au Collège de France avec Daniel Fabre, Pierre Aupert, Christian Goudineau (1995).

Puigcerda (1994). Retrouvailles, près de vingt ans après, de l'équipe de la Cova del Toll (Catalogne, 1976). De gauche à droite : M.-A. Petit, C. Lorencio, J. Bernades (accroupi), J. Vaquer, C. Guilaine, J. Guilaine, J. Gascó, A. Martin.

Conférence sous la coupole de l'Institut de France à l'occasion de la séance solennelle de rentrée de l'Académie des inscriptions et belles-lettres (novembre 2014). *Cliché de l'Institut de France.*

secondairement comblés et riches de multiples vestiges documentant la vie quotidienne. Quelques importations céramiques attestent des premiers contacts qui se nouaient alors avec les cultures méditerranéennes « classiques » : étrusques, puniques, grecques. Le site sera abandonné dans le courant du vi^e siècle[8].

Le recours à des approches « extensives » allait dès lors devenir le modèle dominant des recherches néolithiques. J'avais décidé de décaper une localité du Néolithique final « vérazien » de la basse vallée de l'Hérault. Le choix se porta sur l'éperon de Roquemengarde, à Saint-Pons-de-Mauchiens (Hérault), qui s'avéra finalement relever d'un faciès différent de celui attendu[9]. Barré par un fossé sur son flanc interne, ce petit établissement fut presque entièrement dégagé, révélant la présence de nombreux aménagements d'habitat.

Ce sont les mêmes préoccupations de décapage élargi qui m'inspireront lors de mes recherches sur les deux sites de Trasano, en Basilicata. Et, pour rester en domaine languedocien, c'est toujours dans la même optique qu'avec Jacques Coularou, nous avons réalisé le dégagement de l'éperon barré du Rocher de Causse à Claret (Hérault). Un site chalcolithique de hauteur, fermé par une muraille incorporant des constructions circulaires ; à l'intérieur, plusieurs habitations allongées à murs de pierres sèches dont certaines conservaient encore, *in situ*, les restes de leur batterie domestique : récipients, meules, ustensiles de silex.

L'École de Rome
et les fouilles en Italie du Sud-Est

Vers la fin des années 1970, conscient que le Néolithique ancien du sud de la France et de la péninsule Ibérique constituait la dérive méditerranéenne la plus occidentale d'un processus

dont l'Italie péninsulaire était l'incontournable relais, je me résolus à entreprendre des recherches dans cette sphère. Soucieux
de me placer sous les auspices de l'établissement français gérant
les recherches archéologiques dans ce pays – l'École française de
Rome – je rédigeai à l'intention du directeur d'alors, Georges
Vallet, un courrier dans lequel j'expliquais mes motivations pour
ouvrir un chantier dans le Sud-Est italien.

Pourquoi le Sud-Est ? Parce que c'est par là que débuta la
néolithisation de la péninsule à partir de contacts en provenance
de l'Égée et parce que s'y pose la question de l'origine des céramiques à impressions caractéristiques des premières communautés
agricoles de cette zone. Non spécialiste du sujet, G. Vallet souhaita
me rencontrer pour que je sois plus explicite sur mes intentions,
et, sans doute, pour voir un peu à qui il avait affaire. Rendez-
vous fut pris à Paris au Balzar, brasserie bien connue du Quartier
latin. G. Vallet y vint accompagné d'un jeune directeur des études
pour l'Antiquité à l'École, Michel Gras. Je détaillai mon projet.
G. Vallet m'invita alors à donner une conférence à Rome et me
proposa d'y séjourner le temps de convaincre un partenaire italien
de s'associer à l'entreprise. Je n'ignorais pas en effet que toute
recherche imposait une collaboration avec un chercheur ou un
universitaire du pays. J'avais déjà réglé ce problème à l'amont
en prenant contact au plan épistolaire avec A. Manfredini (de
Rome) et G. Cremonesi (de Pise). Ce fut ce dernier qui répondit le premier et qui, de ce fait, me décida. Nos négociations se
déroulèrent en 1980.

J'allai donc à l'École de Rome, à l'invitation de son directeur,
lequel ignorait tout de mes tractations et pensait que celles-ci
seraient laborieuses. Je pris le train pour Pise, rencontrai Giuliano
et Renata Cremonesi qui se dirent heureux de cette collaboration
et nous scellâmes sur-le-champ les grandes lignes de celle-ci. Je
rentrai sur Rome et fis part à G. Vallet des divers aspects de

Figure 7. Torre Sabea (Gallipoli, Puglia, Italie du Sud). Avec G. Cremonesi, professeur à l'Université de Pise (1982).

la coopération enclenchée avec l'Université de Pise. Tout cela s'était déroulé en quarante-huit heures et Vallet n'en revenait pas de cette célérité. Il fut décidé que la première campagne aurait lieu en 1981 sur le site de Torre Sabea à Gallipoli, dans le Salento[10].

Cette collaboration avec l'École de Rome devait durer une quinzaine d'années à Gallipoli d'abord (trois campagnes), à Matera ensuite où je consacrai une dizaine d'interventions à la fouille du site de Trasano et à l'enregistrement de ses vestiges. Ce fut une belle expérience qui révéla une stratigraphie dilatée au sein du plus ancien Néolithique de l'Italie méridionale ; nos travaux mirent au jour des enclos en épais murs de pierre, probablement destinés au parcage de bêtes, mais aussi des foyers, des fours modelés en argile, des silos à grains, etc. Des sépultures, dont un sujet trépané, relevaient d'une époque un peu plus récente. Sur le flanc méridional, un village de l'Âge du cuivre et des débuts de l'Âge du bronze avait été édifié. Il en restait au sol les empreintes des poteaux porteurs et des murs à ossature de bois propres aux diverses habitations. Nous décapâmes cet espace et y révélâmes la présence d'une trentaine de bâtiments.

J'ai eu l'occasion de me rendre plusieurs fois à l'École de Rome pour donner des conférences ou animer des séminaires. Je n'ai pas oublié les belles suites dont je bénéficiais, aux larges fenêtres donnant sur la merveilleuse Piazza Navona, l'ancien hippodrome de Dioclétien. Seul problème : le flot de touristes y est permanent, déambulant au milieu de marchands de tableaux, caricaturistes, jongleurs, bateleurs, pickpockets et toute une foule de personnages singuliers comme l'Italie sait en générer. Sans doute n'était-il pas facile d'échapper au brouhaha nocturne et aux accords de mando-line accompagnant l'inévitable « *Volare, oh, oh, Cantare...* », chanté à satiété jusqu'à une heure avancée de la nuit. Ces détails ne pou-vaient altérer mon plaisir de déambuler dans un lieu aussi vivant sur un espace finalement réduit. La fontaine de Trévi et le panthéon sont assez voisins. Le Campo dei Fiori offre une halte ravissante lorsqu'on se rend au palais Farnèse pour consulter quelque ouvrage de l'admirable bibliothèque. Siège de l'ambassade, c'est aussi la résidence du directeur de l'École. Le Capitole n'est guère loin et les flâneries le long du Forum jusqu'au Colisée sont toujours des promenades appréciées. La colonne Trajane à laquelle Salvatore

Settis consacra un ouvrage de référence est l'un des joyaux de cette esplanade. Derrière la Piazza Navona, on franchit le Tibre et l'on est déjà au Vatican. Rome est un enchantement permanent.

Ces dernières années, à l'instigation de Michel Gras, alors directeur, on a remodelé le découpage interne du 62, Piazza Navona. Les belles suites ont disparu afin de multiplier les chambres pour hôtes et pensionnaires. Dommage : je m'étais habitué au luxe des suites de naguère...

Rome me donna aussi l'occasion de visiter à plusieurs reprises le musée Luigi Pigorini, en hommage au fondateur de l'archéologie préhistorique et protohistorique italienne. On peut y voir notamment une reconstitution de la fameuse « Tombe de la Veuve » du Ponte San Pietro, sépulture de culture Rinaldone, dans laquelle une femme gît, le crâne fracassé, à côté de son « maître », qu'elle fut contrainte d'accompagner dans l'au-delà. Que n'a-t-on écrit sur ce drame et sur la domination masculine...

J'ai gardé le souvenir d'empoignades (verbales) avec Santo Tiné. Élève de L. Bernabo Brea, il était adepte d'un diffusionnisme exacerbé alors que j'étais beaucoup plus nuancé. Ces joutes n'empêchaient pas une amicale estime réciproque. Plus récemment, j'ai pu examiner au « Pigorini » les belles séries céramiques de la grotte San Michele de Saracena, en Calabre, sur lesquelles travaille Elena Natali, qui fut mon étudiante à Toulouse.

Cette période d'une quinzaine d'années fut, j'en conviens, exaltante : par la diversité de mes terrains méditerranéens en Espagne, Andorre, Italie et, bien entendu toujours en France, par le changement d'approche concrétisé par le passage des fouilles « verticales » aux décapages extensifs, par mon enseignement à l'EHESS et l'attraction qu'il exerçait sur étudiants et thésards, par mon implication dans les instances nationales de la recherche. Une masse de travail éprouvante aussi, qui me rendait parfois proche du burn-out... J'allais en tirer les conclusions qui s'imposaient : prendre du champ.

CHAPITRE 10

Reconversions
(1993-2007 et au-delà...)

Les années 1990 : un nouveau départ

Au début des années 1990, je décidai de me délester d'un certain nombre de charges pour revenir à l'écriture et renouveler mes terrains d'étude. Je publiai avec plusieurs collègues un plaidoyer *Pour une archéologie agraire*, en faveur de l'archéologie « hors site » que j'avais longtemps défendue au CSRA[1]. Parallèlement, arrivait à terme l'élaboration d'un gros ouvrage consacré à la Méditerranée néolithique et dont j'avais nourri le corps par une série de voyages sur des sites archéologiques lorsqu'un créneau favorable me permettait de m'éloigner des commissions parisiennes. C'était l'aboutissement d'un vieux projet qui m'avait été soufflé par F. Braudel vers le début des années 1980 mais dont la rédaction prit du temps. *La Mer partagée* parut en 1994[2].

Au début des années 1990, mes chantiers italiens étaient en fin de course et mon ami Giuliano Cremonesi étant tombé gravement malade, notre chantier en Basilicata n'avait plus d'avenir. Je rêvais en fait de prendre la direction de fouilles au Proche-Orient sur les lieux mêmes d'émergence du Néolithique. La providence se chargea de l'affaire. Chef de la mission archéologique d'Amathonte à Chypre, Pierre Aupert vint me voir à Toulouse avec sa future épouse Catherine Petit et me proposa d'aller authentifier un ensemble de sites néolithiques qu'ils avaient découverts. Ce fut le point de départ de mon implication dans la recherche chypriote ;

elle devait durer officiellement vingt-deux ans à la tête de la mission « Néolithisation » du ministère des Affaires étrangères. Notre équipe recula de deux mille ans l'apparition de l'économie de production sur l'île, dont les rythmes de néolithisation sont imputables à une étroite proximité avec le continent voisin. D'autres opérations furent menées dans le sud de la France, dont je laissais souvent, faute de temps, la coordination à Jacques Coularou, ingénieur de recherche au CNRS : ainsi, à Pont de Roque-Haute et au Rocher du Causse dans l'Hérault ou à Ribos de Bila dans l'Aude.

En 1992, Christian Goudineau, avec qui j'avais étroitement travaillé à la sous-direction de l'Archéologie et à *Gallia*, me demanda si j'étais intéressé par le Collège de France. J'avoue avoir été réticent dans un premier temps. Cela supposait une présence parisienne assez assidue, loin de ma chère Occitanie. Je craignais de me retrouver au milieu d'intellectuels parisiens, dans un milieu qui n'était pas le mien : au fond, je suis resté un homme de terrain, presque un homme de la terre. J'acceptai pourtant. Je dirai plus loin les péripéties de ma candidature, le plaisir qu'elle me procura, une chimie qui, en me poussant à me dépasser toujours davantage, finit par me transformer et me communiquer une confiance en moi-même qui me faisait parfois défaut.

Le Collège, ce sont des cours et des séminaires dont les thèmes doivent changer chaque année. Tout cela prend beaucoup de temps. Heureusement à Toulouse, Daniel Fabre avait pris le relais à la tête du Centre d'anthropologie. J'allais pouvoir me consacrer plus spécifiquement à mon enseignement. Je n'échappais pas pour autant aux Commissions que j'avais tenté d'abandonner : je fus renommé, bien après mon premier passage, au Conseil national des universités (1996-1999), à la commission des Fouilles du ministère des Affaires étrangères (1993-1999), puis au Conseil d'administration et au Conseil scientifique de l'École française d'Athènes (1999-2005). Et, en 1994, je pris la tête de l'organisation dans l'Aude du XXIVe Congrès préhistorique de France qu'avec l'aide d'une équipe dynamique, nous pûmes honnêtement réussir.

Les années « Collège »

À compter de ma « double élection » (1993-1994) au Collège de France, j'allais enseigner pendant treize ans dans ce vénérable établissement. Pour autant, je n'avais pas coupé les ponts avec mon laboratoire toulousain même si j'en avais transmis les rênes. L'équipe d'archéologie, successivement dirigée par Jean Vaquer puis par Béatrix Midant-Reynes, était restée « ma » famille. C'est d'ailleurs en son sein que je recrutais, sur un poste tournant, l'ATER (Attaché temporaire d'enseignement et de recherche) que m'avait accordé le Collège de France et le technicien permanent qui allait me seconder dans l'illustration de mes cours et de mes publications. S'agissant de ce dernier poste, j'eus sur ce plan beaucoup de chance en recrutant Patrice Gérard, jusque-là attaché au service des polycopiés de l'université de Cergy-Pontoise. Dès son recrutement, ce collaborateur se mit à la photographie et à l'informatique et me donna toute satisfaction.

À compter de 1999, je décidai de limiter mes interventions sur le terrain. Je ne gardai plus que mon chantier chypriote – Shillourokambos – dont la fouille prit fin en 2004, les campagnes des années suivantes étant consacrées à la préparation de l'épaisse monographie qui vit le jour en 2011[3]. Mais, dès 2009, la tentation de la fouille reprenait avec des sondages sur le site de Klimonas, qui s'inscrivait en chronologie dans une phase antérieure (PPNA). Les recherches s'y dérouleront entre 2011 et 2016.

J'en assumai la responsabilité administrative jusqu'à fin 2013, F. Briois et J.-D. Vigne prenant ensuite le relais.

Par l'intermédiaire de Georgia Philippakis, qui suivait certains de mes séminaires au Collège, j'appris que de nouvelles recherches allaient provisoirement concerner le site de Sidari à Corfou (Grèce). Ce gisement m'intéressait car il recelait un niveau néolithique à céramique imprimée, le plus oriental de cette culture qui devait s'étendre ensuite dans le Sud-Est italien et sur la côte est de l'Adriatique. C'est donc dans cette zone géographique que l'on pouvait espérer approfondir la genèse de cet horizon culturel. De plus, cet établissement, fouillé dans les années 1960 par Augustus Sordinas, présentait en fait deux cultures néolithiques stratifiées mais séparées par un éventuel hiatus pouvant signer une pause dans la diffusion de l'économie nouvelle. Je voyais là un possible exemple de mon modèle « arythmique ». C'est pourquoi je montai un programme d'investigation et d'analyses avec C. Garyfalia Metallinou, éphore archéologique de l'île et directrice des nouvelles recherches. Parmi les spécialistes intervenant, Jean-François Berger réalisera un travail sédimentologique de grand intérêt, nuançant fortement les résultats antérieurs[4].

Un professeur au Collège de France est souvent perçu comme un protagoniste, un ambassadeur de sa discipline. Au-delà de mon enseignement parisien, j'allais donc donner des leçons dans diverses universités étrangères. En ma qualité de président de la commission « Néolithique » de l'Union internationale, je suscitais des colloques spécialisés en dehors de ceux qui se déroulaient inévitablement lors de chaque congrès quinquennal. Ces réunions axées sur le Néolithique se déroulèrent à Sassari-Oristano (1994), Carcassonne (1994), Saint-Jacques-de-Compostelle (1996), Rome (2001), Nicosie (2001), Lisbonne (2006). Je fus par ailleurs invité à donner des communications dans de nombreux symposiums : Barcelone, Budapest, Riva del Garda, Venise, Albany (New York),

Valencia, Udine, Lipari, Gênes, Liège, Athènes, Nara, Tokyo, Santander, Alexandrie, Cardiff, Genève, Amman, Tamanrasset, Séville, Bologne.

Parallèlement mes propres productions éditoriales suivaient leur cours. Je m'étais mis en tête de publier mes séminaires du Collège au rythme donc d'un ouvrage annuel. Ce que je fis, non sans mal pour garder la cadence. Je publiais aussi quelques ouvrages dont *Le Sentier de la guerre* avec Jean Zammit (2001) et *De la vague à la tombe* (2003). Parmi les synthèses alors dirigées, il y eut en particulier cette *Storia d'Europa*, conduite avec Salvatore Settis et publiée en 1994 à Turin, et l'*Atlas du Néolithique européen*, qui parut à Liège en 1998[5].

De sorte que lorsque vint, en 2007, l'heure de la retraite (je n'aime pas ce mot, les étrangers disent « pension » : c'est moins brutal, plus affectueux), j'étais non seulement en forme au plan physique mais toujours aussi désireux de m'investir intellectuellement. Cet enseignement qui, après m'avoir fait douter, me motivait pleinement, allait beaucoup me manquer. D'autres collègues ont fait le même constat au moment de quitter le grand amphithéâtre Marguerite de Navarre du 11, place Marcelin-Berthelot.

« Honoraire » ou « émérite » ?

Me voilà donc, depuis 2007, « retraité ». Vraiment ? En fait, je n'ai pas cessé d'écrire, de publier certains de mes cours en leur donnant un style plus lisible par un large public, de mener à leur terme des monographies restées trop longtemps en rade, de donner des synthèses sur des thèmes qui me tenaient à cœur et qui, dans l'ombre, attendaient leur heure. Je participe à des colloques, je suis bien inséré dans des programmes animés par de plus jeunes chercheurs. Je n'ai pas ainsi l'impression de trop vieillir et je « garde la main ». Et je préside toujours les Archives d'écologie préhistorique que j'ai créées il y a... quarante-deux ans.

Contrairement au Collège, l'École des hautes études en sciences sociales autorise ses enseignants à la retraite à donner des séminaires. J'ai hésité à poursuivre à Toulouse mon enseignement. Tout au long de ma carrière, depuis mon élection à l'École (1978), mes leçons se déroulaient à l'antenne toulousaine de l'EHESS, c'est-à-dire dans un local propre à l'institution : rue du Taur d'abord, allée Jules-Guesde ensuite, près du Muséum de Toulouse. Le transfert de notre équipe d'archéologie à l'université du Mirail, suivi de la création de l'UMR « Traces » a totalement changé la donne. L'imbrication des chercheurs CNRS, des enseignants de la Faculté avec ceux de l'École (mes deux anciens maîtres de conférences, François Briois et Philippe Boissinot, celui-ci désormais directeur d'études) est devenue telle que l'École a perdu toute visibilité. Elle était autonome et avait pignon sur rue. Elle est désormais logée à l'université et ne dispose d'aucun espace autonome. Cela n'enlève rien à la qualité de ses représentants, cela va sans dire, mais elle n'a plus de « murs » spécifiques.

Reconnaissons que les locaux aujourd'hui occupés par Traces n'ont plus rien de commun avec ceux, exigus, que nous partagions naguère. Ce sont désormais de beaux bureaux modernes, spacieux, très aérés et la recherche peut s'y dérouler dans de bien meilleures conditions. De sorte que les chercheurs CNRS de mon ex-laboratoire estiment avoir beaucoup gagné à cette mutation. Peut-être me pardonnera-t-on d'avoir gardé la nostalgie d'une époque où, moins gâtés sur ce plan, nous formions une équipe soudée et dynamique, autour d'un fonds documentaire EHESS, tellement apprécié que l'université a tenté sans trop de pudeur de se l'annexer.

À vrai dire je ne me suis jamais senti tout à fait chez moi à Traces dont la constitution a pourtant reposé pour une large part sur des effectifs humains que j'avais contribué à mettre en place. On ne m'y a jamais proposé un point de chute. J'ai cru comprendre que, risquant de faire un peu d'ombre à certains, il valait mieux que je m'y fasse discret. C'est pourquoi j'ai décidé de ne pas poursuivre mon enseignement à l'École, l'antenne de celle-ci n'existant plus en tant que lieu propre.

Ces réflexions un peu mélancoliques sur l'évolution des structures ne m'ont pas pour autant coupé de mes anciens collègues, jeunes et moins jeunes, de la rue du Taur ou de l'allée Jules-Guesde. Je partage avec certains divers programmes scientifiques et, mieux encore, de larges sentiments d'affection. Ce sont eux qui ont mis sur pied à mon intention le bel ouvrage d'Hommages qui a rassemblé plus de cent auteurs, français et étrangers, dont les textes font souvent référence à des champs que j'ai défrichés. Le titre en est évocateur : *De Méditerranée et d'ailleurs...* Cette somme me fut remise au Capitole – la mairie de Toulouse – par mes collègues du Sud et bien d'autres venus de loin, en présence de la première adjointe au maire, Nicole Belloubet, aujourd'hui garde des Sceaux. Ce fut l'un des moments les plus heureux de mon parcours[6].

Alors, au final, suis-je « honoraire » ou « émérite » ? Je n'en sais rien au juste car l'assemblée des professeurs du Collège de France se demande gravement aujourd'hui lequel des deux épithètes doit être attribué à tel professeur ou à tel autre. Honoraire, cela renvoie au respect, à la dignité, à l'hommage, presque à la gloire. Émérite me semble plus en accord avec l'éminence, la distinction de la compétence, l'éloge d'un savoir que l'on se doit d'entretenir et de prolonger. À tout prendre, je préférerais émérite, je perçois le terme plus proche de l'ouvrage scientifique que de l'insigne.

CHAPITRE 11

Des institutions

Voici venu le moment d'évoquer les institutions au sein desquelles s'est déroulée ma carrière ainsi que certaines instances parmi lesquelles j'ai siégé ou auxquelles j'ai apporté ma contribution. Avec le recul, je porte aujourd'hui sur elles un regard distancié, à la fois lucide et reconnaissant.

Le musée de Narbonne
et l'université Paul-Valéry

Bien que natif de Carcassonne, j'ai toujours été fidèle à Narbonne. Sans doute en raison des préhistoriens que cette ville a engendrés : le visionnaire Tournal au xixᵉ siècle, Théophile et Philippe Héléna, un siècle plus tard. J'ai coutume de dire que la préhistoire est née à Narbonne. Le concept en a été formulé dès 1832-1833 par Tournal : il employait le terme d'« Anté-Histoire », mais, au préfixe près, le sens en était le même : l'existence d'un véritable homme fossile. Ce sont les Héléna qui, par la suite, ont contribué à scinder le grand musée universaliste de Tournal pour créer un « musée d'archéologie » distinct de la section des Beaux-Arts. Porté vers les sciences naturelles et les origines de notre espèce, Philippe Héléna, devenu conservateur, le dénommait musée régional de l'Histoire de l'homme. À son décès en 1961, la conservation connut un temps de vacance, puis en 1967, le maire, Francis Vals, me confia, avec l'accord des musées de France, la conservation des collections de préhistoire tandis qu'Yves Solier, comme moi attaché de recherche au CNRS, se voyait attribuer la même charge pour les périodes de la fin de la protohistoire et de l'Antiquité. Mon souhait le plus cher, dans cette opération, était l'étude des séries, pour l'essentiel inédites, issues des recherches Héléna. Je contribuai à mettre sur pied un programme de publication de ces matériaux. H. de Lumley inclut dans sa thèse les documents relevant du Paléolithique moyen. D. Sacchi et moi-même publiâmes les séries du Paléolithique supérieur et du Néolithique dans un volume de l'Institut d'études ligures (Bordighera), qui vit le jour bien après la fin de nos travaux[1].

Ma fidélité à Narbonne tient aussi aux excellentes relations que j'avais nouées avec la famille Héléna à laquelle je rendais fréquemment visite. J'ai organisé à Narbonne deux colloques. L'un, en 1970, fut la première réunion consacrée en France spécifiquement au Néolithique ; ses actes furent publiés dans la foulée[2]. Il donna l'idée de créer des Colloques interrégionaux dont une version semblable vit le jour à Sens en 1972, à l'imitation de celui de Narbonne. En 1977, ayant fait acquérir par la Municipalité la collection d'un érudit bitterois, Eugène Genson, j'en profitai pour organiser une exposition et un colloque dans le cadre du 150e anniversaire des premières fouilles Tournal à Bize[3]. En 1998, j'ai mené à bien, avec les services municipaux et la collaboration de plusieurs collègues, une refonte complète de la présentation des séries sur lesquelles je veillais.

Jusqu'à mon départ en retraite (2007), je suis resté ainsi chargé de mission au musée de Narbonne, assumant la conservation des collections de préhistoire *lato sensu*. Quarante ans…

Montpellier me vit aussi exercer, pendant deux à trois ans, la fonction de chargé de cours à l'université Paul-Valéry. En 1968, la presse régionale s'était fait l'écho de la thèse que je venais de soutenir. On me proposa alors de donner un enseignement à la faculté des lettres dans le cadre du département d'Ethnologie-Sociologie. J'acceptai, un peu par curiosité. C'était la première fois que j'allais donner des leçons dans l'enseignement supérieur (j'avais enseigné dans le secondaire mais dix ans plus tôt). Cela me fit une curieuse impression de délivrer un « savoir » à l'université, d'avoir devant moi des étudiants (je me sentais encore un peu l'un d'eux), voire des personnes d'âge mûr. L'université, installée près du zoo Lunaret, était un lieu agréable et aéré. Je n'étais pas fâché d'avoir mis un pied dans cet établissement alors que son Institut d'archéologie (dans le cadre duquel j'aurais dû, en principe, œuvrer) me boudait un peu. Mais en 1971, mon élection à la commission Préhistoire-Anthropologie-Ethnologie du comité national du CNRS allait me contraindre à divers déplacements sur Paris et à un surcroît de travail. Je passai donc le flambeau à J.-L. Roudil. Je suis revenu plusieurs fois, comme membre de jurys de thèse, à Paul-Valéry. Depuis peu, ces manifestations se déroulent au cœur de la ville, dans les locaux modernisés d'un ancien hôpital. J'ai gardé la nostalgie de ce temps, de plus en plus lointain, où l'université était un peu « à la campagne ». L'extension urbaine de Montpellier l'a aujourd'hui totalement avalée.

Le Centre d'anthropologie des sociétés rurales (1978-2007)

En 1978, alors que la RCP « Pyrénées » dont j'assumai le pilotage à Toulouse parvenait à son terme administratif, plusieurs jeunes chercheurs qui en avaient été les partenaires enthousiastes ne demandaient qu'à poursuivre l'aventure[4]. Le CNRS et l'EHESS décidèrent alors de s'associer pour transformer la RCP, formation temporaire, en un laboratoire pérenne de sciences humaines centré sur l'archéologie néolithique et protohistorique et l'anthropologie culturelle. Décision stratégique dans la mesure où aucune équipe n'existait alors dans ces domaines à l'université. Pour sceller cette association, Jacques Le Goff, président sortant mais très influent à l'École, me fit élire directeur d'études, dans le collège des « cumulants » : on appelle ainsi les enseignants qui relèvent d'une autre institution (le CNRS dans mon cas) mais qui exercent les fonctions de directeur d'études pour une rétribution indemnitaire. Les étiquettes de la toute nouvelle formation allaient varier au gré du vocabulaire administratif du CNRS (GR, ER, UPR, UMR) mais celle-ci fonctionna toujours selon le principe du laboratoire associé. L'on m'intronisa directeur, Daniel Fabre, directeur adjoint, bientôt en étroite union avec Agnès Fine, alors maître-assistante à l'université et qui, ayant participé sous la houlette de Daniel aux enquêtes en pays de Sault, s'était étroitement associée à notre équipe. Tous deux seront, plus tard, élus directeur d'études à l'EHESS.

Il nous fallait d'abord un programme de recherche. Un pôle d'intérêt entre les deux disciplines fut trouvé dans une histoire des milieux ruraux depuis l'origine : la formation et l'évolution d'espaces agropastoraux ; la reproduction des communautés villageoises dans la durée ; le changement culturel. Les méthodes étaient celles de l'investigation archéologique, de la démographie historique et de l'ethnologie des populations rurales. Comme se plaisait à le souligner Daniel Fabre, j'étudiais la mise en place des premières sociétés villageoises alors qu'avec ses collaborateurs « il scrutait l'évidence poignante de leur fin ». Quelques années plus tard, les interactions géographiques ville-campagne, toujours plus accentuées avec le développement du « rurbain », nous firent abandonner la spécificité « sociétés rurales », l'intitulé du laboratoire se limitant à Centre d'anthropologie. Il fallut aussi trouver des locaux. Le rectorat, grâce à l'intervention de X. Ravier, nous logea rue du Taur. Nous y étions à l'étroit mais au centre de Toulouse, là où palpitait le cœur de la ville, à un pas de la place du Capitole et de la cathédrale Saint-Sernin. Nous y sommes restés une bonne vingtaine d'années. Les locaux sont toujours, en milieu universitaire, au cœur d'une compétition permanente : chacun veut agrandir sa surface au détriment du voisin. Les espaces sont sans cesse convoités : le professeur qui gagne du pouvoir administratif a toujours le projet de faire déguerpir son collègue pour s'étaler et réaliser son œuvre. Et c'est ainsi que l'université du Mirail, voulant créer un Institut cinématographique, nous pria un beau jour de trouver un autre point de chute. Ce fut un temps la Manufacture des tabacs, dans les locaux de la nouvelle faculté de droit. Grâce à l'intervention efficace de Georges Larrouy, professeur de médecine et un temps président de l'université Paul-Sabatier, nous fûmes finalement relogés dans les locaux que la faculté des sciences avait conservés sur les allées Jules-Guesde. L'EHESS et la région Midi-Pyrénées rénovèrent les lieux et nous pûmes dès lors disposer de plus larges espaces à la fois pour les bureaux et pour la bibliothèque. Dans le domaine de l'archéologie en particulier, la bibliothèque, un temps embryonnaire, avait beaucoup prospéré, entretenue par des échanges avec la série que nous éditions (Archives d'écologie préhistorique) et par des crédits du CNRS (dans le cadre duquel elle avait rejoint le réseau Frantiq) et de la région.

Tout au long de sa vie, les deux équipes – Protohistoire et Ethnologie – du Centre ne cessèrent de grossir, rejointes par des entrées au CNRS, des collègues universitaires ou des membres d'autres institutions. S'agissant de l'archéologie, au noyau du premier temps (Jean Vaquer, Jean Gasco, Françoise Claustre, Michel Barbaza, Carol Rivenq, Jacques Coularou, Jean Zammit, Sylvie Philibert) vinrent progressivement s'ajouter, au fil des années, de nouveaux membres : Isabelle Carrère, François Briois, Philippe Marinval, Béatrix Midant-Reynes, Catherine Commenge, Claire Manen, Thomas Perrin. Il faut dire que la fréquentation du

laboratoire par de nombreux étudiants de l'EHESS, des chercheurs de passage, voire les amateurs qui venaient assister à nos
séminaires, transformait parfois nos locaux en une véritable ruche.

Le déplacement, dans le courant des années 1990, à la faculté
des sciences, s'était accompagné de l'insertion dans le laboratoire d'une troisième équipe d'anthropobiologie dont les thèmes
de recherche portaient sur le fossile comme sur le vivant. Cette
formation, animée par G. Larrouy, puis par É. Crubézy, eut rapidement le projet de s'orienter vers des travaux de paléogénétique
en étroite association avec le laboratoire de Médecine légale de
Strasbourg (B. Ludes). J'étais heureux de cette collaboration, me
doutant que la génétique allait occuper une place toujours plus
grande dans les problématiques archéologiques.

Dans la première décennie du XXIᵉ siècle, cette interdisciplinarité Archéologie-Ethnologie-Anthropobiologie, tant vantée depuis
un quart de siècle, ne résista pas aux remodelages envisagés par
le CNRS. Les ethnologues souhaitèrent s'associer aux sociolo-
gues de l'université du Mirail, les archéologues devant se fondre
avec l'équipe d'archéologie de cette même faculté. Les anthropo-
biologistes demeurèrent en Sciences et Médecine. Ainsi prit fin
une odyssée intellectuelle toulousaine de près de trois décennies.

Le Centre national
de la recherche scientifique

Il est temps d'évoquer le CNRS lui-même. J'ai toujours considéré le CNRS comme ma vraie « maison ». J'ai passé dans cette
institution plus de trente ans de ma vie professionnelle : entré
attaché de recherche le 1ᵉʳ mars 1963, j'y ai franchi tous les éche-
lons jusqu'à directeur de recherche de classe exceptionnelle. J'y
ai fondé et dirigé un laboratoire pendant douze ans, auxquels

s'ajoutent quatre années de codirection de la même structure. Ce n'est pas sans regret que j'en suis sorti en 1994 lorsque ma nomination au Collège de France fut entérinée. Dans le même temps, j'éprouvais un sentiment de fierté : la maison au sein de laquelle j'avais œuvré était pour beaucoup à l'origine de ma promotion. J'étais heureux pour elle, car je me suis rendu compte par la suite que les élus au Collège de France ne sont que très rarement des chercheurs au CNRS mais à peu près toujours des universitaires. Je pensais qu'en retour de cette sorte de couronnement, le CNRS était satisfait de mon parcours en son sein et vivait cela comme un honneur qui lui revenait. J'avoue avoir été déçu : je ne reçus de l'administration centrale aucun mot aimable de remerciement pour le travail accompli et pour la promotion flatteuse dont j'étais l'objet. C'est tout juste si on n'était pas soulagé de me voir partir : en ces temps de pénurie, cela libérait un poste… En revanche, les administrateurs délégués de Toulouse et de Marseille, plus sensibles à mon ascension, vinrent me témoigner leur amitié en assistant à ma leçon inaugurale.

Ce que je considère comme un manque de tact ne m'empêche pas de dire tout le bien que je pense de l'institution au sein de laquelle tout chercheur peut travailler librement et s'épanouir. Le CNRS est un lieu rêvé pour qui fait de la recherche sa profession et sa passion. Certes, pendant les quinze premières années de ma carrière, le CNRS ne se préoccupait pas trop de loger ses chercheurs en sciences humaines. On était sur le terrain, dans les combles de quelque dépôt de fouilles et l'on rédigeait chez soi rapports et publications. On achetait à ses frais les ouvrages indispensables pour alimenter sa propre réflexion. Mais qu'importe ! La satisfaction de jouir d'une liberté intellectuelle totale pour exercer un métier adoré valait tous les déficits structurels. En 1978, la fondation du Centre d'anthropologie des sociétés rurales à Toulouse me fit soudain prendre conscience de la nécessité de mettre en place des infrastructures pour loger administratifs et techniciens, voire chercheurs. Ce qu'avec Daniel Fabre nous fîmes, rue du Taur.

Le recrutement de nos collaborateurs reposait pour une large part sur des relations d'amitié : il fallait s'être connu, « expérimenté » sur le terrain, là où se tissent des liens de vive sympathie. Cela explique pourquoi, pendant quelques années, les recrues furent d'abord le petit cercle des fidèles de mes chantiers de fouille.

J'ai participé pendant neuf ans aux travaux du Comité national (1971-1979). Cela m'a beaucoup appris sur le fonctionnement de l'institution, la vie des laboratoires, les problématiques de la recherche. À cette époque, l'archéologie préhistorique, l'anthropologie et la paléontologie humaine, l'ethnologie, étaient regroupées dans une même commission. Il n'y avait aucun concours. Les candidats étaient recrutés sur dossier. On les autorisait, la veille, à venir se présenter, s'ils le souhaitaient, aux membres du comité. Cela se passait dans la cour d'un laboratoire, rue de Seine, et prenait la forme de bavardages par petits groupes. Les candidats ne s'y sentaient pas à l'aise : ils avaient baptisé cette rencontre « la foire aux bestiaux »... Les postulants en ethnologie étaient, de loin, les plus nombreux de sorte que le Comité avait établi une règle rigoureuse de classement : la « séquence monotone » qui imposait de recruter deux ethnologues pour un préhistorien et un anthropologue physique.

Lors de la commission 1971-1975, le président, J. Ruffié, menait les débats tambour battant. André Leroi-Gourhan, José Garanger, Jacques Tixier, Max Escalon, Henri Delporte, Annette Emperaire et moi-même en étions les préhistoriens. Parmi les collègues d'autres disciplines : Jacques Soustelle, André Delmas, Claude Tardits, Isaac Chiva, Yves Coppens, Françoise Héritier, Georges Ravis, Guy Stresser-Pean, Corneille Jest, Albert Ducros,

Germaine Dieterlen ; je dois en oublier certains. Lors de la commission suivante, c'est Georges Condominas que nous portâmes à la présidence. Calme, flegmatique, soucieux de bien faire, il évitait toute précipitation. Leroi-Gourhan, Tixier, Delporte et moi avions été réélus ou nommés. Gabriel Camps et Claudine Karlin nous avaient rejoints. Parmi les collègues non préhistoriens, j'ai gardé le souvenir de Maguy Andral, Claude Calame-Griaule, Georges Larrouy, Éric de Dampierre, Raymond Riquet, Pierre Bonte et d'autres dont le souvenir m'échappe. Les sessions, étalées sur plusieurs jours, étaient souvent épuisantes. Nous repartions avec le sentiment d'avoir bien travaillé mais avec un pincement au cœur pour ceux qui avaient échoué et allaient devoir attendre un an de plus avant de candidater à nouveau. Qu'allaient-ils faire, un an durant, pour subsister ?

Quelques questions toutefois

J'ai pu observer de près, tout au long de ma carrière au CNRS, sinon des dysfonctionnements, tout au moins des décisions qui m'ont laissé dubitatif. Il arrivait par exemple que les circonstances, politiques ou autres, entraînent périodiquement le renouvellement des directions scientifiques des grandes sections de l'établissement. D'autres responsables arrivaient ainsi aux commandes avec leurs collaborateurs et souhaitaient « rafraîchir » un peu le fonctionnement de la maison. À chacun de ces changements, les nouveaux directeurs réunissaient les chefs d'équipe, à Paris ou à Toulouse, pour les informer de la nouvelle ligne scientifique de la direction afin de la mettre en œuvre. J'ai gardé le souvenir de réunions assez soporifiques au cours desquelles les nouveaux maîtres, critiquant à mots couverts leurs prédécesseurs, proposaient d'autres pistes scientifiques ou administratives, changeant le vocabulaire en usage, modifiant les organigrammes, en fait des mesurettes car les crédits, eux, ne bougeaient guère.

J'ai assisté aussi à des règlements de compte assez pénibles car le CNRS, tel Cronos, finissait par dévorer ses propres enfants. Ainsi l'institution mettait-elle souvent en avant ses laboratoires considérés comme les plus performants. C'étaient ses vitrines... Puis un autre temps venait. Le patron perdait de son influence, était moins en cour. On s'empressait alors de casser son outil en le démembrant. C'est ce qui est arrivé au Centre d'hémotypologie, le grand laboratoire d'études des populations mondiales à partir des études sanguines. On pressa J. Ruffié de partir et sa structure fut bientôt scindée en plusieurs équipes. De même, le Centre d'études de l'Asie du Sud-Est et du monde insulidien de Georges Condominas, grosse formation sur l'Extrême-Orient, fut-il à un moment brisé. Son directeur vint me conter ses malheurs.

Le cas du Centre de recherches archéologiques de Valbonne mis en place dans le courant des années 1970 par un groupe de chercheurs « modernistes » (J. Deshayes, J.-C. Gardin, J. Pouilloux) périt aussi d'avoir trop grossi. Il se proposait deux objectifs : constituer à Sophia-Antipolis un regroupement de spécialistes (pétrographe, anthropologue, expert en thermoluminescence) chargés d'effectuer des analyses au service d'unités, celles-ci non résidentes, mais rattachées scientifiquement à l'établissement. Ce devait être au départ de jeunes équipes, encore peu étoffées mais pleines de promesses et que l'on aidait à s'épanouir. Après quoi, parvenues à leur rythme de croisière, ces équipes (ou URA), jugées adultes, devaient quitter l'établissement pour faire place à d'autres. Or c'est le contraire qui se produisit. Une fois arrimées au système, les URA en place ne voulurent plus quitter le navire, bénéficiant d'une certaine façon de la situation privilégiée, dans le contexte hexagonal, de l'établissement. De sorte que les URA se multiplièrent. Le Centre de recherches archéologiques devint pléthorique et, bien entendu, fit l'objet de critiques de la part de ceux qui n'en étaient pas. Vers 2000, une nouvelle direction le supprima tandis que les permanents furent versés dans une équipe niçoise.

Même instabilité dans la politique scientifique. Dans les années 1970, le maître mot était la « pluridisciplinarité » : il fallait se confronter aux données d'autres branches. Puis, il fallut passer à l'« interdisciplinarité », c'est-à-dire fusionner autant que possible les disciplines entre elles. C'est d'ailleurs dans cette optique qu'avec Daniel Fabre nous avions fondé et fait évoluer le Centre d'anthropologie autour des trois équipes complémentaires : archéologie, anthropologie culturelle, anthropobiologie. Or on sait comment cela se termina. En 2005, le CNRS décréta que l'interdisciplinarité, c'était terminé et que chaque science devait rester dans son domaine propre : on regroupa les archéologues toulousains dans une même formation (Traces), et les ethnologues avec leurs collègues du Mirail. Le motif, louable en théorie, était de mutualiser les moyens humains et matériels, de créer de grandes unités disciplinaires – les UMR – et de casser systématiquement les petites ou moyennes formations, intégrées de force (« à la hache », disait l'un de ces fossoyeurs) dans de grands ensembles. C'est ainsi qu'à Paris, le projet d'une grande UMR archéologique, basée à la Maison de l'Archéologie de Nanterre, devait regrouper toutes les formations de la capitale (Arscan). Les grands centres universitaires étrangers étaient cités comme modèles. Va donc pour les regroupements. Sauf que certaines équipes, souvent de taille moyenne à sous-moyenne, ne l'entendirent pas de cette oreille et refusèrent tout net leur intégration dans ces grosses machines. Le CNRS montra alors ses faiblesses : on contraignit certaines équipes à l'incorporation de gré ou de force, on en épargna d'autres qui bénéficièrent de certaines protections. À Paris, on vit même certaines formations, fers de lance de l'intégration, demander à prendre leurs distances après quelques années de rodage. L'impression détestable de deux poids, deux mesures a souvent prévalu.

On me dit, aux dernières nouvelles, que le nouveau credo à la mode est l'« indisciplinarité » (l'impertinence ?). Récapitulons donc : pluridisciplinarité, interdisciplinarité, redisciplinarité, indisciplinarité. On s'y perd...

Au final, je ne fais pas là le procès d'une maison à laquelle je dois tant. Mais c'est précisément, au terme d'une longue vie professionnelle au cours de laquelle j'ai été, de l'intérieur, un observateur attentif de son fonctionnement, que je m'interroge sur certaines décisions, comportements, règlements de comptes, zigzags, dont j'ai été le témoin un peu navré.

L'École des hautes études en sciences sociales

J'ai mis du temps à saisir ce qu'était réellement l'École des hautes études en sciences sociales, fraîchement détachée alors de l'École pratique des hautes études dont elle constitua longtemps la VIe Section. En province, depuis Toulouse, nous regardions ce genre d'établissement comme une sorte de curiosité parisienne dont les tenants et les aboutissants ne nous apparaissaient pas clairement. Ce fut lorsque J. Ruffié envisagea, avec la bénédiction de J. Le Goff, son président, d'ouvrir à Toulouse une antenne de l'EHESS que je pris réellement la mesure de ce que l'établissement proposait : un enseignement de la recherche en train de s'opérer. À compter de 1973-1974, je donnai mes premiers séminaires dans cette nouvelle antenne. Puis j'intégrai définitivement l'institution en 1978 en qualité de directeur d'études. Siégeant dès lors à l'assemblée des enseignants, je réalisais pleinement ce qu'était la surface intellectuelle de l'établissement dans lequel je professais et qui comptait parmi les plus grands historiens et anthropologues français du moment. La décentralisation de l'institution, voulue par Le Goff, dans trois grandes villes de l'Hexagone – Marseille, Lyon, Toulouse – donnait enfin aux provinciaux une plus évidente proximité avec ce qui était resté jusque-là une formule exclusivement parisienne. La réputation de l'École gagna beaucoup à cette extension géographique. Daniel Fabre et moi nous sommes beaucoup impliqués dans cette régionalisation du système. À Toulouse, l'antenne nouvellement créée, qui allait délivrer un diplôme spécifique équivalent peu ou prou à la maîtrise, un diplôme d'études approfondies (DEA) et des thèses de doctorat, apparut comme un pôle universitaire d'un genre inédit, jeune et dynamique. Notre succès fut immédiat. Ce qui évidemment suscita quelques jalousies de nos collègues de l'université du Mirail qui avaient jusque-là le monopole de la délivrance des diplômes. Mais comme Daniel et moi étions d'anciens étudiants de cette université et que nous y comptions beaucoup d'amis, les critiques cessèrent rapidement.

Je fus, s'agissant de ma discipline, rapidement débordé par le nombre de candidats postulant à l'acquisition d'un diplôme, d'un DEA ou d'une thèse : enfin, semblaient dire les aspirants, un diplôme d'archéologie fondé sur une réelle pratique du terrain et de la recherche ! Les candidats se recrutaient essentiellement dans le Midi, puis, très vite, dans l'ensemble de l'Hexagone et à l'étranger. L'Association pour les fouilles archéologiques nationales (AFAN) puis l'INRAP fournirent de gros effectifs d'impétrants. D'autres institutions aussi car le système permettait à certaines personnes que la vie avait parfois coupé de leurs études de se remettre dans le bain. Mon seul critère était le degré de compétence, de pratique de l'individu et les ressorts de sa motivation. Sans forfanterie, je suis probablement le directeur d'études de l'EHESS qui, entre 1978 et les premières années du XXIe siècle, a fait soutenir le plus de diplômes de l'institution.

Devant faire face à des demandes d'inscriptions sans cesse en hausse, je demandai à l'administration de l'École de faciliter l'encadrement de mes étudiants en me faisant seconder par un maître de conférences. La réponse fut longtemps négative et j'avoue avoir été à plusieurs reprises à deux doigts de mettre la clé sous la porte. Il est vrai que, dans les premières années de sa décentralisation, l'EHESS avait décidé de jouer essentiellement la « carte Marseille ». Cette antenne était alors animée par Marc Barbut, un mathématicien très influent dans les instances de l'École, et qui fit nommer à Marseille plusieurs directeurs d'études parisiens. Cette « colonie », installée dans les locaux du quartier de la Vieille-Charité, avait réellement pignon sur rue et affichait de beaux programmes (elle captait aussi l'essentiel des moyens consacrés à la « régionalisation » de l'établissement). En revanche, on laissait à Toulouse les jeunes « autochtones » (Daniel et moi) se débrouiller tout seuls parmi les autres « monstres » qu'étaient les universités pléthoriques de la ville rose. Nous recevions de temps en temps la visite des présidents de l'École – François Furet, Marc Augé, Jacques Revel – qui nous complimentaient pour notre dynamisme mais nous laissaient entendre que, compte tenu des problèmes qu'ils avaient à régler sur Paris, nous ne figurions pas dans leurs priorités.

Je pus enfin, mais trop tard à mon gré, bénéficier d'un poste de maître de conférences (F. Briois), puis d'un second (P. Boissinot), dont j'avais dirigé les thèses de doctorat. Mais cela advint à un moment où, happé par d'autres responsabilités, j'avais été contraint de prendre un peu de recul et de limiter beaucoup le nombre de mes étudiants et thésards. À Toulouse, l'École, faute d'une volonté parisienne tenace et face à des universités qui ont toujours souhaité profiter de son label d'excellence mais tout en la cantonnant au maximum, n'a jamais réellement émergé institutionnellement. Le cas de nos collègues économistes doit être mis à part : logés à la faculté de droit, ils ont su y développer une école de niveau international, sous la houlette de Jean-Jacques Lafont, puis de Jean Tirole, qui les plaça en dehors des confrontations locales. En sciences humaines, la situation fut plus difficile. Archéologie et ethnologie ont été des nomades : logées d'abord dans des locaux rectoraux (rue du Taur), elles furent contraintes d'émigrer à la faculté de droit (Manufacture des tabacs), puis à la faculté des sciences (allée Jules-Guesde) pour finir en « lettres » (allée Antonio-Machado). Ces errances et, surtout, l'absence d'un local spécifique (dont l'autonomie la mieux marquée fut celle de notre résidence à l'université Paul-Sabatier) lui ont toujours été préjudiciables.

La discipline archéologique a occupé à l'École une place marginale. Elle y avait pris pied par la volonté de Braudel, puis de Le Goff, qui voyaient dans l'archéologie une façon de répondre à certaines interrogations d'ordre historique. À mon arrivée, P. Courbin traitait de méthodologie et d'antiquité, J.-M. Pesez, F. Piponnier et O. Chapelot du Moyen Âge, J.-C. Gardin d'approches théoriques, J. Soustelle évoquait le monde amérindien, V. Elisseeff l'archéologie de l'Asie. Je me rendis rapidement compte que la discipline était éclatée entre divers centres de recherche, ce qui nuisait à sa reconnaissance et accentuait sa fragilité. Je pris l'initiative, sur les conseils de Joseph Goy, de réunir tout ce petit monde afin de former, au sein de l'institution, un noyau plus homogène. Mais j'avais sous-estimé les rancœurs et les susceptibilités au sein même de l'établissement. Voyant que rien n'avançait, je jetai l'éponge. Le temps passant et mon souci de faire reconnaître la spécificité de la discipline persistant, on obtint que celle-ci soit enfin individualisée sur l'affiche annuelle des enseignements. Mince victoire.

De l'École, j'ai aussi retenu, à Paris cette fois, le temps des élections annuelles, ces moments forts lorsque, dans la cafétéria du 109, boulevard Raspail, le choix des directeurs d'études et des maîtres de conférences donnait lieu à de belles empoignades. La concurrence était vive, les stratégies superbes, les déceptions à la mesure des échecs.

Les choix du bureau, instance de pilotage de la politique de l'établissement, pouvaient être parfois (en fait rarement) mis en minorité par une assemblée récalcitrante. Les tenants des candidats battus ressassaient leur vengeance en donnant rendez-vous – dans un an – au corps électoral. Je voyais tout ça un peu comme un théâtre, une réplique en modèle réduit des débats de l'Assemblée nationale. On était parfois sous le charme lorsque s'élevaient certaines « grandes voix » : Jacques Le Goff, François Furet, Georges Balandier, Jacques Derrida, Pierre Bourdieu, Françoise Héritier, Maurice Godelier, Alain Touraine, Marc Augé...

Alors, l'École des hautes études en sciences sociales, malgré les difficultés inévitables, ce fut aussi une très bonne maison. Je crois lui avoir en retour apporté beaucoup dans le champ de l'archéologie.

Le Conseil supérieur
de la recherche archéologique

J'ai siégé une quinzaine d'années au sein de cette assemblée dont la tâche consiste à énoncer les grandes lignes de la politique archéologique pour l'Hexagone et les territoires d'outre-mer. Au début, il n'y avait que des membres nommés sur proposition des diverses institutions nationales (CNRS, universités, culture, collectivités territoriales...). Par la suite, y siégèrent des membres élus. L'instance est placée sous l'autorité du ministre de la Culture qui en est le président mais qu'on ne voit pratiquement jamais. De sorte que c'est le vice-président, un archéologue désigné par le ministre, qui mène les débats. Pendant mes longs mandats (1978-1993), les vice-présidents furent successivement Roland Martin, moi-même fin 1983-1984 (à titre intérimaire), Christian Goudineau, Jean-Marie Pesez. Les séances plénières se tenaient toujours dans quelque salle d'apparat du ministère de la Culture, rue de Valois ou ailleurs. En revanche, les longues séances d'affectation des crédits, qui s'opéraient en deux sections distinctes (Préhistoire et Histoire), se déroulaient au siège : 3, rue d'Ulm un temps, puis 4, rue d'Aboukir. Je fus pendant une bonne dizaine d'années membre de la commission permanente du CSRA qui se réunissait tous les mois pour régler les dossiers qui s'accumulaient lors des semaines précédentes. Il fallait aussi, régulièrement, rédiger des rapports sur un sujet d'actualité touchant à la recherche, à l'administration, à la conservation, aux publications, aux sauvetages, etc. De 1985 à 1989, je remplis les fonctions de chargé de mission d'Inspection, aux côtés de Guy Barruol. Autant dire que la sous-direction de l'Archéologie était un peu devenue l'une de mes résidences secondaires...

Après le départ de Jean Gazagnes, puis de Roger Delarozière, c'est Christophe Vallet qui prit la tête du service : il était assisté de deux collaborateurs dont les inspecteurs Michel Brézillon, un exemple de rigueur, et Marc Gauthier, un excellent serviteur de l'État. Directeur des Antiquités d'Île-de-France, Jacques Tarrête passa bientôt à l'Inspection. Nous nous réunissions fréquemment dans la petite salle B. Devauges, un jeune et brillant directeur des Antiquités de Bourgogne décédé prématurément. Nous nous entendions bien et l'ambiance était bonne. Lors des séances, afin de perdre le minimum de temps le repas de midi se résumait à un bruyant casse-croûte saucisson/vin rouge. J'ai toujours aimé manger assis et au calme. J'évitais en général ces pique-niques et me sauvais pendant une heure pour me sustenter dans quelque restaurant du quartier de la Bourse.

Par la suite, on décida que l'affectation des crédits aurait lieu en région, en présence du staff des conservateurs de la circonscription concernée. Ces commissions régionales annonçaient les futures CIRA. On me fit présider la commission « Grand-Ouest » (Normandie, Bretagne, Pays-de-Loire). Avec les collègues désignés, nous prenions donc le train pour Rouen, Caen, Rennes, Nantes, successivement. Ces déplacements, qui s'étalaient sur une semaine chargée, étaient assez agréables. Ils pouvaient s'accompagner de visites de sites. On se sentait plus près des chantiers et des spécificités régionales que dans les couloirs de la rue d'Aboukir.

Mes missions sur le terrain s'alourdirent lorsque je fus nommé Inspecteur. Elles pouvaient concerner des chantiers de fouilles qui posaient problème, des litiges entre le ministère et d'autres administrations, des municipalités, des privés, des négociations avec des aménageurs qui souhaitaient bâtir sur des sites archéologiques. J'ai gardé le souvenir d'un commerçant nîmois qui souhaitait agrandir son magasin sur un site néolithique. Le dossier avait été examiné à l'amont et la fouille préventive était estimée à 100 millions (de centimes). Je fus désigné pour aller négocier la somme. À l'énoncé de celle-ci, le demandeur prit un air abattu, me dit que je le ruinais et qu'il abandonnait le projet. Il se retira à l'écart, fit marcher sa calculette et finalement accepta l'offre. J'étais soulagé. Cette fonction d'extorqueur de fonds privés ne m'emballait pas.

Quand l'État décida de prendre en main la remise en état du site des alignements de Carnac, je fus nommé président de la Commission scientifique mise en place à cet effet. J'allais donc quelquefois à la DRAC de Rennes, à l'hôtel de Blossac, où se tenaient les réunions. Il était temps que l'État relance ce dossier, la fréquentation sauvage des lieux altérait de plus en plus les sols des allées de menhirs et déchaussait ceux-ci. Il était anormal qu'un monument d'une telle notoriété soit laissé à la déambulation incontrôlée des visiteurs.

Une autre intervention, en fait plus ancienne, me fut confiée. C'était en 1983. Je fus chargé de prendre la tête d'une opération de contrôle sur le site très controversé de Glozel (Allier). On sait les débats qui s'enflammèrent lorsque, dans les années 1920, un jeune agriculteur de Ferrières-sur-Sichon découvrit sur ses terres un extraordinaire bric-à-brac d'objets singuliers qui semblaient se rattacher à des périodes très différentes mais qui, en ce lieu, relevaient en apparence d'un même ensemble. J'évoquerai plus loin cette affaire et les résultats de l'intervention réalisée.

Une inflexion dans le fonctionnement de la sous-direction de l'Archéologie intervint lorsque celle-ci décida d'unifier les circonscriptions des Antiquités. Depuis la dernière guerre, la France était découpée en une vingtaine de circonscriptions archéologiques, calquées sur les régions administratives, qui comprenaient chacune deux directeurs, l'un pour la préhistoire, l'autre pour les temps historiques. La plupart de ces directeurs étaient des professeurs d'université ou des chercheurs du CNRS qui, à titre indemnitaire, assumaient la charge qui leur était confiée : administration liée aux interventions archéologiques, surveillance de celles-ci, rapports et comptes rendus au ministère de la Culture. Or, avec le développement de la recherche en archéologie de sauvetage et les problèmes soulevés par les grands chantiers, les préfets ou les représentants des collectivités locales, impliqués dans les décisions, ne comprenaient pas pourquoi deux directeurs s'exprimaient au nom de l'archéologie régionale. Dans le contexte d'un développement rapide du nombre de fouilles sur le territoire, la sous-direction décida désormais que chaque région serait administrée par un unique directeur de l'archéologie, fusionnant ainsi Préhistoire et Histoire. Cela s'accompagnait parallèlement de la mise en place de directeurs à plein-temps et du recrutement d'un personnel qualifié en région pour faire fonctionner chaque circonscription. Cette décision ne fut pas du goût de plusieurs directeurs indemnitaires qui perdirent ainsi le pouvoir qu'ils pouvaient exercer sur leurs collègues dans la répartition des crédits ou les problématiques de recherche. Car, praticiens eux-mêmes, cette situation les plaçait en position hiérarchique par rapport à leurs compétiteurs potentiels. La moralisation faisait son chemin tandis qu'une page se tournait.

Après le départ de C. Goudineau de la vice-présidence, C. Vallet puis J. Meurisse me sollicitèrent pour assurer la fonction. Je déclinai mais restai encore un temps membre de l'assemblée. C'est en 1993 que je décidai de me retirer de celle-ci. Après quinze années passées au service de l'institution, j'avais largement « fait le tour de la question ». Mon élection au Collège de France allait désormais absorber mon énergie. Toutefois la nouvelle sous-directrice de l'Archéologie, Wanda Diebolt, non informée de ma décision de prendre du champ, proposa à sa direction ma nomination au Conseil en cours de renouvellement. La directrice du Patrimoine de l'époque raya sèchement mon nom de la liste sur les suggestions d'un collègue jaloux de ma toute récente élection. Ce milieu est parfois sans pitié...

Gallia-Préhistoire *(1986-1994)*

En 1986, le décès d'André Leroi-Gourhan laissait vacante la direction de la revue *Gallia-Préhistoire*, la plus prestigieuse des revues françaises de la discipline. Un chercheur, issu du cercle du maître disparu, fit des offres de service que l'administration du CNRS refusa. Jacques Lautman me proposa alors de prendre en main la revue. Je déclinai invoquant mon éloignement géographique. Il insista en soulignant le « tandem » que je formais déjà avec Christian Goudineau, pressenti pour diriger la revue sœur *Gallia*. J'acceptai.

Je connaissais déjà la revue et son fonctionnement, faisant partie de son comité où A. Leroi-Gourhan m'avait nommé. Il fallut dès lors remanier le conseil, l'élargir et surtout l'animer lors de réunions où étaient discutés les articles proposés et où était suggérée la collecte de manuscrits. J'écrivais donc à des auteurs potentiels, en particulier à ceux qui étaient bien dotés en crédits de fouille : le fait d'avoir un œil sur les décisions du Conseil supérieur de la recherche archéologique me facilitait la tâche. Il arrivait quelquefois que l'auteur contacté envoie un article que le comité, à l'origine demandeur, refusait. C'est moi qui avais la tâche ingrate d'en informer le chercheur et qui, bien entendu, recevais de plein fouet ses récriminations et, quelquefois, sa fureur...

La revue avait aussi pour tâche de publier les « chroniques » des circonscriptions archéologiques, en principe tous les deux ans, bien que la revue ne puisse elle-même assurer ce rythme de publication. Je me suis vite rendu compte que si certains directeurs régionaux, prenant cette charge à cœur, respectaient peu ou prou ces délais, d'autres s'en exonéraient. Il fallait alors les secouer, par courrier ou par téléphone, user d'une diplomatie parfois épuisante. L'un d'eux, régulièrement pressenti, faisait manifestement la sourde oreille. Il finit par s'exécuter, en faisant parvenir d'un seul tenant une chronique portant sur les dix dernières années écoulées...

Cela étant, l'ambiance au travail était bonne, Anne-Françoise Magrin, en grande professionnelle, relisait les textes, en corrigeait souvent un français présentant, dans certains cas, quelques faiblesses. Les locaux, au dernier étage d'un bâtiment du Quartier latin, rue Calvin, étaient superbes, avec vue sur les toits de Paris, un peu comme la cafétéria du Collège de France.

L'administration du CNRS nous rendait quelquefois visite. Les financiers se plaignaient du nombre d'abonnés qui n'était pas, disaient-ils, assez élevé eu égard au standard scientifique de la revue. De mon côté, j'avais, il est vrai, augmenté le nombre des hommages aux grandes bibliothèques d'archéologie de certains pays de l'Est, incapables sur leur maigre budget d'assurer un abonnement régulier. Dans mon esprit, *Gallia-Préhistoire* était un peu la vitrine de ce qui se faisait de mieux sur le terrain français et la publication, assez luxueuse en regard de ce qui se pratiquait à l'époque, positionnait aussi notre pays à l'échelle internationale. Il n'était pas toujours facile de défendre ces points de vue devant les administratifs, contraints eux-mêmes par les enveloppes financières. C'est ainsi que fut, du jour au lendemain, supprimé l'Inventaire des mégalithes de France publié dans les suppléments à la revue et dont l'utilité était pourtant évidente.

Je me suis bien gardé pendant les huit à neuf ans passés à la tête de la revue de publier dans les suppléments les thèses dont j'avais assumé la direction à l'EHESS. Je ne voulais pas que l'on m'accuse de profiter de ma position pour faire bénéficier mes proches de quelque faveur sur ce point. Lors de ma prise de fonction en effet, un paléolithicien avait résilié son abonnement arguant de ce qu'un néolithicien prenant désormais en charge la revue, les articles sur le Paléolithique allaient forcément chuter... Procès d'intention mais qui me servit de leçon : je devais être très attentif à maintenir un équilibre entre les diverses périodes de la discipline, voire à favoriser celles qui ne relevaient pas de ma spécialité propre. Il faut sur ce point me rendre justice : sur les douze suppléments publiés sous mon « mandat » (1985-1994), dix concernent le Paléolithique, l'Épipaléolithique et deux seulement les époques « récentes » de la préhistoire.

Vers 1993-1994, d'un commun accord avec Christian Goudineau, nous avons jugé bon de nous retirer. Notre philosophie reposait sur l'idée que *Gallia* et *Gallia-Préhistoire* étant les « revues vitrines » de la communauté scientifique, c'est celle-ci qui devait en assurer la marche, la direction ne devant pas confiner à un mandarinat de longue durée, mais être régulièrement renouvelée. Nous ne voulions pas faire comme nos prédécesseurs qui s'étaient maintenus aux commandes pendant plusieurs décennies, ce que certains critiquaient sous cape. Faire de la revue une forme d'instrument de pouvoir n'était pas dans nos intentions. Je laissais la direction de *Gallia-Préhistoire* à Denis Vialou, qui avait jusque-là rempli avec satisfaction les fonctions de président du Comité de rédaction et qui connaissait bien les rouages de la publication.

Le Collège de France : élection et leçon inaugurale

Un jour de 1992, Christian Goudineau, avec qui je travaillais à *Gallia*, me demanda si j'étais intéressé par le Collège de France. *A priori* non. Quoique présent assez régulièrement à Paris pour y assumer diverses charges, j'étais bien installé à Toulouse et mon laboratoire bénéficiait d'une bonne appréciation. J'étais moi-même directeur de recherche de classe exceptionnelle, directeur d'études à l'EHESS et je n'avais plus rien à attendre de ma carrière. J'en parlai à Christiane. Elle se montra peu enthousiaste à l'idée de quitter le Midi – Carcassonne et Ladern – pour la grisaille parisienne. Sondés, quelques amis furent d'un tout autre avis : si une telle proposition se concrétisait, on n'avait pas le droit de la laisser passer. Et d'abord pour la discipline elle-même : jamais le Néolithique et l'Âge du bronze n'avaient été enseignés en tant que tels au Collège. Ce serait la reconnaissance définitive et au plus haut niveau de périodes jusque-là minorées en regard de la préhistoire « noble » (le Paléolithique) et des cultures classiques

Figure 8. Collège de France. Pendant la leçon inaugurale (12 mai 1995).

de l'Antiquité. Car, dans mon esprit, la spécialisation ayant fait son chemin, il n'était plus question de reprendre à mon compte une chaire de Préhistoire, le terme, trop vague, regroupant des moments de l'évolution humaine très fortement différenciés. Et d'ailleurs, il était déjà présent dans l'intitulé de la chaire d'Yves Coppens. Christian Goudineau se fit amicalement pressant. J'acceptai. Yves Coppens se proposa comme deuxième rapporteur.

C'est en 1993 que je me lançai donc dans une campagne dont l'issue était incertaine. J'ai conservé le souvenir de la plupart des visites obligatoires à tous les professeurs de l'établissement : il faut expliquer d'où l'on vient, ce que l'on a fait dans le domaine de la recherche et les grands axes de l'enseignement qu'on se propose de donner. Tout cela est consigné dans une plaquette que l'on fait imprimer à ses frais. C'est par l'administrateur – c'est-à-dire

Figure 9. Collège de France. Leçon inaugurale. J. Ruffié me complimentant. À gauche : A. Miquel ; à droite : J. Leclant, P. Bourdieu.

le président de l'Assemblée des professeurs – et le vice-président que l'on débute ces démarches. André Miquel et Marc Fumaroli me reçurent très cordialement ce qui me réconforta. Quelques collègues de l'EHESS – F. Héritier, N. Wachtel, P. Bourdieu – me témoignèrent leur appui. L'« École » « produit » assez régulièrement de futurs professeurs dans le domaine des sciences humaines ; après mon intégration, je vis arriver au Collège D. Roche, P. Rosanvallon, R. Chartier, R. Guesnerie, P. Descola, G. Veinstein.

S'agissant de mes propres visites, elles furent globalement plutôt positives et sympathiques. Certains futurs collègues, informés sur votre œuvre, se montrent chaleureux et encourageants. D'autres se font plus tatillons. L'un m'imposa même un véritable examen de passage. Certains, peu expansifs, ne laissent rien transparaître de leur opinion ce qui, à la sortie, laisse dubitatif. Ces rencontres se déroulaient tantôt au Collège tantôt dans des laboratoires ou des établissements extérieurs : ainsi François Gros, à l'Académie des sciences, Étienne-Émile Baulieu sur son lieu de travail à Kremlin-Bicêtre. Pierre-Gilles de Gennes me demanda pourquoi je quittais « une si belle région » pour venir m'enfermer à Paris. J'invoquai le besoin d'authentification d'une discipline jusque-là maintenue à distance de la tribune des grands établissements. Il me dit aimer le Sud-Ouest et la conversation roula sur le tout nouveau film d'André Téchiné *Ma saison préférée*, tourné dans la région, et qu'il avait apprécié, notamment pour le jeu de Catherine Deneuve et de Daniel Auteuil. Jacques Thuillier, historien de l'art, décida que notre entrevue aurait lieu dans un restaurant et m'invita, en grand seigneur, à déjeuner. Yves Bonnefoy me complimenta pour le style de mon épreuve de titres. Seul un futur collègue me « testa » en changeant à trois reprises l'heure de notre rendez-vous. Je décidai, décontenancé, de ne pas lui rendre visite, quitte à perdre une voix lors du vote.

Au Collège de France, l'élection se déroule en deux temps. Un premier vote concerne la création de la chaire. C'est l'étape clé. Bien que portant sur la nécessité ou non de poursuivre l'enseignement d'une discipline, voire d'en introniser une nouvelle, se profile derrière chaque projet le choix de la personnalité susceptible d'occuper la chaire envisagée. L'élection eut lieu en juin 1993. Je réunis sur mon programme plus des trois quarts des votants. Ce jour-là, j'étais à Ladern, près du téléphone. Vers 17 heures, celui-ci sonna. C. Goudineau m'informait que c'était gagné avec un score très honorable. La création de la chaire est alors sollicitée auprès du ministère. Lorsque celle-ci a été officialisée, un second vote intervient, plusieurs mois après, un an le plus souvent. Cette fois, c'est le candidat qui est en lice en tant que personnalité à même d'occuper la chaire. L'enjeu est moindre dans la mesure où, même si l'aspirant ayant porté le projet initial a des concurrents, le choix premier n'est généralement pas remis en cause. Le score est donc plus élevé, les électeurs ayant voté contre au premier tour se ralliant lors du second au choix de la majorité. Il n'y eut cette fois qu'un seul non à mon projet.

La troisième épreuve de ce parcours est la fameuse « leçon inaugurale ». Un morceau de bravoure devant collègues, amis et public. J'en peaufinais le texte bien à l'amont. J'avais déjà assisté à de telles leçons lorsque deux de mes collègues de l'EHESS avaient été élus, F. Héritier et L. Bernot. Mais c'était déjà loin. Or Michel Zink venait d'être élu en même temps que moi sur une chaire de « Littératures médiévales » et avait décidé de donner sa leçon quelques semaines avant la mienne. J'assistai donc à son exposé afin de me mettre dans le bain et juger de la solennité de l'opération. Le 12 mai 1995, jour fixé pour ma leçon, je retrouvai donc beaucoup de mes collègues dans la salle des professeurs, quelque peu envahi par le trac. Lorsque les professeurs quittèrent les lieux pour prendre place aux premiers rangs de l'amphithéâtre dans lequel je devais m'exprimer, je demeurai quelques instants en compagnie de l'Administrateur, André Miquel. Il est d'usage en effet que le « patron » introduise son nouveau collègue dans l'amphithéâtre et prononce quelques mots d'accueil. Me sentant un peu stressé, A. Miquel me dérida en me contant une histoire drôle. Une fois dans la salle, face au public, après l'intervention de l'administrateur, je commençai ma lecture. Une bonne leçon doit être strictement minutée et durer 55 minutes. J'avais bien réglé mon timing mais je m'aperçus, à la demie, que j'étais sensiblement en avance sur l'horaire. Je tâchai donc d'avoir un débit plus lent lors de la seconde demi-heure. Et je finis ainsi dans le temps imparti, en ne cessant de jeter des coups d'œil sur ma montre.

Enseigner au Collège de France

Mes cours et séminaires commencèrent la semaine qui suivit. À mes débuts, les cours se déroulaient dans une salle de 120 places, le séminaire dans une toute petite pièce qui ne pouvait contenir que quelques personnes. Les choses changèrent vite, heureusement. Les séminaires se tinrent un temps dans la salle « triangulaire » du 52, rue du Cardinal-Lemoine. Puis, lorsque les nouveaux locaux furent disponibles, je donnais mes cours le lundi après-midi dans le grand amphithéâtre Marguerite de Navarre, aménagé en sous-sol de la cour d'honneur. Les séminaires se déroulaient en salle 5. Je disposais quelque temps d'un bureau que je partageais officiellement avec L. Leprince-Ringuet, alors retraité mais qui tenait à conserver ce bel espace de deux pièces. En fait, je ne le vis jamais. Lorsque fut terminée la rénovation des locaux de l'antenne de la rue d'Ulm, je partageais un bureau avec l'astrophysicien Antoine Labeyrie. J'y étais bien. J'allais souvent converser avec son prédécesseur, Jean-Claude Pecker, un bel humaniste qui occupait une pièce voisine.

Le lundi, avait lieu le cours, le mardi matin, le séminaire. Pendant mes treize années d'enseignement, j'ai traité des sujets assez larges : l'historiographie du Néolithique, la violence dans la préhistoire, les images de la femme néolithique, stèles et statues-menhirs d'Europe, la protohistoire de la Méditerranée : îles et continents. Le séminaire fit l'objet de thèmes plus éclectiques avec une emprise géographique sans frontière, de l'émergence du Néolithique dans ses divers foyers mondiaux à l'apparition des villes et des sociétés des Âges du bronze et du fer. Au bout de deux ans, F. Lontcho, alors directeur-fondateur des éditions Errance, me proposa de publier les contributions à ces réunions au cours desquelles des chercheurs confirmés venaient présenter l'état de leur recherche. Ce ne fut pas une sinécure car, en sus de la préparation de mes cours et du séminaire à venir, je dus, dans des délais rapprochés, collecter les manuscrits des diverses communications destinées à l'ouvrage dont la parution était prévue pour l'année suivante. La compréhension de mes collègues fut remarquable et les divers articles me furent en général adressés dans la foulée de l'exposé oral, à part quelques ratés de la part de paresseux ou de dépités. Ainsi parurent douze ouvrages parmi lesquels *Premiers paysans du monde* (rapidement épuisé), *Sociétés néolithiques et environnements*, *Le Chalcolithique et la construction des inégalités*, *Villes, villages, campagnes de l'Âge du bronze*, *Sépultures et sociétés du Néolithique à l'Histoire* pour citer les plus importants[5].

Le Collège me donna aussi les moyens d'inviter d'éminents collègues étrangers à livrer quelques conférences. Parmi ceux-ci O. Bar-Yosef, C. Scarre, C. Renfrew, J. Kozlowski, St. Kozlowski, C. Doumas, M. Almagro, F. Lo Schiavo, F. Prendi, M. Molist, J. Fullola, A. Gallay, C. Strahm, M. Lichardus, H. Hauptmann, S. Swiny et quelques autres.

Les réunions des professeurs avaient lieu au cours de trois dimanches annuels. Le matin se tenait une assemblée informelle, généralement consacrée à des tours d'horizon sur les recrutements à venir ; l'après-midi, c'était la séance officielle vouée à l'élection de nouveaux professeurs, à l'examen de dossiers d'invités, aux problèmes d'administration et de fonctionnement de l'institution, à l'affectation des crédits. La salle de prestige, servant de cadre à cette assise, était dotée d'une longue table autour de laquelle siégeaient les professeurs. Je m'asseyais généralement face à un tableau représentant François Ier actant la fondation du Collège. Cette belle salle subit un jour un incendie, ses tableaux furent détériorés, et elle fut soumise à une longue restauration. Dès lors, c'est dans une salle mieux éclairée, dite Salon bleu, que se tinrent les réunions.

Au Collège, l'ambiance est feutrée : pas de bruit, pas de vague, on a l'impression de marcher en permanence sur un tapis. L'assemblée des professeurs est un cénacle réduit puisqu'il n'y a que cinquante chaires, plus quelques postes de professeurs, français ou étrangers, invités pour un an. Tout le monde se connaît plus ou moins mais les affinités créent de petits clans, d'ailleurs assez fluides. Quelques crispations entre collègues ou groupes naissent parfois lors des élections mais ces tensions disparaissent rapidement après les votes : le légitime souci de maintenir la cohésion de l'institution est primordial.

Certains collègues sont chaleureux, d'autres plus distants. Quelques-uns font parfois mine de ne pas vous reconnaître lorsque vous les croisez ou, prenant un air préoccupé, font semblant d'être ailleurs : ce sont en général ceux qui n'ont pas voté pour vous lors de l'élection de la chaire. On est néanmoins entre gens bien élevés et personne ne s'offusque. Rien à voir avec les commissions du CNRS où les oppositions donnent parfois lieu à des débats bruyants et féroces. Tout est ici dans la nuance. J'ai dû m'y habituer avec quelque difficulté car, venant du Midi où l'extériorisation des opinions est considérée comme une qualité, il m'a fallu apprendre à vivre dans un milieu ouaté. Pas toujours à l'aise, j'y répondis souvent par la discrétion et l'efficacité du travail.

Sans doute faut-il aussi évoquer la participation aux activités de certaines commissions, par exemple celles chargées de débroussailler le terrain à l'amont de la création des chaires : examen de possibles enseignements, tour d'horizon des personnalités à même d'occuper tel type de chaire, etc. Je fus chargé notamment de rapporter sur la succession de la chaire de Paléontologie humaine lorsque Yves Coppens partit à la retraite. Après diverses tractations, notre commission proposa la candidature de Michel Brunet.

Les conditions de travail au Collège sont bonnes. Je pus bénéficier, pour m'épauler, d'un ATER dont le poste était renouvelable tous les deux ans et d'un technicien, en emploi fixe. Ce poste échut à Patrice Gérard qui fut un excellent collaborateur.

Mais je garde surtout de ces treize années d'enseignement le souvenir durable de mon contact avec le public, avec des passionnés venus de tous les horizons sociaux et professionnels pour goûter, non à une archéologie du sensationnel et du mirifique, mais aux problèmes sans cesse questionnés d'une recherche complexe en train de se faire. Un réseau de fidèles s'est rapidement construit autour de mon enseignement. Lors de mon départ en retraite, certains adeptes voulaient pétitionner auprès de l'Administration pour que je puisse continuer à exercer ! Ces auditeurs, le plus souvent anonymes, du Collège de France m'ont apporté parmi le meilleur de ma carrière d'archéologue.

L'Union internationale des sciences préhistoriques et protohistoriques

Dans l'historiographie de la préhistoire *sensu lato*, les grands congrès internationaux d'Anthropologie et d'Archéologie préhistorique qui s'étaient tenus au XIXe siècle et au début du XXe avaient joué un rôle clé dans l'enracinement de la discipline. Le Français Gabriel de Mortillet en fut l'un des fondateurs. Tombés en désuétude à la suite du premier grand conflit mondial, ils furent réactivés, après une période de tâtonnements, en 1931 à Berne pour devenir l'Union internationale des sciences préhistoriques et protohistoriques. Ce fut dès lors le point de départ d'une série de grandes réunions qui se tinrent successivement à Londres (1932), Oslo (1936), Zurich (1950), Madrid (1954), Hambourg (1958), Rome (1962), Prague (1966). Mon premier contact avec l'institution remonte à 1971 : je participai au congrès de Belgrade. Belle réunion à mettre au crédit de la Yougoslavie, alors pays unifié qui reçut bien ses hôtes. C'est là que je rencontrai Pedro Bosch-Gimpera avec lequel j'étais en relation épistolaire depuis quelque temps. Et c'est également à Belgrade que la France fut désignée pour organiser le prochain congrès, à Nice, le doyen Lionel Balout prenant dès lors la présidence de l'Union. Depuis presque un demi-siècle, je n'ai cessé de participer à tous les grands congrès de l'institution. Certains furent de très grands forums réunissant plus de 1 500 participants : Nice en 1976 et Forli en 1996. Ces méga-congrès contribuent à la réputation de l'Union. En revanche, ils effraient les organisateurs potentiels de futures assises qui ne se sentent pas à même d'organiser de telles conventions parce qu'ils savent ne pas pouvoir trouver les fonds nécessaires. La plupart ont été pour autant organisées de façon très satisfaisante : Mexico (1981), Bratislava (1991), Liège (2001), Lisbonne (2006), Burgos (2014). En 1986, le congrès devait se tenir à Southampton et Londres. Mais une scission se produisit au sein du comité d'organisation dont certains membres voulaient refuser la participation des chercheurs d'Afrique du Sud en raison de l'apartheid pratiqué dans ce pays. Cette scission eut pour conséquence la fondation d'un congrès dissident – le WAC, World Archaeological Congress – d'inspiration tiers-mondiste. Les organisateurs ayant jeté l'éponge, le congrès se tint à Mayence, nos collègues allemands ayant bien voulu, au dernier moment, sauver ces assises.

C'est en Tchécoslovaquie (la partition du pays en deux États n'avait pas encore eu lieu) que se tint à Bratislava notre forum de 1991. Au château de cette ville, une dizaine de dirigeants de l'Union, dont j'étais, fut reçue par le président Vaclav Havel. J'organisai, avec J. Pavuk, le colloque sur le Néolithique et eus le plaisir de coprésider une session avec Marija Gimbutas, déjà rencontrée vingt ans auparavant à Belgrade. Mais c'est certainement le congrès de 1996, tenu à Forli, sous la présidence d'Antonio

Radmilli et dont Carlo Peretto fut la cheville ouvrière, qui fut le plus fastueux de tous. Immensité du campus, nombre des participants, colloques et ateliers, préprints et guides d'excursions : une manifestation à l'américaine.

La tentative de décentraliser les réunions hors d'Europe explique le choix du Brésil en 2011. Le congrès de Florianopolis souffrit de dissensions internes entre organisateurs et ne fut pas convaincant. La session de 2014 tenue à Burgos fut, en revanche, excellente, valorisée par les gisements voisins de la Sierra de Atapuerca et par le très moderne musée de l'Évolution implanté dans cette ville par l'équipe d'Eudald Carbonell.

L'Union fonctionne aussi par le truchement de commissions spécialisées sur un certain nombre de thèmes, à charge pour leurs responsables d'animer des colloques ou des réunions centrés sur des problèmes scientifiques d'actualité. En 1981, je fus ainsi désigné pour prendre la présidence de la commission du Néolithique. Celle-ci eut un temps pour titre « Civilisations néolithiques de l'Ancien monde » mais devant les difficultés à faire fonctionner des rencontres de chercheurs répartis sur un aussi vaste espace, elle ramena rapidement ses prétentions à ne s'occuper que de la Méditerranée et du continent européen. À chacun des congrès internationaux, la Commission organisa donc un colloque dont j'assumai avec plusieurs collègues la direction. Ce fut le cas à Mexico, Bratislava, Forli, Liège, Lisbonne, Florianopolis, Burgos[6]. Sauf au Brésil où la défection des collègues annoncés fit capoter l'opération, je mis un point d'honneur à voir paraître toutes ces manifestations. J'impulsai aussi, en dehors du grand congrès, la tenue de colloques sur des questions plus spécialisées : la Néolithisation de la Méditerranée (Montpellier, 1983, Toulouse, 2011), le Précéramique de Chypre (Nicosie, 2003), le Néolithique de la Méditerranée occidentale (Carcassonne, 1994), le Mégalithisme atlantique (Saint-Jacques-de-Compostelle, 1996), l'Hypogéisme méditerranéen (Sassari-Oristano, 1994)[7].

Animer une telle commission, si l'on veut lui conférer un certain dynamisme, prend beaucoup de temps. Pendant plusieurs années, nous avions, avec le secrétaire (que fut un temps Paul-Louis Van Berg), désigné quatre correspondants pour chaque pays concerné par le cadre géographique de la commission. Les nouveaux statuts de l'Union ont rendu un peu obsolète cette structuration.

Je souhaite ajouter que c'est sous les auspices de cette organisation que fut élaboré le projet d'atlas du Néolithique européen édité par Marcel Otte et qui donna lieu à des réunions à Liège et à Cracovie. Janusz Kozlowski prit en charge la direction du tome 1 (*Europe orientale*) ; je mis sur pied l'organisation du tome 2 (*Europe occidentale*)[8], le tome 3, concernant l'Europe du Nord, ne vit jamais le jour, les collègues concernés refusant de se lancer dans un investissement aussi lourd.

J'ai souhaité, à plusieurs reprises, passer la main de la présidence de cette commission. À chaque fois, mes collègues m'ont demandé de rester. Après plus d'un quart de siècle, j'ai, en 2014 à Burgos, transmis le flambeau à Marie Besse, de l'Université de Genève.

2018 : plus de quarante ans ont passé depuis le mémorable congrès de Nice. Et la France, sous la houlette de François Djindjian, a repris le flambeau : le XVIIIe Congrès s'est tenu cette année à Paris. Suivant la coutume, le comité d'organisation a souhaité dresser un bilan des recherches en France. Deux ouvrages ont donc vu le jour, l'un sur la préhistoire, l'autre sur la protohistoire. J'ai codirigé ce dernier avec Dominique Garcia, président de l'INRAP.

L'Institut de France

Je ne suis entré qu'assez tard à l'Institut. J'eus même un temps l'impression que l'on m'en tenait plutôt à l'écart. J'étais assez proche de la retraite lorsque j'invitai Colin Renfrew à venir donner quelques conférences au Collège de France. Le secrétaire perpétuel de l'Académie des inscriptions et belles-lettres, Jean Leclant, assistait à la première des leçons. À la fin de l'exposé de l'intervenant, j'entamai un débat avec celui-ci sur plusieurs points qu'il avait évoqués. Je donnai ensuite la parole à divers auditeurs. Quand tout fut terminé, Jean Leclant me prit à part et me dit : « Il faut que vous nous rejoigniez à l'Académie. » Sans doute mes interventions l'avaient-elles convaincu. Mon purgatoire était terminé. Je fus élu correspondant en 2006, puis membre en 2011 sur la proposition de Pierre Toubert et de Gilbert Dagron. Ce sont les médiévistes et les orientalistes qui firent mon élection, les antiquisants portant leur voix sur un autre candidat qui fut élu au tour suivant.

J'accédais donc à cette compagnie dans laquelle m'avaient précédé Henri Breuil et André Leroi-Gourhan mais aussi d'autres archéologues plus proches de mes centres d'intérêt tels Raymond Lantier ou Claude Schaeffer. J'y représentais, seul en ce domaine, la préhistoire et la protohistoire (l'élection récente de Henri-Paul Francfort venant conforter, après Jean-François Jarrige, cette dernière discipline dans l'espace asiatique).

Mon éloignement géographique m'empêche d'être assidu aux séances. Je tâche de contribuer aux travaux en présentant des comptes rendus d'ouvrages ou en parrainant des communications de préhistoire ou de protohistoire dans des domaines géographiques assez larges, sur divers continents, et pas seulement dans ma propre aire de prédilection : Méditerranée et Europe.

Je n'ai jamais manqué la rentrée officielle, lors du dernier vendredi de novembre, sous la Coupole. C'est l'instant de gloire de la compagnie au cours duquel sont égrenés le bilan des travaux de l'année écoulée, la liste des récipiendaires des prix et des discours sur un thème proposé. J'intervins une année sur le sujet de la violence et des premières guerres de l'humanité[9]. Il est vrai que cette séance protocolaire a assez d'allure. Les membres de l'Académie, en tenue d'apparat et parfois munis de leur épée, font face à un public d'invités parmi lesquels figurent toujours quelques personnalités étrangères.

Je dispose en effet moi-même d'un « habit vert » confié par l'Académie et déjà porté par quelques illustres savants dont j'ai oublié le nom. Mon prédécesseur étant certainement plus corpulent que moi, je dus faire un peu rétrécir le pantalon par ma couturière... Et puis il y eut le rite de la remise de l'épée. Un comité se constitue pour engranger des dons et payer à l'académicien le glaive, symbole de sa quête de savoir. Patronné par un comité d'honneur, l'opération fut essentiellement prise en main par Claire Manen. Tandis que la plupart des confrères optent pour une épée de cour des derniers siècles, je me décidai pour une dague aux antipodes chronologiques : ce serait une copie d'une des plus vieilles épées de Gaule. Mon choix se porta sur l'épée de Jugnes, une rapière datant de l'Âge du bronze moyen, autour de 1500 avant notre ère, et que je connaissais bien pour l'avoir souvent vue ou manipulée pendant les longues années au cours desquelles je remplis les fonctions de conservateur des collections préhistoriques du musée de Narbonne. Sur les conseils d'Anne Lehoërff, je confiai la fabrication de mon épée au maître Jean Dubos, correspondant de l'Académie des beaux-arts, spécialiste des bronzes à la fonderie de Coubertin et auteur d'éditions des œuvres de Bourdelle ou de Rodin. La cérémonie de remise eut lieu dans le grand amphithéâtre Marguerite de Navarre du Collège de France.

Un panel d'amis y prit la parole : Claire Manen, Jean Vaquer, Daniel Fabre, Josep Fullola, Yves Coppens, tandis que Pierre Toubert me remit la dague. Seul problème : on ignore comment se présentaient les fourreaux d'épées de cette époque alors qu'on en connaît divers modèles à l'Âge du fer. Je me contentai donc d'un simple fourreau en cuir.

J'ai décidé que l'Académie abriterait la fondation, récemment créée, qui porte le nom de mon épouse et le mien. Je souhaite en effet qu'à travers un prix attribué à un néolithicien ou un « bronzier » de réputation internationale soient valorisées les périodes qui n'ont cessé de nous motiver tout au long de notre vie. J'envisage ce projet comme une façon de faire vivre la recherche protohistorique en mettant régulièrement en avant la contribution qu'un savant reconnu, sélectionné par un petit comité *ad hoc*, a apporté à la discipline.

Une femme et des hommes

Comme tout un chacun, je dois beaucoup à d'autres. À mes parents d'abord, qui n'ont pas eu le plaisir de suivre ma trajectoire (qu'ils n'auraient sans doute pas tout à fait comprise), à Louis Signoles, mon professeur de lycée, puis, lors de mes débuts en archéologie à Guy Gaudron, Louis-René Nougier, Max Escalon, Jean Arnal, Raymond Riquet, Pierre-Roland Giot, Gérard Bailloud et bien d'autres. Mais je veux ici aller plus loin dans certaines évocations. Je ne sais comment désigner les quelques esquisses qui vont suivre. Il ne s'agit nullement d'une galerie de portraits. Simplement des figures, des visages qui prennent un relief tout particulier. Certains m'ont tendu une perche, ouvert des portes, facilité quelque projet ou gratifié de leur estime, voire de leur amitié. J'ai toujours eu l'impression d'avoir une dette envers eux et ma reconnaissance est inusable. La plupart ont disparu. Peu importe. Morts ou vivants, ils sont là. Voici donc l'instant d'un hommage affectif à partir de quelques souvenirs. Et en commençant par une femme : Christiane.

Christiane (1942-2016)

Sans Christiane, je n'aurais pas eu le soutien affectif et permanent qui m'a permis de réaliser terrains, publications, carrière. Notre rencontre eut lieu en 1958 à Saint-Hilaire (Aude), à mi-chemin entre Villebazy et Ladern, nos villages respectifs. Nous nous sommes mariés en janvier 1962. À partir de mon entrée au CNRS, en 1963, elle est devenue une collaboratrice de tous les instants. Et d'abord dans l'organisation, le fonctionnement, la gestion des chantiers de fouille en France et à l'étranger. Ensuite, dans la saisie de tous mes articles et de tous mes livres... et il y en eut ! Mais aussi dans les rapports, individuels ou collectifs, que mes fonctions me faisaient assumer. Ceux qui ont fait avec nous un bout de chemin scientifique témoigneront, peut-être mieux que moi-même, de cet investissement roboratif. Jean Vaquer l'a parfaitement souligné dans l'hommage qui nous fut rendu en 1994 lors du Xᵉ Colloque international d'archéologie de Puigcerda. Je lui laisse la parole : « La première idée qui me vint à l'esprit a été d'associer à cet hommage l'épouse de Jean – Christiane – qui a toujours joué un rôle crucial au sein des équipes, soit sur les chantiers de fouilles soit pour le suivi des publications et la bonne marche des opérations, d'édition ou des congrès, jouant tour à tour et dans la bonne humeur les rôles de cuisinière, de tamiseuse, de secrétaire, d'hôtesse ou de comptable[1]. »

Accueillante, souriante, toujours disponible, elle fut en effet la lectrice attentive des manuscrits de thèses de mes étudiant(e)s, corrigeant fautes ou tournures défaillantes à l'amont des soutenances. Elle n'en fut pas moins efficace lorsque les épreuves des lourds manuscrits de nos équipes venaient s'empiler sur mon bureau.

Elle m'accompagnait généralement dans la plupart des colloques internationaux ou autres missions : c'était un peu ma façon de la remercier de son investissement productif à titre totalement bénévole. Elle considérait les tâches qu'elle accomplissait comme une sorte de devoir, ne se plaignant jamais d'un éventuel surcroît de travail ou du peu de récompense qu'elle tenait de ses longues heures de correctrice (que certains bénéficiaires se gardaient souvent de mentionner).

J'aurais beaucoup à dire aussi sur l'attachement qu'elle portait à son village de Ladern. Elle en avait dépouillé tous les registres d'état civil depuis leur origine, enregistré bien des anecdotes, accumulé les proverbes liés au temps, aux activités agricoles ou aux relations sociales. Elle n'eut jamais le temps de les exploiter.

C'est elle qui assuma l'essentiel de la confection des « Tables de la revue d'ethnographie méridionale » *Folklore*, parues en 1963, sur la proposition de René Nelli, afin de mieux exploiter la masse documentaire contenue dans ses numéros depuis sa fondation, un quart de siècle plus tôt[2].

Quand je présentais Christiane à quelque inconnu, je disais « mon épouse, une victime de l'archéologie… » Elle se contentait d'un regard malicieux, heureuse de cette complicité. Car elle était peu prolixe et parlait beaucoup avec les yeux.

Nous pensions vieillir ensemble, prolonger cette vie d'amour dans le travail, lorsque, assez brutalement, la maladie l'a emportée en mars 2016, me laissant dans la peine de son sourire disparu.

En septembre 2017, la municipalité de Ladern inaugura un groupe de bâtiments associant la nouvelle école du village et une salle polyvalente. Elle eut la délicatesse de baptiser cet ensemble « complexe Christiane et Jean Guilaine ». Cette attention m'alla droit au cœur : Christiane continuait ainsi à vivre, sur les terrains de jeu de son enfance.

René Nelli (1906-1982)

C'est dans la seconde moitié des années 1950 que je rendis visite, pour la première fois, à René Nelli. Certes, tout au long de mes études secondaires, je l'avais croisé au lycée de Carcassonne où il enseignait. Mais le hasard fit qu'il ne fut jamais mon professeur. C'est à l'occasion d'une recherche sur l'archéologie du catharisme que je le contactai. Il me reçut et, sans doute, prit-il rapidement conscience de l'intérêt que je portais à l'histoire, l'archéologie, et l'ethnologie. Il me nomma peu après secrétaire de la revue *Folklore*, un petit bulletin très actif consacré à l'ethnographie du Midi. Dès lors, mes visites à son domicile devinrent fréquentes, ordinairement plusieurs fois par semaine afin de monter les numéros de la revue, mais, plus souvent, pour bavarder de mille choses et autres. Il avait baptisé Christiane, mon épouse, « la mitoune » du nom de ces enchanteresses qui, la nuit tombée dans les Corbières, allaient sous la Lune battre leur linge avec des battoirs d'or. J'étais subjugué par sa capacité à travailler, à enchaîner ouvrages et articles et ce, dans des domaines très variés : philosophie, ethnographie des populations méridionales, catharisme, troubadours, histoire, littérature française et occitane, peinture. Son érudition était enthousiasmante. J'avais sous mes yeux un grand intellectuel qui produisait une œuvre largement appréciée, loin des sphères de pouvoir, en toute liberté. Quelques années après, Daniel Fabre rejoignit ce petit cercle de fidèles. Nous étions un peu devenus les « disciples » du maître et étions fiers de ce parrainage forgé dans l'amitié et le partage de centres d'intérêt communs.

Le soir, la nuit tombée, quand Carcassonne se faisait déserte, notre plaisir était d'en parcourir les rues et les boulevards. Nelli se faisait alors cicérone, évoquait l'histoire de tel monument, de telle maison, rappelant un souvenir de jeunesse, les aventures survenues dans quelque lupanar ou les faveurs que telle bourgeoise avait accordées à une personnalité du coin. La voix était persuasive, narquoise ou grave, selon le propos : un enchantement. Le tout dans un non-conformisme clairement affiché et qui occasionna parfois à son auteur quelques déboires.

Car cet homme auquel, avec Daniel, nous portions une certaine vénération eut à subir souvent les foudres de l'intelligentsia parisienne, mais pas seulement.

La première thèse qu'il rédigea sur l'ethnographie des pays du Languedoc et du comté de Foix ne put être soutenue, faute de trouver un jury adéquat. Elle était déjà prête en 1950. Nelli attendit... en vain. Huit ans après, il se décida à la publier sous la forme d'un ouvrage, intitulé *Le Languedoc et le comté de Foix. Le Roussillon*, et publié par Gallimard dans la collection « Les Provinces françaises ». Nelli mit donc en chantier une deuxième thèse qu'il soutint en 1963 (à l'âge de 57 ans) et qui fut publiée sous le titre *L'Érotique des troubadours*. Cet ouvrage reçut un accueil discuté en raison des idées originales de l'auteur où se mêlaient des emprunts à diverses disciplines jusque-là trop cloisonnées : une invitation à l'interdisciplinarité. Le pouvoir universitaire tint donc Nelli à distance : un beau gâchis. Et comme pour provoquer cette citadelle imprenable, les idées de Nelli faisaient leur chemin, étaient discutées en France et à l'étranger, accusaient de beaux succès de librairie, le contraignaient à accumuler les ouvrages.

Un labeur dont il s'évadait peu. Je réussis, à quelques reprises, à lui faire quitter la table de travail pour l'amener voir des sites archéologiques[3]. Au fond, ses seules « prises d'air » consistaient dans les promenades nocturnes déjà évoquées. Un personnage haut en couleur l'accompagnait parfois : son voisin Henri Magimel, médecin ostéopathe, un solide gaillard dont les réparties cocasses déchaînaient nos rires. Magimel assistera d'ailleurs Nelli lorsque la maladie de ce dernier empira jusqu'à son décès, en 1982. Ni Daniel Fabre ni moi n'avons oublié Nelli : il est toujours resté dans nos esprits comme une sorte de modèle, de conseiller pater-nel, d'ange gardien.

Daniel Fabre (1947-2016)

Il m'en coûte d'évoquer Daniel Fabre, comme saisi par un senti-ment d'injustice. Injustice de l'avoir vu disparaître brutalement en ce mois de janvier 2016 alors que j'étais son aîné d'une décennie.

J'aurais dû quitter la scène avant lui mais logique et biologie ne marchent pas au même rythme. Je l'aurais bien vu dire quelques mots aimables devant ma dépouille : ce fut le contraire qui advint.

J'ai connu Daniel en 1968, en pleine effervescence estudiantine. Il était alors jeune enseignant au collège Saint-Stanislas de Carcassonne et préparait, avec son beau-frère Jacques Lacroix, une thèse sur *La Tradition orale du conte occitan*. Le sujet m'intéressait, bien qu'en dehors de mes préoccupations professionnelles. Une amitié naquit : elle durera jusqu'à sa disparition. Nous fûmes vite happés par Jacques Ruffié, alors professeur d'hématologie à l'université Paul-Sabatier et qui s'intéressait à la biologie des populations pyrénéennes. J'étais alors chercheur au CNRS, affecté théoriquement à Marseille et, poussé par Ruffié, me rapprochai de Toulouse. Daniel fut nommé maître-assistant à l'université Toulouse-III et chargé d'animer un certificat d'Écologie humaine dans cette institution. C'était le temps où l'École des hautes études en sciences sociales, qui souhaitait se déployer en province, nous invita à animer à Toulouse des séminaires dans les domaines de l'ethnologie (la spécialité de Daniel) et de l'archéologie. Je fus élu directeur d'études en 1978, Daniel en 1989. Ensemble, nous avons fondé et développé le Centre d'anthropologie des sociétés rurales, cette formation EHESS/CNRS qui donna à l'enseignement de nos disciplines un coup d'accélérateur dans les domaines que chacun de nous explorait.

Daniel sut rassembler collaborateurs, thésards, étudiants pour donner un nouveau souffle à l'ethnologie de l'Europe. Dès le début des années 1970, il avait lors de l'opération « Pays de Sault » de la RCP 323, joué ce rôle d'animateur : le chef d'école pointait déjà sous l'apparente décontraction du personnage. Le Centre d'anthropologie nous maintint proches car il fallait assurer la bonne marche de l'institution : recrutement, gestion des crédits, politique de la recherche. Mais c'est ailleurs que l'amitié s'exprimait : dans de communes agapes, lors de fréquentes rencontres à Carcassonne, le goût pour la fête et le carnaval, les potins liés à la vie universitaire. Nous conversions souvent en occitan : surtout à Paris où, à la table de restaurants, nous ne souhaitions pas être compris par quelque voisin à l'oreille trop curieuse.

Daniel était pour moi un jeune (grand par la taille) frère à qui l'on confie tout. Son départ progressif de Toulouse, à Rome d'abord, à Paris ensuite, nous a un peu éloignés. J'avoue qu'il m'a manqué, surtout à partir de l'an 2000 : nous nous sommes alors moins vus. Nous compensions désormais l'absence physique par des conversations téléphoniques qui n'en finissaient pas.

J'ai tâché, lors de la messe de sépulture à la basilique Saint-Nazaire, dans la Cité de Carcassonne, de traduire les sentiments qui nous liaient et de dire ma peine. Je ne sais si j'y suis parvenu tant était grande mon émotion. Dans la revue *L'Homme*, j'ai, à la demande de la rédaction, essayé de raconter ce que fut notre commun parcours[4]. Mais ces textes ne pourront jamais traduire l'affection réciproque qui nous unissait, puisée tout à la fois dans nos modestes origines, la filiation nellienne, l'attachement à l'autochtonie languedocienne, la conquête d'espaces intellectuels à Toulouse ou à Paris qui nous étonnaient nous-mêmes tant elle nous paraissait tout à fait improbable.

Jacques Ruffié (1921-2004)

Dans les années 1960-1970, la préhistoire faisait au CNRS cause commune avec l'anthropologie et l'ethnologie, les chercheurs de ces trois disciplines étant regroupés au sein de la même commission. L'anthropologie « physique », comme on disait alors, était en pleine mutation. Jusque-là dominée par des anatomistes et des spécialistes des caractères externes de l'individu et dont H. V. Vallois était le plus emblématique représentant, elle commençait à prendre la vague de la génétique. S'intéressant désormais plus à sérier les populations à partir de facteurs biologiques, elle allait bientôt réduire à néant le concept de race jusque-là utilisé et dont on sait quels furent les méfaits au cours de l'histoire récente. À Toulouse, Jacques Ruffié, professeur d'hématologie à la faculté de médecine, avait fait des marqueurs du sang le fondement de sa recherche. Il avait créé, avec l'appui du CNRS et en étroite collaboration avec le professeur Jean Bernard, un Centre d'hémotypologie qui se proposait de cartographier, à l'échelle mondiale, les caractères sanguins des populations afin d'essayer d'éradiquer les maladies qui menaçaient celles-ci. Animateur d'une anthropologie rénovée, Ruffié intégra en 1967 la commission compétente du comité national du CNRS. Ayant jusque-là évolué en milieu médical, il prit la mesure, au contact des ethnologues, de l'importance des facteurs sociaux dans l'explication des faits biologiques. Il décida alors de fonder à Toulouse un Institut qui fédérerait les chercheurs qui, au titre des sciences de la vie et des sciences de l'homme, effectuaient des travaux sur les Pyrénées, son propre terrain de thèse.

Lancé par Ruffié avec la complicité de Louis Lareng, président de l'université Paul-Sabatier, et avec la bénédiction d'Alain Savary, président de la région Midi-Pyrénées, cet Institut pyrénéen d'études anthropologiques vit le jour. Il donnait lieu à des réunions périodiques où, à l'intelligentsia toulousaine, venaient s'agréger des chercheurs parisiens ou étrangers intéressés par le sujet ou qui apportaient d'autres exemples de recherche en milieu montagnard. Des conférences plus générales étaient prononcées autour de thèmes relevant de l'anthropologie *lato sensu*. Nous vîmes ainsi défiler dans nos murs Luca Cavalli-Sforza, Morton Levine, Jehan Albert Vellard, Arthur Mourant et bien d'autres. Le Centre d'hémotypologie, doté par ailleurs d'un abondant personnel technique, était une vraie ruche : au-delà de sa propre production scientifique, il donnait l'image d'un véritable carrefour des sciences médicales, écologiques et humaines. Tout cela était dû au dynamisme de son patron. La création de la RCP 323 dont le siège fut également établi à l'hôpital Purpan renforça cette impression. L'élection de Ruffié à la présidence de la commission d'Anthropologie du CNRS l'accentua d'autant plus. Très à l'aise dans son rôle d'animateur scientifique, il recevait dans son bureau magistral. Au mur était placardée une carte du monde constellée de points rouges : c'étaient les lieux d'enquête et de prélèvements du sang effectués lors des multiples missions des chercheurs du laboratoire. Lui-même était parfois insaisissable : *visiting professor* à New York, ses secrétaires le disaient un jour à Tokyo, puis à Hong Kong, le lendemain à La Paz... Il donnait le tournis. De retour à Toulouse, il mettait sur pied les missions à venir, se montrait très directif avec ses collaborateurs. On le craignait et on l'admirait tout à la fois.

Mais Daniel Fabre et moi, qui n'étions pas du sérail biologique, avions avec Ruffié une relation tout autre. Car, comme nous, Ruffié était audois, originaire de Limoux. Pour se relaxer de ses incessantes errances à travers le monde, il allait passer certains week-ends « au pays ». Nous faisions alors de concert des promenades dominicales dans la campagne audoise. Là, le mandarin posait le masque. Il était l'ami, le confident, l'indigène. L'on se tutoyait, en bons Occitans. Dans son laboratoire, chercheurs et techniciens, toujours au garde-à-vous, avaient du mal à comprendre cette relation privilégiée.

En 1972, Ruffié fut élu au Collège de France sur une chaire d'Anthropologie avec l'appui de Claude Lévi-Strauss. Cet éloignement le rendit moins présent bien qu'il continuât à faire des va-et-vient sur Toulouse. Le CNRS, trouvant qu'il était depuis trop longtemps à la tête du Centre d'hémotypologie, le contraignit à passer la main. Il vécut mal cette mise à l'écart et finit par se replier totalement sur Paris où il anima un autre groupe de recherche. Pendant la décennie 1980, ses responsabilités parisiennes (à la tête du Centre national de transfusion sanguine puis à l'Institut de la mer), son élection à l'Académie des sciences rendirent plus distendues nos relations. Nous nous retrouvions parfois au Coupe chou, un excellent restaurant où il avait ses habitudes. Il avait pris sa retraite lorsque je fus élu au Collège. Il assista à ma leçon inaugurale et j'en fus heureux. La maladie l'éloigna ensuite de Paris. Ses obsèques eurent lieu en l'église Saint-Martin à Limoux, sa ville natale. Il avait souhaité que ses cendres soient dispersées « dans le cosmos ». Le lycée de sa ville porte aujourd'hui son nom.

Jacques Le Goff (1924-2014)

Dans les années 1970, la « Nouvelle Histoire » s'affirmait et l'un des chefs de file en était le médiéviste Jacques Le Goff. Il militait pour un rapprochement entre histoire et anthropologie, ces recoupements devant permettre à sa propre discipline d'élargir l'espace de ses questionnements. Il intitulera d'ailleurs son séminaire « Anthropologie historique », prenant ainsi quelque distance avec les canaux habituels de son champ. Son aura ne cessait de croître, alors qu'il avait pris en charge la prestigieuse revue *Les Annales*, avant d'être élu président de l'École des hautes études en sciences sociales. Les expériences ethnographiques l'intéressaient. Aussi assista-t-il au colloque international sur l'histoire et l'anthropologie des Pyrénées que J. Ruffié avait organisé en 1973 à Auvillar (Tarn-et-Garonne). Le retour sur Toulouse se fit en taxi et le hasard voulut que Jacques Le Goff, Daniel Fabre et moi nous retrouvâmes dans la même voiture. C'était l'année où la RCP « Pyrénées » venait de démarrer.

Très intéressé par le programme, Le Goff nous demanda d'en écrire un article pour *Les Annales*. Nous pensions qu'il était encore trop tôt et qu'il fallait attendre les premiers résultats de la recherche pour les divulguer. Cette proposition resta donc sans effet. Pour autant, tout au long du trajet une intéressante conversation s'engagea, sur nos champs de travail respectifs. Je crois que, ce jour-là, nous avons gagné, Daniel et moi, l'estime de Le Goff. C'était aussi le moment où le président de l'EHESS mettait en place son réseau d'antennes de province à Lyon, Marseille, Toulouse et même Brest pour un temps. Il comprit qu'il pouvait à Toulouse compter sur nous pour animer des séminaires dans l'antenne embryonnaire. Il montra d'emblée un vif intérêt pour mes recherches sur le Néolithique, c'est-à-dire sur les origines du monde paysan, la « ruralité » étant alors en histoire un thème porteur. Il accueillit donc avec plaisir l'ouvrage *Premiers bergers et paysans de l'Occident méditerranéen*, synthèse de mes séminaires et qu'il publia dans les ouvrages de l'École aux éditions Mouton[5]. Ce livre parut la même année que *La Préhistoire française* dont j'avais dirigé le tome sur la proto-histoire. Les deux publications firent l'objet d'un double « Lundi de l'Histoire », l'émission que Le Goff animait sur France Culture. De cette situation germa dans son esprit l'idée de me recruter à l'EHESS comme directeur d'études cumulant, fortifiant ainsi l'antenne toulousaine qu'il venait de créer et dont J. Ruffié avait pris la tête. Il décida que je serais élu en 1978.

Son plan risqua de capoter pour deux raisons. La première est que je ne figurais pas dans les priorités de Ruffié qui souhaitait d'abord faire intégrer à l'École certains de ses proches collabora-teurs biologistes. Une brouille s'ensuivit. Jacques Le Goff défendit ma candidature contre l'avis de Ruffié lequel colportait que mon élection n'était pas prioritaire dans le développement de l'antenne de Toulouse. Au final, sentant la partie perdue, ce dernier fit volte-face et, le jour de l'élection, s'afficha comme l'un de mes meilleurs supporters, se prévalant ensuite auprès de moi d'avoir été le pilier de mon succès.

La deuxième raison est plus « psychologique ». Cette année-là (1978), j'avais dû rapporter au CNRS sur l'ensemble des candidats européanistes en ethnologie. Deux dossiers se détachaient du lot : celui de Jacques Lacroix, candidat appuyé par le musée des Arts et Traditions populaires dont le directeur, Jean Cuisenier, souhaitait créer une antenne à Marseille en y plaçant ce postulant, et celui de François Sigaut dont l'ouvrage *L'Agriculture et le feu* m'avait enthousiasmé. Les hasards du vote firent émerger le nom de Jacques Lacroix pour l'unique poste disponible. F. Sigaut en conçut de l'amertume, estimant que j'avais moins bien défendu son dossier. Il se vengea en publiant dans *Les Annales* un compte rendu peu amène, voire tendancieux, de mon ouvrage. Je décidais de répondre et m'en ouvrais à Le Goff. Celui-ci m'interdit de le faire au motif que cela allait créer une polémique et pourrait avoir des incidences sur mon élection envisagée à l'École.

Je fus finalement élu en tête des trois postes de directeurs d'étude cumulants. Je réglai oralement mon différend avec F. Sigaut. Celui-ci fut nommé la même année maître-assistant à l'École puis directeur d'études en 1992. Enseigner dans la même maison nous rapprocha et nous fit souvent faire cause commune dans les recrutements et sur certains programmes.

À l'invitation de Jacques Le Goff, je participais quelquefois aux « Lundis de l'Histoire » à l'occasion de la publication de mes ouvrages. Un souvenir : à la suite d'une émission, il commanda un taxi et proposa de me conduire à mon hôtel. Notre conversation tomba sur René Nelli. Il m'assura que *L'Érotique des troubadours* était réellement « un grand livre ».

Mon dernier contact avec lui date de 2011. Je le savais fatigué, reclus dans son appartement de la rue de Thionville. Je l'avais sollicité par écrit pour qu'il figurât, s'il le souhaitait, parmi les membres du Comité d'honneur de mon épée d'académicien. Il décrocha son téléphone pour me donner une réponse positive. Au cours de cette longue conversation, nous évoquâmes divers souvenirs mais aussi le sentiment partagé de ne nous être pas assez côtoyés. Je conserve de ce grand historien le souvenir d'un homme chaleureux et d'une belle générosité.

Fernand Braudel (1902-1985)

Étudiant, j'avais été nourri de *La Méditerranée au temps de Philippe II*, la thèse magistrale de Fernand Braudel. Frédéric Mauro, l'un de mes professeurs à la faculté des lettres de Toulouse,

Figure 10. Châteauvallon (Toulon, 1985). Journées d'hommage à Fernand Braudel. Intervenants de gauche à droite : J. Guilaine, M. Aymard (de dos), A. Guillerm, Vice-Amiral Denis, M. Grmek, C. Ockrent, F. Braudel, H. Ahrweiler, A. Nouschi, R. Mantran. *Cliché Elian Bachini, Centre de Châteauvallon.*

m'avait montré en quoi cette œuvre était une nouvelle façon de concevoir et d'écrire l'histoire : peu événementielle, plus économique, fondée sur les statistiques, ouverte au poids des blocs géopolitiques et des masses démographiques. Braudel était devenu l'icône d'un renouvellement épistémologique.

En 1980, après la publication de mon ouvrage *La France d'avant la France*, je reçus un coup de fil de mon ami et collègue Maurice Aymard, qui remplissait les fonctions de proche collaborateur de Braudel à la Maison des sciences de l'Homme, boulevard Raspail : « Braudel a lu ton livre et veut te rencontrer. » Rendez-vous fut pris. J'ai gardé en mémoire le souvenir de cette visite au cours de laquelle Braudel me complimenta et me harcela de questions sur l'état des connaissances dans ma discipline. Il préparait alors son ouvrage *L'Identité de la France*, livre demeuré en partie inachevé, et voulait s'informer sur les plus récentes avancées archéologiques réalisées dans l'Hexagone. Il m'en fit adresser peu après les feuilles concernant les temps préhistoriques afin d'en vérifier le bien-fondé. Il citait souvent *La France d'avant la France* et j'en fus flatté. Lors de notre long entretien, il ne cessait de m'observer derrière ses épaisses lunettes. Quand à brûle-pourpoint, il me dit :

« Que faites-vous, vous êtes professeur au lycée de Montpellier ?

– Non point, je suis pour partie ici, directeur d'études à l'EHESS.

– Directeur d'études à l'École ? Mais on prend des enfants à présent dans cette maison ! Quel âge avez-vous ?

– 43 ans…

– Comment ça se fait ? »

Peut-être faisais-je plus jeune que mon âge ou, plus probablement, la vue du maître baissait…

À quelque temps de là, il me contacta pour me demander de rédiger le chapitre sur les origines dans le grand livre sur l'Europe, très illustré, qu'il allait publier à Arts et Métiers graphiques[6].

En 1985, la communauté intellectuelle lui rendit, pendant trois jours, un hommage appuyé au Centre culturel de Châteauvallon, près de Toulon. Il en choisit les orateurs : il souhaita que je sois du nombre pour livrer le point de vue de l'archéologue. Un ouvrage rendit compte de ces journées qui s'articulèrent autour de trois thèmes : la France, la Méditerranée, le capitalisme[7]. Braudel, miné par un cancer, disparut peu après.

En 1996, son œuvre, déjà largement traduite à l'étranger, parut en hongrois. À cette occasion un colloque à sa mémoire se tint à l'Université de Budapest. J'y consacrai mon intervention aux relations entre la Méditerranée et l'Europe au cours du Néolithique. C'est alors que son épouse, Paule Braudel, me conta une très curieuse histoire. En 1968, Braudel avait été approché par un éditeur suisse, Albert Skira, pour diriger une collection en plusieurs volumes sur le thème de la Méditerranée. Ne sachant à qui confier la rédaction du premier de ces ouvrages, logiquement consacré aux temps préhistoriques et protohistoriques, il avait pris le parti de s'atteler lui-même à la tâche. Se sachant non-spécialiste du sujet, il rassembla l'état de la documentation et rédigea un essai faisant en permanence des rebonds comparatifs avec des situations historiques ultérieures. Or, en 1973, il apprit le décès de l'éditeur et par là même, l'abandon du projet. En 1998, les éditions de Fallois, désireuses de publier les grands titres et les inédits de Braudel, tombèrent sur ce manuscrit, demeuré en souffrance depuis sa rédaction, et décidèrent de le faire connaître. Paule Braudel et Roseline de Ayala me demandèrent de donner mon avis sur ce texte, d'en vérifier l'exactitude de certains passages et de juger si, la recherche allant son train, quelques chapitres n'avaient pas trop vieilli et étaient toujours d'actualité. J'en rédigeai aussi la préface avec Pierre Rouillard qui avait, de son côté, révisé les pages ayant trait au Ier millénaire avant notre ère[8].

Plus récemment deux colloques, auxquels je contribuais, rendirent hommage à Braudel. L'un à Nîmes, à l'initiative de Jean-Marc Roger, mon ancien fouilleur trop tôt disparu. L'autre à Palerme, sur une idée de Salvatore d'Onofrio et de Sebastiano Tusa[9]. Une plaque fixée dans la mer près de l'île d'Ustica rappelle les liens qui unirent Braudel à la Méditerranée. Un récent film de Didier Deleskiewicz a été consacré à celui qui « réinventa l'Histoire ».

Paule Braudel souhaita offrir au Collège de France l'épée d'académicien de son époux, une très belle dague offerte au maître par la municipalité italienne de Prato. Je servis d'intermédiaire entre la famille et l'administrateur du moment, J. Glowinski. Une petite cérémonie intime réunit alors quelques amis de l'historien.

J'ai puisé quelques thèmes forts de l'œuvre de Braudel pour les appliquer à la Méditerranée protohistorique : la navigation, les aléas climatiques, les notions cycliques d'apogée et de déprise, la longue durée, l'économie-monde, les blocs géopolitiques à l'œuvre. Les concepts braudéliens dépassent le cadre de la Méditerranée du XVIᵉ siècle : ils trouvent des échos à bien des époques et sont, peu ou prou, universels.

Christian Goudineau (1939-2018)

En 1978, je fus nommé au Conseil supérieur de la recherche archéologique, commission du ministère de la Culture chargée de définir les grands axes de la politique archéologique nationale. J'y croisai un jeune professeur de l'université d'Aix, Christian Goudineau, protohistorien et antiquisant. Celui-ci avait déjà amorcé une belle carrière : École de Rome, université d'Aix, direction des Antiquités historiques de Provence. Ses interventions novatrices, souvent percutantes, me plurent. Fin 1983 et en 1984, je dus remplacer à la vice-présidence de conseil supérieur Roland Martin, atteint par la maladie. En 1985, cette commission étant parvenue à son terme, c'est à Christian Goudineau que revint la vice-présidence. Il venait entre-temps d'être élu au Collège de France. Moins informé sur les problèmes de la préhistoire, il me proposa une sorte de « vice-présidence *bis* ». Nous travaillâmes de concert tout au long des cinq années du mandat (1985-1989).

Dans le même temps nous devînmes, par le choix du CNRS, chargés de prendre en main les revues *Gallia* et *Gallia-Préhistoire* précédemment animées par Paul-Marie Duval et André Leroi-Gourhan. Ces deux publications formaient, avec le personnel affecté, une unité propre du CNRS dont Christian devint le directeur. De ce fait, nos rencontres devinrent fréquentes et le travail partagé. Rue Calvin, chacun œuvrait avec ses propres collaborateurs mais les passerelles entre tous les acteurs de la cellule étaient constantes. Nous avions donc établi l'un de nos « camps de base » sur ce versant de la montagne Sainte-Geneviève où, plus tard, je devais disposer d'un autre bureau, lorsque le Collège m'accueillit dans son annexe, au 3, rue d'Ulm. *Gallia* favorisait donc nos rencontres qui se poursuivaient le temps du midi dans les restaurants de la rue Mouffetard, entre la rue Calvin et la place de la Contrescarpe.

Mais un autre de nos espaces de prédilection se trouvait en rive droite de Seine et avait pour motif l'édition de nos propres recherches. Tout au long des années 1980 et jusqu'à la première décennie du XXIᵉ siècle, nous avons été très proches de Frédéric Lontcho, le fondateur et directeur des éditions Errance. Chacun de nous allait trouver dans cette maison l'exutoire naturel de ses œuvres. Il est vrai que Lontcho, en sympathique Père Fouettard, n'avait pas son pareil pour susciter des ouvrages qu'il éditait ou des articles à paraître dans sa revue, *L'Archéologue*. La connivence Goudineau-Lontcho notamment se concrétisait par de fréquentes entrevues dans la petite boutique de la rue de l'Arsenal, puis après un déménagement qui nous fut présenté comme une montée en puissance, dans l'île de la Cité, au 7, rue Jean-du-Bellay. Ces réunions prenaient généralement fin autour des bonnes tables des restaurants voisins. La boulimie éditoriale de Lontcho – « Tiens, il y a un bouquin à faire sur tel sujet, allez, au travail ! » – avait des effets d'entraînement. Christian donnera à Errance une large part de son œuvre : *Vaison-la-Romaine* (avec Y. de Kisch), *Bibracte et les Eduens* (avec C. Peyre). *Regard sur la Gaule, César et la Gaule, Le Dossier Vercingétorix, En survolant la Gaule* (avec F. Lontcho), *Les Empereurs de Rome, Le Camp de la Flotte d'Agrippa à Fréjus* (avec D. Brentchaloff). J'en oublie sans doute. Bien sûr, je fais une mention spéciale à *De Lascaux au Grand Louvre*, que nous préparâmes sur les chapeaux de roues. En sa double qualité de « chef de file » du Conseil supérieur de la recherche archéologique et du Comité scientifique des fouilles du Mont-Beuvray, Christian, lors d'une visite de Bibracte où il guidait François Mitterrand, obtint de celui-ci la signature d'une préface à cet ouvrage qui devait récapituler l'état de nos connaissances depuis le plus ancien Paléolithique jusqu'aux recherches sur le Grand Louvre[10].

Christian Goudineau possédait un art incontestable de la persuasion fondé sur une implacable rhétorique. C'était un entraîneur, un animateur, soucieux d'être limpide et d'aller à l'essentiel. Son style était épuré : je l'ai toujours connu pressé. Si ses fulgurances pouvaient justement impressionner, l'humour n'était jamais très loin.

Plutôt que de lui consacrer des Mélanges, ses collègues ont préféré fêter son départ du Collège de France en organisant dans cette institution un colloque international sur le monde celte lequel donna lieu à cinq volumes édités par le Centre de documentation du Mont-Beuvray.

J'ai beaucoup apprécié son *Vercingétorix* dans lequel il montre que ce héros national, à peu près ignoré de Michelet, a été « construit » par Amédée Thierry à une époque – le cœur du XIXᵉ siècle – où les États-nations avaient besoin pour se conforter de personnages hors du commun. En ce sens Vercingétorix est assimilé à la naissance d'un peuple. Préfiguration de la France ? N'allons pas trop vite. La Gaule n'existe pas en tant que « protonation ». Et je me souviens de la mine catastrophée d'un collègue du Collège de France qui, venant de lire un compte rendu de l'ouvrage de Christian, me dit d'un air désabusé : « Alors, maintenant, la Gaule n'existe plus ! » Pire, Vercingétorix, le Gaulois fougueux, le poilu, aurait été imberbe. Les clichés s'effondrent.

Christian Goudineau a aussi osé s'affranchir de l'histoire et de l'archéologie « pures et dures » en écrivant trois romans que publièrent Actes Sud qui venaient de racheter Errance. Dans ses intrigues, on fait bonne chère et on boit beaucoup. Camille Jullian n'avait pas toujours séparé l'histoire de sa propre imagination. Christian sut s'évader de la vérité objective pour donner carrément dans la fiction. « Nous sommes tous un peu des écrivains rentrés », me disait-il. Ce goût du divertissement le poussera même jusqu'à signer une pièce de théâtre : *Unité 64*. Belles récréations, par Toutatis !

André Miquel

Ma proximité avec André Miquel, excellent connaisseur de l'histoire et de la littérature arabes, repose très probablement sur notre commun sentiment d'appartenir à une *koinè* méditerranéenne qui remonterait à de très lointaines racines et qui n'aurait cessé de se régénérer, au fil du temps et au gré d'un foisonnement culturel créateur. Dans mon esprit je mixe, pêle-mêle, Nelli, Char,

Miquel, Giono et autres poètes du Sud. Pour autant, ma première rencontre avec lui fut, j'en conviens, un moment stressant. J'étais alors candidat au Collège de France, il était Administrateur de l'établissement et, selon l'usage, je lui consacrais ma première visite avant d'aller m'entretenir avec les autres professeurs de l'institution. Mon accent le retint d'emblée. Nos premiers échanges portèrent sur ma spécialité et le contenu de l'enseignement que je pourrais donner dans la perspective d'une élection. La préhistoire ne lui était pas indifférente. Il me dit être lui-même originaire de l'Hérault et avoir, dans sa jeunesse, touché un peu à cette discipline et surtout à la spéléologie. Il avait connu le Colonel Louis, une personnalité montpelliéraine, chargé du cours de préhistoire à la faculté des lettres. Avec quelques camarades, il avait été le découvreur d'un réseau karstique de la grotte de la Clamouse près de Saint-Jean-de-Fos, une cavité d'où furent extraits plusieurs objets de l'Âge du bronze. Ses parents avaient été instituteurs dans cette localité. J'avais moi-même, dans les années 1980, effectué le dégagement d'un village néolithique de la vallée de l'Hérault, sur la localité de Saint-Pons-de-Mauchiens. À l'évocation de ces souvenirs et de ce pays aimé – et qu'il a tant évoqué dans son œuvre littéraire – je sentais le lien charnel qui l'unissait à la terre de Languedoc. Récemment, il publia un conte dont le thème, proche de Tristan et Iseut, a pour cadre cette caverne de Clamouse qu'il explora, adolescent. Ces évocations méridionales, lors de notre conversation, me firent du bien : je quittais monsieur l'administrateur avec une impression positive. Il me souhaita bonne chance dans mes visites à venir auprès des maîtres de l'établissement. Mon élection acquise, l'amitié naquit, entretenue par l'échange périodique de nos publications respectives, par des mots affectueux comme seul André Miquel sait les écrire. À l'occasion, des bouts de conversation en occitan dans les couloirs du Collège de France faisaient sourire nos collègues étonnés de cette complicité qui s'exprimait dans un dialecte ignoré d'eux.

Lors de ma leçon inaugurale, me présentant au public, il prévint celui-ci : « Aujourd'hui, ce n'est pas seulement une archéologue qui entre au Collège de France, c'est aussi un accent. » Il percevait ce trait comme un gage d'authenticité. J'en fus assez fier, ayant souvent l'impression inverse d'être, dans certains cénacles, un peu démonétisé par cette façon de parler dont je n'ai jamais voulu (ni su) me défaire.

André avait publié chez Domens, son éditeur de Pézenas, un ouvrage narrant son enfance, *Jusqu'à seize ans*. Sa lecture me donna l'idée de raconter aussi ce que furent mes jeunes années. Ce fut *Un désir d'histoire. L'enfance d'un archéologue*. Édité par le Garae, ce petit livre parut en 2010[11]. J'en envoyais un exemplaire à André. Nos moments de prime jeunesse, nos émotions, nos centres d'intérêt dans le Midi de la guerre et de l'après-guerre avaient eu bien des points communs. Il se souvenait être venu à Carcassonne, rue Courtejaire, rendre avec sa mère visite à son père pour ses « périodes » d'officier de réserve. Il l'y revit à l'automne 1939, mobilisé, avant une absence de presque six ans… J'ai connu aussi, à la Libération, le retour de prisonniers méconnaissables. Sa lettre se terminait par une phrase inoubliable : « Nous avons été, cher Jean, des frères sans le savoir. » C'est le plus bel éloge qu'il pût me faire.

Je ne sais pourquoi, j'imagine André, perché sur les plus hautes falaises calcaires dominant Saint-Guilhem-le-Désert, balayées par le cers, scrutant la mer lointaine, ce trait d'union dont il demeure le passeur, entre Occitanie et monde musulman.

CHAPITRE 13

Dix millénaires de questionnements

Voici à présent quelques thèmes auxquels j'ai consacré une part de mon énergie. On verra comment la plupart d'entre eux ont trouvé un aboutissement dans des ouvrages ou des articles. Certains de ceux-ci ont inspiré les pages qui vont suivre. Mais pas seulement : à côté des contextes scientifiques, on y trouvera des souvenirs, des opinions personnelles, des prolongements spéculatifs. L'emprise chronologique de mes investigations couvre quelque dix millénaires depuis le Néolithique précéramique de Chypre (et, en Occident, l'Azilien de La Balma de la Margineda) jusqu'aux navigateurs grecs, étrusques, puniques qui sillonnaient la Méditerranée de l'Ouest au temps de la fondation de Marseille.

Le Néolithique précéramique de Chypre

Je garderai toujours en mémoire cet après-midi de 1991 où Pierre Aupert et Catherine Petit m'ont rendu visite dans mon bureau du 56, rue du Taur, à Toulouse, un carton empli de silex dans les bras. Ayant entrepris une prospection toutes périodes confondues dans l'arrière-pays du port d'Amathonte, sur la côte méridionale de Chypre, afin d'avoir une idée du peuplement antique de la campagne du « royaume » du même nom, ils avaient découvert, à leur étonnement, un nombre élevé de sites néolithiques. Ils m'apportaient donc quelques témoins de leurs trouvailles. Le premier examen réalisé, il fallait aller voir tout cela sur place. À leur invitation, en septembre, je m'envolais pour Larnaca avec Christiane et François Briois.

Nous visitâmes, l'un après l'autre, tous les gisements repérés lors des prospections. L'un d'eux, Shillourokambos, retint notre attention par sa plus grande extension. En surface, les vestiges de plusieurs époques sont généralement mélangés. Mais, dans ce cas, la présence en abondance de vases de pierre et, bien que plus rares, de quelques lamelles d'obsidienne, nous faisait soupçonner l'existence d'une importante fréquentation précéramique. Nous décidâmes, avec le feu vert du service des Antiquités de Chypre, de l'explorer. Les premiers résultats dépassèrent d'emblée nos espérances. Les datations au radiocarbone nous révélaient peu après que le site était bien antérieur à celui de Khirokitia, l'établissement de référence pour le Néolithique précéramique chypriote. La présence, parmi les vestiges, de bœufs domestiques, jusque-là considérés comme n'ayant été transférés sur l'île qu'à l'Âge du bronze ancien, fut notre seconde surprise. La troisième se révéla lors de la mise au jour de tranchées de palissade, creusées dans le roc et incorporant régulièrement des trous de poteaux : un dispositif de grands enclos, probablement pour le parcage des bêtes. De tels aménagements, jusque-là inconnus sur l'île, étonnèrent beaucoup Ian Todd et Stuart Swiny, spécialistes de la période, et qui n'avaient rien vu de semblable.

Nous avons conduit quatorze campagnes de fouilles sur ce site dans le cadre de la mission « Néolithisation » du ministère des Affaires étrangères, structure que j'avais créée en 1981 et qui fut transférée d'Italie du Sud à Chypre pour la circonstance. Et nous avons toujours bénéficié de la bienveillance de l'École française d'Athènes qui, elle aussi, finança la mission et mit à sa disposition la belle base-laboratoire d'Ayios Tychonas. L'un des directeurs, Roland Étienne, me poussa même à organiser avec A. Le Brun à Nicosie un colloque sur le Néolithique de l'île. De même, je n'eus qu'à me louer des relations nouées avec les directeurs successifs du Service des antiquités de la République de Chypre et, plus particulièrement, Sophocles Hadjisawas, Pavlos Flourentzos, Maria Hadjicosti, Despo Pilides, Marina Ieronimidou.

Fouillé en extensif, Shillourokambos nous a livré une longue séquence d'un millénaire et demi, en gros de 8500 à 7000 avant notre ère, couvrant ainsi tout le déroulement du Néolithique précéramique B (PPNB) du continent voisin. Y fut mis en évidence un système hydraulique sophistiqué caractérisé par le creusement de plusieurs puits à la recherche des nappes phréatiques et d'une citerne. Tout au long de l'évolution du site, les diverses transformations des industries de la pierre, les modifications du système économique à partir des grains de céréales carbonisés et des variations au sein des faunes élevées ou chassées, autant de nouveautés[1]. Tout cela est devenu assez classique à présent mais innovait franchement pour les années 1990. Nous découvrions les pionniers qui avaient précédé le développement, plus tardif, de la culture de Khirokitia.

Deux découvertes ont fait du bruit. D'abord celle d'une tête sculptée en serpentine sombre représentant la face d'un félin, peut-être un chat et datée vers 8200 avant notre ère. Une seconde, plus récente (vers – 7200), d'une sépulture d'un adulte mis en terre avec « son » chat, actuellement la plus ancienne manifestation d'un chat très probablement domestique. Avec Jean-Denis Vigne, nous publiâmes cette découverte dans *Science*, ce qui lui valut un retentissement sur plusieurs continents et des courriels à n'en plus finir[2]. Mais nous avons aussi trouvé deux petites sculptures de... souris !

Nos fouilles à Chypre ne s'arrêtèrent pas là. F. Briois avait repéré que, sur l'un des gisements inventoriés par C. Petit, Klimonas, figuraient certains documents lithiques probablement antérieurs à la longue série des industries de Shillourokambos.

Dès 2009, un sondage nous convainquit de la présence d'occupations relevant cette fois du Néolithique précéramique A (PPNA).
Des recherches y furent donc entreprises entre 2011 et 2016. Elles
permirent la mise au jour d'un ensemble de maisons circulaires
souvent « emboîtées » car reconstruites sur les mêmes lieux. Ces
habitations étaient disposées à proximité d'un grand bâtiment
communautaire, de 10 mètres de diamètre, proche de ceux connus
sur le continent à la même époque, autour de 9000 avant notre
ère[3]. Ce faisant, nous avons encore vieilli de quelques siècles la
néolithisation de l'île. En reculant ainsi de deux bons millénaires
la présence néolithique à Chypre, je pensai, non sans satisfaction,
que j'avais contribué à écrire une nouvelle page de l'histoire de
l'île. Fin 2013, je laissai la direction de la mission archéologique
à François tandis que la fouille se poursuivait en codirection avec
Jean-Denis Vigne. Et dire que tout avait commencé en 1991 par
mon souci d'aller voir de près ces gisements dont Pierre Aupert,
avec une amicale insistance, m'avait signalé l'existence !

Arythmie des migrants
et/ou de leur package

Comment les premiers paysans ont-ils, partis du Proche-
Orient, grignoté progressivement l'espace européen ? On aurait
pu s'attendre à la diffusion monolithique d'un système techno-
économique élaboré au Levant et transmis de proche en proche
par des migrants étroitement attachés, de génération en génération, à leurs codes culturels. Premier constat : ce n'est pas
le cas. Au fil de la diffusion, les cultures changent dans leurs
expressions : outillage, céramique, typologie de l'habitat, modes
funéraires, etc. Mais se pose aussi la question des tempos de la
propagation. L. Cavalli-Sforza, généticien, et A. Ammerman,

archéologue, avaient inventé un modèle prenant en compte la vitesse de diffusion, la croissance démographique et les caractères génétiques des acteurs. La progressive expansion vers l'ouest montrait un mixage de plus en plus conséquent des migrants avec les autochtones, un accroissement de la population et un rythme de déplacement estimé à 1 kilomètre moyen par an. L'avancement des recherches, avec le développement de travaux sur l'ADN (qui se sont substitués aux cartographies fondées sur les groupes sanguins), a modifié la perspective. On discerne dans le génome des néolithiques européens des composantes externes mais aussi des marqueurs mitochondriaux (les lignées féminines) hérités des populations mésolithiques autochtones. Ces données montrent une réelle complexité entre intrusions génétiques et permanences indigènes, ce que n'écartaient pas les auteurs ci-dessus. En revanche, sur un plan plus strictement archéologique, les datations radiocarbone aujourd'hui disponibles mettent à mal les modèles fondés sur une progression régulière des migrants ou sur l'acquisition de leur système par des autochtones (la « vague d'avancée »). J'ai repris cette question et tenté de montrer que le Néolithique ne s'était nullement propagé selon un déroulement tranquille effectué à une cadence harmonieuse mais selon un processus « arythmique ». Il y eut en effet des progressions rapides et des moments de pause : au fond, des temps saccadés[4]. Pourquoi ces pulsions et ces haltes, ces bonds et ces arrêts ? Les mobiles peuvent être divers et, de plus, se combiner. On peut en énoncer quelques-uns : une panne démographique provisoire et la remise en cause de la colonisation par processus de scission, une réorganisation dans les circuits d'approvisionnement en matériaux utilitaires ou en biens de prestige, les résistances des populations autochtones de chasseurs, la nécessité de s'adapter à des environnements différents, des oscillations climatiques à impact local ou plus général, la volonté de se couper de certaines traditions devenues obsolètes ou insupportables, une nouvelle quête identitaire avec reniement d'une idéologie trop contraignante, des crises sociales internes. Bien des paramètres nous échappent et il faut se méfier du facteur unique. Les discordes qui donnent lieu aux massacres observés vers – 5000 au sein des populations à céramique rubanée font la démonstration de tensions qui ont pu survenir au sein d'une même culture. Il est symptomatique en effet que les archéologues ne conçoivent les conflits qu'entre deux cultures différentes (par exemple, les mésolithiques contre les néolithiques). Mais quelle était la cohésion réelle des populations relevant de la même culture matérielle ? Décorer des vases de telle façon ou construire sa maison selon les mêmes critères architecturaux ne signifie pas forcément cohésion, entraide, solidarité entre localités voisines voire au cœur d'une même communauté. La réplication des caractères matériels ne préjuge en rien de dissensions possibles au sein des populations. Et ce d'autant que les migrations néolithiques n'obéissaient probablement pas à des politiques coordonnées mais étaient plutôt le résultat d'initiatives individuelles ou de groupes potentiellement concurrents.

En prenant pour exemple l'« arythmie » de la progression néolithique à travers l'Europe, on peut imaginer que ce modèle, faisant alterner avancées rapides et pauses plus ou moins marquées, peut prétendre à un usage plus général. La diffusion des agriculteurs à partir des berceaux chinois ou mexicain sur leurs périphéries proches ou lointaines a pu être scandée par semblables processus faisant intervenir contraintes environnementales, variations climatiques, latitude ou longitude, politiques de contacts avec les indigènes, tensions sociales, transformations idéologiques au cours des propagations, etc. Le grignotage de l'espace par les producteurs a dû répondre à des mécanismes complexes et non à des expansions « huilées » par le jeu équilibré et combiné des facteurs à l'œuvre. Il me semble qu'à l'inverse, de multiples causes ont pu intervenir, gripper la diffusion et la contraindre à se reformuler.

Le Néolithique cardial
n'est plus ce qu'il était...

Pendant longtemps, on a imaginé que l'arrivée des premières populations d'agriculteurs dans le grand arc méditerranéen occidental (Provence, Languedoc, Catalogne, Valence, Andalousie, Portugal, voire Maroc) s'opérait dans le cadre d'une culture colonisatrice. Issu de l'aire italienne, sinon plus orientale, cet ensemble, se déployant par mer le long des côtes de la Ligurie jusqu'au cap Mondego, présentait de suffisantes similarités culturelles, notamment dans le domaine céramique, pour qu'on le désigne, en dépit d'expressions locales, sous le terme générique de « Cardial franco-ibérique ». Les sites les plus exemplaires se trouvent dans le pays valencien avec, en particulier, les deux gisements prestigieux des grottes de la Sarsa et de l'Or. D'autres lieux importants dans l'histoire de cette culture se situent dans le midi de la France (tel l'abri de Châteauneuf-les-Martigues, Bouches-du-Rhône) ou en Catalogne (comme les grottes des environs de l'abbaye de Montserrat). Pour désigner l'ornementation prévalant sur les vases de cette culture, élément particulier et distinctif, on a employé parfois le terme de « Montserratien » mais plus souvent celui de « Cardial », la technique décorative des récipients s'opérant fréquemment par application d'une coquille sur la paroi du vase fraîchement modelé. Les « Cardiaux », première population ayant divulgué l'agriculture dans l'Ouest méditerranéen, telle était l'image classique : encore fallait-il expliquer le comment de leur apparition. Certains auteurs les voyaient comme des migrants maritimes, des sortes de conquistadores, apportant dans la cale de leurs navires, des moutons, bœufs, porcs domestiques à côté de sacs de blé et d'orge. D'autres préhistoriens pensaient plutôt qu'il s'agissait de chasseurs-cueilleurs autochtones ayant acquis, par processus d'emprunt ou de capillarité, les recettes de l'agriculture et de l'élevage. Aucun ne doutait toutefois de leur primauté dans l'introduction du nouveau système économique : la production de nourriture par intervention directe sur l'environnement.

Or l'avancement des recherches a peu à peu totalement modifié ce scénario. Dans les années 1980 on découvrit au lieu-dit Peiro Seignado, sur la commune de Portiragnes (Hérault), un habitat du Néolithique ancien dont les poteries s'éloignaient par leur forme et leur ornementation des canons habituels du « Cardial ». Comme ces céramiques se rapprochaient de vestiges connus, pour la même époque, dans la grotte des Arene Candide en Ligurie, on imagina une sorte de colonie « ligurienne » ayant essaimé jusqu'en Languedoc : rien de plus qu'une variante au sein du Néolithique ancien et cela d'autant que les premières datations radiocarbone de ce site plaçaient ces documents dans le même niveau chronologique que le « Cardial ». En 1995, j'entreprenais l'étude d'un autre gisement proche du précédent sur la même commune de Portiragnes, au lieu-dit Pont de Roque-Haute. Ses résultats allaient modifier la donne. Ses vestiges céramiques renvoyaient également au site des Arene Candide et à d'autres gisements de Ligurie ou de la zone tyrrhénienne (comme Le Secche sur l'île de Giglio dans l'archipel toscan). Ainsi se dégageait peu à peu un ensemble culturel distinct du Cardial. Des datations radiocarbone montrèrent que ces divers sites le précédaient et parfois même de plusieurs siècles. L'analyse des témoins économiques des sites de Portiragnes fit la démonstration que ces populations vivaient essentiellement de la culture des céréales et de l'élevage des ovi-caprins et les bovins. Autrement dit, elles maîtrisaient parfaitement des techniques de production nouvelles, forgées ailleurs et dont elles apportaient les recettes en Méditerranée de l'Ouest. Pas de tradition cinégétique les concernant : la chasse n'occupait qu'une place dérisoire dans leur système. Ils étaient pleinement agro-pasteurs[5].

Des rapprochements furent tentés avec l'aire sud-italienne et adriatique. Car, bien que sensiblement différenciés, c'est dans cette zone que ces premiers paysans du Languedoc et de la péninsule Ibérique (où en furent ensuite repérés quelques comptoirs) puisaient leurs savoirs. Ils étaient réellement des pionniers apportant sur ces terres et pour la première fois blé, orge, animaux domestiques, haches polies, poterie, bref tous les « marqueurs » du Néolithique. Finie la primauté du Néolithique ancien cardial. Celui-ci se trouvait relégué quelques siècles plus tard, un peu comme l'héritier de ces premiers colons. Fini également son caractère estimé jusque-là globalement intrusif. Ne pouvait-on désormais le considérer comme le descendant sur place de ces premiers migrants sans qu'il soit nécessaire de le faire venir d'Italie ou d'ailleurs[6] ? Quoi qu'il en soit, avec la reconnaissance de ce premier Néolithique de souche italique, le Cardial s'est trouvé déchu du rôle qu'on lui a longtemps fait tenir. Ainsi va la recherche : un clou chasse l'autre.

Mégalithismes méditerranéens

Le phénomène mégalithique ne peut être ignoré de tout néolithicien ouest-européen. Et ce d'autant plus lorsque l'on vit dans le sud de la France où le paysage, dès que l'on met le pied en terrain calcaire (mais pas seulement), place le promeneur en présence de quelque dolmen ou pierre levée. Je n'ai donc pas échappé à cet appel et mon parcours est jalonné de colloques portant sur ce sujet : Gand (1973), Saint-Jacques-de-Compostelle (1996), Bougon (2002), Nara (2003), Amman (2007), Séville (2008), Sion (2011), Saint-Pons (2012) pour les plus représentatifs[7]. J'ai commencé à œuvrer sur ce thème en mettant en chantier le fascicule « Aude » de l'inventaire des mégalithes de la France destiné à devenir un supplément de *Gallia-Préhistoire*. La suppression de cette série ne m'encouragea pas à poursuivre le projet. Pour autant, j'ai inventorié bien des monuments inconnus.

J'ai même étudié en 1965 dans les Corbières, sur la commune de Laroque-de-Fa, une petite nécropole de huit monuments, passée jusque-là inaperçue. Mais c'est sur deux mégalithes du Minervois que j'ai surtout fait porter mes efforts. Certes, ces monuments avaient été fouillés, voire « martyrisés », avant moi mais il était possible d'en tirer de nouvelles informations plusieurs décennies après. Ce fut d'abord le dolmen de Pépieux, le fameux Palet de Roland situé au Moural des Fées, qui retint mon attention. Alors qu'il avait été fouillé auparavant dans sa moitié terminale, je pus dégager l'ensemble du couloir d'accès de ce beau monument, le plus grand mégalithe du sud de la France (la Grotte des Fées d'Arles mise à part), long de 24 mètres et dont les dimensions initiales du tumulus ne sont pas connues. J'ai aussi travaillé sur le dolmen de Saint-Eugène à Laure-Minervois, belle tombe à l'origine mais fortement endommagée par des carriers et reconnue grâce aux recherches de G. Sicard. J'en ai entrepris le dégagement total du tertre de 22 mètres de diamètre, fouillé le parvis, le couloir et entrepris la monographie[8]. Ces interventions ont, avec d'autres opérations, permis de réviser l'âge de ces monuments d'abord en chronologie relative (en les dissociant de la « culture » campaniforme « pyrénaïque » à laquelle on les attribuait naguère) puis en datant par le radiocarbone divers indices – ossements humains et charbons – en provenant. On place aujourd'hui leur édification dans la seconde moitié du IVe millénaire. J'ai pu aussi

impulser des travaux sur leur contenu matériel, leur environnement, leurs restes anthropologiques, favoriser sur ces derniers des
études paléogénétiques.

Quand ces monuments furent érigés, d'autres variétés de
caveaux étaient aménagées à leur tour en certaines régions du
grand arc ouest-méditerranéen. De Malte et de la Sicile jusqu'au
Portugal, des hypogées, tombes creusées dans le roc, servirent également de sépulcres aux communautés du Néolithique finissant.
Les cavités artificielles d'Hal Saflieni et du Cercle Brochtorff à
Malte en constituent les formules géantes. D'autres, en Sardaigne,
répondent à un style différent. Dans cette variété de tombeaux,
le petit groupe des hypogées d'Arles-Fontvieille occupe une place
à part en raison de leur morphologie allongée, de leur toiture
mégalithique, de leur tumulus circulaire ceinturé par des dalles
dressées, aujourd'hui disparues. La Grotte des Fées, longue de près
de 45 mètres, en est le fleuron avec ses escaliers monumentaux,
ses cellules symétriques aériennes, son couloir taillé en ogive, sa
longue galerie à section trapézoïdale et son plafond d'énormes
tables. À ces monuments arlésiens j'ai consacré un ouvrage, les
replaçant dans l'ensemble du contexte méditerranéen et soulignant
leur originalité architecturale[9].

Cet intérêt pour les tombes mégalithiques ou hypogéiques de
la Méditerranée a donné lieu à bien des voyages, des excursions,
des publications, depuis Chypre jusqu'au Portugal.

Je veux toutefois évoquer un exemple tout particulier et qui
m'a toujours fasciné en raison de son particularisme : Malte. Ici
le mégalithisme n'est pas funéraire mais cultuel. Les temples à
plan en trèfle de cet archipel y constituent une singularité tout
à fait insolite. Je les ai observés à plusieurs reprises et, à chaque
fois, mon étonnement est renouvelé. Comment ces deux îles
rocailleuses, perdues dans la mer, ont-elles donné naissance à une
culture mégalithique aussi florissante et étrange ? Bel exemple de

développement autochtone par des communautés dont les élites ont su trouver une formule adéquate pour maintenir ordre et cohésion sociale : à travers les rituels qui se déroulaient dans ou autour des sanctuaires, les populations communiaient dans un même sentiment d'unité[10].

On ne saurait évoquer le mégalithisme de la Méditerranée sans faire également référence à l'Andalousie et à ses tombeaux d'exception : Menga, Viera, Soto, El Pozuelo et tant d'autres. J'ai toutefois un faible pour ces étonnants monuments que sont les tholos et qui s'égrènent depuis la région d'Almeria (Los Millares) jusqu'à la baie de Lisbonne[11]. Ces édifices aux chambres funéraires élégantes à la fois par l'harmonie de leurs supports et/ou leurs murs de pierre sèche, leurs portes en four, ont longtemps fait l'objet d'interprétations faussées en raison de leur qualité architecturale même. On ne pouvait imaginer que de créatifs ingénieurs autochtones aient pu les concevoir. On a pensé que des Égéens, Crétois ou Mycéniens, en avaient importé le modèle. Le radiocarbone a heureusement balayé ces théories. Les tholos sont le modèle funéraire le plus abouti des populations chalcolithiques d'Andalousie et du Portugal méridional. La Cueva del Romeral d'Antequera ou la Cueva de la Pastora de Castilleja de Guzman sont des bijoux d'architecture. Les deux monuments récemment fouillés sur le territoire du grand site de Valencina de la Concepción (tombe 10042-10049 et tholos de Montelirio) viennent de renouveler profondément nos connaissances sur la société chalcolithique. La richesse de leurs équipements funéraires dont plusieurs en matériaux exotiques (ivoire, ambre) dit bien la puissance sociale des élites qui dominaient alors les populations, en augmentation démographique, de la région sévillane.

La diversité culturelle :
un peu de nomenclature

Lorsque j'ai commencé ma carrière, vers la fin des années 1950, nous étions en France en pleine élaboration de l'architecture chrono-culturelle de notre Néolithique. Max Escalon avait fait la démonstration à l'abri de Châteauneuf-les-Martigues de l'évolution du Néolithique ancien méditerranéen. Jean Arnal avait défini le Chasséen qui devait constituer la colonne vertébrale du Néolithique moyen français, et reconnu certains groupes méridionaux du Néolithique final : Ferrières, Fontbouisse, Rodézien. G. Bailloud et P. Mieg de Boofzheim avaient en 1955 publié un ouvrage synthétique, alors très documenté, de nos connaissances sur cette période. Mais l'édifice restait parfois sommaire et appelait compléments et retouches.

Dans mon aire de travail – le Languedoc occidental et la moitié orientale des Pyrénées – j'ai donc entrepris, essentiellement dans les années 1960-1970, une mise en place de séquences nouvelles ou une redéfinition de termes jusque-là utilisés.

Ainsi, de l'Épicardial. Dans sa fouille de l'abri de Châteauneuf, Max Escalon avait ainsi baptisé les termes ultimes de la civilisation à céramique cardiale. Le substantif « Épicardial » désignait pour lui les temps finaux de cette culture marquée par un certain déclin du décor céramique, au fond un abâtardissement consécutif à un effet de dégénérescence. En 1970, lors d'un colloque tenu à Narbonne, fort de mes observations sur la stratigraphie de la grotte Gazel (Sallèles-Cabardès, Aude), j'ai proposé de déconnecter plus franchement l'Épicardial du Cardial. Plutôt que de l'interpréter comme un stade déliquescent de la culture à céramique cardiale, je l'ai redéfini comme un ensemble spécifique, avec des aspects innovants et ce même s'il pouvait avoir hérité

de quelques traits antérieurs. Par ses styles céramiques en particulier, l'« Épicardial languedocien », variante d'un vaste complexe
étalé des Alpes occidentales à l'Andalousie, s'affichait comme une
culture à part entière[12].

Tout récemment, des fouilles ont révélé en Andorre, à quelque
1 200 mètres d'altitude, un habitat pérenne, caractérisé notamment par des structures de conservation (silos). Cet établissement
date de la fin du Néolithique ancien ou du Néolithique moyen
débutant. Il est la démonstration manifeste qu'à cette époque, vers
le milieu du Ve millénaire, la montagne pyrénéenne était habitée
de façon permanente par des agro-pasteurs. Les récipients propres
à ce faciès (culture) présentant une certaine originalité, j'ai appelé
« Juberrien* » (du nom de la commune abritant ce site : Juberri)
cet horizon, présent également sur le versant français à Llo, en
Cerdagne, et dans plusieurs grottes de l'Ariège[13].

En 1968-1969, j'ai conduit deux campagnes de fouilles dans
une grotte du Vallespir, à Montbolo. Cette cavité, difficile d'accès,
s'ouvre au cœur d'une falaise calcaire et n'est accessible que par
une étroite corniche périlleuse qui nécessita quelques aménagements. À l'entrée de la cavité, un essaim d'abeilles avait élu
domicile. De sorte que, sitôt passé la délicate corniche, il fallait
littéralement se jeter dans la cavité, basse de plafond, pour éviter le nuage d'abeilles qui bourdonnait sous le porche. De cette
grotte nous pûmes extraire de nombreux témoins céramiques des
débuts du Néolithique moyen : encore un faciès jusque-là non
décrit et qui s'avéra être une composante clé du Néolithique du
versant sud des Pyrénées. Ainsi naquit le « groupe de Montbolo »
(ou Montbolien)[14].

Lorsque, au début des années 1960, je m'attelais à l'étude
des collections du musée de Narbonne, je remarquai, issues
des recherches de T. et P. Héléna dans la petite grotte de Bize,
des poteries à l'ornementation originale à base de lignes droites

ou brisées, de guirlandes, de bandes rayées ou quadrillées, de plages peintes en rouge ou ocre. Je crus quelque temps qu'on était, ici encore, devant un horizon, des débuts du Néolithique moyen, développé sur le cours inférieur de l'Aude, sous l'effet d'un impact maritime de souche italique. J'ai baptisé « Bizien* » (ou groupe de Bize) cet horizon culturel, en hommage à Philippe Héléna le fouilleur des lieux[15]. Par la suite, les précisions du radio-carbone ont permis de mieux l'inscrire dans une étape avancée de la culture chasséenne.

Entre la phase moyenne et les derniers temps du Néolithique (à vases campaniformes), notre ignorance était à peu près totale dans la zone allant de l'Hérault aux Pyrénées et à la Garonne. Lors des travaux que je conduisis en 1963 et 1964 dans les grottes du massif de la Valette à Véraza (Aude), je pus reconnaître, entre les strates du Chasséen et celles du premier Âge du bronze, l'existence d'un ensemble culturel qui venait combler ce vide chronologique. Je le qualifiais de « Vérazien[16] ». Il s'avéra par la suite que cet horizon débordait sur le versant sud des Pyrénées. En Languedoc occidental et Roussillon, sa présence dans de très nombreux sites d'habitat de plein air fut ensuite attestée par les recherches, pro-grammées ou préventives, de plusieurs collègues.

Épicardial languedocien, Juberrien, Montbolo, Bizien, Vérazien… J'ignore quelle sera la pérennité de ces termes, devenus courants dans la nomenclature. Au moins auront-ils servi, à un moment de la recherche, à préciser certaines étapes du Néolithique du sud de la France et à faire réfléchir sur certains critères iden-titaires de cette période.

La question campaniforme

Je me suis intéressé très tôt à la question de la culture du vase campaniforme, un phénomène qui se manifeste soudainement, vers 2600-2500 avant notre ère, en plusieurs régions d'Europe. Et d'abord parce que, audois, je vivais au cœur de l'une de plus fortes concentrations de ce type de récipient préhistorique. Ensuite, par l'ampleur même des interrogations posées par ces gobelets à décor de bandes imprimées de rayures obliques. De la Sicile à l'Écosse, du Portugal à la Pologne et la Bohême, on rencontre ainsi, le plus souvent dans des tombes, mégalithiques à l'Ouest, individuelles sous tertre dans le nord et le centre de notre continent, des gobelets accompagnant les défunts, parfois associés à un attirail particulier : poignards à lame de cuivre, plaquettes parfois dites « brassards d'archer », boutons en os ou ivoire perforés en V, pointes de javelines dans la péninsule Ibérique. J'ai dit comment à 21 ans, avec une crânerie assez innocente, j'ai donné dans le bulletin de la Société préhistorique française ma première note sur le sujet fondée sur les vestiges du dolmen de Saint-Eugène à Laure-Minervois (Aude)[17]. Les années 1950-1960 étaient celles au cours desquelles on pratiquait beaucoup la typologie céramique. J. D. Van der Waals, d'abord avec W. Glasbergen, puis avec J. N. Lanting, avait tenté, aux Pays-Bas, une sériation typo-chronologique de ces récipients dont la forme et le décor avaient inévitablement évolué au cours des quatre à cinq siècles pendant lesquels ces contenants avaient été en vogue. En 1967, je proposai à mon tour une évolution stylistique en quatre phases de la céramique campaniforme du Midi[18]. Vaille que vaille et avec quelques réajustements réalisés par O. Lemercier, cette périodisation tient toujours la route[19].

Mais la grande question du campaniforme réside dans l'extension même de ce modèle de récipient qui apparaît soudainement au cœur du IIIe millénaire et connaît un succès réel et immédiat en plusieurs régions de l'Europe de l'Ouest et du Centre. Toute une littérature a fleuri sur les vecteurs de ces contenants, apparemment mobiles, tout au moins lors de leur rapide « conquête » du continent : forgerons, guerriers, céramistes, « gypsies », aristocrates expansionnistes, etc. Il est vrai qu'on aimait bien les explications migrationnistes dans la première moitié du xxe siècle. On a ensuite quelque peu tempéré ces hypothèses « nomadistes » en évoquant plutôt des processus de transfert culturel : la transmission de proche en proche d'une mode associant gobelets et attributs sans envisager pour autant le déplacement obligatoire de populations entières. Les analyses de pâtes conduites sur certains récipients ont montré qu'effectivement ces gobelets ont souvent été fabriqués à partir d'argiles locales. Néanmoins des recherches chimiques sur les ossements des populations « campaniformes » d'Europe centrale n'écartent pas l'idée de mouvements dans l'espace.

Une certaine habitude de la discipline m'a toujours un peu horripilé. Sous l'épithète « culture du vase campaniforme », on a trop tendance à assimiler deux états totalement différents. Le premier, ancien, est celui au cours duquel surgit soudainement le gobelet dit « maritime », contenant de couleur généralement d'un beau rouge, décoré de bandes horizontales vierges alternant avec des bandes imprimées de fines impressions obliques par application d'un peigne ou d'une coquille. Ce gobelet conquiert le continent vers 2600-2500 avant notre ère, sans qu'on en saisisse toujours la signification. Là, il est le marqueur d'un défunt qu'il distingue par sa présence. Ailleurs, il apparaît sporadiquement parmi la vaisselle « autochtone » des cultures indigènes dont il se détache par son originalité.

Le deuxième état, récent, est une dérive du précédent. Admis plus largement par les populations au sein desquelles il s'est implanté, le gobelet décoré a généré, en plusieurs points du

continent, des cultures spécifiques : au récipient classique sont
venus s'adjoindre des récipients aux formes variées ; les décors
se sont multipliés ; une vaisselle commune est apparue enrichis-
sant d'autant le bagage culturel. On enterre toujours ici dans des
tombes individuelles, là dans des sépulcres collectifs. Des habitats
montrent désormais l'enracinement autochtone de cet horizon :
on n'est plus réellement dans l'état ancien, mais dans des cultures
dérivées, régionalisées et en ce sens, autonomes en regard du premier stade. Ces cultures n'ont plus rien à voir avec le phénomène
campaniforme conquérant des débuts. Pourtant, on continue trop
souvent de les englober dans un même « patchwork », ce qui ne
contribue guère à clarifier le problème.

L'une des questions qui a fait beaucoup cogiter les archéologues est celle de l'origine du berceau de cet étrange phénomène.
Certains ont penché pour l'Andalousie ou la baie de Lisbonne,
d'autres pour l'Europe centrale, puis on a pensé aux Pays-Bas
et même au midi de la France. Un archéologue, L. Palliardi, a
même proposé une double émergence, l'une à l'ouest, l'autre à
l'est. Enfin d'autres ont abdiqué devant cette question du berceau
qui, selon eux, n'aurait aucun sens, le meilleur moyen de s'en
tirer étant de ne pas la poser…

Posons-la quand même car la mode de ce gobelet si particulier, unique ou polygénique, a bien dû émerger quelque part.
En 1995, j'ai pu étudier en Sicile une série de vases campaniformes locaux malheureusement hors contexte. Néanmoins, leur
morphologie, leur qualité technique et esthétique m'ont montré
que la Sicile, jusque-là considérée comme très marginale dans
l'expansion du phénomène campaniforme, devait être réinsérée
dans la problématique du processus[20]. Comme les affinités avec les
récipients de la péninsule Ibérique me paraissaient réelles, j'en ai
déduit que des relations maritimes et/ou terrestres (par l'Afrique
du Nord) devaient unir ces deux pôles. Malheureusement, l'état

de la recherche sur ces périodes en Algérie et en Tunisie ne nous fournit pas à ce jour de données solides. Pourtant, l'idée de routes, par terre et/ou mer, s'est trouvée confortée par l'importation, dans le sud de la péninsule Ibérique, d'ivoire d'origine asiatique (éléphant d'Asie) et par toute une série d'objets d'inspiration égyptienne ou levantine. Ces phénomènes précèdent l'émergence même du processus campaniforme et se placent souvent entre 3000 et 2500 avant notre ère. Ils viennent féconder le Sud ibérique, une région alors toute particulière dans le panorama des civilisations européennes et qui est l'objet d'un épanouissement d'exception : de grands sites impliquant d'importants regroupements de populations y sont attestés alors que d'autres, plus restreints, se distinguent par le recours à des systèmes de fortification sophistiqués. Des tombeaux à long couloir débouchent sur des chambres circulaires à voûte en dôme parfois avec une cellule latérale, et dont quelques-uns sont manifestement destinés à recevoir les corps de privilégiés. En 1913 déjà H. Schmidt, puis peu après son élève P. Bosch-Gimpera avaient placé le bureau du campaniforme dans la vallée du Guadalquivir. Ils avaient été subjugués par la qualité des récipients du site de Carmona figurant dans la collection Bonsor (aujourd'hui conservée dans les locaux de l'Hispanic Society à New York). En fait, les documents en question, tout à fait remarquables, relèvent pour l'essentiel d'une phase évoluée du processus. Ils ne peuvent donc en expliquer la genèse. En revanche, je crois que si cette région a pu jouer un rôle pertinent dans la genèse du processus campaniforme, c'est pour des raisons d'ordre social : la présence dans cette région d'Europe, allant d'Almeria à la baie de Lisbonne, d'une sorte d'« aristocratie » naissante dont le pouvoir était tel qu'il permettait l'importation de matériaux exotiques rares (ivoire, ambre, œufs d'autruche, cristal de roche) mais aussi très probablement l'installation d'artisans maîtres dans l'art de les traiter. En ce sens, le beau gobelet rouge à décor zoné pourrait figurer parmi les marqueurs originaux dont ces élites étaient friandes pour s'autovaloriser. La répétition au fond d'un phénomène connu : déjà, au Ve millénaire, les roitelets du Morbihan enterrés sous les tertres carnacéens étaient les commanditaires de haches alpines ou de bijoux en variscite ibérique, ainsi transférés sur des centaines de kilomètres. Un millénaire plus tard, les élites sud-ibériques en faisaient autant en tournant, eux, leurs regards vers l'Afrique et la Méditerranée orientale. L'hypothèse d'un gobelet campaniforme émergé dans le Sud ibérique reprend donc des couleurs, appuyée cette fois, non plus sur des bases typologiques, mais en fonction d'un contexte social particulier[21].

La guerre

L'archéologie a longtemps eu une attitude ambiguë face à la guerre. Certes, depuis ses débuts, elle n'a cessé de dresser une typologie toujours plus affinée des armes, défensives ou offensives. Mais sans considérer pour autant la guerre comme fait social, comme comportement déterminant de l'histoire des sociétés. Ce n'est que depuis quelque temps que les archéologues portent sur les confrontations un regard davantage anthropologique, rétablissant ainsi un certain équilibre dans l'appréhension de communautés perçues trop souvent sous leur seul angle pacifique : activités domestiques, échanges, rites funéraires, exploitation de l'envi-ronnement.

Envisager plus particulièrement la guerre des temps anciens se heurtait à une sorte de tabou : il n'aurait pas existé de guerre au cours des temps paléolithiques. Ce n'est qu'à partir des sociétés productrices du Néolithique que les conflits auraient vu le jour. Considérer de la sorte la naissance des confrontations, c'est estimer que seuls des comportements d'envie, de possession, le dessein impulsif de prendre à autrui ses femmes ou ses hommes, ses troupeaux, ses réserves alimentaires pouvaient être la cause de confrontations. Les envisager de la sorte, c'est leur attribuer des causes purement matérialistes. Et c'est oublier que les raisons entraînant rivalités et discordes peuvent être très variées et d'abord psychologiques : jalousies, rancunes, jets de sorts, vengeances à assouvir, volonté d'en découdre, etc.

Admettre que la guerre devait être abordée sur le temps long, c'était aussi mettre à mal l'idée de l'Âge d'or paléolithique : une nature généreuse dans laquelle, par la chasse ou la cueillette, les hommes peu nombreux pouvaient puiser à satiété sans sacrifier à des divisions dangereuses pour l'espèce. Une vision rousseauiste des temps anciens : une créature humaine généreuse et sensible que la « civilisation » finira par dénaturer et rendre agressive. C'est ce mythe qu'avec Jean Zammit nous avons essayé de déconstruire en dressant un état de nos connaissances sur la violence préhistorique[22]. Cet essai, en langue française, venant après celui de L. Keeley (en langue anglaise) mais essayant de « coller » davantage aux « faits archéologiques » a eu pour effet de donner une impulsion à ce thème.

Sujet difficile pour les périodes les plus lointaines il est vrai, en raison de la faiblesse du dossier et de la difficulté à interpréter certaines données. Notre objectif s'est limité, à la fin des temps pléistocènes, à montrer l'existence d'antagonismes au sein des sociétés de chasseurs-cueilleurs. Le site du Djebel Sahaba (ou site 117) au Soudan dévoilait déjà, dès – 12 000 ans environ, des faits de destruction d'une population pouvant être qualifiés de « tuerie de masse ». Et des heurts entre communautés mésolithiques sont attestés en plusieurs endroits d'Europe : Ukraine (Voleshki, Vasilievka), Roumanie (Schela Cladovei). Des travaux plus récents sont venus corroborer nos hypothèses comme la découverte de

27 sujets mis au jour à Nataruk (Ouest Turkana, Kenya) abattus lors d'un conflit entre chasseurs vers 9000 ans avant notre ère. A. Gat a également relevé plusieurs cas de confrontations entre chasseurs et dénoncé le mythe « rousseauiste ». Depuis, des collègues espagnols ont même avancé que la violence humaine, loin de n'apparaître que récemment, plongeait ses racines dans la théorie de l'évolution, des tendances meurtrières pouvant être relevées chez certaines espèces de mammifères.

Certes, le Néolithique n'a pas arrangé les choses. Des fouilles conduites à Achenheim (Bas-Rhin) par une équipe de l'INRAP ont permis de dégager, dans un grand silo, les corps de six hommes – cinq adultes et un adolescent – associés à quatre bras gauches amputés sur d'autres sujets lors d'un épisode barbare. Dans un autre site près de Strasbourg – Bergheim –, huit individus ont été éliminés. Ces recherches récentes viennent grossir un dossier qui avait surtout concerné jusqu'ici le Néolithique ancien « danubien » avec les exemples de Talheim (Bade-Wurttemberg), Herxheim (Palatinat), Asparn-Schletz (Autriche).

Un autre aspect de ces violences néolithiques est apporté par les scènes de combats d'archers de l'art du Levant espagnol. Des débats agitent toujours la communauté scientifique sur leur datation : certains les pensent mésolithiques mais les préhistoriens de Valencia ont pu montrer, grâce à une analyse fine de certaines superpositions de scènes peintes ou gravées, qu'elles ne pouvaient qu'être néolithiques. C'est la thèse que nous avons défendue à partir de divers arguments : nombre élevé de protagonistes dans certaines scènes (une cinquantaine à Tirig en cumulant intervenants et « réservistes »), morphologie des armatures. Esther Lopez-Montalvo a repris cette question et montré que les scènes de guerre relevaient en fait des phases les plus récentes de l'art levantin. Peut-être doit-on les rapporter au temps du Néolithique final-Chalcolithique, un moment dans la péninsule Ibérique au cours duquel la stratification sociale s'accentue brusquement avec la montée en puissance d'élites dans l'aire Andalousie-Algarve et la multiplication des sites fortifiés. C'est aussi l'époque où, en France, le nombre de victimes par flèche s'accentue soudainement comme le montre l'inventaire que nous avons tenté dans notre ouvrage.

Un volet de cette recherche m'a également amené à définir ce que j'ai nommé « le proto-guerrier d'Occident ». Apparaissent en effet, traduits sur des statues-menhirs ou des stèles anthropomorphes du IVe millénaire, des sujets masculins armés de poignards, haches, arcs, flèches. Ces monuments se répartissent dans quelques aires privilégiées du sud de l'Europe : Ukraine, Balkans orientaux, Italie du Nord et Suisse, sud de la France, Sardaigne, péninsule Ibérique. À la même époque et au cours du millénaire suivant, les tombes masculines sont identifiables aux armes, réelles ou symboliques, déposées près des défunts. L'image du guerrier est donc dès cette époque très prégnante. Or, contrairement aux cités ou aux États orientaux, il n'existe pas encore en Europe de l'Ouest de guerriers à plein-temps. Ces derniers n'apparaîtront sur la scène occidentale que bien plus tard, vers la fin de l'Âge du bronze ou au cours du premier Âge du fer. L'idéologie du guerrier est déjà présente mais le combattant « professionnel » n'a pas encore émergé du sein de la société. L'arme se contente de connoter le mâle, l'élite, le combattant mais celui-ci n'est encore qu'un belligérant occasionnel.

Le livre écrit avec J. Zammit ainsi qu'un certain nombre de contributions à des colloques sur le thème de la violence ou de la genèse du guerrier m'ont donc positionné, un peu malgré moi, comme un spécialiste de la guerre ancienne[23]. C'est sans doute pour ces raisons que l'INRAP m'a demandé en 2014 de codiriger, avec l'historien Jacques Semelin, le colloque envisagé par cette institution au Louvre-Lens sur le thème de l'approche archéologique aux situations de guerre. Cette manifestation, ainsi que l'ouvrage qui en résulta, montre en effet, essentiellement pour les périodes historiques, tout ce que cette discipline peut apporter à la réflexion du chercheur[24]. En France notamment, l'archéologie préventive s'est tout particulièrement impliquée dans une analyse des lieux de la Grande Guerre débouchant sur une vision totalement renouvelée de l'hécatombe : aspects de la vie quotidienne au front, pratiques de gestion de la mort de masse, fouille des sépultures collectives dont celle du petit détachement conduit par Alain Fournier à Saint-Rémy-la-Calonne (Meuse) ou celle des « Grimsby Chums » britanniques à Arras ont été les plus médiatisées. Ce sont aussi des archéologues qui sont aujourd'hui sollicités pour analyser, avec la plus grande précision, les charniers, les fosses communes imputables aux événements tragiques du XXe siècle. Ils y exhument les victimes de génocides et de guerres civiles. Ainsi est née une discipline, l'archéologie médico-légale (*forensic archaeology*), à l'œuvre sur les ossuaires de la dictature franquiste, du camp nazi de Treblinka, des massacres de Srebrenica (Bosnie-Herzégovine), du Rwanda, pour citer quelques exemples évoqués dans l'ouvrage.

L'archéologie est donc désormais mise à contribution pour des interventions qui l'entraînent bien loin de ses problématiques, généralement plus pacifiques. Elle rend une identité à des cadavres que l'on avait confinés dans l'anonymat. Surtout, elle objective une réalité occultée par les vainqueurs et impose une réécriture de l'Histoire. Naguère considérée comme une « discipline auxiliaire » de cette dernière, c'est elle qui, désormais, lui impose un verdict de vérité.

Adieu, déesse-mère...

L'archéologue du Néolithique et de l'Âge du bronze se trouve régulièrement confronté à des vestiges matériels qui ont un rapport avec l'habitat, les genres de vie, l'artisanat lithique* (outils et armes), métallique, céramique, les sépultures, etc. C'est l'aspect banal de l'archéologie. Il lui est plus difficile d'approcher la question des organisations sociales car il faut, dans ce cas, qu'il mobilise un certain nombre d'observations et qu'il construise un modèle vraisemblable, mais au demeurant spéculatif. Dès qu'il essaie d'aborder la question du religieux, la difficulté croît encore car s'il peut trouver trace de certains rituels, en revanche les dogmes, les croyances paraissent difficilement abordables. La validation des hypothèses reste assez problématique. Pour autant, depuis le XIXᵉ siècle, des auteurs, influencés par l'histoire des religions et l'anthropologie culturelle, ont abordé sans complexe ce sujet et évoqué, pour le Néolithique, le culte d'une déesse-mère (ou de déesses-mères) à partir de quelques stéréotypes basiques. Les premiers cultivateurs avaient besoin de bonnes récoltes : ils ont donc vénéré un divin à même de les favoriser (soleil, pluie, etc.). Le rapprochement entre la terre, qui annuellement produit les ressources végétales et nourrit les animaux, et la femme qui donne la vie (fertilité/fécondité) semble logique. Et d'ailleurs les nombreuses figurines obèses du Néolithique n'étaient-elles pas la traduction d'un culte de la fertilité clairement affirmé dans la pratique ? L'assimilation des figurines féminines à des objets de culte, voire à des représentations de déesses-mères est le débouché évident de ce postulat. Si tout cela n'est qu'hypothèse, l'énoncé en a souvent été présenté comme un fait acquis[25].

Afin d'aborder cette question dans mes cours, j'ai été amené à constituer une documentation importante sur les statuettes néolithiques d'Europe et d'Asie antérieure et surtout de voir dans quel contexte de découverte elles avaient été mises au jour. Logiquement, on aurait dû les découvrir plus particulièrement dans des lieux de culte en raison de leur fonction présumée. Mais il se trouve que définir un lieu de culte néolithique ne va pas de soi. La différence entre un supposé sanctuaire et une maison « domestique » reste affaire d'appréciation subjective. Et souvent l'archéologue décide que tel bâtiment est un sanctuaire parce qu'on y a trouvé des figurines : c'est le type même du raisonnement circulaire peu convaincant.

Il existe certes au Levant des bâtiments qui sont vraisemblablement des sanctuaires mais ils n'apparaissent qu'au IVe millénaire dans le contexte de l'Âge du cuivre : En Gedi, Ghassoul, Megiddo, etc. Même remarque pour les « temples » de Malte mais on est là également dans une phase terminale du Néolithique au sein de sociétés en voie de complexification rapide et à une époque où les figurines, qui ont connu leur acmé lors des premiers millénaires néolithiques, ont plutôt tendance à se raréfier.

Si la définition des lieux de culte s'avère délicate, les figurines peuvent-elles nous éclairer ? Observons d'abord que leur morphologie n'en fait pas forcément des symboles de fécondité. On en trouve rarement enceintes. Si certaines présentent des formes charnues, d'autres obéissent à des canons valorisant plutôt la minceur. Il existe en fait toute une variété d'écoles – changeant au gré du temps et de l'espace – qui engendrent des productions naturalistes ou abstraites, avec des modèles qui n'obéissent pas forcément au type « enveloppé ».

Les contextes de découverte, élément clé de toute interprétation archéologique, sont d'autre part des plus divers : habitations, sépultures, lieux d'activités domestiques, fosses et « poubelles », etc. Les statuettes ne paraissent donc pas associées à des lieux spécifiques en liaison avec des fonctions cultuelles. Peter Ucko, étudiant les exemplaires de l'Égypte, du Levant et de l'Égée, a d'ailleurs fait observer les difficultés de l'interprétation « religieuse ». En valorisant au maximum les figurines féminines (= déesses supposées), on minimise les statuettes d'hommes ou d'animaux. S'agissait-il aussi de dieux-mâles, de dieux-bêtes ? Et que dire des figurines asexuées assez fréquentes ? Pourquoi aurait-on fabriqué en argile ou en os, matériaux communs, des objets de vénération alors qu'on pouvait les sculpter dans des roches nobles dont les qualités supérieures, appréciées des néolithiques, auraient précisément valorisé l'œuvre produite et l'esprit qu'on y attachait ?

De sorte que, finalement, les interprétations sur le sens des figurines ont fini par se multiplier : poupées-jouets ou miniaturisation du monde des adultes, médias pour initiations ou aide-mémoire, ex-voto, objets magiques associés à des incantations, prières, mauvais sorts, accouchements et autres moments difficiles de la vie, matérialisations d'alliances ou de contrats, portraits individuels, figurations d'ancêtres, concubines de défunts, etc. Cette liste pourrait être allongée. À Chypre, le sens des figurines a pu changer avec le temps. Asexuées à leur début (Néolithique précéramique), elles pourraient alors désigner l'espèce humaine en général. Au Chalcolithique, ce sont des parturientes, des génitrices que l'on observe. Aux débuts de l'Âge du bronze, on loue plutôt des matrones, des mères à l'enfant. Ces évolutions sont le reflet de l'idéologie sociale changeant au gré du temps.

Et quand bien même l'hypothèse de la déesse-mère serait recevable, comment admettre qu'il ait existé au Néolithique une religion globale, transculturelle dans l'espace, et monolithique, immuable, au fond anhistorique pendant quelque quatre à cinq millénaires ? Au lieu de cette explication unique, voire universelle, plus vraisemblable est celle d'une multiplicité des scénarios et du sens. Les figurines peuvent renvoyer à plusieurs idées, être utilisées lors d'activités diverses, être un procédé métaphorique, polysémique, un « moyen de penser ».

Domination et genre

L'idée d'une complexification sociale grandissante au fil du Néolithique en liaison avec des pouvoirs toujours plus structurés laisse entendre que certains « retours en arrière » vers des sociétés moins hiérarchisées, voire acéphales, sont assez improbables. À moins d'admettre, périodiquement, des « remises à plat » consécutives à des mouvements sociaux brutaux, ce qui ne peut être totalement exclu. La question de la domination sociale se pose en effet tout particulièrement lorsqu'on essaie de la déceler à travers des modes funéraires qui font la part belle à des caveaux à usage collectif. Si la hiérarchie s'affiche clairement dans la mort lorsque les communautés édifient des tombeaux d'envergure, mobilisant de nombreux individus pour les bâtir, et destinés à un ou à quelques sujets (tumuli carnacéens du Néolithique moyen, tumuli des « princes » du Bronze ancien du Wessex, de Saxe ou d'Armorique), il n'en va pas de même lorsque les sociétés ont recours à des tombes accueillant un grand nombre de sujets. Comment alors déceler la hiérarchie à partir de cellules mortuaires dans lesquelles se côtoient ou s'entremêlent de nombreux squelettes ? Cette situation est notamment celle qui caractérise l'espace méditerranéen dans la seconde moitié du IVe millénaire et pendant la presque totalité du IIIe millénaire, sans que, pour autant, les sépultures individuelles soient totalement ignorées. On a alors parlé de tassement de la pyramide sociale, voire de démocratisation. Il est vrai que cette période qui oblitère le statut de l'individu en mêlant sa dépouille à celles d'autres personnes moins « titrées » rend plus délicate la quête de l'archéologue. En privilégiant la notion de tombe collective – fût-elle à l'échelle familiale, villageoise ou à recrutement plus large encore –, des populations ont alors montré leur attachement à la notion de communauté au détriment de la distinction individuelle. Faut-il pour autant estimer qu'il n'existait pas de dominants chez les vivants ?

Je pense personnellement qu'on doit répondre par l'affirmative et pour cela, j'ai tenté de déceler quels marqueurs archéologiques pouvaient signer des formes de domination sur un espace allant de l'Italie méridionale au Portugal[26]. Remarquons d'abord qu'il existe, dans la zone de tombes collectives, quelques tombes individuelles de dominants : ainsi le cercueil de pierre de Tursi à Matera (Italie) ou la tombe A de Fontaine-le-Puits (Savoie). On connaît même, dans le Sud ibérique, de grands monuments dont la chambre mortuaire, à usage collectif, est prolongée par une petite cellule ronde destinée à un privilégié dont la richesse du mobilier trahit la position sociale élevée : ainsi dans la tholos 3 d'Alcalar (Portugal) ou dans le monument 10042-10049 de Montelirio à Valencina de la Concepción près de Séville.

Sur le large espace étudié, des objets spécifiques soulignent la distinction : sceptre (Tursi), « bâton de commandement » (Mirabella Eclano, Campanie), flèches d'apparat en melonite ou cristal de roche (Andalousie), variétés de poignards en silex, cuivre et, dans un cas pour l'instant unique, cristal de roche (PP4-10049 de Montelirio), « haches de bataille » en pierre (Italie centrale), etc. Des objets en matériaux exotiques peuvent également signer la « notabilité », sachant que l'origine lointaine de la pièce renforce son aura. L'exemple le plus démonstratif est le recours à un ivoire d'origine asiatique utilisé dans la fabrication de « produits de luxe » (peignes, pendentifs, défenses d'éléphant sculptées, etc.) qui se retrouvent parmi les mobiliers funéraires des tholos d'Andalousie. Si ces ivoires, asiatiques ou africains, sont travaillés dans le sud de la péninsule ibérique, les pièces peuvent s'inspirer de prototypes lointains, levantins ou égyptiens.

Les statues-menhirs, effigies de personnages charismatiques ou héroïsés, voire d'ancêtres mythiques, traduisent également une forme de domination. Les stèles de l'Italie du Nord-Est présentent une iconographie caractérisée par la multiplication des armes effectives (poignards, haches) ou cérémonielles (hallebardes) ainsi que des vêtements d'apparat (colliers, ceintures à festons, capes ouvragées). On remarquera que de tels insignes traduisent la masculinité ce qui nous introduit à une autre forme de domination[27]. Les stèles représentant des femmes se contentent souvent de figurer des parures ou des habits rituels. Dans plusieurs cultures, ces dames nous dévoilent leurs seins. Elles sont donc exclues du port et de l'usage des armes. Or on sait que les armes sont des « leviers » du prestige : par la chasse ou la guerre, elles permettent de se construire un statut social. Cela ne signifie pas que les femmes étaient systématiquement en position subalterne, mais que certains rôles ne leur étaient pas accessibles, sauf cas particuliers. Exhibant un caractère anatomique, « naturel », « sauvage », leur sphère est, au contraire, le lieu le plus domestique qui soit : la maison, le gynécée. L'homme à l'inverse, à l'aide d'outils culturels (les armes), peut exprimer son adresse, son courage dans l'espace le moins intime, celui du sylvestre, de l'indompté, de l'infini.

Une autre forme de domination nous est suggérée par les temples de Malte. Mon sentiment est que dans la société maltaise des IVe et IIIe millénaires, les temples, monuments emblématiques, ont été des lieux permettant, à travers les cérémonies qui s'y déroulaient, le fonctionnement et la cohésion des communautés. Une sorte de pouvoir intellectuel, idéologique était aux mains de dominants lesquels maintenaient leur ascendance en organisant des manifestations liturgiques qu'ils contrôlaient étroitement pour mieux asseoir leur primauté. Certes, cette suprématie sociale ne s'exprimait pas dans la mort car, comme ailleurs, les caveaux collectifs dissolvaient les différences de statut entre individus.

Au cours de ces parades qui, lors du Chalcolithique, se déroulaient pour mieux jouer sur les esprits et entretenir un certain ordre social, les femmes ont pu tenir un rôle essentiel. Parmi les jeunes femmes inhumées dans la tholos de Montelirio près de Séville, l'une, dont la dépouille a été placée à l'écart des autres, les bras en croix et vêtue d'une tunique composée de plusieurs dizaines de milliers de perles en coquillage, devait, à mon avis, bénéficier d'un statut particulier : une « prêtresse »[28] ?

La mer partagée :
divisions géoculturelles et rythmes collectifs

La Méditerranée n'en finit pas de nous interpeller. Avec presque 4 000 kilomètres du Levant à Gibraltar, ce n'est pas une grande mer. Et pourtant, elle est restée assez longtemps cloisonnée, partagée entre des espaces géographiques qui semblaient systématiquement boycotter toutes tentatives d'unification[29]. Prenez le temps de la diffusion néolithique. Le Néolithique précéramique émergé au Proche-Orient gagne Chypre dès – 9000 et l'Anatolie centrale vers – 8500 mais peinera à aller au-delà. Tout au plus des épiphénomènes orientaux gagnèrent autour de – 7000 le sud de l'Asie Mineure (Çukuriçi) et la Crète (Cnossos). Au-delà du plateau anatolien, la diffusion prend un autre visage : elle est désormais riche de la céramique, apparue autour de – 7000 en plusieurs points du Levant nord. Sur les deux rives de la mer Égée – l'asiatique et l'européenne –, des vases de teinte cuir ou bordeaux, souvent dotés d'anses tubulaires verticales, à fond rond, plat ou à léger pied peuvent servir de dénominateur commun à ces premiers agriculteurs. À compter de l'Adriatique et plus à l'ouest, ce sont les récipients à décoration imprimée qui, en dépit d'adaptations locales, donneront un semblant d'unité aux premières communautés agricoles réparties de l'Apulie à l'Andalousie et au Portugal. Trois Méditerranées en quelque sorte. Quatre même, si l'on y adjoint la longue bande côtière du nord de l'Afrique dont on peine encore à démêler les identités culturelles et leur possible fragmentation, faute de données suffisantes.

Passons au Ve millénaire. L'éparpillement s'amplifie. Dans la première moitié du millénaire fleurissent à l'est des horizons singuliers (Sotira de Chypre, Beth-Shean du Levant sud, faciès chalcolithiques d'Anatolie), de l'Égée au Sud italien s'expriment des groupes à poterie peinte (Dimini de Grèce, Scaloria et Serra d'Alto de l'Ouest adriatique), les premiers temps des Vases à bouche carrée fleurissent sur l'axe du Pô, le Bonu Ighinu en Sardaigne, les communautés épicardiales de la Provence occidentale à l'Andalousie. L'émiettement se poursuit dans la seconde moitié et jusqu'au cœur du IVe millénaire : Ghassoulien du Levant sud, cultures prédynastiques d'Égypte, Rachmani-Maliq II de Grèce-Albanie, Diana du Sud italien, San Ciriaco puis Ozieri sardes, groupes à poterie monochrome de Méditerranée occidentale (Montbolo, Chasséen, Lagozza, Sepulcros de fosa du Barcelonais, Almérien).

Vers la fin du IVe millénaire et pendant une bonne part du IIIe, les cloisonnements restent forts : premières dynasties et Ancien Empire égyptien, cités levantines et anatoliennes, Bronze ancien égéen (Helladique, Minoen, Cycladique anciens) à l'est, cultures « chalcolithiques » de Méditerranée centrale et occidentale – Tarxien de Malte, Malpasso de Sicile, Gaudo campanien, Rinaldone toscan, Monte Claro sarde, Fontbouisse languedocien, Vérazien pyrénéen, Los Millares andalou. Vers la fin du IIIe millénaire, l'éparpillement subsiste : Bronzes anciens levantins et chypriotes, horizon de Phylacopi en Égée, cimetière tarxien de Malte, les deux côtés de l'Adriatique s'associant autour du complexe de Cetina tandis que, dans tout le bassin occidental s'expriment divers faciès du complexe à vases campaniformes. De fait, il faudra attendre le IIe millénaire pour que, progressivement, la barrière de la Sicile finisse par se déverrouiller avec l'intrusion d'Orientaux (chypriotes, levantins) ou d'Égéens (mycé-niens) venant investir le Sud italien avant de gagner la Sardaigne et la péninsule Ibérique. Dès lors, sans que l'on puisse parler d'unification culturelle, des éléments communs irriguent les deux bassins de la Méditerranée. Dès le IIIe millénaire d'ailleurs, les rives sud, encore mal connues, avaient déjà été le théâtre de circuits de matériaux et de modèles parvenus de l'Est levantin et égyptien jusqu'en Andalousie. Tous ces prémices préfigurent l'expansion phénicienne et la colonisation grecque ultérieures.

Tout cela fait donc apparaître une mer chargée de particularismes. Mais n'oublions jamais que ceux-ci sont accentués par la pratique archéologique qui, par ses classifications typologiques, a tendance à survaloriser les différences. On peut avoir une autre lecture, plus historique, plus globalisante. Celle-ci montre que, par-delà ces cloisonnements, des « vagues de fond » semblent rythmer l'évolution de la Méditerranée protohistorique. Elles font la démonstration de l'existence d'apogées, suivis de périodes de tassement, de repliement, voire de déclin. Là encore, des « arythmies », non dans l'espace mais cette fois, dans le temps.

Prenons l'exemple de la première moitié du IIIe millénaire. L'Égypte est en pleine consolidation de l'Ancien Empire. Les seigneuries anatoliennes renvoient l'image d'une période prospère (deuxième « ville » de Troie, tombes royales d'Alaca Huyuk). « L'esprit international » facilite les échanges, au sein de la mer Égée, entre la Grèce continentale, l'Asie Mineure, et la sphère des Cyclades. À Malte, c'est l'apogée de la culture des Temples. En Occident, fleurissent les cultures chalcolithiques régionales, la plus brillante étant sans contexte celle étalée du pays d'Almeria jusqu'à la baie de Lisbonne, vivifiée par ses contacts avec l'Afrique et la Méditerranée orientale. En revanche, s'agissant de la seconde moitié du IIIe millénaire, ce que l'archéologue perçoit s'apparente à une remise en question de ces épanouissements : contestation du pouvoir central et première période intermédiaire en Égypte, perturbations et destructions au sein des villes levantines et anatoliennes, fin des grands échanges en Égée, abandon des temples à Malte, déclin des cultures chalcolithiques de l'Ouest avec la disparition progressive des « méga-sites » sud-ibériques.

On peut qualifier la première moitié du IIe millénaire de « phase de renaissance » en dépit de brusques bouleversements locaux (invasions hyksos, ruine des temples crétois). En Syrie-Palestine, les villes mutilées se réorganisent, la civilisation crétoise connaît son premier essor, les aristocraties mycéniennes thésaurisent leurs marqueurs de prestige dans les tombes ; de nouvelles entités culturelles – Castelluccio en Sicile, Polada en Italie du Nord, El Argar dans le Sud-Est ibérique – donnent un certain lustre à l'Occident méditerranéen.

Ce sont les siècles 1600-1200 qui vont constituer l'acmé du IIe millénaire. « L'Orient des Palais » est à son apogée : Nouvel Empire égyptien, Empire hittite, royaumes mycéniens irriguant la Crète et Chypre. L'Occident « barbare » n'est pas en reste et affiche de belles réussites : culture de Thapsos en Sicile, nouraghes de Sardaigne, Terramare d'Italie du Nord, Motillas de la Mancha et épanouissement argarique en Ibérie du Sud-Est. Il est vrai que des contacts ont commencé de se nouer entre la sphère italique et l'Égée. Une « économie-monde » entre les nantis des palais d'Orient et les communautés « barbares » de l'Ouest est en train de s'organiser.

Mais un nouveau coup d'arrêt va remettre en question cette conjoncture. La ruine (progressive ? subite ? polyfactorielle ?) du monde des souverains orientaux donnera un coup de frein aux relations internationales dont le contenu des épaves d'Ulu Burum et du Cap Gelidonya, au large des côtes turques, avait montré toute l'ampleur. La disparition des royaumes mycéniens, la fin du centralisme hittite, la ruine des villes du Levant (Ougarit), le déclin

égyptien inaugurent une phase de récession et de repli autour de
- 1200. On pourrait croire l'Occident à l'abri de cette tourmente.
Erreur : il est aussi affecté. Les Terramare disparaissent, Argarique
et Bronze valencien en font autant. Les Nouraghes sont l'objet
d'une mutation profonde : aux fières citadelles va se substituer
le temps des puits sacrés.

Il faudrait, bien entendu, s'interroger sur les motifs de chacun
de ces reculs, voir quelle est la part réciproque des facteurs locaux
et celle des impulsions plus générales. Serrer aussi de plus près les
chronologies afin de voir si ces déclins sont le résultat d'un effet
domino à large échelle, ou le fruit de contingences jouant sur des
espaces limités en des temps décalés. En macro-analyse, on ne
peut toutefois que constater ces « lames de fond » : elles entraînent
parfois, comme par effet de capillarité, des épanouissements collectifs ; à l'inverse, certains crépuscules semblent affecter en même
temps des cultures pourtant géographiquement éloignées.

Ainsi vont les rythmes sinusoïdaux de la protohistoire méditerranéenne.

Hiatus, déclins, effondrements

En observant des phases de tassement ou de possibles décadences
dans l'histoire des populations protohistoriques méditerranéennes,
j'en suis venu à m'interroger sur les causes de ces « pannes », pour
reprendre le mot de Braudel. En général ces moments s'expliquent
par deux facteurs majeurs : crises écologiques et/ou climatiques,
crise d'ordre économique et/ou social. D'un côté la nature, de
l'autre la culture.

Les climatologues et paléoenvironnementalistes ont fait ces
derniers temps une entrée en force dans les problématiques
archéologiques en tâchant d'analyser en quoi les oscillations de

température, de saisonnalité, les agents perturbateurs imputables à des accidents naturels ont pu contrecarrer les politiques propres aux communautés de production. J'ai, pour ma part, travaillé tout au long de ma carrière avec des naturalistes. Sur ce point plus précis des « accidents » survenus à des cultures archéologiques en apparence stables, j'ai engagé une collaboration avec Jean-François Berger sur l'impact supposé de l'événement dit 8.2 BP (ou 6200 avant notre ère) sur les premières communautés néolithiques[30]. Certains climatologues avaient avancé que cette péjoration climatique avait handicapé à tel point les premières populations agricoles du Proche-Orient qu'elle se serait soldée par l'abandon de certains sites, l'exode de populations vers d'autres contrées et tout particulièrement vers l'Europe. Cette période vers la fin du VIIe millénaire aurait signé la diaspora des néolithiques proche-orientaux vers la Grèce et les Balkans. Mais les datations isotopiques disponibles montrent qu'en fait l'exode néolithique vers l'Europe avait débuté bien avant que ne se produise cet avatar climatique. Vers 6200 avant notre ère, des communautés agricoles étaient déjà présentes de la Thessalie au Péloponnèse. Pour autant l'impact de l'« événement 6200 BC » sur les sociétés méditerranéennes fut-il anodin ? L'archéologie fait la démonstration que le peuplement de certaines îles, amorcé auparavant, connaît alors de sérieuses difficultés : la population régresse, voire se limite à des fugaces fréquentations. Ainsi à Chypre, la culture de Khirokitia, sorte de Néolithique précéramique tardif mais pour autant brillant, commence à connaître des difficultés vers la fin du VIIe millénaire pour s'étioler et s'éteindre dans le courant du VIe. Le VIe millénaire est, dans sa grande majorité, une période obscure de l'archéologie chypriote : pas de sites, pas d'information. Dépeuplement ? Chute démographique ? Une situation voisine concerne la Crète à peu près à la même époque. L'île avait été peuplée vers 6800-6500 avant notre ère par des groupes humains d'origine orientale ou sud-anatolienne, agriculteurs et éleveurs qui s'étaient établis sur la colline de Cnossos. Après 6500-6400, ces agro-pasteurs disparaissent et la localité n'est plus que le lieu de fréquentations fugaces, inconsistantes. Une nouvelle communauté viendra s'y installer vers 5500 avant notre ère après une absence d'environ un millénaire. En Sardaigne et en Corse, où au VIIe millénaire, les néolithiques n'ont pas encore pris pied, vivaient sur ces îles tout au long des IXe et VIIIe millénaires des populations de chasseurs-cueilleurs s'alimentant de petit gibier, de pêche, de cueillette. Or dans le courant du VIIe millénaire on perd peu ou prou leurs traces. Ces îles ne seront ensuite investies par des agriculteurs qu'à partir de 5800 avant notre ère. Pourquoi ces divers hiatus archéologiques ? Doit-on envisager des abandons de peuplement et, dans cette perspective, climat et conditions écologiques y sont-ils pour quelque chose ?

Les milieux insulaires sont-ils plus vulnérables dans la mesure où l'équilibre population/milieu y est plus difficile à atteindre, leur superficie limitée ne permettant pas le déplacement des communautés en difficulté ? À Malte, entre 4500 et 3800 avant notre ère ou plus tardivement un de ces hiatus est également décelable.

Poursuivant dans cette veine des « effondrements » de brillantes cultures, on peut citer deux exemples emblématiques : la culture des temples de l'archipel maltais et la brillante civilisation chalcolithiques du sud de la péninsule Ibérique. À Malte, entre 3500 à 2300 avant notre ère, les communautés de l'archipel ont donné naissance à une sorte d'apogée caractérisé par la construction de bâtiments culturels mégalithiques à l'architecture singulière, une statuaire originale, des relations avec l'aire italique et probablement nord-africaine. Tout cela suppose l'existence de privilégiés qui, maîtres de la liturgie, exerçaient leur ascendant sur les populations des deux îles. Différent est l'exemple Sud-ibérique. Ici, de grandes localités, dominantes, assurent l'économie et l'ordre social.

Valencina de la Concepción, au débouché du Guadalquivir, en est l'établissement le plus imposant, étendu sur plus de 400 hectares. Ses élites faisaient déposer leur dépouille dans de magnifiques tholos, élégantes chambres sous tertre que l'on gagnait au terme d'un long couloir surbaissé. Ces nantis drainaient des matériaux exotiques venus du continent africain (tel l'ivoire d'éléphant) ou des terres de Méditerranée orientale d'où provenait un ivoire d'éléphant asiatique. On a même mis au jour sur ce site un atelier de ce lointain ivoire. Une métallurgie active, un travail de roches rares (cristal de roche, mélonite), des parures de grande qualité étaient aux mains d'artisans spécialisés. La hiérarchisation des établissements est telle qu'on a même pensé voir dans cette partie de l'Espagne l'émergence d'un « proto-État ». Hypothèse peu probable mais une pyramide sociale bien établie autour de familles en vue qui devaient, par des cérémonies et rituels divers, gérer le fonctionnement social en cultivant leur suprématie. Un peu la même chose qu'à Malte mais dans un contexte culturel différent.

Or, vers 2300-2200 avant notre ère, ces deux cultures vont rapidement péricliter et disparaître. Ce déclin vaut, peu ou prou, pour l'essentiel des cultures chalcolithiques ouest-méditerranéennes mais il prend un caractère plus singulier dans les deux cas envisagés, en raison de la magnificence de leurs réalisations architecturales et de la reproduction depuis plusieurs siècles des élites qui paraissaient invulnérables, rebelles à toute pression. Comment expliquer leur rapide disparition ?

Deux facteurs viennent à l'esprit : l'un social, l'autre climatique. Dans la première hypothèse, on peut avancer une contestation interne, un désaveu politique, les élites n'arrivant plus à gérer correctement le fonctionnement social (par exemple par des défauts de la redistribution alimentaire aux non-producteurs, notamment dans une localité comme Valencina où les artisans pouvaient être nombreux). Dans le même registre, on peut évoquer la perte de prestige de familles de haut rang suivi d'une désorganisation des structures sociales. D'autres causes liées à des crises au sein de communautés devenues ingérables sont possibles.

Le facteur climatique fait appel à un événement venant troubler un équilibre précaire entre la production agro-pastorale et les besoins de populations en augmentation. Les climatologues soulignent en effet, vers la fin du IIIe millénaire, l'arrivée d'une nouvelle crise (dite « 4200 BC event ») qui marque le retour à un climat plus aride engendrant une grande sécheresse dans les régions méditerranéennes. Faut-il en déduire qu'une plus forte aridité a réduit les potentialités en eau des nappes phréatiques, des sources, et des puits ? De telles perturbations auraient alors autant affecté Malte que le sud de la péninsule Ibérique, deux aires situées à une latitude voisine.

Au lieu de se focaliser sur l'un de ces deux facteurs, il semble plus sage d'envisager leur interaction. L'événement climatique de la fin du IIIe millénaire n'a sans doute pas été brutal mais progressif. L'eau a pu se faire progressivement plus rare, ses besoins pour l'agriculture et les bêtes devenant peu à peu plus difficiles à satisfaire, rendant l'économie florissante de l'époque des temples plus délicate. La nécessité de s'adapter à de nouvelles contraintes imposées par le paléoenvironnement a dès lors sans doute fragilisé la position des dominants. Les contestations sociales trouvent souvent leur origine dans la nécessité de repenser les équilibres économiques. La disparition de ces cultures serait donc imputable à un déclin du pouvoir des élites, celles-ci victimes des réorganisations contraintes par un changement des contextes climato-écologiques. D'autre part, ces mutations ont certainement désorganisé les réseaux d'échanges et de connectivité avec les régions voisines (Sicile, Italie du Sud, Afrique) que contrôlaient les dominants : cette rétraction a aussi tout naturellement amoindri leur pouvoir et leur prestige. On voit donc comment ces « effondrements » ont probablement des causes systémiques. Plusieurs facteurs se conjuguent : climatiques, économiques, sociaux, ces derniers marqués par la chute des réseaux à moyenne ou longue distance.

D'autres situations comparables caractérisent la protohistoire méditerranéenne : la disparition autour de − 1200 de la brillante culture nord-italienne des Terramare doit également s'expliquer par la conjonction de facteurs du même ordre. L'analyse de ces brusques décadences, de ces « creux de vagues » historiques est d'autant plus passionnante qu'elle invite à réfléchir sur la fragilité même des réussites humaines.

La Méditerranée archaïque : circulations terrestres et maritimes à l'Âge du fer

Dans le roman national de l'Histoire de France, Marseille tient une place majeure. Elle aurait été la première ville de l'Hexagone « fondée par les Grecs », des Phocéens partis à la conquête d'un Occident lointain et singulier. Les populations gauloises décrites comme sympathiques mais « barbares » auraient reçu de la Grèce d'abord, de Rome ensuite, les bienfaits civilisateurs de cultures méditerranéennes plus policées et qui les auraient sorties, pour leur plus grand bien, de leur ignorance. Cela rappelle furieusement la vulgate des colonisations européennes à travers le monde lors des derniers siècles. À Marseille, vers − 600, la légende veut même que l'affaire ait été scellée par le mariage de Gyptis, la fille du roi des Ségobriges, et Protis, le prince charmant hellène.

Sauf que l'archéologie ne nous raconte pas tout à fait la même histoire. Elle nous dit que depuis le milieu du VIIe siècle avant notre ère, Grecs, Étrusques et Puniques, selon des réseaux divers, étaient déjà entrés en contact avec les populations indigènes du sud de la Gaule[31]. Et que de grosses bourgades indigènes avaient déjà vu le jour dans le Midi. C'est ainsi qu'en 1978, en étroite collaboration avec Guy Rancoule et Jean Vaquer, j'ai pu mener une opération de sauvetage sur un grand site, celui de Carsac, traversé de part en part lors de la construction de l'autoroute Narbonne-Toulouse. Occupé vers la fin de l'Âge du bronze, il a connu son développement optimum vers la fin du VIIe siècle. C'était alors une localité insérée au sein d'un vaste espace délimité par un système de fossés : 25 hectares environ. Implanté à une soixantaine de kilomètres de la Méditerranée, cet établissement n'était nullement coupé des réseaux de circulation maritimes : on y mit au jour une coupe ionienne, des restes de vaisselle corinthienne, des amphores étrusques et phénico-puniques[32].

D'autre part, on avait découvert en 1886, dans les environs de Carsac, un dépôt renfermant 40 kilos de bronzes : haches, torques, bracelets, fibules, etc.[33]. Plus fort encore : en 1846, à Rieux-Minervois, un dépôt du même type avait été mis au jour : il comportait 150 kilos de bronze. Il finit, hélas, à la fonderie. En 1897, à Launac, près de Montpellier, une cachette semblable fut révélée, forte de plus de 600 objets. En 1964, des recherches sous-marines reconnurent, au large d'Agde, au lieu-dit Rochelongue, une énorme masse de bronzes : plus de 1 500 pièces auxquelles s'ajoutaient 800 kilos de lingots de cuivre, entiers ou fragmentés.

Ce ne sont là que les dépôts les plus emblématiques. Il en est d'autres, de moindre consistance. Or tous ces « trésors » se dispersent autour et dans l'intervalle de deux fleuves : l'Hérault et l'Aude dont les cours prennent fin à Agde et à Narbonne. Leur composition associe des haches, des marteaux, des parures annulaires variées (bracelets, brassards ou jambarts, anneaux de jambes), des torques, des rasoirs, des fibules, des pièces de harnachement de chevaux, des objets de destination énigmatiques, des lingots.

Travaillant dans les années 1990 sur une collection privée en Sicile, dans la petite ville de Sciacca, j'identifiai la présence de bronzes gaulois issus d'un sanctuaire de Grande Grèce où ils avaient été déposés en qualité d'ex-voto. Or, beaucoup de ces vestiges étaient superposables à ceux mis au jour dans les cachettes du Languedoc. Ils ne pouvaient provenir que de cette région.

Ne croyons pas que tous ces lots de bronzes découverts dans le Midi étaient constitués de produits de la métallurgie indigène. S'il existe bien dans ces bric-à-brac des pièces de confection méridionale (haches, certains bracelets à jonc étroit et décoré), d'autres vestiges étaient originaires de diverses régions de la Gaule. Ainsi de grosses parures annulaires à grands reliefs provenaient du Massif central, certains jambarts avaient pu être fabriqués en Aquitaine ou dans le centre-ouest, des éléments de disques ajourés avaient été confectionnés en Gaule orientale. Ces cachettes contenaient même quelques pièces d'origine italique (situles et plats étrusques, fibules).

J'ai donc pu, pendant quelques années, animer un groupe de travail qui a tenté de débusquer l'ampleur des circuits ayant mené à ce phénomène de thésaurisation en Languedoc[34]. S'agissant des composantes exogènes au Midi, il faut penser que des rabatteurs récupéraient à travers la Gaule des bronzes, intacts ou usagés, qui étaient « canalisés » ensuite vers le Midi où ils venaient grossir les lots en cours d'élaboration.

Mais pourquoi rassembler de telles masses de métal ? Les interprétations varient. Certaines sont « matérielles » : accumulations de bronzes destinées au recyclage, rétention provisoire de métal pour en accentuer la rareté, stocks à valeur commerciale, lots « prémonétaires » à valeur pondérale, propriétés d'un individu ou d'une collectivité, etc. D'autres sont à perspective plus « idéelle », voire religieuse : dépôts rituels, offrandes à des divinités, actes de dévotion, etc. Il n'est pas certain qu'il ait existé une explication unique.

Quoi qu'il en soit de leur destination, un scénario se dessine : des bronzes sont importés de plusieurs points du territoire gaulois jusqu'en Languedoc. Là, certains formeront des stocks soigneusement mis en terre. D'autres partiront pour la Sicile ou d'autres régions de Grande Grèce, voire en Grèce même comme Stéphane Verger a pu le vérifier dans un sanctuaire de Corinthe (Perachora). Mais qui entretenait ces circulations de métal ? Mon point de vue est que le Bas-Languedoc est bien le pivot géographique de ces circulations. C'est donc là que se trouvaient les commanditaires des « rabatteurs » ratissant les terres gauloises. Et ce sont sans doute les mêmes qui négociaient l'enfouissement des dépôts ou leur transaction vers la Sicile ou ailleurs. Or, au VIIe siècle et au début du VIe, période à laquelle se rattachaient ces trésors, entre Narbonne et Agde, là où les cachettes s'organisent, s'est développé une culture (dite du « Grand Bassin I », du nom d'un tènement de Mailhac, Aude) dont les nécropoles révèlent l'existence de sujets de haut rang. Leurs sépultures contiennent un nombre élevé de récipients (plusieurs dizaines parfois) parmi lesquels, à côté de la vaisselle locale, se trouvent des contenants importés de divers lieux de la Méditerranée. Ces marqueurs servent précisément à souligner la prééminence sociale de leurs propriétaires : vases d'Italie, de Grèce ou de la sphère punique. C'est aussi le moment où le fer commence à concurrencer sérieusement le bronze dans la confection de couteaux, bracelets, fibules.

Cette sorte d'« aristocratie » naissante était apte à gérer et à tirer parti des contacts qu'elle entretenait avec les navigateurs grecs, étrusques ou ibéro-puniques mais aussi avec les populations lointaines de l'arrière-pays gaulois. C'est sur ce même territoire d'Agde à Narbonne que seront attestés, un siècle après, les Élisyques, un peuple « ligure » évoqué par certains auteurs antiques. Pourquoi ces Élisyques n'auraient-ils pas déjà été présents dès le VIIᵉ siècle ? C'était l'hypothèse d'André Nickels. Élisyques ou Proto-Élisyques, peu importe. L'essentiel est d'avoir reconnu l'ampleur de ces grands courants de circulation d'objets entre Gaule et Grande Grèce à travers l'analyse des dépôts dits « launaciens ». Une page d'histoire qui s'est déroulée avant la fondation de Marseille.

Historiographie : réhabiliter Tournal

Mon élection au Collège de France m'a amené à me pencher sur l'historiographie du Néolithique, un domaine que j'avais longtemps délaissé pour une raison que je trouvais logique : il y a ceux qui faisaient la science et ceux qui en faisaient l'histoire. Je me rangeais dans la catégorie des premiers. Pour moi, il s'agissait d'aller toujours plus en avant, pas de me pencher sur les étapes qui avaient progressivement conduit au savoir contemporain. Je pensais que l'innovation scientifique, les concepts, les théories naissaient de la rencontre de découvertes et de constructions mentales qui ouvraient de nouvelles voies dans la compréhension d'un problème. J'étais peu sensible au contexte intellectuel ambiant. J'avais tort. Les théories, si novatrices en apparence, s'inscrivent toujours dans un contexte plus général d'évolution des sciences humaines ou des contextes politiques et l'on ne peut extraire un concept du milieu qui le produit, de l'environnement culturel dans lequel il baigne. Ainsi les typologistes du XIXᵉ siècle qui ont élaboré la succession des outils au cours des âges s'inscrivaient dans le cadre plus général de la notion de progrès. Le concept de « culture archéologique », à finalité identitaire, a souvent trouvé une justification dans la construction d'une histoire des peuples et de ses manifestations les plus précoces : un héritage du concept d'État-nation. Les thèses autochtonistes qui ont fleuri autour des années 1960 sont le corollaire des processus généraux de décolonisation et de l'idée structuraliste d'une évolution des sociétés sous l'effet de leur dynamique propre. L'archéologie symbolique (« postprocessualiste ») est le reflet de la montée en puissance des sciences cognitives. Quant au brusque intérêt porté depuis la fin du XXᵉ siècle au thème de la guerre et de la violence par les archéologues européens, son point de départ peut être cherché dans une reprise des combats dans plusieurs pays du vieux continent : Serbie, Kosovo, Tchétchénie. Il y a un conditionnement insidieux de la pensée archéologique par le milieu politique et culturel qui l'environne.

J'ai donc consacré quelques-unes de mes leçons du Collège de France à l'historiographie du Néolithique en montrant quels avaient été, depuis le XIXᵉ siècle, l'évolution des idées et les grands stades ayant jalonné le déroulement de la discipline : typo-chronologie, orientalisme *versus* occidentalisme, « culturalisme », new-archaeology (processualisme), décollage des sciences paléoenvironnementales, archéologie sociale, postprocessualisme (postmodernisme), etc. tout en étant bien conscient que chacun de ces stades n'élimine pas le précédent mais vient se greffer dessus tel un arbre qui ne cesserait de multiplier ses ramifications.

C'est pourtant à une personnalité des tout débuts de la préhistoire qu'avec Chantal Alibert, historienne, nous avons consacré un ouvrage : Paul Tournal, dont les intuitions ne nous semblaient pas avoir été mesurées à leur juste valeur. Au fond un blessé de l'histoire de la discipline, si on le compare par exemple à la reconnaissance dont jouit Jacques Boucher de Perthes, celui-ci apparu plus tardivement dans le cercle des précurseurs. Point n'est question de minimiser le combat opiniâtre mené par ce dernier dans la reconnaissance de la préhistoire ni de tenter une quelconque hiérarchisation entre ces deux acteurs. Il s'agit seulement d'élargir la place de Tournal dans l'élaboration du concept.

Résumons. Tournal, né à Narbonne en 1805, fait à Paris des études de pharmacie avant de regagner sa ville natale. En 1827, il effectue des fouilles dans les grottes de Bize-Minervois d'où il extrait des ossements d'animaux disparus (rennes, aurochs, ours des cavernes, etc.) associés à des objets qui lui semblent fabriqués de main d'homme. Il conclut à la contemporanéité de ces divers vestiges, propose l'idée que l'homme existe à l'état fossile et que seule la recherche géologique pourra, à l'avenir, livrer des réponses sur nos origines, jusque-là expliquées par des textes, des légendes, des traditions. Il rencontre Cuvier, alors maître incontesté de la paléontologie, et ne le convainc pas. Cuvier imagine en effet que la vie sur terre est passée par des stades successifs, chacun ayant pris fin par une catastrophe aboutissant à l'extinction des espèces, suivis ensuite par d'autres formes de création. Quant à l'homme, il ne serait apparu, selon lui, qu'après la dernière de ces évolutions, celle que l'on faisait coïncider avec le déluge de la Bible.

Cuvier disparaît en 1932. Libéré, Tournal publie alors dans les *Annales de physique et de chimie*, à la demande de son ami François Arago, un article fondateur dans lequel il propose un découpage des temps géologiques dont les phases récentes comportent une période « anté-historique » au cours de laquelle l'homme est déjà présent. Cette « anté-Histoire », c'est déjà le concept de préhistoire et cela d'autant que Tournal suppute la très haute ancienneté de l'homme, élabore une chronologie de temps long, se dit, contrairement au catastrophisme de Cuvier, partisan de transformations lentes sans quelconque bouleversement radical. Il s'inscrit ainsi dans le courant transformiste de Lamarck et annonce Darwin. Après ce manifeste, Tournal, à peine âgé de 28 ans, se tait, devient journaliste à Paris au *Journal des débats*, voyage en Europe puis revient en Narbonne.

Entre-temps, la question des origines de l'homme a progressé. Jacques Boucher de Perthes, à la suite d'observations minutieuses dans les carrières stratifiées d'Abbeville, publie en 1847 le premier tome de ses *Antiquités celtiques et antédiluviennes,* dans lequel il affirme la contemporanéité d'espèces disparues et d'outils en silex. Les savants anglais cautionnent ses théories et l'opinion le célèbre comme le fondateur d'une discipline nouvelle. Tournal, retiré des controverses, prend ombrage de ce succès et fait observer qu'il a émis les mêmes hypothèses plus de quinze ans auparavant, ce que lui reconnaissent les savants de l'époque et notamment Édouard Lartet et Gabriel de Mortillet. Il est vrai que Tournal n'avait pas un gisement à la mesure de ses intuitions. De plus, il s'agissait de cavernes, milieux qui attiraient la suspicion de Cuvier tant on pensait que leur remplissage avait été bouleversé par des « catastrophes » successives. Boucher de Perthes avait l'avantage de travailler sur des sites de plein air et bien stratifiés. C'est néanmoins sur les concepts élaborés par ces deux pionniers qu'il convient de s'arrêter. En 1847 et malgré ses justes observations de terrain, Boucher de Perthes croit encore au concept catastrophiste, dépassé, de Cuvier et au Déluge comme en témoigne son usage de l'épithète « antédiluvien ». Tournal, vingt ans plus tôt, était déjà, avec son « anté-Histoire » sur une ligne plus novatrice. C'est pourtant Boucher de Perthes que la postérité a retenu. Laissons à ce sujet la parole à Wiktor Stoczkowski : « Malgré quelques ressemblances superficielles, l'époque "antédiluvienne" de Boucher de Perthes et l'époque "antéhistorique" de Tournal appartiennent à deux visions historiques et épistémologiques très différentes. Que celle qui fut moins originale et plus tardive devienne plus célèbre est une banale ironie du sort[35]. » Nous avons tenté, avec Chantal Alibert, de mieux éclairer, voire de bousculer, une historiographie discutable.

CINQUIÈME PARTIE

DE L'INSOLITE AU RÊVE

CHAPITRE 14

Des moments improbables…

J'ai peut-être trop parlé d'archéologie jusqu'ici. Mais comment m'en évader alors que j'ai constamment baigné dedans ? Les pages qui suivent tâcheront sinon de prendre quelque distance tout au moins de donner un autre visage de mon itinéraire : celui de l'insolite, de l'imprévu, de situations curieuses, déplaisantes ou réjouissantes, venues se mêler incidemment à la vie d'un chercheur. Enfin il y a aussi les moments de détente, d'évasion hors du champ de la discipline. Ils sont également constitutifs de l'existence et j'en livrerai certains aspects comme on prend un sentier d'école buissonnière.

Il est comme ça, des situations imprévisibles qui viennent soudainement bousculer notre parcours. Elles n'ont rien de programmé. Ce sont des météores, souvent sans conséquence à long terme. Ces moments singuliers peuvent être stressants, fâcheux ou, à l'inverse, plaisants, agréables. J'en évoque ici quelques-uns. Le premier d'entre eux ne m'a pas laissé un bon souvenir.

Chez les Aztèques : agression à Xochicalco (1981)

En 1981, j'avais fait soutenir à l'EHESS une thèse sur la néolithisation du bassin de Mexico. Ce mémoire rédigé par une excellente archéologue française œuvrant dans le cadre de l'Institut d'anthropologie de Mexico, Christine Niederberger, reposait pour beaucoup sur une intense implication sur le terrain.

Sur son site de Zohapilco, Christine avait mis en évidence les
étapes d'une anthropisation progressive du milieu, renforcée
au cours des millénaires et, grâce à toute une batterie d'études
paléoenvironnementales, livré la première solide synthèse sur le
passage de la collecte et de la chasse à l'agriculture tout autour
de la capitale du Mexique. J'avais convié au jury deux éminents
spécialistes du domaine : Henri Puig, un botaniste, et Alain Ichon,
archéologue. Je souhaitais ainsi confronter un modèle de néolithisation du Nouveau Monde avec celui qui, au Proche-Orient,
avait entraîné en Europe la transition vers l'économie agricole.
Mais je ne connaissais pas le terrain de la candidate. Or la date
du congrès de l'UISPP approchait et devait se tenir à Mexico.
Excellente occasion pour voir les matériaux et les lieux de l'œuvre
de Christine. Et cela d'autant que je figurais parmi les invités
officiels de la délégation française.

Le congrès se tint à l'automne 1981. J'y animais un colloque
sur les origines de la métallurgie. La visite de la ville, de ses monuments, du musée d'Anthropologie, du Templo Mayor avec ses têtes
coupées complétait les séances studieuses. Pour autant Mexico,
mégalopole d'altitude polluée, au métro pas très sûr, commençait à
nous peser lorsque Christine proposa que l'un des derniers jours de
notre présence soit consacré à une excursion en voiture particulière.
Ce que j'acceptai avec plaisir. Nous devions jeter un coup d'œil sur
ses terrains puis nous détendre un peu en visitant une hacienda.
Dans le véhicule qu'elle pilotait avaient pris place Claude Barrière,
professeur à l'université de Toulouse et madame, Christiane et
moi. Nous partîmes de bonne heure car vers 19-20 heures devait
se tenir la soirée de gala clôturant le congrès. Nous avions prévu
de revenir assez tôt et passer à notre hôtel pour troquer nos vêtements de campagne contre une tenue de convenance. Christine,
qui habitait Mexico mais qui se doutait que nous aurions peu de
temps pour cela, avait déjà revêtu une tenue plus conforme à la

soirée annoncée. Vers 15 heures, notre excursion sur les lieux à visiter était achevée. Nous disposions encore d'un peu de temps. Christine eut alors l'idée de nous faire connaître, sur le chemin de retour, les deux pyramides aztèques de Xochicalco. Celles-ci se trouvent au sommet d'une éminence que l'on gagne en empruntant un petit chemin serpentant à travers bois. Le site étant la propriété de l'Institut d'anthropologie, il convient, sur le parking à voitures, de régler un billet de visite près d'un préposé affecté à une modeste guérite. Cette redevance acquittée, nous voici donc tous les cinq gravissant l'assez longue montée forestière vers le piton.

Tout se passait tranquillement lorsque, vers le milieu du chemin, nous vîmes trois Américains qui descendaient en courant vers le parking en nous prévenant.

« N'allez pas plus loin ! Il y a là-haut des bandits qui ont voulu nous agresser, nous avons fui avant d'arriver aux pyramides ! »

Comme ils étaient visiblement apeurés, nous avons tâché de les réconforter. Christine s'adressa à eux : « Ne paniquez pas et joignez-vous à nous. Nous sommes cinq, huit avec vous. Personne n'osera nous faire du mal. Et, en plus, c'est un site officiel de l'Institut avec lequel je travaille. »

Cela rassura nos interlocuteurs et nous voilà repartis, à huit cette fois, vers le sommet de la montagne. Peu avant de gagner la plate-forme, un mendiant aveugle (?) nous demanda l'aumône. Puis il se mit à siffloter. Je compris bien plus tard que c'était là un code pour prévenir ses acolytes. Nous arrivâmes peu après sur l'éminence, face à la première pyramide. Plus loin un groupe d'autochtones semblait nous observer à distance. Christine dit :

« Attention, ne nous séparons pas. Restons groupés afin de faire preuve de cohésion et de détermination. »

Nous allions aborder la visite de la seconde pyramide, lorsque nous fûmes rapidement encerclés par une vingtaine d'individus, revolver au poing, armés aussi de machettes. L'un même, funeste présage, tenait en main une faux. Sous la menace, nous fûmes promptement dépouillés de nos sacs, appareils de photos (mon appareil de photo du CNRS !) et de nos objets de valeur. Christine y laissa sa bague de fiançailles. C. Barrière tenta de résister mais sans succès au vol de sa caméra. Je me retrouvai pour ma part un peu à l'écart, un revolver collé à la tempe, l'un des brigands m'ayant arraché le portefeuille. C'est alors que je le suppliai, en espagnol : « *Amigo, guarda el dinero, pero da me los papeles !* »

Il était jeune. Il empocha l'argent mais, par bonheur, me rendit les papiers. Il se fit sur-le-champ réprimander par le chef de bande qui aurait voulu tout garder lorsqu'un signal survint et, au coup de sifflet, tous ces voyous disparurent instantanément dans les bois entourant les monuments. Nous avions eu la peur de notre vie. La descente vers le parking se fit au pas de course. Nous voulions prévenir le préposé qui nous avait vendu les billets. Chose curieuse, il n'était plus là et la guérite était fermée. Je me suis toujours demandé si cet agent et le mendiant du chemin n'étaient pas complices : je crois que oui. À quelques kilomètres, nous contâmes notre mésaventure aux gardiens d'un poste de l'armée : ils ne furent pas autrement étonnés. Nous avons alors repris la route de Mexico, bien décidés à porter plainte dès le premier commissariat rencontré. À la capitale, parvenus à un premier poste de police, on nous conseilla de nous adresser à un autre commissariat. Dans celui-ci, on nous orienta vers un troisième poste. Là on nous déclara que l'agression ayant eu lieu dans l'État dont dépendait Xochicalco, la plainte ne pouvait être enregistrée dans celui de Mexico. Christine se proposa alors de revenir le lendemain dans l'État du délit pour y déposer une réclamation.

Alors que nous conversions avec le fonctionnaire de service survint un incident inattendu : la lumière s'éteignit, nous laissant dans le noir total, et la table à laquelle nous étions accoudés se déroba. Nous sortîmes à tâtons de la pièce. Dans la rue vaguement éclairée, les gens étaient à genoux, priant le ciel. Nous venions d'être victimes d'un séisme d'une certaine amplitude. Nous n'avions rien senti tellement la peur de l'agression, qui était encore en nous, nous avait laissé les jambes en coton.

Après un saut à l'hôtel où il n'était question que du tremblement de terre qui venait de se produire, nous allâmes tout de même au gala de fin de congrès. Ce devait être le must de la manifestation. Nous racontâmes notre mésaventure un peu à tout le monde, ce qui jeta un froid dans ce moment de convivialité internationale. Nos collègues mexicains, organisateurs de la réunion, étaient particulièrement gênés. Pire, j'avais été délesté de tout mon argent : 4 000 francs en liquide, autant en traveller's chèques (que nos voleurs, ne disposant pas du code, ne purent encaisser mais que j'avais bel et bien perdus). Comme nous devions poursuivre notre séjour au Mexique, plusieurs collègues, à l'initiative de Lionel Balout et de Jacques Nenquin, firent alors une quête pour nous tirer d'affaire.

Sachant que Jacques Soustelle, mon collègue à l'EHESS, spécialiste d'archéologie précolombienne et *persona grata* dans le pays, était présent, je m'empressai de l'informer. Il téléphona sur-le-champ à trois ministres.

Notre mésaventure fut perçue par certains comme un haut fait. André Tavoso, chercheur au CNRS, essaya de me consoler à sa façon.

« Mais, tu te rends compte, te retrouver sur un site archéologique avec un revolver sur la tempe, quelle aventure, quelle satisfaction d'avoir vécu un moment aussi intense ! Demain, j'irai à Xochicalco pour vivre de telles émotions ! »

À l'écouter, j'étais presque un héros de la discipline… Le lendemain, en effet, il alla sur les lieux mais ne put y accéder, le site était encerclé par l'armée : l'intervention de J. Soustelle avait porté.

Avec l'aide financière de nos collègues, nous pûmes prolonger comme prévu notre séjour, pour visiter notamment les sites mayas (Palenque, Uxmal, Chichen-Itza…) ou la capitale des Zapothèques (Monte-Alban près d'Oaxaca). Christiane et moi n'étions pas très rassurés. Notre minicar traversait souvent des étendues boisées, sans âme qui vive. Un gang, pensions-nous, pouvait fort bien faire stopper le bus en pleine nature et dévaliser les voyageurs… Tout se passa heureusement fort bien.

Quelque six mois après cette affaire, je reçus en France une lettre de l'ambassadeur du Mexique, me présentant les excuses de son pays et m'informant que nos brigands avaient été arrêtés et étaient sous les verrous. Comme pour se faire plaindre et être quitte, il me disait que lui-même avait été agressé en plein Paris…

Entre-temps, j'avais fait un chèque correspondant au montant de la somme qui m'avait été avancée à Mexico par mes délicats collègues et l'avais transmis au doyen Balout, responsable de l'Union en France. Comme personne n'avait dressé la liste des prêteurs et le montant accordé par chacun, il ne savait qu'en faire. Je lui suggérais d'en faire don au secrétariat de l'Union.

J'entretins quelques relations épistolaires avec Christine Niederberger qui passa même me voir à Carcassonne. Puis nos relations s'espacèrent. Sa magnifique thèse fut publiée par le Centre français d'études mexicaines et centraméricaines. Bien des années après, Christian Duverger m'apprit la triste nouvelle de son décès. J'en éprouvais de la peine.

Mission à Glozel (1983)

Prononcer ce nom maudit, fait hérisser les cheveux à beaucoup d'archéologues qui voient dans ce site une vaste supercherie liée à la découverte de vestiges abracadabrants, œuvre d'un redoutable faussaire, voire de plusieurs.

Figure 11. Glozel (Ferrières-sur-Sichon, Allier). Fouilles de contrôle (1983) : repas pris sur le terrain. De gauche à droite, debout : J. Guilaine, J.-P. Rigaud, J.-C. Poursat ; assis : non identifié, J. Faïn, J.-P. Demoule ; à l'entrée de la tente : J.-P. Daugas, J.-P. Raynal.

Mais d'autres esprits pensent, en toute bonne foi, que ces vestiges sont bien authentiques et que la « science officielle » a tenté de les discréditer parce qu'elle n'en maîtrisait ni la recherche ni la compréhension. C'est en 1924 à Glozel, petit hameau de la commune de Ferrières-sur-Sichon (Allier), à 20 kilomètres de Vichy, que deux cultivateurs, Émile Fradin et son grand-père Claude, découvrirent fortuitement, en labourant un de leurs champs, des vestiges plutôt curieux par leur singularité. Un médecin de Vichy, le docteur Antonin Morlet, s'associa sans tarder aux recherches qui furent dès lors entreprises et durèrent plusieurs années. Les objets mis au jour non seulement ne ressemblaient guère aux documents archéologiques présents dans la région et au-delà mais surtout faisaient cohabiter étrangement des pièces relevant en apparence d'époques très différentes. En effet, à côté de matériaux proches de séries du Paléolithique supérieur et du Néolithique, mais portant déjà une sorte d'écriture ancienne, figuraient des tablettes de terre cuite recouvertes de textes indéchiffrables. Une polémique naquit immédiatement sur l'authenticité de ces œuvres. Elle se doublait d'une confrontation idéologique. Pour les uns, on tenait désormais la preuve que l'Occident avait généré une écriture fort ancienne et que cette formidable avancée culturelle non seulement ne devait rien aux civilisations orientales mais avait vu le jour au cœur même de la France ! Magnifique « cocorico » dont se sont longtemps gaussés les archéologues britanniques.

Les « officiels » étaient partagés. Certains hésitaient, n'écartaient pas une origine ancienne, ou prenaient carrément fait et cause pour la découverte. D'autres – souvent des préhistoriens d'ailleurs – criaient à la supercherie et au faux grossier. Glozel fut une sorte d'affaire Dreyfus de l'archéologie. Les découvertes donnèrent lieu à une abondante littérature, à des commissions d'experts. Il y eut même un procès au cours duquel la Société préhistorique française fut condamnée ! Après bien des polémiques, un silence apaisé sembla clore l'affaire, les archéologues ne souhaitant pas faire de la publicité, en maintenant la controverse, pour un site qui, par ses fantaisies, risquait de discréditer la discipline dans son ensemble. C'était sans compter sur la vindicte des « pro-glozeliens » qui, très sincèrement, pensaient qu'on ne devait pas laisser « enterrer » un site de cette importance et croyaient que le découvreur, Émile Fradin, avait été calomnié par des savants : au fond, un innocent victime de la science officielle. Certes, celle-ci peut se tromper et doit alors reconnaître ses erreurs, faire amende honorable. Cela n'avait pas été le cas. Un jour viendrait, où, croyaient-ils, la vérité éclaterait. En 1977, j'ai fait la connaissance d'un journaliste passionné par ce genre d'affaire, Robert Arnaut, avec qui j'ai immédiatement sympathisé. Il pensait très sincèrement que « la science » s'était déchaînée contre un honnête homme, découvreur malgré lui d'une civilisation inconnue des autorités.

L'affaire connut un nouveau rebond en 1983. Certains élus de la région, probablement motivés par les défenseurs de l'« authenticité » supposée du gisement, interpellèrent Jack Lang, alors ministre de la Culture, sur l'opportunité de crever l'abcès en rouvrant les fouilles à Glozel. Le ministère chargea la sous-direction de l'Archéologie de reprendre l'enquête. C'est ainsi que le 16 novembre 1983, je reçus une lettre de Christophe Vallet, administrateur civil dirigeant la sous-direction de l'Archéologie, me chargeant de la responsabilité d'une mission de coordination des opérations de sondage à effectuer au « champ des Morts ». Et d'ajouter : « Je vous remercie du concours que vous voulez bien apporter à cette opération où la coordination des actions, la qualité scientifique des travaux doivent permettre d'établir le climat d'objectivité nécessaire en cette affaire. » Les travaux de terrain incombaient à Jean-Pierre Daugas et à Pierre Pétrequin tandis que le Centre national de préhistoire devait réaliser diverses analyses sédimentologiques et palynologiques. Des mesures d'acidité des sols et diverses études dosimétriques étaient prises en charge par le laboratoire de Physique corpusculaire de l'université de Clermont-Ferrand.

Je pris donc contact avec Jean-Claude Poursat, directeur des Antiquités historiques de la région Auvergne, et une campagne se déroula du 4 au 10 décembre 1983 par un temps assez glacial.

Je n'ai pas oublié l'accueil chaleureux que me réserva Émile Fradin, persuadé, je pense, que le groupe de spécialistes que je coordonnais avec Jean-Claude Poursat allait enfin apporter « la vérité » sur ce site très contesté. Ma première décision fut de visiter le petit musée créé à Glozel même par l'inventeur du gisement. Je dois dire que je ressentis d'emblée un évident malaise. Quel typologiste habitué à manipuler des séries de vestiges préhistoriques ne serait troublé en découvrant la bizarrerie des pièces exposées ? Pierres et os gravés d'animaux pourraient avoir quelque parenté paléolithique s'ils n'étaient pas dotés quelquefois de lettres énigmatiques. Étrange aussi la disposition des barbelures de ces harpons pseudo-magdaléniens. Les figurines, supposées néolithiques, n'ont aucune similarité avec toutes les écoles de statuettes européennes de cette époque, dont la diversité est pourtant très grande. Les fameuses urnes à visage auraient bien quelque ressemblance avec les productions de Troie ou des Balkans mais voilà qu'elles sont cuites très médiocrement, contrairement à la qualité des cuissons du Bronze ancien. Bien sûr, il y a les motifs « en tête de chouette » propre à cette époque mais l'écriture dont sont dotés ces récipients porte un coup fatal à tout rapprochement chronologique. Et puis il y a les fameuses plaquettes gravées dont la disposition des motifs défie toute syntaxe. Devant une telle avalanche d'incohérences, l'archéologue a le tournis : toutes les chronologies patiemment élaborées en Europe à partir de milliers de sites finement étudiés sont ici réduites à néant devant les productions d'un seul établissement. Or il est une règle d'or en archéologie : toute trouvaille qui n'est pas confirmée sur d'autres gisements est inévitablement suspecte. Généralement, les faussaires s'évertuent à faire ressembler leurs œuvres aux originaux au point d'entraîner la confusion. À Glozel, c'est l'inverse : on a produit des objets qui heurtent tous les critères d'assimilation et on a, de plus, royalement mixé des périodes séparées parfois par plusieurs millénaires... Tant de contradictions ne peuvent que chagriner. On est ici dans le domaine de l'irrationnel, de l'irréel, du fantasmagorique. C'est même, d'une certaine façon, ce qui fait l'intérêt de Glozel : comment réagit une discipline quand un site met brutalement à terre un siècle d'observations scientifiques ? Aucun objet de Glozel n'a de correspondance dans toutes les cultures préhistoriques et protohistoriques décrites en Europe. Autre fait troublant : les objets en os sont bien conservés alors que l'acidité du sol (mesurée lors de notre opération) aurait dû les digérer depuis longtemps s'ils étaient réellement anciens : il ne peut donc s'agir que de productions modernes. Évidemment, on a essayé de dater les plaquettes écrites – le « must » de Glozel puisque censé reculer dans le temps les origines de l'alphabet. Plusieurs laboratoires de thermoluminescence – une méthode de datation par chauffage des pièces – ont livré des datations tout à fait aberrantes, échelonnées du IIe siècle avant notre ère jusqu'à... 1920, avec de grandes variations entre laboratoires pour les mêmes objets datés ! Les urnes à visage ont donné des datations de notre ère ; d'autres objets de différents types ont été datés du Moyen Âge ou des temps modernes. Toute attribution préhistorique ou protohistorique est donc exclue. À l'exception, démontrée, d'ateliers médiévaux de verriers, tout le reste semble n'être qu'un fatras hétéroclite et farfelu.

Il n'est point question ici de condamner qui que ce soit. Et d'ailleurs peu m'importe. Le seul objectif de l'équipe dont j'assumais la coordination était de donner une opinion sur un site contesté. Qu'avons-nous fait ? D'abord suggéré de dresser l'inventaire des collections issues du gisement. Les controverses engendrées par ce dernier ont fait des vestiges mis au jour des témoins d'une histoire de l'archéologie face à ses démons : il s'agit donc de pièces à conviction d'un moment crucial à valeur historiographique. Le ministère de la Culture a favorisé le catalogue des découvertes pour le classer auprès du service de l'Archéologie d'Auvergne.

L'intervention de terrain avait pour objectif de vérifier l'existence d'éventuels témoins non remaniés dans le fameux Champ des Morts afin d'y réaliser des fouilles de contrôle. Cinq sondages y ont été entrepris. Aucune strate archéologique en place n'a pu être reconnue. En revanche, quelques rares pièces (fragments de lampe, de vase, de tablette) ont été retrouvées en position largement remaniée. L'un de ces vestiges, brisé, portait même des traces de colle qui l'avait associé à un autre fragment trouvé à plusieurs mètres de là ! Bel exemple de tripotages cafouilleux… Quant aux analyses des prélèvements effectués dans l'ensemble sédimentaire englobant les vestiges, on peut en tirer deux indications. La palynologie a révélé un environnement de type postglaciaire, ce qui rend douteuse toute interprétation « paléolithique ». L'importance tenue par les pollens de céréales évoque un contexte « récent », d'âge historique. En laboratoire, tout un train de nouvelles datations par le radiocarbone et la thermoluminescence ne pouvaient que dater les supports (os, argile, bois) mais nullement les interventions secondaires opérées sur ces matériaux. Confirmant les essais des décennies antérieures, elles ont livré des résultats dispersés entre la protohistoire et… la première moitié du XXe siècle de notre ère.

Mon ambition était de faire paraître un ouvrage qui aurait synthétisé tous les résultats bruts obtenus à partir de nos interventions (fouille, analyses naturalistes, datations). Une discussion plus large entre archéologues y était également prévue dans laquelle chacun aurait donné ses arguments, ses points de vue sur les vestiges découverts. Je voulais aussi qu'une analyse tracéologique soit entreprise sur certains documents afin de déterminer les instruments (modernes ?) utilisés dans la fabrication ou la gravure des œuvres. Je n'ai pas trouvé de spécialiste tenté par ce genre d'expérience. Méfiance ou manque d'intérêt pour s'investir sur un ensemble équivoque ? Quoi qu'il en soit la plupart des contributeurs ont répondu positivement à l'appel et, grâce à Jean-Pierre Daugas, une bonne série de manuscrits m'est parvenue. Mais le retard accumulé par certains auteurs a fait entrer le projet en sommeil. Je l'ai regretté. Et c'est pour ne pas laisser dans l'obscurité ou la suspicion le bilan de nos travaux que nous avons décidé de publier, avec nos collègues impliqués, un bref article synthétisant nos résultats dans un numéro de la *Revue archéologique du Centre*[1].

Cette expérience m'a montré que l'archéologie pouvait être parfois déstabilisée par des manipulations de tous ordres. Ce n'est pas tant les scientifiques que ces extravagances inquiètent. C'est plutôt la façon dont l'opinion s'emballe, prête à s'enflammer en faveur de divagations comme les ovnis ou les apparitions fantomatiques ou miraculeuses... Et les médias ne sont jamais en reste quand il s'agit de monter en épingle quelque « scoop » sensationnel allant à l'encontre de la norme jugée trop mièvre. Refusant toute explication logique ou scientifique, le plus grand nombre vibre toujours pour la singularité, la chimère, l'illusion. À la démonstration rigoureuse mais dépoétisée, elle préférera en général la croyance et le mystère qui la fait rêver. Et *a fortiori* quand la science, trop sûre d'elle, prendra parti contre un innocent jugé incapable du moindre mal et accusé du pire. J'ai trouvé, comme d'autres « pro-glozéliens » de bonne foi, Émile Fradin sympathique et coopératif. Et je sentais dans son regard comme l'attente d'une reconnaissance trop tardive en faveur d'un matériel injustement calomnié. Il essayait de toucher mon cœur. Mais ma conscience professionnelle et tout simplement ma raison, mon souci d'objectivité, mon credo dans ma discipline m'ont interdit de cautionner Glozel. Certains pourront trouver mon jugement injuste : qu'ils ne doutent pas un instant de ma sincérité.

Nos collègues anglais se sont longtemps gaussés de Glozel, réjouis de voir l'archéologie française empêtrée dans une controverse qui, objectivement, n'avait pas lieu d'être. C'est pourquoi, trois mois seulement après nos interventions de terrain, le bruit courait déjà en Angleterre que « l'Affaire » recommençait.

Le 6 mars 1984, je recevais une lettre de Pierre-Roland Giot me mettant en garde : « Voilà que je reçois ce matin d'Angleterre une lettre disant qu'il court dans ce pays un bruit selon lequel vous auriez fouillé récemment au site même de Glozel, dans le Champ des Morts originel, et que vous auriez découvert deux tablettes. [...] Je suppose et espère qu'il s'agit d'un gag et que vous ne seriez jamais allé vous compromettre dans ce fumier. Cela dit, qu'est-ce qui peut être à la source de ce bruit et quelle confusion de personnes ? J'ai estimé qu'il valait mieux que vous soyez au courant. Mille amitiés. »

P. R. Giot, dont j'avais été le « filleul » au CNRS, s'inquiétait pour ma respectabilité ! Oui, j'étais allé à Glozel, mandaté par le ministère de la Culture, entouré de collègues honorables – Jean-Claude Poursat, Pierre Pétrequin, Jean-Pierre Daugas, Jean-Philippe Rigaud, Jean-Paul Demoule, Marie-Françoise Diot, Bertrand Kervazo (et d'autres ?) –, tout simplement pour essayer de comprendre et juger de mes propres yeux des matériaux qui avaient donné lieu à tant de polémiques et que je n'avais, pour ma part, jamais vus. Après cela, mon opinion était faite.

Prospections involontaires au Sénégal

Cette année-là, au trimestre de l'automne, le travail avait atteint son point de saturation. Il nous fallait, Christiane et moi, prendre quelques vacances, loin, très loin de l'archéologie. Ce qui ne nous était à peu près jamais arrivé. Nous avons donc décidé d'aller passer quelques jours de repos au Sénégal, dans la région de la presqu'île du Cap-Vert lors de la période du Premier de l'An. Nous voilà donc installés dans l'une de ces résidences pour touristes où l'on passe son temps à manger, dormir, bronzer, toutes choses qui ne nous ressemblaient guère. J'ai gardé quelque souvenir de balades dans un village où l'on nous accueillit en nous régalant de viande de buffle ou d'antilope et où les femmes se déchaînèrent dans des danses effrénées. Ou de visites dans la jungle pour tenter d'apercevoir quelque fauve, d'un marché le long d'un fleuve où plusieurs jeunes regardaient Christiane d'un œil concupiscent, de promenades en barque dans des cours d'eau ou des marécages infectés, nous disait-on, de crocodiles.

Tout est bon pour faire tressaillir le touriste. Évidemment, nous avons pris le bateau pour Goré où les négriers entassaient dans d'étroites cellules les esclaves en partance pour l'Amérique. Tous les soirs, bals alternaient avec spectacles. La soirée du réveillon, nous eûmes droit à un récital de Francis Lemarque, passé de mode, mais qui nous régala de ses succès entendus lors de notre jeunesse, de « Marjolaine, toi si jolie » au « Petit cordonnier ». Bref, tout était fait pour nous détendre, loin, très loin de notre addiction archéologique.

Sauf qu'on ne guérit tout à fait jamais de celle-ci. Le temps étant beau, j'allais me baigner dans l'Atlantique sur une petite plage réservée aux touristes. Or, un jour, en sortant de l'eau, ayant pour habitude de scruter le sol, je remarquai sur la plage… quelques tessons de céramique, régulièrement nettoyés par le ressac. J'en ramassai une poignée. Ils appartenaient à des récipients modelés et présentaient des décors à base d'impressions au peigne. J'avais vu dans les musées ou dans les publications de telles productions relevant de l'Âge du fer africain. J'avais donc découvert très involontairement un site de cet horizon sur une plage du Sénégal. J'en oubliai du coup les vacances, et mon souhait de rester pour un temps loin de l'archéologie. Mais celle-ci, telle une pieuvre, venait me ressaisir de ses tentacules. Fini les bains, je n'allais plus sur la plage que pour prospecter, ramasser des tessons, tous plus beaux et mieux décorés les uns que les autres.

Je les regroupais, les empilais, les reprenais, les manipulais pour contempler la grande variété de leurs décors. Puis, vers la fin du séjour, je les abandonnais, un peu la mort dans l'âme, sur les lieux de leur découverte. J'avais voulu m'évader un temps de l'archéologie, celle-ci m'avait rattrapé.

De la « gastroarchaeology » ?

J'emprunte à Glyn Daniel ce terme humoristique qu'il affectionnait. Lors de ses séjours en France il tâchait de concilier la visite de mégalithes, son sujet de prédilection, et la bonne chère de la cuisine française.

Je ne suis pas, pour ma part, un gastronome et j'éprouve toujours quelque réticence devant un mets auquel je n'ai jamais goûté. De même, mes amis n'ignorent pas que je suis un maussade compagnon de table car uniquement buveur d'eau. Cela étant, j'ai été quelquefois piégé et placé dans des situations où il a bien fallu que je consomme ou que j'ingurgite aliments ou boissons non désirés. Deux exemples.

Le premier eut pour cadre Castelnaudary dont on connaît le célèbre cassoulet mêlant haricots, saucisse et couennes. Ce plat suscite toute ma sympathie à condition d'être consommé dans des proportions décentes. Il peut sinon déclencher quelques ravages intestinaux. Or il existe à Castelnaudary une « Confrérie du cassoulet » dont l'objectif réside dans la promotion de cette spécialité et qui intronise périodiquement des personnalités susceptibles d'en recommander la qualité. Une année, un ancien camarade de lycée qui présidait ladite association me contacta et me proposa de faire partie de la prochaine promotion. J'eus beau lui dire que je n'étais nullement porté sur ce genre de distinction, il insista lourdement et je ne pus refuser. Je fus donc avec d'autres amis contraint d'avaler publiquement devant de nombreux invités à cette soirée de gala, une jatte emplie d'un cassoulet – au demeurant fort bon – mais dont les dernières bouchées eurent du mal à gagner mon estomac saturé. Après quoi, je fus adoubé « Chevalier de l'ordre du cassoulet de Castelnaudary » et dus prêter le serment de défendre en tout temps et en tout lieu le mets local. Je crois qu'on me remit aussi une médaille attestant mon nouveau grade.

Le second exemple fut plus pervers. En 1990, Christian Chevillot, auteur d'une thèse sur la protohistoire du Périgord, organisa à Beynac (Dordogne) un colloque international sur le thème de l'Âge du bronze[2]. Ce fut une bien sympathique réunion où la bonne cuisine tint au moins autant d'importance que l'archéologie elle-même. Des excursions nous permirent de visiter plusieurs sites de la région. Mais il était également prévu une visite à La Vinée de Bergerac. Je pensais qu'il s'agissait d'une simple tournée dans une cave à vins. Nous descendîmes, tous les participants au colloque, dans une salle en sous-sol où l'on nous fit asseoir, diverses rangées de chaises ayant été disposées pour recevoir les congressistes. Arriva bientôt le « Grand Maître de la Vinée de Bergerac », vêtu d'une tunique jaune et marron, coiffé d'une sorte de calotte, et accompagné par quelques dignitaires de la même compagnie. Je pensais innocemment qu'il allait nous conter quelque geste héroïque en lien avec la viticulture locale. Pas du tout. Il demanda derechef à trois congressistes de bien vouloir monter sur l'estrade qui faisait face au public. Leur nom ? Jacques Briard, Colin Burgess et... Jean Guilaine. Ça sentait le coup fourré. Ne buvant jamais d'alcool, je compris rapidement que les organisateurs avaient minutieusement préparé leur affaire et voulaient me piéger. Que faire ? Refuser aurait été fâcheux. Je me résignai donc. Bien différent était le cas de mes deux collègues. Colin Burgess était connu pour posséder en Angleterre une très bonne cave tandis que l'ami Briard n'avait jamais fait preuve de quelque esprit de rébellion devant un bon verre. Je fus le premier des trois soumis à l'épreuve. Un assistant remplit une belle coupe du fameux nectar et me la tendit. Je me dis que, perdu pour perdu, autant me débarrasser au plus vite du devoir. Je pris le verre et avalai cul sec son contenu.

« Malheureux, s'exclama le Grand Maître horrifié, vous l'avez pris comme un médicament ! »

Ignorant des règles du taste-vin, je me rendis compte combien j'étais inculte en regard de mes deux collègues. En fins connaisseurs, tous deux firent durer le plaisir : regardant la robe, humant de leurs narines toutes grandes le contenu de leur coupe, s'humectant la langue de quelques gouttes, puis buvant enfin « le Bergerac » à petites gorgées mesurées. Ils avaient sauvé l'honneur ! Ma tête tournait un peu. On nous fit tous trois « chevaliers de la vinée de Bergerac », et nous fûmes gratifiés d'une médaille dorée et d'un parchemin attestant de notre intronisation. J'ai conservé ces précieux documents.

Un effet du 11 septembre 2001

Le 11 septembre 2001, j'étais à Genève et participais, en tant qu'examinateur, au jury de thèse de Marie Besse, future professeure de l'université de cette ville. Lors du pot qui clôturait ce rituel, André Langaney vint nous annoncer qu'il s'était passé un drame à New York, des terroristes ayant pris le contrôle de deux avions et ayant décapité les deux Twin Towers, faisant des centaines de victimes. Un moment dubitatifs devant la nouvelle, nous ouvrîmes un poste de télévision qui, effectivement, relayait en boucle l'information. On connaît la suite et l'émoi international soulevé par cet acte jusque-là impensable.

Or, quatre jours après, le 15 septembre, je devais avec mon équipe me rendre à Chypre pour mener ma onzième campagne de fouilles sur le site néolithique précéramique de Shillourokambos. Le trajet aérien prévu était Toulouse-Milan-Larnaca. Nous étions une douzaine. Comme d'habitude, nos bagages partaient en soute tandis que nous ne conservions avec nous qu'un sac avec des effets personnels et quelques pièces fragiles qui ne pouvaient supporter les heurts de manutention. Parmi ceux-ci, le théodolite de notre laboratoire, instrument de précision utilisé pour relever le positionnement dans l'espace des vestiges mis au jour. Cet appareil était soigneusement enfermé dans un cache métallique cylindro-sphérique rouge vif. Dans notre jargon quotidien, nous avions pris l'habitude, depuis des années, de désigner cet instrument sous l'expression « la bombe ». À tour de rôle, mes collaborateurs étaient chargés de le convoyer en prenant le plus grand soin de ce bel outil. Le vol Toulouse-Milan s'effectua sans problème. À Milan, nous changeâmes de compagnie et embarquâmes dans un avion de la compagnie Cyprus Airways. Or, une fois à bord, l'un de nous, soucieux du transfert du précieux appareil, lança à l'un de ses camarades : « C'est toi qui as la bombe ? »

Cette phrase malheureuse parvint aux oreilles de l'une des hôtesses. Celle-ci se précipita dans le cockpit afin de prévenir le commandant de la présence dans l'avion d'un groupe de Français faisant allusion à la présence d'une bombe à bord.

Le commandant vint nous trouver et demanda : « Qui est le chef de groupe ? »

Je me désignai. Comme il me demandait qui avait fait allusion à l'existence d'une bombe dans l'avion, je lui répondis que j'ignorais qui avait lancé cette phrase. Afin de le rassurer, je lui expliquai que nous avions par habitude de désigner sous ce terme un inoffensif théodolite.

Le commandant ne l'entendit pas de cette oreille, se fit apporter l'objet du délit. J'enlevai le cache de celui-ci et lui expliquai son maniement en collant mon œil face au viseur. Il en fit de même mais, ne voyant rien, ne parut pas convaincu par mes explications… Il téléphona alors à la police de l'aéroport. Le chef d'un petit détachement vint à son tour coller son œil dans le viseur et ne fut pas davantage rassuré par cet étrange instrument. Le commandant de bord lui expliqua alors qu'il considérait ce groupe de Français comme suspect de terrorisme et décréta qu'il n'acceptait pas de nous transporter. On nous mit proprement à la porte du zinc, nos bagages enlevés de la soute. Il était aux environs de 14 heures. Et l'avion décolla pour Larnaca… sans nous.

Sur le tarmac, un minibus de la police vint nous cueillir et nous voilà conduits, toutes sirènes hurlantes, vers un poste de contrôle d'identité. On nous confisqua les passeports pour vérifier si aucun de nous n'était fiché au grand banditisme. Puis, au bout de deux heures, cette enquête n'ayant rien donné, on nous les restitua. Je me plaignis auprès de la police en faisant observer que nos bagages ne nous avaient pas été rendus pas plus que nos billets d'avion. On me répondit que cela dépendait de la compagnie d'aviation mais nullement des autorités policières. Après une intervention auprès du service des bagages, ceux-ci nous furent livrés.

Mais nous n'avions plus nos billets et aucune solution pour poursuivre notre voyage. C'est alors que je cherchai le bureau de la compagnie Cyprus Airways auprès de qui nos places avaient été retenues.

Le préposé à ce bureau était précisément en train de baisser le rideau métallique, son temps de travail étant épuisé après décollage de l'avion. Je lui confiai notre désarroi.

« Notre avion nous a expulsés. Rendez-nous nos billets ou remboursez-nous !

— Cela ne me concerne pas. Faites une réclamation…

– Mais nous ne pouvons pas repartir ! Nous n'avons plus de billets et pas d'argent pour regagner la France ou aller à l'hôtel.

– Ce n'est pas mon problème.

– Ah bon, on va voir. »

Comme il avait bouclé son stand et s'apprêtait à partir, je lui saisis le bras, et me collai à lui comme une sangsue. Devant ma détermination et craignant d'avoir affaire à un exalté, il crut me menacer en me disant qu'il me conduisait chez le directeur de l'aéroport.

« Eh bien, allons-y », lui dis-je.

Et c'est ainsi que nous pénétrâmes dans le bureau du directeur, moi toujours agrippé à son bras afin qu'il ne me fausse pas compagnie.

J'expliquai toute cette mésaventure au patron de l'aéroport, déclinant mon statut d'universitaire français, directeur d'une mission archéologique à Chypre, le quiproquo survenu autour du terme « la bombe » qui, dans notre vocabulaire, ne désignait qu'un appareil scientifique de mesure. Le directeur saisit rapidement la situation, s'excusa pour ce qui nous arrivait, me conseilla d'exclure de notre idiome le terme « bombe ».

« Cher monsieur, ajouta-t-il, depuis quatre jours, tous les pilotes sont à cran et craignent une extension du terrorisme aérien. Le drame de New York les a traumatisés.

– J'entends bien, mais que dois-je faire ? Cyprus Airways nous a confisqué nos billets : comment pouvons-nous rejoindre Larnaca ? »

Le directeur réfléchit, me demanda nos passeports, puis prenant une feuille blanche y cocha nos noms, signa, donna quelques coups de tampon et me dit :

« Voilà, vous allez prendre un avion Alitalia qui va vous amener à Athènes. En Grèce, vous prendrez un vol Olympic qui vous fera parvenir à Larnaca. Je ne vous donne pas de billets. Présentez ce papier aux divers contrôles. Cela devrait suffire. »

Je pris le précieux document mais n'étais pas très rassuré devant ce bricolage administratif. À vrai dire, le seul nom et le tampon du directeur de l'aéroport de Milan devaient emporter la décision. Vers 21 heures, nous embarquâmes pour Athènes où nous atterrîmes vers 23 heures. À notre arrivée, l'aéroport d'Athènes était quasi désert. Seul le stand Olympic était encore ouvert, un dernier vol pour Larnaca étant prévu aux environs de minuit.

Pas très rassuré, j'expliquai la situation au préposé de service en exhibant la liste des passagers écrite et tamponnée par le patron milanais. On finit par nous accepter. Nous parvînmes à Larnaca vers 1 heure du matin, en poussant un ouf de soulagement. Il fallut encore louer trois taxis pour rejoindre notre base archéologique à 70 kilomètres de là. Nous arrivâmes vers 3 heures du matin, alors que notre débarquement aurait normalement dû s'opérer vers 18 heures. Soulagés, cependant, de ne pas avoir fini notre équipée dans les geôles milanaises...

Vandalisme
dans les temples de Malte (2001)

En novembre 2001, je reçus, par l'intermédiaire du Collège de France, un message de notre ambassadeur à Malte m'invitant à venir sans tarder à La Valette pour témoigner de la consternation de notre pays face au vandalisme subi par certains temples préhistoriques de l'archipel. Malte possède en effet un ensemble tout à fait original de sanctuaires mégalithiques des IVe et IIIe millénaires classés au patrimoine mondial de l'Unesco. Or des crétins n'avaient rien trouvé de mieux que de briser des piliers des temples de Mnaidra. À Londres, *The Times* avait consacré un long article à cette douloureuse affaire. Notre Ambassadeur pensait fort justement que la France ne pouvait rester silencieuse devant ce vandalisme et qu'une voix compétente devait à son tour le dénoncer auprès des médias locaux : autorités, journaux, radios, télévision. Et c'est ainsi que sous les auspices d'une association pour la sauvegarde et la restauration du patrimoine maltais, Din l-Art Helwa, je me retrouvai à La Valette où je m'informai d'abord de l'événement.

D'après ce que j'en sus les faits avaient concerné les temples de Mnaidra, parmi les mieux conservés et les plus remarquables de Malte. Ces sanctuaires, pas très éloignés d'un autre ensemble architectural d'envergure, Hagar Kim, se trouvent dans un parc archéologique clôturé situé dans l'un des rares lieux non lotis de l'île. Des jeunes gens venus par une nuit claire pour observer les étoiles furent surpris par des bruits de coup de masse donnés sur des pierres et qui semblaient provenir du secteur de Mnaidra. Intrigués, ils appelèrent en pleine nuit le responsable des antiquités et la police. Lorsque ceux-ci arrivèrent sur place, les vandales avaient eu le temps de fuir, laissant quelques piliers et dalles brisés sous les coups de marteaux et de pioches. Le pire fut évité mais il fallut réparer les dégâts avant que la saison touristique ne reprenne. Les temples préhistoriques constituent en effet l'un des principaux intérêts des visites de l'archipel.

Une enquête policière fut aussitôt déclenchée. Interviewé sur diverses radios et « chauffé » par l'association de sauvegarde invitante, je me répandais en soulignant le caractère scandaleux de cette agression. Imagine-t-on quelque individu pilonnant les sculptures des tympans de nos cathédrales ou lacérant les tableaux du Louvre ? Pour souligner ma réprobation, je sollicitai et obtins, par l'entremise de notre ambassadeur, une rencontre avec le président de la République de Malte, Guido de Marco. Celui-ci nous reçut le plus courtoisement du monde, nous assurant que toute la lumière serait faite sur cet incident et les coupables punis.

Le temps passa. Les langues se délièrent. On apprit que le lieu sauvage dans lequel se dressent les trois sanctuaires de Mnaidra est un endroit rêvé pour tirer les oiseaux de passage, passe-temps très prisé des nemrods locaux.

Or l'administration, devant l'affluence touristique croissante, avait déposé un projet d'agrandissement du parc archéologique. Cette extension n'était pas du goût des chasseurs, gênés dans leurs activités. Opposés à cette initiative, quelques-uns se dirent qu'il suffisait de casser les temples et le projet s'évanouirait de lui-même. Ils furent surpris dès la première nuit où ils avaient décidé de mettre leur plan à exécution. Leurs dégâts auraient pu être considérables.

On identifia les coupables. Mais l'affaire n'eut pas de suite. À Malte, le pouvoir en place et l'opposition politique étaient alors dans un rapport de forces très serré. Le moindre incident aurait pu faire basculer la majorité. Il n'était donc pas question de se mettre sur le dos le puissant lobby des chasseurs, même si son comportement était répréhensible. D'un autre côté, les temples constituent une carte touristique, et donc économique, appréciable. On laissa donc courir... On rafistola les sanctuaires rapidement. L'affaire s'éteignit. J'en tirai une leçon : le classement au patrimoine mondial par l'Unesco des monuments les plus prestigieux de l'humanité ne les protège nullement face à la détermination et à la bêtise de quelques-uns.

Et le « cinéma archéologique » ?

Je n'ai pas perçu immédiatement l'intérêt du film comme possible média du fait archéologique. Il y a un demi-siècle, cela ne se faisait pas. C'est Marc Azéma qui, à l'occasion d'un film documentaire sur ma fouille de Chypre, me montra tout le profit qu'il y avait à saisir sur le vif et à enregistrer des séquences comme autant de témoignages des décapages de terrain. Avoir un

Figure 12. Abri de Font-Juvénal (Conques-sur-Orbiel, Aude) lors du tournage du film de J. Audoir *L'Argile et le Grain* (1978), en compagnie de Robert Clarke et Pierre Ducos.

cinéaste sur le chantier demeure encore un luxe mais je pense que la formule a un bel avenir : stocker des images permet de revisiter les faits observés sur le champ, et d'infléchir éventuellement les conclusions qui s'élaborent bien après l'opération de mise au jour des vestiges. Aujourd'hui, où l'image prend une place sans cesse grandissante, filmer divers états d'une fouille, c'est la certitude de pouvoir revérifier le terrain alors même que l'aspect destructeur de la fouille a déjà fait son œuvre[3].

Mon premier contact avec l'usage de la caméra au service de l'archéologie remonte à 1973. L'on m'avait confié la direction d'un film destiné à l'enseignement sur la préhistoire et la protohistoire des Pyrénées. J'invitai quelques collègues à donner leur point de vue. Ce fut une série de monologues du genre « portraits d'archéologues sur écran[4] ».

Plus intéressants, plus ciblés au plan thématique, furent les courts-métrages que Jean-Pierre Baux réalisa en 1976 à l'occasion du congrès de l'Union internationale des sciences préhistoriques et protohistoriques à Nice. Je participai à deux d'entre eux : *La Révolution néolithique* et *Les Premiers Métallurgistes*[5].

L'un de mes meilleurs souvenirs fut ensuite ma collaboration à trois des quatre films que la Société française de production commanda à Jacques Audoir et à Robert Clarke et dont le premier, *L'Argile et le Grain*, consacré au Néolithique, fut d'ailleurs primé[6]. Pour *Les Cathédrales de la préhistoire*, nous partîmes tourner à Malte en plein mois d'août[7]. Il faisait une chaleur accablante. Nous prenions des douches quinze fois par jour. Je m'initiais au métier de Jacques Audoir, toujours à la recherche du meilleur angle de vue, de la luminosité adéquate, de l'effet le plus surprenant. La fréquentation des sites par le public nous contraignait parfois à tourner en dehors des heures d'ouverture des monuments. Les collaborateurs de la télévision française mis à la disposition du réalisateur rechignaient parfois à travailler en dehors des heures « légales », ce qui créait parfois un climat un peu tendu. Un autre film eut pour thème les Âges des métaux et prit pour titre *Les Métallos de la préhistoire*[8]. Les Gaulois eurent droit à une quatrième production.

Avec Jacques et « Bob », nous étions devenus des amis. Le succès de leurs films nous donna l'espoir de réaliser des créations renouvelées lorsque la gauche parvint au pouvoir en 1981. J'avais rédigé quelques scénarios que je leur soumis. Ils allèrent en vain faire le tour des producteurs. Les films d'archéologie connurent alors un creux de vague.

Certes je n'ai pas oublié la séquence tournée dans une grotte de Périgord avec Marcel Jullian, le fondateur d'Antenne 2, et qui avait décidé de raconter la préhistoire dans une série intitulée *Le Roman de l'Homme*[9]. Je me souviens qu'il faisait très froid et que nous nous réchauffions par intermittance en nous couvrant de couvertures le dos et les jambes.

Je ne repris contact avec le cinéma qu'en 1996 avec un film sur la protohistoire du sud de la France que réalisa, sur des crédits du Collège de France, Gilles L'Hôte et que nous baptisâmes : *Mémoires de pierres d'un Âge de cuivre*[10]. Maurice Ribière, qui dirigeait alors une société de production, la Compagnie des taxi-brousse, m'invita à son tour à animer deux moyen-métrages : *Les Premiers Paysans du monde* et *Malte, le pouvoir des déesses*[11]. Dès lors, je participai à d'autres tournages.

Mon meilleur souvenir reste bien entendu *Le Sacre de l'Homme* dont je partageais avec Yves Coppens la direction scientifique[12]. Je suis intervenu largement dans la mise au point du scénario. Ce film était le dernier volet d'une trilogie qui avait débuté avec *L'Odyssée de l'espèce*, qui eut un grand succès, suivi de *Sapiens* qui fut davantage critiqué. Les producteurs, les frères Barthélemy et Frédéric Fougea, me demandaient conseil sur l'habillement, les décors, les données archéologiques correspondant à des séquences qui étaient censées se dérouler en chronologie depuis la sédentarisation au Proche-Orient jusqu'à l'émergence des cités sumériennes. Dans le même temps, ils avaient embauché une documentaliste qui n'était pas toujours au fait de certains détails. Le film fut tourné en Tunisie avec des acteurs du cru. Après chaque séquence, je recevais par Internet les images et devais les commenter, les critiquer, dire ce qui n'allait pas. J'ai réussi à faire reprendre certaines scènes tout à fait inopportunes. Ainsi, pour raconter la domestication du chien, on avait d'abord fait appel à un brave toutou à poil blanc sans aucun rapport avec la morphologie originelle du loup. Il fallut trouver une bête plus adéquate. D'autres scènes ne purent être refilmées pour des raisons

budgétaires. J'obtins surtout de la direction que le film soit encadré par trois autres documentaires scientifiques de 52 minutes
et où des spécialistes viendraient donner l'état de l'art sur cette
période étalée de la néolithisation jusqu'à la naissance des villes
et de l'écriture. Ainsi furent tournés de longs commentaires dans
lesquels s'exprimèrent Ofer Bar-Yosef, George Willcox, Jean-
Denis Vigne, Klaus Schmidt, Ian Hodder, Timothy Harrison,
Philippe Andrieux, Marcella Frangipane, Jean-Marie Durand. Car
si le docu-fiction est une oeuvre d'imagination, le contexte dans
lequel il s'inscrit doit coller au plus près avec la documentation
historique disponible. Surtout, j'ai retiré de cette aventure un gain
inappréciable : mon amitié avec Jacques Malaterre, le réalisateur,
un homme du Sud comme moi, originaire d'Avignon.

Je revins enfin vers Marc Azéma, que j'avais connu dans les
années 1990 en écrivant le scénario d'un court-métrage : *De l'eau
et des hommes*, l'histoire des relations compliquées entre Narbonne
et les fluctuations de l'embouchure de l'Aude[13]. Depuis, nous
n'avons cessé d'être proches. J'avais projeté de longue date de
faire réaliser un film sur les incomparables hypogées d'Arles-
Fontvieille[14]. Ce ne fut pas facile car il fallut convaincre le propriétaire de ces monuments, Jacques des Cordes, un homme au
caractère bien trempé. Je réussis à gagner l'estime de celui-ci, qui
se mua finalement en une relation amicale avec sa famille. Le livret
qui devait accompagner le CD sur ces monuments se transforma
en un bel ouvrage auquel participèrent dans leur spécialité respective Jean-Claude Golvin, Gérard Sauzade et Xavier Margarit[15].
Réalisateur de nombreux films sur les cultures anciennes, Marc
Azéma anime depuis plusieurs années des Rencontres archéologiques de la Narbonnaise qui connaissent un franc succès. Je
m'efforce de le soutenir dans cette aventure.

Évanescences élyséennes

Je me suis toujours tenu à distance du monde politique. C'est pourquoi rares sont mes souvenirs m'associant aux locataires successifs de l'Élysée. En septembre 1976, le succès remporté par le congrès de l'Union internationale des sciences préhistoriques et protohistoriques, qui s'était tenu à Nice, avait eu un tel retentissement que les organisateurs et des personnalités représentatives de la recherche dans le domaine de la préhistoire furent invités à un déjeuner à l'Élysée. Parmi ceux-ci, des étrangers : P. Tobias (Afrique du Sud), C. MacBurney (Royaume-Uni), D. J. Desmond Clark (États-Unis), E. Ripoll (Espagne), I. Yamanaka (Japon). Les préhistoriens français se partageaient entre quelques dignitaires de la discipline (J. Piveteau, A. Leroi-Gourhan, L. Balout, R. Joffroy) et la génération « montante » (H. et M.-A. de Lumley, Y. Coppens et votre serviteur). Figuraient aussi parmi les invités : R. Chabal et P. Creyssel, de la direction générale du CNRS, J. Pouilloux, directeur des Sciences humaines, J. Soustelle, ancien ministre ainsi que deux dames ministres : F. Giroud et A. Saunier-Seïté.

Valéry Giscard d'Estaing nous reçut avec courtoisie et, tout au long du repas, se renseigna sur les progrès de la recherche dans les domaines de la paléontologie humaine et de la préhistoire. Il avait préfacé l'ouvrage *La Préhistoire française* qu'Henry de Lumley et moi-même avions dirigé et qui avait été publié par les Éditions du CNRS. Cette somme fut rapidement épuisée. On pensa un temps la rééditer mais le projet n'eut pas de suite.

Plus tard Jack Lang, ministre de la Culture, décréta que 1989 serait l'année de l'archéologie. À cette occasion, il fut suggéré qu'un ouvrage soit édité qui ferait le point sur l'état de l'archéologie française. Frédéric Lontcho, directeur des Éditions Errance, prit en charge la publication de cette œuvre dont on me proposa de partager la direction avec Christian Goudineau. Je n'ai pas oublié les longues journées de travail passées au 4, rue de l'Arsenal, dans l'arrière-boutique de la maison d'édition, dans un permanent halo de fumée de cigarettes. C. Goudineau avait obtenu du président de la République, rencontré lors d'une visite au Mont-Beuvray (où F. Mitterrand envisagea un temps de se faire enterrer), la rédaction d'une préface à cet ouvrage. Notre opus terminé – qui prit pour titre *De Lascaux au Grand Louvre*[16] –, les deux directeurs furent invités à porter au président l'exemplaire numéro 1 du tirage. Reçus par Jacques Attali, nous fûmes introduits dans le bureau présidentiel pour bavarder quelques instants avec son auguste locataire. Un souvenir m'est resté : François Mitterrand feuilletant l'ouvrage très illustré et s'arrêtant longuement sur une photographie, peu archéologique, représentant un troupeau de moutons broutant dans la montagne pyrénéenne. Peut-être se sentait-il plus proche de Latché…

En 1998, Jacques Chirac vint au Collège de France inaugurer les nouveaux locaux aménagés en sous-sol et notamment le grand amphithéâtre Marguerite de Navarre. Seuls l'administrateur et les professeurs étaient conviés à cette cérémonie. On nous fit mettre en arc de cercle et nous fûmes présentés, un par un, au président de la République, l'administrateur déclinant à chaque fois notre spécialité. Lorsqu'il apprit que j'étais archéologue, J. Chirac me demanda si j'étais au courant des derniers développements de la recherche japonaise. On sait combien ce pays lui tenait à cœur…

Plus récemment, François Hollande, ayant terminé son mandat, vint à Carcassonne décorer une dame qui avait été, il y a bien longtemps, mon élève au lycée de Castelnaudary. Il y avait beaucoup de monde dans une pièce plutôt réduite et, attitude coutumière, les politiques du coin jouaient des coudes pour se rapprocher au maximum de l'ex-président et figurer sur les photographies de la presse locale… Une amie, me voyant en retrait,

alla elle-même prendre le président par le bras et nous présenta.
F. Hollande, jamais à court d'humour, me confia : « Oh, vous
savez, moi je suis à présent un archéologue de la politique... »

De tous ces instants, il me reste surtout d'avoir été préfacé par
deux de nos présidents. Je n'en tire aucune gloire bien qu'étant
probablement l'un des rares archéologues français dans ce cas.

Hochets et bonheurs éphémères

Il est des moments agréables dans la vie de tout chercheur, ce
sont ceux au cours desquels la collectivité reconnaît officiellement
la part de votre engagement dans la cause que vous avez choisie.
Et cela d'autant plus que l'archéologie est souvent perçue, en
haut lieu, comme une discipline d'intérêt secondaire, marginale
alors qu'elle est en réalité l'un des fers de lance de la recherche
historique. Nier le rôle de l'archéologie, c'est rejeter l'histoire,
lui refuser son pouvoir de réflexion et sa part dans la construction même de notre culture. Lorsqu'il fut nommé ministre de
la Culture, Jack Lang voulut honorer les arts dont il avait la
charge. Il fit décerner par son ministère toute une série de grands
prix nationaux annuels : l'un concernait l'archéologie. J'en fus le
lauréat en 1985. La remise du parchemin eut lieu, des mains du
ministre, sur la scène de l'Opéra de Paris, le 9 décembre. Je me
retrouvais là parmi une quinzaine de promus à des titres divers :
Ariane Mnouchkine (théâtre), Annie Fratellini (cirque), André-
Pieyre de Mandiargues (littérature), Jean-Claude Gallota (danse),
Eddy Mitchell (chanson) et quelques autres dont l'identité m'a
échappé. Dans ces moments on est, l'espace d'un instant, sur un
petit nuage et soldé de toutes les tracasseries du métier.

Mes ouvrages me valurent aussi quelques distinctions de la part
de l'Institut. L'Académie française m'accorda à quatre reprises

des prix tandis que l'Académie des inscriptions et belles-lettres me gratifia du prix Gobert. Plus inattendue fut ma nomination au grade d'officier du Mérite culturel monégasque – due à ma participation au comité scientifique du musée d'Anthropologie de la principauté. Un diplôme et une médaille me furent remis par Caroline de Monaco lors d'une petite cérémonie qui se déroula au Palais, sur le rocher, en 2015.

La France d'avant la France me valut en 1981 un passage à « Apostrophes ». Le titre même de l'émission-culte de Bernard Pivot disait assez bien que les disputes y étaient fréquentes. En organisant une rencontre entre six auteurs sur le thème de l'archéologie, le meneur de jeu avait su « doser » ses invités puisque étaient présents ce soir-là deux archéologues authentiques : Alain Schnapp, pour l'ouvrage qu'il avait dirigé, *L'Archéologie aujourd'hui*, et moi-même pour mon livre déjà cité. Le commandant Yves Cousteau et son fidèle collaborateur, Yves Paccalet, étaient là pour un livre intitulé *À la recherche de l'Atlantide*, assemblage de belles photos de quelques vestiges sous-marins réalisées au large de la Crète, ce qui leur permettait d'évoquer un vieux serpent de mer. Enfin, deux auteurs d'un ouvrage beaucoup plus fantaisiste dans lequel était attribuée à des créatures venues de quelque autre planète l'invention des pyramides égyptiennes, mayas ou incas. Dès que vient sur le tapis ce genre de littérature qui fait totalement fi de toute notion chronologique, le poil de l'archéologue se hérisse. A. Schnapp et moi avons un peu regretté que Bernard Pivot n'ait pas mis sur pied une vraie rencontre entre archéologues reconnus. Le plateau nous contraignit ainsi à dénoncer ce genre d'essai se voulant scientifique mais n'étant qu'imposture. Évidemment, Cousteau, voulant apparaître du bon côté, nous prêta main-forte même si son propre récit n'était pas exempt de quelque approximation. Les accusés se défendirent vaillamment devant leurs Fouquier-Tinville. Le lendemain, une réunion entre professeurs d'université et directeurs de recherche en préhistoire avait lieu au CNRS. Je poussai la porte du siège, quai Anatole-France, lorsque j'entendis la grosse voix de François Bordes qui m'accueillit d'un tonitruant : « Guilaine, vous avez été magnifique à la télé. » Si c'est François Bordes qui le dit...

B. Pivot me réinvita par la suite sur le plateau de « Bouillon de culture ». D'abord, pour la parution de *La Plus Belle Histoire de l'Homme*[17]. Étant alors sur mon chantier chypriote, je ne pus répondre favorablement à sa demande. En revanche, nous fûmes là, Jean Zammit et moi, pour débattre lors de la publication de notre ouvrage *Le Sentier de la guerre*[18]. L'esprit de l'émission avait changé. Ce n'était plus les controverses du temps d'Apostrophes mais la présentation de quelques livres en toute quiétude. Ce soir-là, étaient aussi invités Tahar Ben Jelloun, Yasmina Khadra, Denis Marquet et Madeleine Gagnon. Derrière l'animateur apparaissait, fortement agrandie, une illustration puisée dans notre ouvrage et représentant une scène de guerre bien connue de l'art du Levant espagnol : la confrontation d'archers de Los Dogues. À la fin de l'émission, je demandais à B. Pivot ce qu'il comptait faire de ce panneau historié : « Rien », me dit-il. « Alors, je le prends », lui dis-je. Il orne depuis la cloison de l'une de mes demeures.

CHAPITRE 15

Évasions extra-archéologiques

Il est temps de nous divertir. Changeons donc de registre sans nous prendre trop au sérieux. Dans ce chapitre, nous allons chanter, crapahuter dans les Corbières, faire la fête, nous mettre sur la piste de mes racines occitanes, écouter au coin de l'âtre quelque conteur nous plonger dans le légendaire des paysans du xixᵉ siècle, nous évader dans la fiction d'un très ancien passé. Un peu de récréation : place à l'enjouement, à la fuite, à l'illusion !

Quand les savants chantent

Les savants sont des hommes et peuvent, comme tout le monde, se défouler en chantant. Les chantiers archéologiques sont propices, en fin de journée, à la constitution de chorales improvisées. Les répertoires n'y sont pas toujours d'une qualité indiscutable et on y entend plus souvent des chansons de corps de garde que des airs d'opéra.

Trois souvenirs. En 1963, je participais aux recherches de Max Escalon de Fonton à la Baume de Montclus (Gard). Escalon avait, lors des années précédentes, conduit des travaux sous le grand porche de la Salpêtrière, une belle cavité ouverte à proximité du pont du Gard. Il était loin d'être le premier à travailler dans cette caverne. Bien des chercheurs l'y avaient précédé de sorte que ces recherches successives avaient pas mal bouleversé les sédiments, voire les avaient évacués. Escalon eut du mal à retrouver quelques couches en place pour établir une lecture stratigraphique modernisée du remplissage. Il y parvint et reconnut notamment un faciès du Paléolithique supérieur qu'il baptisa « Salpêtrien ». Mais ses recherches furent évidemment contraintes par la faible surface des strates qui subsistaient. Cela lui inspira quelques strophes sur l'air de la chanson de Guy Béart, « Bal chez Temporel » :

> « Si tu reviens jamais danser chez Temporel
> Un jour ou l'autre
> Pense à ceux qui tous ont laissé leurs noms gravés
> Auprès des nôtres... »

Le propriétaire de la grotte de la Salpêtrière était alors un certain M. Libourel. Escalon chantonnait :

> « Si tu reviens jamais fouiller chez Libourel
> Un jour ou l'autre
> Pense à tous ceux qui ont fait leur petit trou foireux
> Avant le nôtre...
> Eugène Gimon et Cazalis, l'abbé Bayol et ses apôtres
> Et tous les... [ici ma mémoire défaille]
> Qui ont fait un p'tit trou pas très propre... »

En 1979, s'était tenu à Montauban-Cahors le XXIe Congrès préhistorique de France. Plusieurs préhistoriens s'étaient mis à chanter lors d'un repas du soir ou dans le car qui nous ramenait de l'excursion au site des Fieux. Denise de Sonneville-Bordes nous gratifia d'un beau répertoire tandis que Jacques-Pierre Millotte s'associait à des chants plutôt bachiques. Quelques-uns d'entre nous, occitanistes, interprétâmes « Le Bouié ».

À quelque temps de là, Denise Bordes me proposa d'organiser à Bordeaux une « confrontation » Bordeaux-Toulouse dans le domaine du Néolithique. Il s'agissait de dresser un état des recherches respectives de nos deux laboratoires et d'en tirer des conclusions plus générales. L'équipe toulousaine, alors composée de M. Barbaza, H. Duday, J. Vaquer et moi-même, prit le train pour Bordeaux afin de discuter avec les chercheurs d'Aquitaine et du Centre-Ouest. À la fin de la journée, Denise demanda à l'équipe toulousaine d'entonner « Le Bouié », un chant occitan bien connu. Notre groupe fit de son mieux, accompagné d'un partenaire enrôlé pour l'occasion : François Bordes, lui-même, qui connaissait ce chant dont les paroles lui revenaient peu à peu. L'origine du « Bouié » est contestée. Certains le font remonter au temps du catharisme car ses paroles font référence à une pauvre femme « *desconsolada* », c'est-à-dire désolée, affligée... De là à avancer que cette pauvresse n'avait pas encore reçu le *consolamentum*, sorte d'extrême-onction cathare, et attribuer ce chant à cette période difficile de l'histoire du Midi, le pas a été vite franchi. Je m'abstiendrai pour ma part d'être aussi catégorique sur ce point de chronologie musicale.

Vers 1986, Mme Blin, collaboratrice à la revue du CNRS *Gallia*, prit sa retraite. Christian Goudineau et moi étant devenus respectivement directeurs de *Gallia* et de *Gallia-Préhistoire*, nous décidâmes d'organiser un pot de départ en son honneur et invitâmes plusieurs collègues à cette manifestation de sympathie. Parmi ceux-ci, l'ancien directeur de *Gallia*, Paul-Marie Duval, savant à la fois discret et distant. Christian Goudineau, ancien membre d'une chorale enfantine et qui aimait chanter, me demanda de mettre des paroles sur un air connu. Il en ferait de même de son côté. Je ne me souviens plus des airs sur lesquels nous avons tous chanté, Paul-Marie Duval inclus, mais quand je pense à ce chœur improvisé dans un lieu aussi docte, je me dis que ce moment fut assez surréaliste.

Un désir contrarié

J'ai longtemps rêvé d'être musicien. Mes parents chantaient fréquemment. J'ai l'oreille juste et j'étais souvent premier en chant dans les classes primaires. Aussi décida-t-on de m'inscrire, vers l'âge de 9-10 ans, à l'école municipale de musique pour apprendre le solfège. L'un de mes camarades de classe, Yves Aniort, qui partageait le même désir m'accompagnait. La première année fut très agréable. Les leçons nous étaient délivrées par un tromboniste, M. Rancoule, qui, très attentif à nos erreurs et à nos progrès, ne cessait de nous encourager. Nous nous en tirions bien et, avec Yves, nous fûmes admis en deuxième année. Là tout se gâta. Le professeur, dont, par pudeur pour sa mémoire je tairai le nom, était un royal je-m'en-fichiste. Il ne venait qu'une fois sur trois en moyenne. Je pense que ces enseignants n'étaient pas des fonctionnaires à plein-temps mais seulement des membres de l'harmonie locale rétribués par quelques vacations. Cela ne devait pas motiver beaucoup notre nouveau maître qui brillait par ses absences. Que de fois l'avons-nous attendu, Yves, quelques autres et moi-même, anxieux, au 1, rue de la Liberté, à Carcassonne. Le cours devait débuter à 18 heures. Nous espérions : 18 h 10, 18 h 15, 18 h 30. Lassés, nous repartions. Mais quand ce monsieur était là, il s'emportait devant nos faiblesses, nous disputait, nous faisait peur. C'était un bien piètre pédagogue. Découragés, Yves et moi abandonnâmes. Tout au long de notre vie, nous avons souvent évoqué les maladresses de ce maître qui nous avait dégoûtés d'un art dans lequel nous aurions pu trouver des satisfactions. Tous deux avons gardé une dent féroce à son encontre.

Yves, après le baccalauréat, s'orienta vers la médecine alors que je prenais le chemin de la faculté des lettres. Devenu médecin, il s'investit dans la chorale du village où il exerçait pour tâcher d'assouvir ce désir musical de son enfance. Je restais, pour ma part, en dehors de toute pratique, sauf à écouter, comme tout un chacun, disques et radios ou à fréquenter quelques concerts. Je suis devenu, depuis une quinzaine d'années, un « supporter » de la lyre de Limoux et fréquente régulièrement le festival annuel – la « cuivrée » – organisé dans cette ville. Un événement inattendu, mais bien tardif dans mon existence, allait un peu modifier la donne. J'avais 71 ans et avais pris ma retraite depuis quelques mois lorsque mes collègues et amis du laboratoire décidèrent de marquer mon départ en m'offrant un cadeau. Connaissant mes goûts instrumentaux, voici qu'ils m'offrirent lors d'une table ronde archéologique et à ma grande surprise... un saxophone ! Le premier moment d'étonnement passé, je me trouvais bien gauche en tenant dans mes mains cet outil – dont j'avais long-temps rêvé – mais dont j'ignorais tout du maniement. Afin de ne pas blesser mes chers donateurs, je me mis donc à l'épreuve en prenant des leçons auprès de maîtres en la matière. À mon âge, rien n'est facile. Il faut à la fois assimiler le solfège, savoir où placer ses doigts, ne pas oublier la clé d'octave, compter les temps. Ah, les temps ! Ayant trop tendance à jouer d'oreille, mon naturel me pousse à leur fausser compagnie et à en faire un peu trop à ma guise. La dextérité de mes doigts n'est plus celle d'un jeune homme... Bref, j'ai commencé trop tard. Cela étant, je dois dire que je trouve du plaisir à jouer, même si mon niveau demeure extrêmement modeste. Avec quelques amis musiciens, nous nous réunissons parfois pour interpréter quelques standards du jazz : *Let's my people go*, *All of me*, *Cry me a river*, *Saint-James Infirmary* et autres... Ces rencontres suffisent à mon agrément. Et donc, chemin faisant, j'ai décidé de passer à un autre instrument. Jusqu'ici je tâtais de l'alto, voilà que j'ai acquis un soprano et que je tente de me débrouiller avec. Le bec est plus fin, le son plus difficile à tenir. Qu'importe, je trouve matière à satisfaction dans mon bricolage musical et cela suffit à mon discret bonheur d'un désir trop longtemps rentré.

La marche, source inspiratrice

L'une de mes satisfactions, presque quotidienne, réside dans une activité des plus simples : la marche. Et cela ne date pas d'hier. Avec Christiane, nous avons commencé de marcher dès 1968 peu après la rédaction et la soutenance de ma thèse. Cette épreuve, dans laquelle je m'étais beaucoup investi, m'avait contraint à une sorte de sédentarité forcée. Je m'étais promis qu'une fois libéré de ce passage obligé, je m'aérerais journellement pendant une à deux heures. En dehors des inévitables responsabilités qui, à Toulouse, à Paris ou ailleurs, ont continué à bloquer certaines de mes journées, j'ai essayé de me rattraper en pratiquant la marche chaque fois qu'un instant d'évasion se dessinait. Je ne parle pas ici des multiples excursions passées à la découverte ou à la visite de sites archéologiques. J'en toucherai un mot plus loin. Non, seulement du plaisir d'avancer d'un pas assuré sur des chemins mille fois parcourus de la campagne ladernoise. Parfois des heures entières sans dire un mot, simplement en croisant le regard et le sourire complices de Christiane. Les gens des villages voisins connaissaient notre goût pour ces balades. D'autres, anonymes mais appelés à passer fréquemment sur les routes du coin, avaient repéré ce couple d'infatigables promeneurs, allant à pied quel que soit le temps. L'espace parcouru pouvait varier : de la forêt, où les chênes sessiles ou verts cohabitent avec les pins de plantation, aux espaces découverts peuplés de vignes ou de champs de céréales. Ces pérégrinations ont constitué mon oxygène, mon remède antistress, mon sas de décompression lorsque je revenais de déplacements professionnels, proches ou lointains. Et ne croyez pas que ces promenades sont une façon de se vider l'esprit. Bien au contraire, tandis que l'attention visuelle est attirée par un arbre, un oiseau, un papillon, une asperge sauvage, le cerveau continue son travail, décante l'information accumulée précédemment, cherche des pistes jusque-là insoupçonnées. Le corps se déplace tandis que la pensée, que l'on croit mise provisoirement en repos, s'active de plus belle. C'est d'ailleurs au cours de ces marches quasi quotidiennes, longtemps à deux, aujourd'hui seul, que germent l'idée, la solution, l'hypothèse que je m'empresse, au retour, de cocher sur la feuille blanche. Ladern n'a pas été pour moi qu'un décor sylvestre, ce fut aussi une source inspiratrice.

La marche dans la nature est tout sauf monotone. Elle offre, au moment le plus inattendu, des spectacles qu'elle réserve à ses initiés : le bond du chevreuil qui propulse la bête sur plusieurs mètres, le grognement du sanglier que l'on dérange, l'étonnement du lièvre qui, face à vous, marque un temps d'arrêt et vous jauge avant de prendre la fuite, le hérisson qui pousse un cri avant que vous ne mettiez le pied dessus, le rouge-gorge qui vous accompagne sur une partie du trajet comme pour vous tenir compagnie, l'écureuil qui a l'art de dévaliser toutes les amandes et ne vous laisse que leur coque trouée, le rapace qui vous observe et plane au-dessus de votre tête, le grillon dont le chant se termine brutalement à votre approche et dont vous chercherez en vain le repaire, la couleuvre grise qui restera impassible sous vos coups de canne et qui vous obligera à faire un détour. La nature se défend aussi : la griffe du chat sauvage, le dard du scorpion ou la piqûre de tique vous conduisent directement à la cure d'antibiotique. Christiane et moi avons expérimenté tout cela.

Quant aux randonnées, souvent exténuantes, à la recherche de sites archéologiques, qu'elles fussent couronnées de succès ou émaillées d'échecs, elles furent toujours exaltantes. S'enfoncer dans le maquis, dont la « salse pareille » vous emprisonne et vous lacère, prospecter la garrigue rebelle, traverser le lapiaz aux dents acérées, escalader l'un après l'autre les reliefs malaisés, se perdre dans la broussaille ou la forêt et s'époumoner pour se faire repérer (il n'y avait de notre temps ni GPS ni téléphone portable) : autant d'épreuves à subir pour dénicher quelque grotte totalement ignorée ou un dolmen ruiné et redevenu *clapàs*. Les prospections en terrain hostile ont été notre lot entre 1960 et 1980, plus rarement ensuite. J'en ai gardé une nostalgie certaine.

Ladern

Je sais gré à Christiane de m'avoir attiré à Ladern, son village natal. Je m'y suis incrusté car ce paysage assez riche de reliefs boisés et de vignes le long du Lauquet convient parfaitement à mon tempérament : ce ne sont pas ces terrains plats ou faiblement moutonnés du Lauragais mais ce n'est pas encore la Corbière haute, avec ses abrupts calcaires. Le territoire ladernois unit le vin, ce moteur de l'économie languedocienne, toujours présent malgré les aléas chroniques de la conjoncture, et un bel espace forestier où se reproduisent les sangliers. Au fond, le même type de paysage que celui de Villebazy, le village de mon enfance : je n'avais pas de quoi me sentir déraciné. Proche de Carcassonne mais coupé de la ville par les hauteurs du Pla de Bazel, c'est un havre de tranquillité. La rivière qui le borde a une identité méditerranéenne. En effet, ce Lauquet peut perdre ses forces, voire s'étioler lors des sécheresses estivales ou enfler de façon inquiétante par temps d'orage. Il a récemment dévasté, lors d'un épisode pluvieux dramatique, plusieurs habitations et emporté la route d'accès à la localité. À l'amont du village, une « païchère », barrage de blocs ajustés sur un affleurement rocheux, entretient une retenue d'eau qui fait, à la bonne saison, le bonheur des vacanciers. Elle a été glorifiée par Mans de Breish dans une chanson devenue ici un véritable hymne.

Bien sûr, toujours aussi possédé par ma frénésie, j'ai « labouré » bien des espaces de ce terroir pour y découvrir quatre localités néolithiques, deux cavités sépulcrales, trois sites de l'Âge du fer, des villas romaines, des fours à chaux. J'ai même dégagé il y a un temps un squelette complet, d'âge relativement récent, dont j'ai fait cadeau à Henri Duday : il était alors étudiant en médecine et cherchait un squelette de référence.

Un premier château fut édifié à Ladern sur un socle rocheux vers la fin du Xe siècle. Plusieurs fois modifié, il en restait au XIXe siècle une sorte de bâtiment formé d'un quadrilatère massif à deux antennes symétriques quand le propriétaire de l'époque, se voulant châtelain et trouvant que le bâtiment ne faisait pas assez « féodal », le dota d'une façade « médiévale » avec créneaux, tours et échauguettes. Il en résulta un décor à la fois pompeux et assez risible car ces ajouts modernes, clairement identifiables, font un peu tableau d'opérette, genre « château de la Belle au Bois dormant ». Y vécut notamment Henri Mouton, maire au début du XXe siècle, puis haut fonctionnaire, directeur de la police judiciaire et créateur de notre loterie nationale.

Mais c'est un félibre, un prosateur de langue d'oc, Achille Mir, qui devait donner quelque notoriété à la localité en écrivant en 1876 une satire occitane du chœur de chant de l'église. Il existe en effet dans ce sanctuaire un lutrin, pupitre sur lequel étaient placés les chants liturgiques et autour duquel s'affairaient les interprètes. Invité en 1870 par le châtelain du moment et ayant assisté à la messe chantée avec enthousiasme mais de façon assez cocasse par des choristes peu doués, Achille Mir dépeignit chacun de ces personnages dans ce qu'il appela lui-même une « bouffonnade », pamphlet qu'il intitula *Le Lutrin de Ladern*. Le bruit court que lors de son séjour la jeunesse du village l'aurait un peu moqué et qu'il aurait décidé de se venger en ridiculisant de sa verve les autochtones.

Comme beaucoup de villages languedociens, Ladern connut un acmé démographique au XIXe siècle avec toute une série de « campagnes » alentour. La perte de valeur de la terre, l'exode vers les villes au lendemain de la Première Guerre mondiale, la sécurité que représentait un poste dans l'administration ont progressivement accentué les départs et réduit la population. Il n'y a guère plus de familles de vignerons qui puissent vivre aujourd'hui du seul labeur terrien. L'épouse dispose d'un emploi rétribué qui permet heureusement de rééquilibrer les comptes. Mais un village c'est aussi un patrimoine moral, un nid auquel on ne renonce jamais définitivement. Les retraités font tout pour revenir au pays, retrouver les copains de jeunesse dont les cheveux ont blanchi ou ont déserté les crânes. La chasse au sanglier, fièvre qui unit les générations, reste encore un ciment masculin vivace. Sur ce plan, le village a de quoi rendre jaloux. En 1965 en effet, son territoire s'est agrandi grâce au rattachement de celui d'une commune voisine – Molières-sur-l'Alberte, longtemps « le plus petit village de France » – qui ne comptait plus que trois résidents. Son espace boisé s'en est trouvé démultiplié. Forêts, rivière, calme, proximité de la ville : autant d'atouts qui ont fait, ces derniers temps, remonter la courbe démographique : 267 habitants. On reste à l'échelle humaine. En revanche, plus un seul commerçant, alors que naguère la localité en comptait plusieurs. Il faut régulièrement « descendre » à la ville – Carcassonne ou Limoux – si l'on ne veut pas rester le ventre creux. Si l'on s'attache aussi à ce coin des Corbières, c'est en raison d'un esprit festif qui s'exprime tout particulièrement au mois d'août.

« *Carnaval au mois d'août* » :
tour de l'âne et buffoli

C'est à dessein que j'emprunte cette expression à Daniel Fabre. Autrefois, villes et villages fêtaient Mardi gras et s'adonnaient donc à diverses mascarades. Les deux guerres mondiales, les conjonctures économiques, l'exode rural finirent par extirper ces réjouissances de la plupart des localités. Pour autant, il fallait bien que la satire sociale puisse s'exprimer à un moment de l'année. C'est pourquoi ces divertissements carnavalesques furent souvent déplacés au mois d'août, période estivale où se déroulent la plupart des fêtes locales. L'été en effet est un temps mort agricole : les moissons sont rentrées, les vendanges n'ont pas débuté et dans cet intervalle, les congés aidant, les « exilés » sont momentanément de retour au pays. Ladern fait donc « Carnaval au mois d'août ».

La propension à la fête est ici bien enracinée. Chamailleries, rivalités de familles, divergences idéologiques s'abolissent soudainement lors de cette trêve sacrée qui est le temps des réjouissances. Ce ne fut pas toujours le cas. Lors des premières décennies du XXe siècle, les clivages sociaux exaspérés avaient cassé le village en deux : républicains d'un côté, conservateurs de l'autre ; plus tard, radicaux contre socialo-communistes. Il y avait donc deux fêtes concomitantes : bal des « rouges » et bal des « blancs ». Loin de calmer les esprits, ces festivités exacerbaient les tensions et les occasions de provoquer l'adversaire ne manquaient pas, notamment lors des « tours de ville », ces moments où rondes et farandoles se déploient dans le village. Insultes, empoignades, bagarres. En 1930, le maire fit acte d'autorité et décréta qu'il n'y aurait plus qu'un seul bal. Cette sage décision mit tout le monde d'accord et perdura.

La fête à Ladern se déroule dans la deuxième quinzaine d'août pour la Saint-Louis, tradition d'un autre âge lorsqu'on vénérait le saint patron de la paroisse. Son programme n'est guère aujourd'hui bien différent de celui des autres localités environnantes et se résume pendant trois jours (samedi, dimanche, lundi) à un bal en matinée et soirée. Bien des traditions de naguère et que j'ai connues dans mon enfance ou mon adolescence – sérénades aux jeunes filles, tours de table avec musiciens, concerts au programme puisé dans le répertoire classique ou les opérettes, farandoles précédant et clôturant le bal – ont peu à peu disparu. Seule survivance : les traditions du mardi, comme un clin d'œil au Mardi gras de la transition hiver-printemps. Ce quatrième jour de fête comporte en effet deux traditions indéracinables : le tour de l'âne et le buffoli[1]. La première de ces manifestations a lieu en fin d'après-midi. Elle a pour cadre un thème satirique, généralement pris dans l'actualité, revu à la mode burlesque. Des personnages masqués donnent libre cours à une forme de truculence populaire, souvent exprimée en langue d'oc, et qui oppose une forme de bon sens local à des tentatives extérieures de transformation, d'évolution, d'acculturation jugées ineptes. À cette occasion a lieu le « baisement des cornes ». Les derniers mariés (aujourd'hui les plus récents couples formés) sont invités à monter sur la scène pour embrasser publiquement des cornes bovines, symboles de la fragilité des serments de fidélité conjugale. Autrefois, le dernier marié était juché sur un âne et, tenant le manche aux cornes dans la main, promené à travers la localité. Aujourd'hui le « tour de l'âne » consiste à parcourir le village au son des cuivres tandis que se déroulent, au fil de ce déplacement, diverses scènes comiques.

C'est à minuit qu'aura lieu le clou de la fête : le buffoli. Une file de personnages grimés, chemise blanche de rigueur, dans certains cas coiffés d'un bonnet de nuit, envahissent la piste de bal en formant un monôme. Le premier d'entre eux porte un soufflet de cheminée et fait de temps à autre semblant de venter le postérieur de quelque autre participant. C'est dans ce geste en fait que réside le rituel du buffoli (« souffle-lui », sous-entendu : au derrière). Dans la tradition la plus pure, tous les acteurs devraient être munis d'un de ces instruments et souffleter le travesti qui le précède. Le tout va finir dans une ronde endiablée, une sorte de transe au son d'airs spécifiques et lancinants des cuivres. On a beaucoup écrit sur la signification de ce rite carnavalesque qui prend des noms divers selon les régions où on le pratiquait autrefois : soufflacus du Nord, bouffés, buffets, buffatières, buffolis du Midi. Le sens des gestes un tantinet obscènes n'est pas éclairci. A. Van Gennep y voyait des parodies des processions de pénitents qui se recrutaient dans les élites bourgeoises et faisaient mine d'expier leurs mauvaises actions. Le peuple les aurait moquées car doutant de la sincérité de leur comportement. D'autres pensent à un rite printanier symbolisant au printemps (n'oublions pas qu'il s'agit à l'origine d'une manifestation du mercredi des Cendres) le renouveau de la nature, le soufflet chassant les mauvais vents de la saison d'hiver. On ne sait trop en fait quel est le sens de cette coutume pratiquée à Ladern par des participants de toutes générations dans une atmosphère de liesse collective. Pour être admis parmi les autochtones et considéré comme un des leurs, il faut avoir plusieurs fois accompli le buffoli. J'ai dû passer par cette sorte d'initiation et l'exercer ensuite, par plaisir, environ une bonne trentaine de fois...

Occitan

Je peux presque affirmer que le français est ma deuxième langue. À la ville comme à la campagne, mes grands-parents, paternels ou maternels, parlaient « patois » ; mes parents usaient de celui-ci comme du français alternativement. De sorte que mots et sons languedociens se sont nichés prématurément dans mes oreilles. Enfant, je parlais assez couramment la *langa mairala*. J'ai, à ce jour, beaucoup perdu de celle-ci par manque de pratique : on ne trouve plus beaucoup de locuteurs sur son chemin.

Un mot d'abord pour préciser que l'histoire n'a pas été tendre avec les Méridionaux. Le rattachement à la royauté des terres du comte de Toulouse, à la suite de la malheureuse « croisade contre les Albigeois », fit perdre son autonomie à une large partie du Midi mais n'atteignit pas l'usage de la langue. En 1539, l'édit de Villers-Cotterêts imposa le français, c'est-à-dire la langue d'oil, dans les actes officiels et la justice. La IIIᵉ République, soucieuse de l'unité de la nation, rabaissa au rang de « patois » les autres langues de l'Hexagone et notamment la langue d'oc qui avait été celle des troubadours et des brillantes cours d'amour méditerranéennes du Moyen Âge. Et dont l'usage couvrait presque la moitié sud de la France. On la cassa politiquement, ou lui fit subir les pires vexations en la réduisant à un « dialecte ». Eh bien non : la langue d'oc n'est ni un dialecte ni une langue « régionale ». C'est une langue à part entière, belle, mais martyrisée, blessée, brisée par le pouvoir politique jacobin. Ne croyez pas que c'est là le cri de quelque félibre réactionnaire. Non, celle d'un honnête républicain qui aime son pays mais qui ne veut pas que ses richesses linguistiques subissent le diktat du rouleau compresseur parisien. Il n'est point question de quelque utopie séparatiste, mais tout simplement du plaisir de s'exprimer dans un verbe qui a tant rêvé de ressources, d'expressions magnifiques, une langue qui fait corps avec le paysage. Un vrai patrimoine « immatériel ».

Et c'est pour cela que j'aime les chansons de mes amis Claude Marti et Mans de Breish. Elles me remettent en mémoire les paroles, les mots tant de fois entendus dans mon enfance et que mes neurones ont tendance à oublier. Elles sentent bon la terre et le labeur de la vigne, le cers frisquet et le marin humide, la révolte et la malice, le procès inique de Galilée et les mineurs de Decazeville, les blessés de la vie et les clameurs de l'espoir, Montségur et Montredon, le poing levé et la primevère, Minerve et la Corbière : huit siècles d'une histoire en dents de scie.

Certes, il y a les Calandreta, ces écoles qui tentent de faire revivre auprès des écoliers les charmes de la langue. Je salue ce sacerdoce pour le bilinguisme. Mais je n'ai jamais été un grand optimiste et je doute. Car en sixième, il faudra bien voir plus loin. Que peut l'occitan contre l'anglais ? Et, à ce rythme, que pourra demain le français face à la banalisation de l'anglais ? Je crains que l'occitan ne soit bientôt plus qu'une langue de musée, un média bon pour une poignée d'intellectuels nostalgiques. J'apprécie toutes les volontés en faveur de cet idiome. Mais pour qu'une langue vive, il faut que le peuple la parle. Or le peuple s'est peu à peu détourné de l'occitan, sous l'emprise de l'administration. Pire, il en est venu parfois à le dédaigner, à le considérer comme le dialecte des incultes, et des « campagnols », ce regard méprisant n'étant jamais que le miroir de sa propre ignorance. On doit regarder la réalité en face : la Catalogne a gardé sa langue, la Corse s'accroche à la sienne, mais l'Occitanie en tant qu'espace linguistique s'est soumise, s'est fondue dans la nation française.

C'est un fait d'histoire et il n'est point question de le contester. Et d'ailleurs le Midi a régulièrement donné des leçons de républicanisme et de démocratie au pays. Alors accordons un peu d'oxygène à sa langue d'origine. La France y gagnera.

Contes et conteurs

Le goût de la littérature orale nous est venu, avec Christiane, de notre proximité avec l'usage de l'occitan. Au village, vers la transition des années 1950 à 1960, beaucoup d'adultes s'exprimaient encore en langue vernaculaire. Lors des longues veillées d'hiver, nous allions passer la soirée chez l'un ou chez l'autre, toujours au pied de la cheminée. L'électricité ? On l'économisait. La pièce n'était souvent éclairée que par la seule flamme du feu de bois qui brûlait dans l'âtre. Et c'est presque involontairement que commencèrent nos enquêtes. Les anciens narraient leur difficile vie d'autrefois. Puis le discours s'égarait sur une anecdote, une histoire, un conte. En écoutant le vieux Jules Serres (dit Julou de Balletou) nous narrer quelques-uns de ces récits, nous commençâmes à les recueillir. Nos investigations s'étendirent ensuite à d'autres conteurs de la vallée du Lauquet, puis, de plus en plus pris par diverses responsabilités consécutives à mon entrée au CNRS, les enquêtes furent abandonnées et le corpus mis en sommeil. En 1978, Daniel Fabre vint réveiller cette moisson, en avisa Jean Cuisenier, directeur du musée des Arts et Traditions populaires. Celui-ci lançait précisément chez Gallimard une série consacrée aux contes populaires. Il me proposa d'éditer notre collecte. Un ouvrage vit le jour peu après[2]. Son succès fit en sorte qu'un second recueil nous fut demandé. Mais mes charges professionnelles ne nous permettaient plus de nous lancer dans de nouvelles enquêtes. Je déclinai tout en engrangeant, lorsque l'occasion s'en présentait, quelques contes supplémentaires. Ce n'est que vers 2014 qu'un jeune éditeur provençal, Jean-Marie Desbois, nous proposa de rééditer l'ouvrage de 1978, épuisé de longue date, abondé des textes nouveaux recueillis autour de 1980. L'ouvrage ne parut qu'en 2017, un an, hélas, après le décès de

Christiane dont le travail de décryptage des cassettes l'avait longuement occupée[3]. Je suis allé, à plusieurs reprises, présenter ce livre à des publics passionnés par le patrimoine immatériel des anciennes provinces d'oc.

J'ai gardé de ces enquêtes un souvenir enthousiaste. Car le conteur, le vrai conteur, est un comédien. Il vit ce qu'il narre. Sa voix peut se faire rude, forte lorsqu'il évoque un événement tragique ou un moment d'effroi ; elle peut, à l'inverse, être douce, attendrie lorsque le récit passe par une phase de calme et de sérénité. Le discours ne va pas sans l'intonation ni le geste. Il eût fallu filmer ces scènes jubilatoires lors de nos enregistrements. Nous n'étions pas équipés pour cela et avons focalisé sur les seuls textes, conscients que nous étions de réaliser le sauvetage d'un patrimoine en perdition. Ce n'était pas faux : tous nos conteurs, ces dépositaires d'un savoir transmis au fil des générations, sont aujourd'hui décédés.

La diversité des textes oriente vers des genres différents. Il y a d'abord les contes merveilleux que les spécialistes considèrent comme les plus anciens. On est alors dans la féerie, avec des moments totalement improbables dont les protagonistes sont des personnages hors norme : rois, princesses à marier, fées – bonnes ou mauvaises –, sorcières, monstres divers. Les lieux ne sont pas moins extraordinaires : châteaux hantés, lac où dort la bête à sept têtes, maisons maudites, cheminées par où passe le diable. Les contes d'animaux sont souvent une façon de donner aux bêtes des comportements humains et de leur faire ainsi jouer le rôle de substituts des individus. Chaque espèce est identifiée par un trait de caractère : le renard est rusé, le loup stupide, les oiseaux coquins. On est ici sur les traces d'un procédé largement utilisé par La Fontaine.

Fréquente est la variété des contes facétieux. Ils ont pour ambition de faire se gausser l'auditoire à travers les mésaventures de

personnages niais face à la roublardise de certains. Ces récits s'inscrivent dans la tradition des fabliaux du Moyen Âge.

Bien qu'elles aient de fréquentes parentés avec les contes merveilleux, certaines légendes des Corbières font une place particulière à des êtres surnaturels : ainsi des lutins Bug et Arach qui
donnèrent leur nom au pic de Bugarach (où quelques détraqués
allèrent se réfugier il y a peu pour se sauver d'une fin du monde
annoncée…), ou des géants d'Arce ou du Lauquet. Il faut faire
ici une mention particulière aux mitounes des Corbières, ces fées
lavandières qui habitaient les grottes de la région et n'en sortaient
que la nuit pour aller laver leur linge dans la proche rivière.
Certaines étaient très belles et ensorcelaient voire pétrifiaient les
jeunes gens qui tentaient de les approcher. L'un de ces malheureux, devenu amoureux fou de l'une d'elles, dans l'impossibilité
d'assouvir sa passion, préféra se noyer. Tel autre, à l'image du Don
José de Carmen, abandonna sa promise et devint contrebandier.

Il faut enfin mentionner les contes licencieux, à caractère érotique et polisson, qui mettent souvent en scène un jeune adulte
benêt face à des partenaires plutôt délurées, ce qui engendre des
situations singulières.

Au-delà des divers thèmes abordés, ces récits manifestaient une
morale : ils apprenaient à distinguer les êtres bons des mauvaises
créatures, la meilleure façon de se comporter, la nécessité d'être
honnête et persévérant. C'était, par-delà l'histoire contée, une
école de la vie, un média pour faire passer un message. On des-
tinait ces récits aux enfants : une façon amusante de les éduquer.
S'il est difficile de les dater avec certitude, on peut dire que leur
âge d'or a été le XIXe siècle, optimum démographique de la France
rurale, et les débuts du XXe siècle. Ils constituaient alors, dans leur
transmission en occitan entre générations, une sorte de mythologie
autochtone, un imaginaire des populations languedociennes. À
compter de la guerre de 1914-1918, l'exode rural vers les villes a

commencé de déstabiliser ce patrimoine oral. La Seconde Guerre mondiale a accentué le processus. Par la suite, l'usage de la télévision, en détruisant les veillées collectives, a porté le coup fatal.

Une analyse du contenu de ces textes peut éclairer certains aspects sociaux de ces communautés rurales d'il y a cent à deux cents ans. Le sentiment religieux était alors développé et, çà et là, on trouve dans les récits des références à Dieu – dont on craint le jugement – ou à la place sociale du curé – que l'on respecte ou dont on moque les défauts. Dans la famille, l'homme est tout puissant, décide de tout et la femme lui est totalement subordonnée : reliques d'un temps où le féminisme ne s'était pas encore manifesté dans les classes populaires. Autant d'instantanés des moments de notre histoire sociale.

En 1987, Marie-Claude Treilhou, cinéaste à perspectives sociologiques à qui on doit plusieurs films (*Simone Barbès ou la vertu*, *Le Jour des rois*) ou des émissions télévisées, proposa de réaliser un film « ethnographique » à partir des contes que Daniel Fabre ou moi-même avions publiés. Ce fut *L'Âne qui a bu la Lune*. Les comédiens, tous amateurs et originaires des Corbières, s'en donnèrent à cœur-joie. On me fit tenir le rôle d'un assassin originaire de Paris. Mon accent n'ayant rien d'un autochtone de l'Île-de-France, il s'agit sur ce plan d'une erreur de casting. N'empêche, ce fut un bon moment.

Romancier

Lorsque je fus élu à l'Institut, je remarquai sur la petite notice biographique me concernant que le secrétariat de l'Académie des inscriptions et belles-lettres avait ajouté à mes fonctions d'archéologue le qualificatif de « romancier ». Je priais le responsable de faire disparaître ce titre immérité. J'avais bien publié en 2006 une intrigue *Pourquoi j'ai construit une maison carrée*, mais il s'agissait d'une fantaisie, d'un défi que je m'étais lancé pour voir si j'étais à même d'entreprendre (et de terminer !) un roman[4]. À cette époque, mon ami Christian Goudineau venait de publier une fiction *Le Voyage de Marcus*. Je trouvais amusant ce choix littéraire. Pourquoi ne pas en faire autant ? Je connaissais bien entendu l'ouvrage de Roy Lewis *Pourquoi j'ai mangé mon père*, histoire désopilante de nos très lointains ancêtres confrontés au « drame » de l'hominisation. J'eus alors l'idée de reprendre le thème et de l'appliquer au Néolithique. Après tout, ce grand tournant qui vit les populations abandonner la chasse et la cueillette pour s'adonner à l'agriculture et à l'élevage avait dû être l'objet de décisions graves à prendre, de disputes, de reniements, de difficultés diverses. On ne devient pas agriculteur ou pasteur du jour au lendemain quand on a, pendant de nombreuses générations, traqué des animaux sauvages ou cueilli des feuilles, des baies, des fruits pour subsister. Et cela d'autant que si le nouveau système économique offre quelque avantage comme la sécurité alimentaire, en réaction des ennuis se manifestent : apparition de maladies liées au regroupement de populations et à la promiscuité avec les animaux domestiques, problèmes de cohabitation avec les villages voisins, gestion des relations sociales au sein d'une localité en expansion démographique, invasions de rongeurs attirés par les stocks de blé, risques de disettes lorsque les récoltes ont été insuffisantes. Devenir paysan n'est pas, pour un chasseur, une sinécure. Publié par Actes Sud, l'ouvrage fut ensuite repris en poche dans la collection « Babel ».

À dix ans d'intervalle, j'ai publié un second roman *L'Ermite du paradis*. J'en ai confié le manuscrit à Romain Pigeaud qui l'a fait paraître dans le cercle d'une association. Totem (ou Tautem), prélude à une nouvelle maison d'édition[5].

L'ouvrage a pour thème l'accès au paradis d'un archéologue récemment décédé. Il y rencontre un néolithique dont il a fouillé le village, une localité du sud de la France, daté vers 2500 avant notre ère. Chacun est curieux du savoir de l'autre : le préhistorique veut connaître ce que sa localité est devenue, l'archéologue veut en apprendre davantage sur la vie des premiers agriculteurs. Pensant que son interlocuteur a mené une existence sans saveur, l'érudit en vient presque à plaindre son hôte. Il a tout faux car Ato – c'est le nom du néolithique – se décide à lui raconter ce que fut sa vie : une série d'aventures qui l'ont conduit aux quatre coins de la Méditerranée. Entré au service d'un potentat du sud de la péninsule Ibérique, il a été chargé par ce dernier d'une mission délicate dont le but était de lui procurer de l'ivoire asiatique. Passé, avec quelques hommes, en Afrique du Nord, il s'y fait détrousser. Devenu brigand par nécessité, il est fait prisonnier par une garnison égyptienne dont il essayait avec ses acolytes d'investir un fortin. Emprisonné en Égypte et contraint à un travail de force, il réussit à se faire enrôler dans l'armée. Ayant participé victorieusement à deux campagnes militaires, il est obligé de s'exiler au Levant à la suite d'une cabale. Pilleur des objets sacrés d'un temple, il prend la fuite, connaît diverses péripéties avant de se retrouver serviteur du roi de Troie. Se sachant menacé par celui-ci, il participera au sac de la citadelle avant de s'enfuir avec des pirates cycladiques. Gagnant leur confiance et souhaitant regagner ses terres d'Occident, il embarquera pour Malte, puis pour la Sicile où il sera emprisonné dans un hypogée. Délivré par une jeune fille bientôt défunte, il gagnera la Sardaigne, puis la Ligurie avant de se retrouver en Provence. Il perdra la vie lors d'un pèlerinage collectif à la Grotte des Fées de Fontvieille. Son existence contée, il disparaîtra au grand dam de l'archéologue, stupéfait de ce récit inattendu, et inconsolable de l'absence définitive de son interlocuteur.

À travers cette fantaisie se profilent bien des thèmes puisés dans mon ouvrage *La Mer partagée*. Je les ai repris sous la forme d'une fiction autour d'un hypothétique Ulysse du IIIe millénaire.

Marche, musique, fictions, contes et traditions d'Occitanie : ainsi vont mes hobbies, mes instants de décompression.

Épilogue

Voici venu l'instant le plus délicat : le bilan du bilan. Que m'a apporté la vie et, plus particulièrement, l'archéologie qui en a été le moteur ? Indiscutablement du bonheur. J'estime avoir eu de la chance. Et d'abord grâce au CNRS, organisme au sein duquel j'ai passé plus de trente ans de ma carrière. Je mesure pleinement le privilège que j'ai eu à disposer de tout mon temps à prospecter, fouiller, voyager, écrire, rapporter, enseigner, vulgariser, appréhender des questions qui sont essentielles pour notre compréhension de l'histoire humaine : toujours mieux saisir le basculement fondamental qu'assumèrent nos semblables en devenant agriculteurs. Le Néolithique c'est, à partir de quelques foyers mondiaux – Proche-Orient, Chine, Mexique, Andes, Afrique sahélienne –, la mise en marche de phénomènes migratoires, d'idées ou de personnes ayant entraîné des brassages d'individus, de gènes, d'idiomes modifiant ainsi en profondeur les peuplements antérieurs. C'est aussi le choix assumé de vivre désormais dans un contexte villageois (bientôt urbain), d'établir des codes d'existence partagés, d'entrer dans un système de compétition intra et inter-localités qui devait rapidement aboutir à la dichotomie dominants/dominés, d'assurer la cohésion sociale par référence à un « sacré » qui pourra devenir contrainte. C'est encore cette décision pour l'homme de tirer parti artificiellement d'un milieu dès lors manipulé, transformé,

« fabriqué ». Jusqu'où était-il souhaitable de poursuivre l'exercice ? Il eût été sage de profiter de ces nouveaux acquis pour nourrir un plus grand nombre de bouches sans pour autant sombrer dans le déraisonnable et l'exploitation à outrance au profit de quelques-uns. Le message du Néolithique (une alimentation au service du plus grand nombre) s'est fracassé sur la cupidité de l'homme. Celui-ci est donc à la fois le facteur de son propre progrès technique – l'agriculture – et celui de son échec moral : l'asservissement des autres.

La leçon du Néolithique, c'est donc un peu tout cela. En effet, tous les problèmes posés à notre monde contemporain ont leur point de départ dans la « Révolution néolithique » : poussées démographiques, règles du vivre ensemble, tensions politiques, confrontations, dénivelés sociaux, assujettissement de la nature, socialisation des paysages, crises en tout genre, migrations. Le Néolithique est la matrice des avatars de l'Histoire.

Braudel disait que la grande césure n'était nullement la chute de Rome mais bien l'avènement de l'agriculture puis de l'écriture. Je le suis sur le premier point mais reste plus circonspect sur le second. Il n'est certes pas question de nier l'intérêt de ce moyen de communication, mais plutôt d'observer comment l'écrit n'a longtemps concerné qu'un nombre restreint de personnes sans nulle démocratisation et est demeuré un outil au service de dominants. Alors que la conquête agricole a rapidement nourri la plus grande partie des populations de la planète.

*

Quand on mesure l'importance de cette période et, plus largement, de l'ensemble des temps protohistoriques, on est surpris de voir le faible intérêt que lui accordent les médias, les manuels scolaires, les musées. Seul les Gaulois, qui arrivent d'ailleurs dans la dernière phase du processus, sont un peu mieux servis et encore font-ils pâle figure à côté des concepteurs des réalisations architecturales des civilisations « classiques » : Pyramides, Parthénon, Colisée, etc. Il est vrai que la pierre impressionne, surtout quand elle est destinée à magnifier des oppresseurs ou des divinités (c'est-à-dire des mythes). Il est vrai aussi que l'archéologie a trop eu tendance à ne s'intéresser qu'aux dominants, aux « élites » et aux monuments qui leur étaient consacrés. Retrouver les petites gens, les humbles, les masses c'est-à-dire rééquilibrer une histoire bancale devrait être son objectif. Elle n'a pas fait pour autant beaucoup de pas dans cette direction.

N'incriminons pas les acteurs de la recherche. En France où la protohistoire a longtemps été, à la suite de divers avatars historiographiques, une période minorée, un sursaut s'est produit qui remonte à présent à quelques décennies. Le CNRS a créé des postes et l'université trop longtemps en retrait affiche un panel d'enseignants en protohistoire bien supérieur à celui de mes années d'étudiant. C'est plutôt la visibilité des acquis de la recherche, la médiatisation des résultats, l'idée dans l'opinion de l'importance de la période qui n'a pas suffisamment progressé, en regard d'une documentation qui n'a cessé de croître et ne demande qu'à s'exprimer. Cela a longtemps tenu au fait que la protohistoire est restée « enclavée » entre la préhistoire pure (le Paléolithique) pour laquelle elle n'était qu'une fin de course et les civilisations de l'Antiquité qui la prenaient pour une simple étape de gestation. Épiphénomène d'un côté, phase d'incubation de l'autre : elle a été victime de ce double rejet.

Je garde donc une certaine fierté d'avoir introduit cette protohistoire au sein d'établissements prestigieux où elle n'avait jusque-là que peu ou pas été enseignée en tant que telle : l'École des hautes études en sciences sociales et le Collège de France. Ce gain de représentativité et d'audience pour la discipline n'aura-t-il été qu'un intermède heureux ? J'ai formulé le souhait que cette reconnaissance puisse s'inscrire dans la durée. Mais je sais que les combats gagnés n'entraînent pas forcément d'héritages pérennes. Je n'ai pas eu de « successeur » au Collège de France. Et ce n'est que dix ans après mon départ en retraite que l'EHESS a consenti à élire directeur d'études un protohistorien (des phases les plus récentes) qui tente de vivifier l'antenne toulousaine de l'établissement que j'ai longtemps dynamisée de mon mieux. La protohistoire a encore bien des espaces à conquérir et ce sur divers fronts pour être enfin indiscutée et incontournable.

*

Je confesse avoir aimé le terrain mais il n'est pas, à lui seul, toute l'archéologie. Celle-ci combine la fouille, expérience ouvrière en quête d'inconnu, et la réflexion interprétative, fondée sur un large comparatisme. C'est cet alliage qui donne toute sa place à la discipline et la légitime.

Tout commence, il est vrai, par le terrain. Louis Méroc, préhistorien toulousain, me disait : « Vous devez fouiller, c'est-à-dire expérimenter. Sinon vous ne serez jamais qu'un rat de bibliothèque. »

J'ai suivi le conseil. Mais il est certain aussi que depuis mes débuts, dans les années 1950, l'archéologie a changé, faisant une place toujours plus large aux analyses de laboratoire. Je pense d'ailleurs que le laboratoire, prolongement naturel de la fouille, est aussi un terrain.

La chance du chercheur à plein-temps – qu'il appartienne au CNRS ou à l'INRAP – est d'être en contact permanent avec son objet d'étude et de produire de la connaissance. L'universitaire, souvent saturé par les cours à préparer, les thèses à diriger, les commissions administratives à honorer de sa présence et de son investissement, n'a pas cette chance. Il doit puiser dans la documentation produite par les chercheurs pour alimenter ses cours et en tirer des ouvrages de synthèse à partir des travaux d'autrui. Il les pimentera de quelques idées personnelles pour montrer qu'il n'est pas un simple collecteur. Toute situation a ses avantages et ses inconvénients. J'ai pour ma part, et souvent au prix d'un lourd engagement physique et intellectuel, essayé de tenir tête sur les deux fronts : rester un praticien de terrain (jusqu'au-delà de ma retraite) tout en menant une activité d'enseignement, de directeur de laboratoire, de superviseur de mémoires. Je ne voulais pas être un « archéologue hors-sol », un enseignant sans pratique. Je suis sensible à l'investissement de ces universitaires, souvent surchargés, mais qui tiennent à ne pas se couper du champ de fouilles et qui consacrent leur temps de congé à mener un travail contraignant et parfois pénible, surtout lorsque les années s'accumulent.

L'avancement des connaissances se fait pour une bonne part dans le jeu combiné du renouvellement documentaire, cumulatif, de la multiplication des analyses de laboratoire, et aussi de l'étincelle interprétative, modélisante, qui fait sens. De cette fusion sortent des scénarios rafraîchis, des révisions parfois déchirantes qui annulent des théories que l'on croyait indéboulonnables. Car tout chercheur doit se préparer à être dépassé, critiqué, révisé par les générations montantes et voir parfois ses thèses jetées aux orties. Il travaille sur de l'éphémère. Cela n'a peut-être rien d'agréable mais c'est ainsi : en choisissant la science – fût-elle « humaine » – il a pris le risque du court terme et du périssable. Une œuvre littéraire ou musicale peut ouvrir sur l'universel, avoir une longévité extrême. Le chercheur sait que ses opinions ne résisteront pas aux remises en question. Cela étant, l'archéologue peut avoir, sur ce plan, deux raisons de ne pas désespérer.

La première est qu'en produisant par ses chantiers des connaissances il s'est inscrit dans un processus d'accumulation du savoir auquel il a, à sa modeste échelle humaine, apporté sa contribution. Il a fait son devoir. La seconde est moins certaine : si les thèses qu'il a pu produire à son époque ont ou n'ont pas résisté à l'avancement exponentiel des sciences, au moins peut-il escompter que les idées qu'il a émises seront jugées à l'aune de l'état des connaissances de son temps, par une historiographie soucieuse de bien graduer, en toute rigueur, les annales d'une progression disciplinaire.

*

Je ne souhaite pas clore ces pages sur un constat pessimiste. D'autant que je n'ai, à titre personnel, guère à me plaindre. J'ai vécu pour l'archéologie. Je lui ai consacré presque tout mon temps, mon énergie, ma détermination et, malgré les inévitables tracasseries, moments de stress ou de doute, voire d'échecs dans certains projets, j'ai été heureux parce que je croyais en ce que je faisais et que dans cette trajectoire, mon épouse a été un soutien constant. Je n'ai pas trop connu de dimanches oisifs mais c'était mon choix et je n'ai pas à le regretter. L'archéologie a rempli ma vie, elle m'a gâté en me permettant d'exercer ce métier à double facette qui unit le matériel, le manuel à la réflexion, à la cogitation intellectuelle.

Bien que très attentif à l'apport des sciences naturelles, je me suis toujours considéré comme un historien et, dans les moindres

contributions de mes sites, j'ai toujours tenté d'imbriquer la documentation qui en provenait à une interprétation historique plus
générale. Car j'ai toujours aimé les scénarios globaux, les grandes
fresques, l'insertion du particulier dans un cadre général, sans
doute un zeste d'influence braudelienne hérité de mes années
d'étudiant.

*

C'était dans un restaurant du Quartier latin, proche du Collège
de France. J'avais invité Colin Renfrew, directeur du McDonald
Institute for Archeological Research à Cambridge, à donner
quelques conférences et l'avais convié, avec Mme Renfrew, à
partager un repas. Nous n'étions pas très loin, l'un et l'autre, du
terme de notre carrière professionnelle. Je risquai cette question.

« Colin, qu'allez-vous faire à la retraite ? »

Il me répondit : « Que voulez-vous que je fasse ? De l'archéologie ! Je ne sais faire que ça. »

Avant même d'entendre la réponse, j'avais déjà fait mienne
cette conclusion dans ma tête.

Évidemment, avec l'archéologie, il y a risque d'addiction. C'est
une quête qui n'est jamais totalement assouvie car elle crée une
sorte d'appétit boulimique. Certes, un résultat scientifique réjouit.
Mais cet acquis une fois intégré et la joie légitime qu'il a susci-
tée passée, voici que ce fruit, tel un trublion, pose de nouvelles
interrogations qu'il va falloir tenter de résoudre. Le jeu est pervers car une question (supposée) résolue va immanquablement en
générer d'autres. Une course sans fin, un challenge sans bornes.
Le chercheur s'est donc volontairement jeté dans le brasier : il s'y
consume avec délectation et avec le regret de ne pouvoir en faire

davantage. L'archéologie est à tel point dévoreuse qu'elle finit, si l'on n'y prend garde, d'occuper tout l'espace physique et idéel. Physique, certes : mes dossiers et surtout mes livres ont grignoté tous les murs de mes modestes maisons. Idéel, dans la mesure où je ramenais tout à mes préoccupations protohistoriques. J'ai bien tenté de m'en évader. Mais l'archéologie m'a toujours rattrapé…

Certains amis m'ont fait observer que cet engouement m'a fait passer à côté de certaines choses de la vie. Possible. Mais une vie, c'est déjà court et on ne peut partir dans toutes les directions sans finir par se perdre. J'en ai donc pris une et je m'y suis tenu, satisfait des plaisirs qu'elle m'apportait, des voyages qu'elle m'autorisait, des sites archéologiques et naturels sur lesquels elle m'entraînait, des rencontres avec d'estimés collègues, jeunes ou âgés, qu'elle engendrait, des personnes qu'elle me permettait de croiser et dont certains devenaient des amis. L'archéologie, ce peut être aussi, ce doit être, un art de vivre.

*

Alors, est-ce à dire que cet engouement n'a jamais de revers ? Si, bien entendu. Il y a toujours des moments de lassitude, de déconvenues, de doute. Et cela m'est aussi arrivé. Mais je me suis toujours souvenu d'une phrase de Jean Arnal qui avait été, à un moment, injustement critiqué et blessé. J'essaie de la reconstituer à peu près : « Jean, me disait-il, on peut toujours me décrier, me dénigrer mais l'archéologie m'a apporté tellement de joies que tout cela n'est rien à côté de cet inestimable capital dont elle m'a gratifié. »

C'était là une leçon de sagesse, de philosophie que je n'ai jamais oubliée. Dans cet esprit, comment ne pas penser à ce passage admirable dû à Annette Emperaire – dont je salue la mémoire – dans un petit livre de vulgarisation. Je lui ai souvent dit en quoi elle avait vu juste en l'exprimant. Je le cite :

« Il est bien certain que les travaux de prospection et de fouilles en pleine nature, parfois dans des régions isolées et magnifiques, confèrent à la recherche archéologique un climat particulier. Par elle, avec ses dures expériences physiques, ceux qui sont attirés par la connaissance et les travaux de l'esprit, sans vouloir renoncer pour autant au contact réel avec la nature, à l'affrontement physique de difficultés matérielles, peuvent trouver leur équilibre humain, leur pleine joie de vivre et de connaître. Dangereuse parfois, humble, dure, merveilleuse, la recherche archéologique est capable d'apporter à ceux qui s'y consacrent, avec la joie du vent et du soleil, la richesse de multiples contacts humains, le plaisir aigu de la découverte et de la synthèse[1]. »

Voilà, superbement écrit, une ode à la discipline que j'ai pratiquée pendant près d'un demi-siècle.

*

Les pages qu'on vient de lire n'ont certes rien de démonstratif. Ce sont des sensations combinées à du vécu. Je retire l'impression parfois d'avoir été une sorte de privilégié. Venu d'un milieu modeste, j'ai tellement vu autour de moi des personnes passer leur vie à s'user dans un métier qu'elles n'aimaient pas mais qu'elles étaient bien contraintes de pratiquer pour subsister, que je mesure la part de chance qui a été la mienne. C'est aussi ce genre de comparaison qui m'a certainement poussé à en faire toujours plus, à être à la hauteur de la confiance qu'on m'accordait. À ne pas décevoir.

L'archéologie possède une inépuisable force d'attraction. Celle-ci peut prendre des sentiers divers. Certains se rêvent en Indiana Jones ou en Howard Carter, et sont mobilisés par l'idée qu'ils peuvent, un jour, exhumer quelque vestige miraculeux. D'autres se voient en découvreurs de civilisations ignorées comme le firent les pionniers de la discipline en Mésopotamie, en Crète ou ailleurs. Schliemann souhaitait, pour sa part, marcher dans les pas d'Agamemnon ou de Priam. Cette vision romantique de l'archéologie n'a jamais été, même lorsque j'étais jeune, l'un de mes moteurs.

Ayant choisi très tôt d'être néolithicien ou, plus largement, protohistorien, je savais que je serais toujours exclu de découvertes mirifiques. Mon ambition était autre et plus terre à terre : retrouver les racines du monde paysan de mon enfance. Je me sentais plus proche de Gaston Roupnel ou de Maurice Le Lannou pour me faire rêver d'archéologie : des géographes de la campagne. Au fond le souhait d'être un géo-historien ruraliste. J'ai toujours gardé en moi l'idée que, dans ces paysages méditerranéens modelés par tant de générations mais dont l'archéologie pouvait établir les séquences qui les ont transformés depuis quelques milliers d'années, il y avait aussi matière à trouver du merveilleux.

Le bouquet des compagnon(ne)s

Au terme de ces évocations, je veux rendre hommage à tous ceux et à toutes celles qui, sur le terrain comme en laboratoire, m'ont accompagné tout au long de mon parcours. Je sais ce que je leur dois. Je les évoquerai en suivant un découpage déjà adopté dans le chapitre « De la pratique archéologique ».

Guy Jalut, professeur à l'université Paul-Sabatier, me rejoignit lors de l'étude pluridisciplinaire de l'abri Jean-Cros. Il participa aussi au programme d'Action thématique programmée (ATP) que nous conduisîmes dans les années 1990 sur les étangs, vivants ou fossiles, du Minervois et notamment à Capestang et à Ouveillan. Sur ce dernier site, il était en train de prélever sur une puissante coupe verticale de plusieurs mètres, dégagée à la pelle mécanique, lorsque ce remplissage sédimentaire dont nous avions sous-évalué la solidité s'effondra sur lui. On put l'extraire à temps avec le godet de la machine. Ce fut l'une des plus grandes frayeurs de ma carrière.

Je dois aussi beaucoup à la collaboration nouée avec Jean-Louis Vernet, de l'université de Montpellier. On doit à Vernet d'avoir développé en France l'analyse des charbons de bois fossiles dans la reconstitution des paysages arborés et dans l'usage des ligneux parmi les activités des sociétés anciennes (bois de construction, combustions). Il fut un pionnier et sut réunir autour de lui une école dont plusieurs membres vinrent à leur tour s'agréger à mes travaux : Stéphanie Thiebault à Font-Juvénal puis à Chypre, Christine Heinz à La Balma de la Margineda, Lucie Chabal au Rocher du Causse. Mon intérêt pour leur discipline fit dire à S. Thiebault que j'avais en moi « la foi dans le charbonnier ».

Jacques-Élie Brochier fut aussi et très souvent un compagnon de route. Il sut repérer dans nos stratigraphies méridionales des fumiers de bergerie que les archéologues prenaient souvent pour des foyers. Ainsi se trouva éclairé un volet de l'économie pastorale méditerranéenne caractérisé par des fréquentations temporaires de grottes-bergeries. De même authentifia-t-il des scories d'origine végétale qui pouvaient être prises à tort pour des témoins paléométallurgiques. Il travailla à mes côtés en France (Font-Juvénal), en Andorre (Balma Margineda), en Italie (Torre Sabea), à Chypre.

J'ai confié mes premières analyses carpologiques, c'est-à-dire l'identification des céréales et semences fossiles, à Jean Erroux, de l'École d'agronomie de Montpellier. Puis Philippe Marival me rejoignit à Toulouse et prit le relais de Erroux dans l'étude de mes divers chantiers : Font-Juvénal, Roquemengarde, Rocher du Causse, La Balma de la Margineda, Torre Sabea, Trasano. C'est George Willcox, spécialiste du Proche-Orient, qui intervint sur mon chantier chypriote de Shillourokambos. En France Laurent Bouby, plus jeune, vint ensuite préparer sa thèse dans notre laboratoire et continua, après son départ consécutif à son entrée au CNRS, à collaborer avec les chercheurs de notre équipe.

Je n'oublie pas aussi les liens tissés avec Joël André, malacologue et spécialiste de l'espèce Cepaea nemoralis, trouvée en abondance dans mes gisements du Mésolithique (Gazel, Dourgne, Margineda), Jean-Claude Marquet et Mado Robert, attachés à l'étude des rongeurs, Philippe Vilette, déterminateur de mes avifaunes.

Je voudrais dire aussi le plaisir que j'ai à travailler avec Jean-François Berger, directeur de recherche au CNRS, sur les questions des tempos de la néolithisation de l'Europe. Il tente de débusquer les éventuels impacts des oscillations climatiques dans la propagation des premières sociétés agricoles. Nous avons essayé d'aborder cette question dans une perspective méditerranéenne d'ensemble. Nos communes analyses du site de Sidari à Corfou ont pour objectif d'approcher, *par une critique des divers avatars sédimentaires, la signification des ruptures intervenues entre les occupations du Mésolithique et celles des cultures néolithiques successives.*

Un cas à part est celui de Paul Ambert, géomorphologue au laboratoire de Géographie de l'université d'Aix. Passionné parallèlement de préhistoire et de paléométallurgie, il rejoignit notre équipe lorsqu'il décida de reconvertir officiellement sa recherche vers ces disciplines. Durant de longues années, en dépit d'un état de santé perturbé par la maladie, il dirigea des recherches sur le complexe minier chalcolithique de Cabrières (Hérault) et y mit au jour un village d'extracteurs et de fondeurs de cuivre. Nous avons mené à bien un grand programme de carottages dans les cuvettes, fossiles ou actives, du Minervois et du Narbonnais afin d'apprécier les transformations de l'environnement sous l'effet de facteurs naturels ou humains.

Lors de mes débuts, Thérèse Poulain-Josien, de l'équipe Leroi-Gourhan, fut l'archéozoologiste que je sollicitais pour analyser mes faunes. Elle était alors à peu près la seule à travailler sur les séries néolithiques de notre pays. Puis vint Jean-Denis Vigne qui participa, vers l'âge de 16-17 ans, à mes dernières campagnes de fouilles à la grotte Gazel. Lors de son service militaire, à Brest, il étudia les faunes, que je lui avais expédiées, issues du site protohistorique de Carsac. Il devait par la suite prendre en charge les déterminations de mes sites italiens (Torre Sabea, Trasano) puis être l'un des coresponsables de l'aventure chypriote qui se poursuit. Entre-temps, vers 1980, mon laboratoire incorpora un chercheur américain, David Geddes, qui séjourna plusieurs années à Toulouse et révisa la plus grande partie des restes animaux issus de mes gisements. Il consacra sa thèse aux sites néolithiques anciens du sud de la France. J'aurais souhaité le garder auprès de moi mais les dotations des diverses fondations américaines ou des organismes français étant épuisées, il regagna les États-Unis où il ne put trouver de poste au niveau de sa compétence et dut se reconvertir. Une même mésaventure advint à un jeune et brillant tracéologue américain qui travailla une année dans notre laboratoire, Patrick Vaughan. Sa reconversion en dehors de l'archéologie fut un échec. Il mit fin à ses jours. L'archéologie, science passion, est parfois un dangereux miroir aux alouettes.

S'agissant des datations absolues, il m'est arrivé à mes débuts de solliciter des laboratoires étrangers (Cologne, Groningue) mais c'est surtout avec les centres français d'analyses C14 que j'ai travaillé. J'ai gardé le souvenir de l'étonnement de Georgette Delibrias, qui dirigeait le Centre des faibles radioactivités de Gif-sur-Yvette, lorsque sont tombées vers 1965 les datations de l'abri Jean-Cros : le Néolithique ancien était bien plus précoce que ne le donnaient les estimations jusque-là en cours ! On avait sous-estimé la profondeur temporelle et la durée du Néolithique. On limitait celle-ci à quelques siècles alors qu'il fallait la penser en millénaires ! Je salue la mémoire de Jean Thommeret, homme charmant, qui dirigea un temps un laboratoire du Radiocarbone à Monaco, centre qui assuma un certain nombre de nos datations avant d'être fermé. Mais c'est certainement avec le laboratoire de Lyon que j'ai le plus œuvré. Il eut longtemps à sa tête mon ami Jacques Évin avant que Christine Oberlin ne lui succède. Je fus un temps président du Comité archéologique du Tandétron (Gif-sur-Yvette), les archéologues ayant obtenu qu'un certain quota de mesures puisse y être effectué sur des problématiques prioritaires. Des séries de datations par thermoluminescence furent d'autre part obtenues sur mes sites italiens de Torre Sabea et de Trasano grâce à la collaboration des laboratoires de l'université de Clermont-Ferrand et du Centre de recherche en physique appliquée à l'archéologie de l'université Bordeaux-III (CRPAA).

Évoquons à présent les anthropologues. L'un de mes premiers jeunes collaborateurs sur le terrain fut Henri Duday. Il était encore jeune lycéen à Carcassonne lorsqu'il vint travailler sur le chantier de la grotte Gazel à Sallèles-Cabardès (Aude). Je remarquais d'emblée les qualités d'observations de ce fouilleur. Elles trouvèrent à s'exprimer *pleinement lorsque nous découvrîmes une sépulture néolithique... à 48 heures de la fin programmée de la campagne. Le temps manquait. Henri se proposa de fouiller la tombe au cours de la nuit afin de gagner quelques heures de travail supplémentaires. Pour la première fois de sa carrière, il appliqua sa technique de relevé, dessin après dessin, os après os. Cette situation se reproduisit l'année suivante avec la découverte d'une seconde sépulture, plus complexe encore : une femme serrant un enfant contre sa poitrine. Nous avons ensuite travaillé ensemble sur le site de la grotte au Collier à Lastours où avait été découverte fortuitement, dans un réduit difficile d'accès, la sépulture d'une fillette dotée d'un équipement d'exception (perles en bronze, en faïence, en ambre, bracelets de métal). Nos travaux révélèrent une seconde sépulture, que l'on pouvait également dater de l'Âge du bronze moyen. Autre chantier, la grotte des Chambres d'Alaric à Moux d'où furent extraits divers vestiges du Néolithique à la période romaine. J'ai poussé Henri Duday vers le CNRS avec l'aide d'André Delmas, anatomiste réputé, et de Jacques Ruffié. Il y fit une brillante carrière toute consacrée à l'archéothanatologie*, selon son expression, et qui désigne l'étude de la mort dans les sociétés anciennes sous ses différents aspects.*

Je me suis également tôt lié d'amitié avec un médecin radiologiste carcassonnais, Jean Zammit, passionné d'archéologie et dont la profession l'amenait à observer chez les agriculteurs et viticulteurs languedociens les effets des travaux des champs sur leur squelette. Il eut l'idée de vérifier si leurs prédécesseurs néolithiques ou médiévaux présentaient déjà les mêmes déformations dues à l'arthrose ou à d'autres maladies. Et c'est ainsi qu'il devint un paléopathologiste distingué. Pendant plusieurs années, J. Zammit enseigna l'anthropologie et la paléopathologie à l'antenne toulousaine de l'EHESS en qualité de Chargé de conférences. Cette mission lui fit rencontrer le thème de la violence préhistorique. Comme je travaillais moi-même sur ce sujet, nous eûmes l'idée d'en tirer la matière d'un ouvrage commun. Ce fut Le Sentier de la guerre. Visages de la violence préhistorique, *qui contribua à poser en France la question des tensions et des confrontations au sein des sociétés antérieures à l'Histoire et à démythifier la fable d'un Âge d'or originel.*

La génération suivante devait prendre en main les études d'analyses moléculaires. Éric Crubézy, professeur à l'université Paul-Sabatier, après s'être intéressé en Anthropologie à certains marqueurs identitaires tels les caractères discrets, allait être l'un des aiguillons en France des recherches en paléogénétique. J'avais connu Éric jeune. Il avait participé, étudiant, à mes chantiers de fouilles de Font-Juvénal, en Languedoc, et de La Balma de la Margineda, en Andorre. Docteur en médecine puis docteur ès sciences, il tint aussi à rédiger sous ma direction un diplôme de l'EHESS sur la population d'une nécropole mérovingienne de Venerque (Haute-Garonne). Il a travaillé en Égypte, aux côtés de Béatrix Midant-Reynes, sur la nécropole d'Adaima. Ses recherches sur l'histoire des peuplements et des maladies l'ont conduit à privilégier l'étude des tombes gelées momifiées, susceptibles de conserver l'ADN des défunts. Ses terrains en ce domaine ont été la Mongolie, et surtout la Yakoutie, république de Russie, dont il a synthétisé avec Dariya Nikolaeva les divers moments historiques et les processus de résistance face à la colonisation russe. J'ai encouragé Éric Crubézy et son collègue Bertrand Ludes, de l'université de Strasbourg, à travailler sur l'ADN des populations du premier Néolithique méditerranéen afin de mieux apprécier la part réciproque des éventuels migrants et du substrat autochtone dans la dispersion des gènes.

Plus récemment, j'ai contribué à alimenter le projet d'études génétiques que Mélanie Pruvost a engagé sur les populations néolithiques de la France méridionale en lui confiant des restes anthropologiques de plusieurs gisements.

S'agissant des archéologues, j'en évoquerai ici quelques-uns parmi ceux dont j'ai pu apprécier la collaboration scientifique et, au-delà, la fidélité affective.

Je commencerai par un camarade des jeunes années, Régis Aymé, avec qui j'ai conduit mes premières recherches dans une grotte de la montagne d'Alaric. Il devait avoir 14 ans et moi quelques années de plus. Il n'a cessé de prospecter le territoire du Lézignanais et du Minervois. C'est un homme de la terre, fin observateur, découvreur de nombreux sites. J'ai également effectué plusieurs opérations en étroite collaboration avec Guy Rancoule, bon connaisseur de l'Âge du fer.

Dominique Sacchi vint vers la fin des années 1960 s'établir à Carcassonne pour approfondir les questions touchant au Paléolithique supérieur du Languedoc et du Roussillon. Nos recherches étaient, au plan chronologique, complémentaires. Ensemble, nous avons tâché, parfois contre vents et marées, de valoriser le patrimoine préhistorique et protohistorique de ces régions ou d'en assurer la protection.

Outre Henri Duday, le tout premier lycéen à me rejoindre fut Jean Vaquer. Il vint à l'âge de 15 ans me seconder dans la fouille d'une nécropole médiévale qui avait été repérée à Montlaur (Aude). Et c'est à la grotte Gazel qu'il « fit ses classes » et commença de manipuler des tessons du Cardial, de l'Épicardial, du Chasséen, du Vérazien, etc. Il porta très tôt un intérêt à la céramique et, souhaitant le pousser vers le CNRS, je lui abandonnais rapidement le thème du Chasséen, qui figurait dans mon propre programme. Son premier mémoire sur La Céramique chasséenne du Languedoc, *que je m'empressai d'éditer en 1975, montrait déjà sa haute maîtrise du sujet. Entré au CNRS en 1977, il soutenait six ans après une thèse d'État sur* Le Néolithique du Languedoc occidental, *enrichi de son investissement sur les grands chantiers de sauvetage des environs de Toulouse. Après avoir été sur divers sites mon principal collaborateur, il dirigea à son tour d'importantes opérations. Plus récemment, ses centres d'intérêt se sont portés sur le lithique et sur la caractérisation des matériaux, sujets dont il est devenu un connaisseur averti. Il a fait une brillante carrière au CNRS. De fait, nous ne nous sommes jamais quittés et* avons toujours été très proches dans le travail comme dans l'amitié partagée également avec son épouse, Lucile.

C'est Jean Vaquer qui, lors de ses études à Montpellier, rencontra Jean Gascó et l'amena fouiller à Gazel et à Font-Juvénal. C'est d'ailleurs sur les sites de Font-Juvénal et de Dourgne que celui-ci fit sa thèse consacrée aux aménagements structurés répartis à divers niveaux de ces stratigraphies. C'était un sujet totalement neuf à l'époque. Jean Gascó est géographe de formation. Il sut très tôt et notamment dès son premier ouvrage sur la culture de Fontbouisse intégrer des notions de géographie humaine dans une discipline demeurée souvent très (trop) typologique. Ce côté novateur plut notamment à G. Bailloud. Devenu chercheur au CNRS, Jean Gasco travailla sur divers sites languedociens et aquitains du Néolithique à l'Âge du fer, mais, plus particulièrement, de l'Âge du bronze.

Françoise Claustre, chercheur au CNRS, rejoignit notre équipe toulousaine au sortir de sa longue captivité tchadienne. C'était en 1977. Meurtrie par cette harassante épreuve, elle souhaitait se reconstruire, loin de toute cette médiatisation dont elle supportait mal la persistance. Je l'avais connue dix ans auparavant lorsqu'elle préparait sa thèse sur le campaniforme en France. Nous avions des centres d'intérêt communs. Je l'accueillis avec plaisir à Toulouse. Laissant derrière elle ses recherches africaines, elle s'investit pleinement dans l'étude de deux beaux gisements stratifiés du Roussillon : la grotte de Montou et celle de Bélesta où elle créa un musée de site. Elle codirigea aussi des fouilles au Portugal en collaboration avec Victor Goncalves, de l'Université de Lisbonne. La maladie l'emporta en 2006 avant qu'elle ait pu livrer les résultats de ses travaux.

En 1979, j'avais entrepris, en collaboration avec mon ami Jean Abélanet, conservateur du musée de Tautavel, des recherches dans un gisement de montagne, La Balma de la Margineda, en Andorre. Au terme de deux campagnes, Jean ne souhaita pas poursuivre le programme, me laissant seul sur ce chantier qui devait livrer une *très belle série d'occupations, de l'Azilien au Néolithique ancien. J'eus alors la bonne fortune d'être épaulé par un chercheur enthousiaste, Michel Martzluff, qui avait participé quelques années auparavant à la fouille de Font-Juvénal. Michel consacra l'essentiel de sa thèse de doctorat à La Balma de la Margineda dont il décortiqua les importantes séries lithiques en un mémoire monumental. Il fit carrière à l'université de Perpignan en qualité de Maître de conférences.*

L'intérêt des strates épipaléolithiques de cet abri me poussa à intégrer dans l'étude de ce gisement un troisième acteur, Michel Barbaza. J'avais connu Michel adolescent : il avait été mon élève lorsque, vers 1960, j'enseignais l'histoire au lycée de Castelnaudary. Enseignant d'histoire à son tour, il vint participer à mes recherches en Catalogne (Balma del Gai, Balma de l'Espluga) et en Italie (Torre Sabea). Certains documents des premiers sites mentionnés ainsi que les industries des horizons mésolithiques des grottes de Gazel et de Dourgne lui fournirent les matériaux d'une thèse sur l'épipaléolithique du Languedoc et de la Catalogne qu'il soutint, sous ma direction, à l'EHESS. Assistant de C. Barrière à l'université de Toulouse II, il lui succéda comme professeur. Il devait par la suite poursuivre des recherches dans les Pyrénées et, surtout, en Afrique dans le domaine de l'art rupestre.

C'est dans le courant des années 1970 que Carol Rivenq, ingénieur d'études et passionnée d'art préhistorique, prit place dans notre laboratoire. Elle participa à plusieurs de nos chantiers : en Espagne, en Andorre, en Italie, à Chypre. Mais c'est dans la création et l'organisation de notre bibliothèque qu'elle s'investit essentiellement avec efficacité. Au départ, notre laboratoire ne disposait d'aucun moyen documentaire. Je fondais les Archives d'écologie préhistorique pour amorcer une politique d'échanges et lancer un embryon de bibliothèque. Très vite, par le jeu des ouvrages reçus et de crédits accordés par le CNRS et la région Midi-Pyrénées, notre fonds, spécialisé en protohistoire de la Méditerranée, prit de l'envergure. Gérer échanges, prêts, commandes s'accompagnait d'un travail d'informati-sation (avec fiches, résumés et mots clés) que notre adhésion au réseau Frantiq nécessitait. Carol a fait de cette bibliothèque EHESS/Archives d'écologie préhistorique un outil enviable et performant.

Vers 1980, le laboratoire que je dirigeais à Toulouse ne cessant de s'étoffer, je pus bénéficier d'un poste de technicien. On me conseilla fortement d'embaucher Jacques Coulasou qui vivait, jusque-là, de contrats divers. Je n'ai pas regretté ce choix. Jacques a travaillé à mes côtés une trentaine d'années en Andorre, Italie, Chypre et, bien entendu dans le Midi. Bon fouilleur, homme de terrain, il fut aussi l'illustrateur de bien des publications de notre équipe. J'ai été sensible à sa conscience professionnelle et à son sens des responsabilités. Il finit sa carrière en qualité d'Ingénieur de recherche au CNRS. Il s'investit aujourd'hui dans la publication des sites Fontbouisse (Boussarques, Le Rocher du Causse) de ses chères garrigues est-languedociennes.

François Briois me rejoignit peu après. Passionné par les industries de la pierre, il pratiquait à merveille la taille expérimentale des roches. Excellent observateur sur la fouille et dessinateur méticuleux des artefacts de pierre, il était tout à fait dans son élément à Chypre où nos recherches mettaient au jour des milliers de silex qu'il triait et déterminait avec une patience et une compétence à toute épreuve. Il soutint sa thèse sur les outillages lithiques du Bas-Languedoc et fut élu maître de conférences à l'EHESS. Je lui laissais la direction de la Mission archéologique « Néolithisation » que j'avais créée en 1980 en Italie et qui avait été transférée à Chypre au début des années 1990. C'était en 2013. J'avais jusque-là assumé pendant près d'un quart de siècle la fouille et la gestion des chantiers chypriotes de Shillourokambos et de Klimonas à ses débuts. François poursuit aujourd'hui des recherches en Égypte en collaboration avec son épouse, Béatrix Midant-Reynes, éminente spécialiste de la période prédynas-tique et qui assuma, pendant quelques années, la responsabilité de notre formation.

C'est également dans les années 1980 qu'Isabelle Carrère vint s'initier aux déterminations de faunes aux côtés de David Geddès, chercheur américain alors en séjour dans nos murs. Outre sa participation assidue à tous mes chantiers de France et de l'étranger, elle assura l'identification des vestiges zoologiques de bien des sites étudiés par les membres de l'équipe. En sa qualité d'Ingénieur d'études à l'EHESS, elle géra l'administration des étudiant(e)s – thésards ou diplomatifs – préparant un mémoire universitaire dans le cadre de notre formation. Elle est restée une très proche collaboratrice.

Mes investissements de terrain m'ont conduit à étudier à Gazel, à Dourgne, à la Margineda des occupations épipaléolithiques et mésolithiques. Sylvie Philibert, intéressée par la période et spécialiste de tracéologie, souhaita s'investir notamment dans l'étude des industries du site andorran et d'autres gisements du Sud-Ouest. Elle en tira la matière d'une thèse préparée sous ma direction et à laquelle elle donna un beau titre : « Les Derniers Sauvages ». Elle est aujourd'hui chercheur au CNRS.

Quand, à compter de 1980, je commençais de fouiller sur le site néolithique final de Roquemengarde à Saint-Pons-de-Mauchiens (Hérault), je comptais, parmi les étudiants participant au chantier, Thierry Janin. Dans la foulée, celui-ci soutint à Montpellier un mémoire de maîtrise sur l'occupation néolithique de la vallée de l'Hérault. Puis Thierry s'intéressa à la fouille des tombes à incinération du Bronze final et du Premier Âge du fer, aux côtés d'Odette et Jean Taffanel. C'est à la prestigieuse nécropole du Moulin à Mailhac (Aude) qu'il consacra sa thèse de doctorat que j'eus plaisir à diriger à l'EHESS, Henri Duday suivant la partie anthropologique. Je n'ai pas oublié cette soutenance singulière qui se déroula dans la salle des fêtes – surchauffée – de Mailhac. J'avais souhaité en effet que le jury soit présidé par Odette Taffanel, déjà âgée, une grande dame de l'archéologie. Marc Augé, alors président de l'EHESS, m'avait accordé, à titre tout à fait exceptionnel, que cette épreuve se déroulât en dehors d'un bâtiment universitaire. Devenu professeur de proto-histoire à l'université Paul-Valéry, Thierry Janin a fait partie de la petite équipe que j'animais encore récemment sur les dépôts de bronzes launaciens.

À ce dernier programme a également participé Laurent Carozza, chercheur au CNRS. J'ai dirigé sa thèse sur l'Âge du bronze final, entre Bas-Languedoc et sud du Massif central, et le pris à mes côtés pendant deux ans en qualité d'ATER au Collège de France. J'eus également plaisir à éditer sa belle fouille du Puech-Haut à Paulhan. Nous travaillons ensemble à l'étude de l'imposant dépôt sous-marin de Rochelongue près d'Agde.

Vers le début des années 1990, Claire Manen, jusque-là élève d'Alain Gallay à Genève, vint participer à mes recherches chypriotes. Intéressée par les problèmes de la néolithisation méditerranéenne, elle prit pour sujet de thèse à l'EHESS l'étude des céramiques du Néolithique ancien, du Rhône à l'Èbre. Devenue chercheur au CNRS, nous n'avons cessé depuis de collaborer. Elle a renouvelé la chrono-logie des premières sociétés rurales de l'Ouest méditerranéen. Elle est, cette année (2018), présidente de la Société préhistorique française.

Plutôt orienté vers l'analyse des dernières sociétés de chasseurs-cueilleurs, Thomas Perrin fut aussi un compagnon de terrain à Shillourokambos, dont il étudia le macro-outillage tandis que Claire en publiait la vaisselle de pierre. Un temps ATER au Collège de France, il intégra le CNRS où il développe d'importants programmes sur les cultures épipaléolithiques et mésolithiques de l'espace méditer-ranéen et européen. Je mise beaucoup sur le dynamisme de Claire et de Thomas pour renouveler en profondeur les questions de préhistoire récente qu'ils abordent avec passion.

J'ai dit ailleurs la chance que j'ai eue lorsque le Collège de France mit à ma disposition Patrice Gérard. Il quitta l'université de Cergy-Pontoise où il montait des polycopiés, pour découvrir à mes côtés l'archéologie de terrain. Devenu expert en photographie, informatique, numérisation, il illustrait excellemment mes rapports de fouilles qui faisaient l'admiration des membres des commissions compétentes. C'est à regret que nous nous séparâmes lors de mon départ en retraite. Il fut ensuite recruté par Éric Crubézy, à l'université Paul-Sabatier, et est devenu l'un des piliers des recherches que poursuit celui-ci en Yakoutie.

D'autres chercheurs qui me sont proches n'ont pas forcément été associés à mes expériences de terrain. C'est notamment le cas de Philippe Boissinot. Il vint fouiller un été à Font-Juvénal. C'est bien longtemps après, alors qu'il travaillait en basse vallée du Rhône sur des sites protohistoriques, qu'il me demanda de diriger sa thèse de doctorat à l'EHESS. Très investi sur des questions d'historiographie et d'épistémologie, il est aujourd'hui directeur d'études à l'EHESS.

J'aurais aussi beaucoup à dire sur d'autres chercheurs qui, tout au long de ma carrière, m'ont accompagné, plus particulièrement à tel moment ou à tel autre. Travailler avec de jeunes archéologues vous communique périodiquement des sortes de bouffées d'oxygène. On a un peu l'impression de rajeunir car toute nouveauté scientifique rallume la passion qui a illuminé votre vie. Depuis quelques années, Muriel Gandelin, chercheur à l'INRAP, a repris la question du Néolithique moyen et final du Languedoc et s'est mis en tête de faire aboutir les publications de certaines de mes anciennes fouilles, peu ou pas menées à leur terme. Je lui suis très reconnaissant de son investissement dans ce sens. Son entrain est à la fois une satisfaction et un réconfort.

Glossaire

Acheuléen : industrie lithique du Paléolithique inférieur apparue en Afrique vers 1,7 million d'années et en Europe vers – 700 000 ans.

Âge du bronze : période de l'histoire humaine au cours de laquelle est désormais pratiquée la métallurgie du bronze, alliage de cuivre et d'étain (apparaît vers – 3000 au Proche-Orient, vers – 2000 en Occident).

Âge du fer : période de l'histoire humaine au cours de laquelle est désormais pratiquée la métallurgie du fer (vers – 1200 en Orient, vers – 800 en Occident).

Anthracologie : étude des charbons de bois fossiles.

Apenninique : culture de l'Âge du bronze italien développée le long de la chaîne des Apennins et ses marges (IIᵉ millénaire avant notre ère).

Archéothanathologie : archéologie funéraire, diversité des comportements dans la gestion des cadavres.

Art pariétal : manifestations graphiques (incisions, gravures, sculptures, peintures) exprimées sur des parois rocheuses en grottes ou en plein air.

Aurignacien : culture marquant les débuts en Europe du Paléolithique supérieur (vers – 45 000/– 28 000).

Ausonien : culture de la fin de l'Âge du bronze (transition IIᵉ-Iᵉʳ millénaire avant notre ère) des îles Éoliennes.

Bizien : faciès de la culture chasséenne développé en Narbonnais et le long du couloir de l'Aude (transition V^e-IVe millénaire avant notre ère).

Campignien : technique de taille de la pierre (silex, grès) utilisée chez certaines populations dans la production d'outils robustes (pics, tranchets).

Campaniforme : gobelet en forme de cloche (« campana ») décoré dans sa formule la plus courante de bandes horizontales à décor d'impressions obliques alternant avec des bandes vierges. Par extension les individus ou les populations utilisant ce type de céramique.

Cardial : culture du Néolithique ancien de Méditerranée occidentale dont la céramique est fréquemment décorée par impression d'une coquille marine, le cardium (on parle de céramique cardiale, VIe millénaire avant notre ère).

Carpologie : étude des semences fossiles.

Chalcolithique : phase finale du Néolithique caractérisée par le développement de la métallurgie du cuivre – accessoirement de l'or, de l'argent, du plomb (apparaît dès les VI-V^e millénaires en Orient, vers – 3500 en Occident). Le Campaniforme caractérise la phase évoluée du Chalcolithique.

Chasséen : culture du Néolithique moyen occupant la majeure partie du territoire français et le nord de l'Italie (V^e-IVe millénaires avant notre ère).

Culture : terme utilisé par les archéologues pour désigner, à partir de témoins matériels (habitat, sépultures, lieux cérémoniels, productions matérielles), un groupe ou une société présentant des caractères communs.

Diana : culture du Néolithique final développée en Italie méridionale, Sicile, îles Éoliennes (transition V^e-IVe millénaires).

Emporion : marché, place où s'opèrent des échanges.

Épicardial : culture néolithique de Méditerranée occidentale se développant dans le cadre de la culture cardiale ou parallèlement à celle-ci et se prolongeant quelques siècles après (fin du VIe et première moitié du Ve millénaire).

Épigravettien : culture de tradition gravettienne attestée dans certaines régions d'Europe (Italie, Europe centrale et orientale, vers – 20 000/– 10 000).

Épipaléolithique : période succédant immédiatement aux temps paléolithiques.

Faciès : en archéologie éléments matériels permettant de définir certains caractères particuliers d'une culture donnée dans un contexte géographique déterminé.

Gravettien : culture du Paléolithique supérieur européen (vers – 30 000/– 22 000).

« Hors site » : interventions archéologiques concernant des espaces situés en dehors des habitats, d'édifices divers ou des nécropoles.

Hypogée : tombe individuelle ou collective creusée et aménagée dans un substrat rocheux ou sédimentaire.

Juberrien : culture de la transition Néolithique ancien et Néolithique moyen développée dans les Pyrénées de l'Est au Ve millénaire.

Lithique : industries, productions taillées ou polies obtenues dans des roches.

Magdalénien : culture du Paléolithique supérieur d'Europe occidentale (vers – 17 000/– 12 000).

Malacologie : étude des mollusques marins ou terrestres.

Mésolithique (« Moyen Âge de la pierre ») : stade d'évolution des sociétés situé entre le Paléolithique supérieur et le Néolithique. Cette période correspond au développement des dernières sociétés de chasseurs-cueilleurs.

Montbolo : site éponyme des Pyrénées-Orientales désignant une culture du Néolithique moyen du Roussillon et de la Catalogne (V^e millénaire avant notre ère).

Montserratien : faciès de la culture néolithique à céramique cardiale dénommé à partir des recherches conduites dans les grottes des environs de l'abbaye de Montserrat (Catalogne).

Moustérien : industrie lithique du Paléolithique moyen présente en Europe, Afrique, Asie (vers − 300 000/− 40 000).

Néolithique (« Nouvel Âge de la pierre ») : stade d'évolution des sociétés au cours duquel apparaissent l'agriculture, l'élevage, la sédentarisation et les premiers villages stables. Le Néolithique apparaît vers − 10 000 au Proche-Orient, et peu après en divers autres foyers (Chine, Mexique, Andes, Afrique, Nouvelle-Guinée). En Occident ses plus anciennes manifestations sont datées vers 6000-5500 avant notre ère.

Nouraghe : monument en forme de tour massive caractéristique de l'Âge du bronze en Sardaigne.

Œnochoé : pichet servant à puiser le vin dans un cratère avant de le verser.

OSL (Optically Stimulated Luminescence) : méthode de datation consistant à mesurer la luminescence (énergie lumineuse) de certains matériaux lorsqu'ils sont exposés à la lumière naturelle.

Paléolithique (« Ancien Âge de la pierre ») : très longue période de l'histoire humaine au cours de laquelle l'économie reste fondée sur la chasse, la pêche, la collecte, le ramassage ; elle débute dès l'apparition de l'homme vers 2,5 à 3 millions d'années et prend fin avec les dernières sociétés de chasseurs-cueilleurs. Le Paléolithique est subdivisé en trois stades : ancien (ou inférieur) (des origines/vers − 300 000), moyen (vers − 300 000/− 45 000), supérieur (vers − 45 000/− 10 000).

Palynologie : reconstitution des paysages anciens à partir de la détermination des pollens d'arbres ou d'herbes.

PPNA (Pre-Pottery Neolithic A) : au Proche-Orient, première phase du Néolithique avec usage de récipients de pierre mais sans présence de céramique. Ce stade voit le développement des premiers villages agricoles.

PPNB (Pre-Pottery Neolithic B) : au Proche-Orient, deuxième phase du Néolithique avec usage renforcé de récipients de pierre mais toujours sans présence de céramique. Ce stade voit le renforcement de l'économie villageoise, la pratique de l'élevage, certains dénivelés sociaux.

Protohistoire : ce terme peut être employé dans un sens restrictif et concerne dans ce cas des populations qui ne disposent pas de l'écriture mais sur lesquelles des auteurs externes ont laissé des indications diverses. Il peut aussi être usité dans un sens très large, englobant alors la tranche de temps allant des premières sociétés agricoles (le Néolithique) et métallurgiques (Âges du bronze et du fer) jusqu'à l'apparition des premières villes et la formation des États.

Radiocarbone (ou carbone 14) : méthode de datation visant à mesurer la teneur résiduelle du carbone subsistant dans certains organismes après leur mort.

Sepulcros de fosa (Sepulcres de fossa) : culture du Néolithique moyen-récent de Catalogne caractérisée par des tombes aménagées par creusement dans les terrains sédimentaires (IVe millénaire avant notre ère).

Solutréen : culture du Paléolithique supérieur essentiellement présente en France et dans la péninsule Ibérique (vers – 22 000/– 17 000).

Stratigraphie : succession de couches sédimentaires superposées observables sur des coupes ou tranchées verticales.

Talayot : sorte de tour de forme tronconique caractéristique de l'Âge du fer des îles Baléares (Ier millénaire avant notre ère).

Thermoluminescence : méthode de datation consistant à mesurer l'accumulation d'énergie emprisonnée dans certains matériaux (incluant certains cristaux : quartz, feldspaths) depuis leur dernier chauffage (céramiques, fours, foyers...).

Tholos : bâtiment funéraire à couloir et chambre circulaire bâtie en piliers régularisés et/ou en pierres sèches avec parois en encorbellement.

Torre : monument en forme de tour caractéristique de l'Âge du bronze de la Corse (IIe millénaire avant notre ère).

Vérazien : culture du Néolithique final développée en Languedoc occidental, Roussillon et Catalogne (IVe-IIIe millénaires avant notre ère).

Villanovien : culture des débuts de l'Âge du fer caractéristique de l'Italie centrale et septentrionale.

Notes

Avant-propos

1. J. Guilaine, *Un désir d'Histoire. L'enfance d'un archéologue*, Garae-Hésiode, Carcassonne, 2010.
2. J. Guilaine, *Archéologie, science humaine. Entretiens avec Anne Lehoërff*, Actes Sud-Errance, Paris, 2011.

PREMIÈRE PARTIE
La traversée des jeunes années

CHAPITRE 1
Une enfance entre ville et campagne

1. Sur ce sujet et sur la plupart des thèmes de ce chapitre le lecteur pourra trouver des développements plus nourris dans J. Guilaine, *Un désir d'Histoire, op. cit.* Voir notamment la préface de D. Fabre.

CHAPITRE 2
Bribes d'adolescence et de jeunesse

1. Et inspirer plus particulièrement J. Guilaine, *La Mer partagée. La Méditerranée avant l'écriture (7000-2000 av. notre ère)*, Hachette, 1994.
2. J. Guilaine et D. Fabre (dir.), *Histoire de Carcassonne*, Privat, 1984 (2ᵉ édition 2001).

DEUXIÈME PARTIE

Les temps de l'archéologie

CHAPITRE 3

Naissance d'une vocation (1955-1963)

1. M. Louis, *Préhistoire du Languedoc méditerranéen et du Roussillon*, Bruguier, Nîmes, 1948. M. Louis et O. et J. Taffanel, *Le Premier Âge du fer languedocien*, Institut international d'études ligures, Bordighera-Montpellier, 1955-1958-1960.

2. J. Guilaine, « Néo-énéolithique de l'Aude. Courants culturels et économies », *Bulletin de la Société d'études scientifiques de l'Aude*, 1956, LVII, p. 49-55.

3. J. Guilaine, « Note préliminaire sur les cultures pastorales néo-énéolithiques de l'Aude », *Bulletin de la Société préhistorique française*, 1957, LIV, p. 714-715.

4. J. Guilaine, « Le vase polypode de Buffens », *Pallas VII*, 1958, p. 45-48 ; « Renouveau des études pyrénaïques dans le Sud de la France », *Ogam*, 1958, 60, p. 351-354 ; « Les sépultures "en fosse" de Dela Laiga (Cournanel, Aude) », *Bulletin de la Société préhistorique française*, 1959, LVI, p. 681-684 ; « Le vase campaniforme dans le groupe pyrénaïque catalan français », *Pallas VIII*, 1959, p. 33-40. J. Audy, J. Guilaine, R. Nelli, M. Nogué, *L'Oppidum protohistorique et les vestiges gallo-romains de la Lagaste (communes de Rouffiac-d'Aude et de Pomas)*, Publication de la Société d'études scientifiques de l'Aude, 1959.

5. J. Guilaine, « Essai sur le Néolithique de l'Aude », *Bulletin de la Société préhistorique de l'Ariège*, 1957, XII, p. 97-108. J. Guilaine et L. Rigaud, « Le foyer de Perairol (Cavanac, Aude) dans son contexte régional de la fin du Néolithique et du Chalcolithique », *Bulletin de la Société préhistorique française*, 1968, LXV, p. 671-698.

6. J. Guilaine, « Où en est l'étude des vases campaniformes en France ? », *Bulletin de la Société préhistorique française*, 1958, LV, p. 462-466.

7. J. Guilaine, « À propos des campaniformes hollandais », *Ogam*, 1960, 67, p. 113-114.

8. R. Riquet, J. Guilaine, A. Coffyn, « Les campaniformes français (état actuel des recherches et perspectives) », *Gallia-Préhistoire*, 1963, VI, p. 63-128.

9. J. Guilaine, « Max Escalon de Fonton (1920-2013) », *in* F. Djindjian (dir.), *Colloque historiographie de préhistoriens français*, Congrès de l'Union internationale des sciences préhistoriques et protohistoriques, à paraître.

CHAPITRE 4

Premiers chantiers, premières synthèses (1963-1975)

1. J. Guilaine, *La Civilisation du vase campaniforme dans les Pyrénées françaises*, Gabelle, Carcassonne, 1967.

2. J. Guilaine, *L'Âge du bronze en Languedoc occidental, Roussillon, Ariège*, Klincksieck, Paris, 1972.

3. J. Guilaine, *La Balma de Montbolo et le Néolithique de l'Occident méditerranéen*, Institut pyrénéen d'études anthropologiques, Toulouse, 1974.

4. J. Guilaine, *Premiers bergers et paysans de l'Occident méditerranéen*, Mouton et EHESS, Paris-La Haye, 1976 (2ᵉ édition : Paris-La Haye-New York, 1981).

5. J. Guilaine (dir.), *La Préhistoire française*. Tome II : *Civilisations néolithiques et protohistoriques*, CNRS Éditions, Paris, 1976.

6. J. Guilaine et D. Garcia (dir.), *La Protohistoire de la France*, Hermann, Paris, 2018.

7. J. Guilaine (dir.), *L'Abri Jean-Cros. Essai d'approche d'un groupe humain du Néolithique ancien dans son environnement*, Centre d'anthropologie des sociétés rurales, Toulouse, 1979.

8. J. Guilaine (dir.), *Pour une archéologie agraire*, Armand Colin, Paris, 1991.

9. J. Guilaine (dir.), « La très longue durée », *Études rurales*, 2000, n° spécial 153-154.

10. J. Guilaine (dir.), *Pays de Sault. Espaces, peuplements, populations*, CNRS Éditions, Paris, 1989.

CHAPITRE 5

De la pratique archéologique

1. J. Guilaine, *La Balma de Montbolo et le Néolithique de l'Occident méditerranéen*, op. cit. ; *L'Abri Jean-Cros. Essai d'approche d'un groupe humain du Néolithique ancien dans son environnement* (avec coll.), Centre d'anthropologie des sociétés rurales, Toulouse, 1979 ; *Leucate-Corrège. Habitat noyé du Néolithique cardial* (avec A. Freises, R. Montjardin et coll.), Centre d'anthropologie des sociétés rurales, Toulouse, et Musée Paul-Valéry, Sète, 1984 ; *Carsac. Une agglomération protohistorique en Languedoc* (avec G. Rancoule, J. Vaquer, M. Passelac, J. D. Vigne et coll.), Centre d'anthropologie des sociétés rurales, Toulouse, 1986 ; *Ornaisons-Médor. Archéologie et écologie d'un site de l'Âge du cuivre, de l'Âge du bronze final et de l'Antiquité tardive* (avec J. Vaquer, J. Coularou, F. Treinen-Claustre et coll.), Centre d'anthropologie des sociétés rurales, Toulouse, 1989 ; *Dourgne. Derniers chasseurs-collecteurs et premiers éleveurs de la Haute Vallée de l'Aude* (avec coll.), Centre d'anthropologie des sociétés rurales, Toulouse, 1993 ; *Les Excavations à La Balma de la Margineda*, Edicions del Govern d'Andorra, T. I, II, III (avec M. Martzluff et coll.), 1995, et T. IV (avec M. Barbaza, M. Martzluff et coll.), 2007 ; *La Poste-Vieille. De l'enceinte néolithique à la bastide d'Alzau* (avec P. Barthès et coll.), Centre d'anthropologie, Toulouse, 1997 ; *Les Vautes (Saint-Gély-du-Fesc, Hérault) et la fin du Néolithique en Languedoc oriental* (avec G. Escallon et coll.), Centre d'anthropologie, Toulouse, et INRAP, Paris, 2003 ; *Torre Sabea, un établissement du Néolithique ancien en Salento* (avec G. Cremonesi et coll.), Collection de l'École française de Rome, 2003 ; *Pont de Roque Haute. Nouveaux regards sur la néolithisation de la France méditerranéenne* (avec C. Manen, J.-D. Vigne et coll.), CRPPM, École des hautes études en sciences sociales, Toulouse, 2007 ; *Shillourokambos. Un établissement néolithique précéramique à Chypre. Les fouilles du Secteur 1* (avec F. Briois, J.-D. Vigne et coll.), Éditions Errance/École française d'Athènes, Paris, 2011 ; *Grottes sépulcrales préhistoriques des Hautes-Corbières* (avec J. Vaquer, J. Zammit et coll.), Archives d'écologie préhistorique, Toulouse, 2016.

2. J'ai fait appel à plusieurs de ces estimés collègues lors de la rédaction de l'ouvrage *Pour une archéologie agraire, op. cit.*

3. Sur ces opérations, voir H. Duday et J. Guilaine, « Une image préhistorique de l'amour maternel ? Une femme néolithique étreignant un enfant », *in Femmes en pays d'Aude, du Néolithique à nos jours*, Archives de l'Aude, 2016, p. 8-9 ; J. Guilaine et H. Duday, « Vers 1500 avant notre ère, la "Princesse de Lastours" et le développement de la hiérarchie sociale », *in Femmes en pays d'Aude, du Néolithique à nos jours, op. cit.*, p. 10-11 ; H. Duday et J. Guilaine, « Deux sépultures à la grotte Gazel », *Dossiers de l'Archéologie*, 1980, 44, p. 88-89 ; H. Duday et J. Guilaine, « Les rites funéraires en Languedoc et Roussillon du Néolithique au Premier Âge du fer », *Cahiers ligures de préhistoire et d'archéologie*, 1975, 24, p. 141-151.

4. É. Crubézy, J. Bruzet, J. Guilaine, « The transition to agriculture in Europe : An anthropological perspective », *in* P. Bennike, E. B. Bodsar et C. Susanne (dir.), *Ecological Aspects of Past Human Settlements in Europe*, Eötvös University Press, Budapest, 2002, p. 93-110 ; J. Guilaine et É. Crubézy, « La néolithisation de l'Europe : de quelques aspects culturels, anthropologiques et génétiques », *in* J.-P. Changeux (dir.), *Gènes et Culture*, Odile Jacob, Paris, 2003, « Collège de France », p. 221-239 ; É. Crubézy, B. Ludes, J. Guilaine, « Génétique et peuplements néolithiques », *in* J. Guilaine (dir.), *Populations néolithiques et environnements*, Errance, Paris, 2005, p. 43-60 ; É. Crubézy, A. Sanchez Mazas, J. Guilaine, « Méditerranée et peuplements, une pertinence scientifique ? », *in* I. Serageldin et É. Crubézy (dir.), *Le Peuplement de la Méditerranée*, Bibliotheca Alexandrina, Alexandrie, 2009, p. 452-465 ; F.-X. Ricaut, M.-P. Fox, M. Lacan, C. Keyser, F. Duranthon, B. Ludes, J. Guilaine, É. Crubézy, « A time series of prehistoric mitochondrial DNA reveals Western European genetic diversity was largely established by the Bronze Age », *Scientific Research, Advance in Anthropology*, 2012, 2 (1), p. 14-23 ; M. Lacan, C. Keyser, F.-X. Ricaut, N. Brucato, J. Tarrus, A. Bosch, J. Guilaine, É. Crubézy, B. Ludes, « Ancient DNA suggests the leading role played by men in the Neolithic dissemination », *Proceedings of the National Academy of Sciences USA*, 2011, 108, p. 18255-18259 ; M. Lacan, F.-X. Ricaut, B. Ludes, É. Crubézy, J. Guilaine, « La néolithisation de l'Europe : apports de l'ADN ancien », *in* C. Manen, T. Perrin, J. Guilaine (dir.), *La Transition néolithique en Méditerranée*, Éditions Errance/ Archives d'écologie préhistorique, Arles et Toulouse, 2014, p. 439-452.

5. J'ai été (ou suis encore) membre des comités de rédaction des revues suivantes : *L'Anthropologie* (Paris), *Bulletin de la Société préhistorique française* (Paris), *Antiquités nationales* (Saint-Germain-en-Laye), *Études rurales* (Paris), *Nouvelles de l'Archéologie* (Paris), *Archéopages* (Paris), *Artefact. Techniques, histoire et sciences humaines* (Paris), *National Geographic* (édition française), *Bulletin de Correspondance hellénique* (Athènes), *Eurasian Prehistory* (Harvard/Cracovie), *Préhistoire européenne* (Liège), *Trabajos de Prehistoria* (Madrid), *Complutum* (Madrid), *Zephyrus* (Salamanque), *Pyrenae* (Barcelone), *Fonaments* (Barcelone), *Gala* (Barcelone), *Gallaecia* (Saint-Jacques-de-Compostelle), *Archivo de Prehistoria Levantina* (Valence), *Materialidades* (Palma de Majorque), *Journal of Iberian Archaeology* (Porto), *Estudios Arqueologicos de Oeiras* (Oeiras), *Bolletino del Museo Civico di Storia Naturale* (Vérone), *Préhistoire-Anthropologie méditerranéennes* (Aix), *Bulletin du Musée d'Anthropologie préhistorique de Monaco* (Monaco), *Documents d'Archéologie méridionale* (Lattes), *Aquitania* (Bordeaux), *Annales du Midi* (Toulouse)…

6. La liste des collègues envers lesquels j'ai accompli ce devoir de reconnaissance est longue. Je les cite dans le plus grand désordre : Luis Pericot, Fernand Benoit, Louis-René Nougier, Jean-Jacques Hatt, Philippe Héléna, Salvatore Puglisi, Gérard Bailloud, Octavio da Veiga Ferreira, Pierre Ponsich, Eduardo Ripoll, Pierre-Roland Giot, Jean Arnal, Jacques Nenquin, Miriam Balmuth, Manuel Fernandez-Miranda, Giuliano Cremonesi, Odette et Jean Taffanel, Antonio Radmilli, Jean L'Helgouach, Jacques Briard, Jan Jelinek, Jean Abélanet, Georges Costantini, Françoise Claustre, Fernand Braudel, Pierre Pétrequin, Jacques Cauvin, Paolo Biagi, Augustus Sordinas, Bernat Marti, Christian Strahm, Jacques-Pierre Millotte, Gabriel Camps, Pierre Aupert, Pere Canturri, Daniel Fabre, Jean-Paul Demoule, René Nelli, Bernard Dedet, Alain Testart, Giuseppa Tanda, Martin Almagro-Gorbea, Janusz Kozlowski, Madeleine Cavalier. J'en ai probablement oublié...

7. J. Guilaine, *Archéologie, science humaine. Entretiens avec Anne Lehoërff, op. cit.*

8. J. Guilaine et J. Sémelin (dir.), *Violences de guerre, violences de masse. Une approche archéologique*, La Découverte-Inrap, Paris, 2016.

TROISIÈME PARTIE

La traversée des espaces

CHAPITRE 6

La traversée des Pyrénées : l'espace ibérique

1. L. Pericot, *Los Sepulcros megaliticos catalanes y la Cultura pirenaica*, Instituto de Estudios Pirenaicos, Barcelone, 1950.

2. J. Guilaine et A. Muñoz, « La civilisation catalane des "Sepulcros de fosa" et les sépultures néolithiques du Sud de la France », *Revue d'études ligures*, 1964, XXX, p. 5-30.

3. A. Muñoz, *La Cultura catalana de Los Sepulcros de fosa*, Universidad de Barcelona, 1965.

4. P. Bosch-Gimpera, *Etnologia de la Península Ibérica*, Alpha, Barcelone, 1932.

5. M. Tarradell, *Les Arrels de Catalunya*, Vicens vives, Barcelone, 1962.

6. *Cultures i Medi de la Prehistoria a l'Edat Mitjana. 20 Anys d'Arqueologia Pirinenca. Homenatge al Professor Jean Guilaine*, Puigcerda i Osseja, 1995.

7. J. Guilaine et O. da Veiga Ferreira, « Le Néolithique ancien au Portugal », *Bulletin de la Société préhistorique française*, 67, 1970, 67, p. 304-322.

8. J. Guilaine, « Entre Octavio da Veiga Ferreira et Pedro Bosch-Gimpera. Le Néolithique du Portugal – Historiographie, souvenirs, commentaires », *in* J. Cardoso (dir.), *Octavio da Veiga Ferreira, Homenagen ao homem, ao Arqueoligo e ao professor*, Oeiras, 2008, p. 127-137.

9. Solemne Investidura de Doctor Honoris Causa al professor Jean Guilaine, Universitat de Barcelona, Juny de 2006.

CHAPITRE 7

Des Italies aux Balkans

1. L. Bernabò Brea, *Gli Scavi nella Caverna delle Arene Candide. Gli Strati con ceramiche*, Istituto Internazionale di Studi Liguri, Bordighera, I, 1946, II, 1956.
2. S. Tiné (dir.), *Il Neolitico nella Caverna delle Arene Candide (scavi 1972-1977)*, Istituto Internazionale di Studi Liguri, 1999. R. Maggi (dir.), *Arene Candide : A Functional and Environmental Assessment of the Holecene Sequence*, Memoire dell' Istituto Italiano di Paleontologia Umana, Rome, 1997. J. Guilaine, « Construire la stratigraphie du Néolithique méditerranéen. Débats d'hier et d'aujourdhui », *Bolletino d'Arte. Dalle Arene Candide a Lipari. Scritti in onore di Luigi Bernabo Brea*, volume spéciale, Rome, 2004, p. 115-122. J. Guilaine, « La néolithisation de la Méditerranée. De l'œuvre de L. Bernabo Brea aux débats actuels », *Atti della XXXV reuniona scientifica, Istituto Italiano di Preistoria e Protostoria. In memoria de Luigi Bernabò Brea* (Lipari 2000), Firenze, 2003, p. 649-663.
3. J. Guilaine, « Il Neolitico iniziale nell' Occidente mediterraneo », *in* S. Tiné (dir.), *Civiltà preistoriche e protostoriche della Daunia*, Istituto Italiano di Preistoria e Protostoria, Florence, 1975, p. 167-172.
4. J. Guilaine et S. Settis (dir.), *Storia d'Europa. Preistoria e Antichità* (2 volumes), Einaudi, Turin, 1994.
5. J. Guilaine, J.-C. Blanchet, J. L'Helgouach, P. Pétrequin, J. Roussot-Larroque, « Le Chalcolithique en France », *Rassegna di Archeologia*, 1988, 7, p. 211-253.
6. J. Guilaine, S. Tusa, P. Veneroso, *La Sicile et l'Europe campaniforme*, Archives d'écologie préhistorique, Toulouse, 2009.
7. J. Guilaine, *La Mer partagée, op. cit.* ; *De la vague à la tombe. La conquête néolithique de la Méditerranée*, Seuil, Paris, 2003.

CHAPITRE 8

Coups de cœur, lieux

1. J. Perrot, « Le gisement natoufien de Mallaha (Eynan) », *L'Anthropologie*, 1966, 5-6, p. 437-483.
2. J. Guilaine, « Asie, Europe, Afrique au Néolithique : la Méditerranée lien ou frontière culturelle ? », *Actes du premier colloque de préhistoire maghrébine, Tamanrasset* (5-7 novembre 2007), Centre national de recherches préhistoriques, anthropologiques et historiques, Alger, II, 2011, p. 77-88.
3. G. Eogan, *Knowth and the Passage-Tombs of Ireland*, Thames and Hudson, Londres, 1986.
4. C. Scarre, *Monuments mégalithiques de Grande-Bretagne et d'Irlande*, Errance, Paris, 2005.
5. M. J. O'Kelly : *Newgrange, Archaeology, Art and Legend*, Thames and Hudson, Londres, 1982.
6. R. P. Charles et J. Guilaine, « Une grotte sépulcrale du Bronze moyen en Languedoc : la grotte au Collier (commune de Lastours, Aude) », *Gallia-Préhistoire*, 1963, VI,

p. 149-163 ; « Découverte d'objets d'importation orientale dans un site du Bronze moyen en Languedoc : la grotte au Collier près de Lastours (Aude) », *Cahiers ligures de préhistoire et d'archéologie*, 1963, 12, p. 205-209. J. Guilaine, *L'Âge du bronze en Languedoc occidental, Roussillon, Ariège*, Klincksieck, Paris, 1972.

7. J. Guilaine, « De l'Europe à l'Orient : pierres levées et stèles anthropomorphes des IVᵉ et IIIᵉ millénaires », *in* T. Steimer-Herbet (dir.), *Pierres levées, stèles anthropomorphes et dolmens (Standing Stones, Anthropomorphic Stelae and dolmens)*, BAR International Series, 2011, 2317, p. 11-18.

8. J. Guilaine, « The megalithic tombs of southern France in their Mediterranean context », *in* Y. Kuratu (dir.), *Meeting on Megalithic Culture. Comparing Prehistoric Ruins of the East and Europe*, The Cultural Heritage Protection Cooperation Office, Asia/Pacific Cultural Centre for Unesco-Nara (Japon), 2003, p. 61-66.

9. J. Guilaine, « Neolithic houses : Mediterranean examples », *in* C. Chapdelaine, A. Burke, K. Gernigon (dir.), *Household Archaeology. A Transatlantic Comparative Approach*, Proceedings of the International Symposium, 24-25 octobre 2014, Université de Montréal, *Palethnology* 8, 2016, p. 182-209.

QUATRIÈME PARTIE

Au cœur de la discipline : dans le plaisir de la recherche

CHAPITRE 9

L'engrenage du métier (1976-1992)

1. C. Goudineau et J. Guilaine (dir.), *De Lascaux au Grand Louvre. Archéologie et Histoire en France*, Errance, Paris, 1989.

2. J. Guilaine, *La France d'avant la France*, Hachette littérature, Paris, 1980 (poche, « Pluriel », 1985).

3. J. Guilaine, M. Barbaza, M. Llongueras, J. et Y. Thommeret, « Noves dates de C14 a Catalunya : Cova del Gai (Moia, Barcelona) », *Ampurias*, 1978-1980, 41-42, p. 345-347. J. Guilaine, M. Llongueras, J. et Y. Thommeret, « Noves dates de C14 a Catalunya : Cova del Toll », *Ampurias*, 1978-1980, 41-42, p. 347-351. J. Guilaine, M. Llongueras, R. Marcet, M. A. Petit, J. Vaquer, « La Cova d'El Toll (Moya, Barcelona) », *El Neolitic a Catalunya*, Taula Rodona de Montserrat, Publicacions de l'Abadia de Montserrat, 1981, p. 113-121.

4. X. Juncosa, *La Prehistoria a Moia*, DVD, 46 minutes, 2007.

5. J. Maluquer de Motes, « Prehistoria de Andorra », *Zephyrus*, 1962, p. 5-15.

6. J. Guilaine et M. Martzluff, *La Balma de la Margineda*. I : *Las Excavaciones i la Cultura Material*, 1987 ; II : *La Vida cotidiana*, 1988, Conselleria d'Educació y Cultura, Andorra-la-Vella.

7. J. Guilaine, M. Martzluff (dir.), *Les Excavacions a La Balma de la Margineda*, Edicions del Govern d'Andorra, 3 tomes, 1995. J. Guilaine, M. Barbaza, M. Martzluff, *Les Excavacions a La Balma de la Margineda*, Edicions del Govern d'Andorra, tome 4, 2007.

8. J. Guilaine, G. Rancoule, J. Vaquer, M. Passelac, J.-D. Vigne, *Carsac. Une agglomération protohistorique en Languedoc*, Centre d'anthropologie des sociétés rurales, Toulouse, 1986.

9. J. Guilaine et J. Coularou, « L'habitat néolithique de Roquemengarde à Saint-Pons de Mauchiens (Hérault) », *Études sur l'Hérault*, 1986-1987, 2-3, p. 1-10. J. Guilaine, J. Coularou, F. Briois, C. Rivenq, « L'habitat néolithique de Roquemengarde (Saint-Pons de Mauchiens, Hérault). Premiers éléments sur le dispositif d'enceinte », *in* A. D'Anna et X. Gutherz (dir.), *Enceintes, habitats ceinturés, sites perchés du Néolithique au Bronze ancien dans le Sud de la France et les régions voisines*, Association pour le développement de l'Archéologie en PACA, Montpellier, 1989, p. 231-239.

10. J. Guilaine et G. Cremonesi (dir.), *Torre Sabea. Un établissement du Néolithique ancien en Salento*, Collection de l'École française de Rome, 315, 2003.

CHAPITRE 10

Reconversions (1993-2007 et au-delà...)

1. J. Guilaine (dir.), *Pour une archéologie agraire*, op. cit.

2. J. Guilaine, *La Mer partagée*, op. cit.

3. J. Guilaine, F. Briois, J.-D. Vigne (dir.), *Shillourokambos. Un établissement néolithique précéramique à Chypre. Les fouilles du secteur 1*, Errance-École française d'Athènes, 2011.

4. J.-F. Berger, G. Metallinou, J. Guilaine, « Vers une révision de la transition méso-néolithique sur le site de Sidari (Corfou, Grèce). Nouvelles données géoarchéologiques et radiocarbone, évaluation des processus postdépositionnels », *in* C. Manen, T. Perrin, J. Guilaine (dir.), *La Transition néolithique en Méditerranée*, Errance-Archives d'écologie préhistorique, Arles-Toulouse, 2014, p. 213-232.

5. J. Guilaine et J. Zammit, *Le Sentier de la guerre. Visages de la violence préhistorique*, Seuil, Paris, 2001. J. Guilaine, *De la vague à la tombe*, Seuil, Paris, 2003. J. Guilaine et S. Settis (dir.), *Storia d'Europa. Preistoria e Antichità*, Einaudi, Turin, 1994. J. Guilaine (dir.), *Atlas du Néolithique européen. Europe occidentale*, ERAUL, Liège, 1998.

6. *De Méditerranée et d'ailleurs... Mélanges offerts à Jean Guilaine*, Archives d'écologie préhistorique, Toulouse, 2009.

CHAPITRE 11

Des institutions

1. J. Guilaine, « Matériaux Héléna. Le Néolithique, le Chalcolithique et l'Âge du bronze », *Cahiers ligures de préhistoire et d'archéologie*, 1976-1977, 25-26, p. 109-350.

2. J. Guilaine (dir.), *Les Civilisations néolithiques du Midi de la France*, Actes du Colloque de Narbonne, 15-17 février 1970, Gabelle, Carcassonne, 1970.

3. J. Guilaine (dir.), *Le Groupe de Véraza et la fin des temps néolithiques dans le Sud de la France et la Catalogne*, CNRS Éditions, Paris, 1980 ; *Hommage à Paul Tournal. Journées à la mémoire de Paul Tournal (1805-1872)*, Narbonne, 1977, 1980.

4. Sur le bilan de cette opération, voir J. Guilaine (dir.), *Pays de Sault 1. Espaces, peuplement, populations*, CNRS Éditions, Paris, 1989. C. Laurière, « Hommage à Daniel Fabre : la RCP 323, une aventure collective en pays de Sault. Entretien avec D. Blanc, A. Fine, J. Guilaine, C. Vassas », *Ethnographiques.org., Revue en ligne de Sciences Humaines et Sociales*, 32, enquêtes collectives, 2016.

5. J. Guilaine (dir.), *Sépultures d'Occident et genèses des mégalithismes*, Errance, Paris, 1998 ; *Mégalithismes, de l'Atlantique à l'Éthiopie*, Errance, Paris, 1999 ; *Premiers paysans du monde. Naissance des agricultures*, Errance, Paris, 2000 ; *Communautés villageoises du VIIIᵉ au IIIᵉ millénaire, du Proche-Orient à l'Atlantique*, Errance, Paris, 2001 ; *Matériaux, productions, circulations du Néolithique à l'Âge du bronze*, Errance, Paris, 2002 ; *Arts et symboles du Néolithique à la protohistoire*, Errance, Paris, 2003 ; *Aux marges des grands foyers du Néolithique : périphéries débitrices ou créatrices ?*, Errance, Paris, 2004 ; *Populations néolithiques et environnements*, Errance, Paris, 2005 ; *Le Chalcolithique et la construction des inégalités*, Errance, Paris, 2006 ; *Villes, villages, campagnes de l'Âge du bronze*, Errance, Paris, 2008 ; *Sépultures et sociétés : du Néolithique à l'Histoire*, Errance, Paris, 2009.

6. J. Guilaine (dir.), *El origen de la metalurgia*, UISPP, Mexico, 1981. J. Guilaine et J. Pavuk (dir.), *Néolithique en Asie antérieure et en Europe*, Actes du XIIᵉ Congrès international des sciences préhistoriques et protohistoriques (Bratislava, 1991), Institut archéologique de l'Académie slovaque des sciences, Nitra, 1993, p. 309-453. J. Guilaine et R. Grifoni (dir.), *The Neolithic of the Near-East and Europe*, ABACO, Forli, 1996. J. Guilaine et P. Van Berg (dir.), *La Néolithisation/The Neolithisation Process*, Acts of the XIVᵗʰ UISPP Congress, University of Liège, 2001, BAR, International Series, 1520, Oxford, 2006. D. Galop, L. Carozza, M. Magny, J. Guilaine (dir.), *Rythmes et causalités des dynamiques de l'anthropisation en Europe entre 6500 et 500 BC : hypothèses socio-culturelles et/ou climatiques*, Quaternary International, Amsterdam, 2009. M. Besse et J. Guilaine (dir.), *Materials, Productions, Exchange Networks and Their Impact on the Societies of Neolithic Europe*, Proceedings of the XVII UISPP World Congress (2014, Burgos), Archaeopress Archaeology, Oxford, 2017.

7. J. Guilaine, J. Courtin, J.-L. Roudil, J.-L. Vernet (dir.), *Premières communautés paysannes en Méditerranée occidentale*, Actes du Colloque International du CNRS, (Montpellier, 1983), CNRS Éditions, Paris, 1987. J. Guilaine et A. Le Brun (dir.), « Le Néolithique de Chypre », *Bulletin de correspondance Hellénique*, supplément 43, École française d'Athènes, 2003. J. Vaquer (dir.), *Le Néolithique du Nord-Ouest méditerranéen*, Actes du XXIVᵉ Congrès Préhistorique de France (Carcassonne, 1994), Société préhistorique française, 1999 (préface de J. Guilaine). A. Rodriguez Casal (dir.), *O Neolitico Atlantico e as Orixes do Megalitismo*, Universidad de Santiago de Compostela, Saint-Jacques de Compostelle (1996), 1997. E. Contu, M. G. Melis (dir.), *L'Ipogeismo nel Mediterraneo : origini, sviluppo, quadri culturali*, Universita degli Studi di Sassari, Sassari-Oristano (1994), 2000. C. Manen, T. Perrin, J. Guilaine (dir.), *La Transition néolithique en Méditerranée* (Museum de Toulouse, 2011), Errance-Archives d'écologie préhistorique, Arles et Toulouse, 2014.

8. J. Guilaine (dir.), *Atlas du Néolithique européen* (2 tomes). Tome 2 : *Europe occidentale*, Université de Liège, ERAUL, 1998.

9. J. Guilaine, « Périodisation de l'Histoire et violence humaine : quand les premières guerres apparaissent-elles ? », *Comptes rendus de l'Académie des inscriptions et belles-lettres*, février 2016, p. 1659-1667.

CHAPITRE 12

Une femme et des hommes

1. J. Vaquer, Xe Colloque International d'Arqueologia de Puigcerda, 1995, p. 37.

2. C. et J. Guilaine, « Tables de la revue *Folklore* », *Revue d'ethnographie méridionale*, 1961-1962, 104-106, p. 104.

3. J. Guilaine, « Nostalgie de Nelli », *in* D. Fabre et J. P. Piniès (dir.), *Trente et une vies et revies de René Nelli*, Garae-Hésiode, Carcassonne, 2011, p. 75-80. J. Guilaine, « René Nelli et l'archéologie », *in* D. Fabre et J. P. Piniès (dir.), *René Nelli ou la poésie des carrefours*, Garae-Hésiode, Carcassonne, 2016, p. 221-249. J. Guilaine et R. Nelli, « Sur quatre mégalithes des Corbières centrales », *Bulletin de la Société d'études scientifiques de l'Aude*, 1958, LIX, p. 179-184. J. Audy, J. Guilaine, R. Nelli, M. Nogué, *L'Oppidum protohistorique et les vestiges gallo-romains de Pech-Tartari et de la Lagaste (communes de Pomas et de Rouffiac-d'Aude)*, Éditions de la Société d'études scientifiques de l'Aude, 1959.

4. J. Guilaine, « Chemins croisés », *in* « Daniel Fabre *in memoriam* », *L'Homme*, 2016, 218, p. 13-22.

5. J. Guilaine, « Préhistoire », *in* J. Le Goff, R. Chartier et J. Revel (dir.), *La Nouvelle Histoire*, Bibliothèque du CEPL, Paris, 1978, p. 462-466.

6. J. Guilaine, « Les origines de l'Homme en Europe », *in* F. Braudel (dir.), *L'Europe*, Arts et Métiers graphiques, Paris, 1982, p. 37-64.

7. J. Guilaine, « La formation des cultures méditerranéennes », *in* F. Braudel, *Une leçon d'histoire*, Arthaud-Flammarion, Paris, 1986, p. 8-13. J. Guilaine, « Les premiers paysans de France », *in* F. Braudel, *Une leçon d'histoire, op. cit.*, p. 170-175.

8. J. Guilaine et P. Rouillard, « Préface », *in* F. Braudel, *Les Mémoires de la Méditerranée*, Éditions de Fallois, Paris, 1998, p. 11-15.

9. J. Guilaine, « Fernand Braudel, toujours présent », *La Lettre du Collège de France*, 30, décembre 2010, p. 39. J. Guilaine, « La complicité de deux chercheurs, un domaine de recherche partagé », *in* J.-M. Roger (dir.), *Fernand Braudel, L'homme* (Nîmes, 2010), Association Maurice-Aliger, Nages, 2015, p. 81-96. J. Guilaine, « Fernand Braudel et la protohistoire de la Méditerranée », *in* A. Accardi (dir.), *Ricordando Braudel : Mediterraneo, un mare condiviso* (Palermo/Ustica, 2010), Regione Sicilia, Dipartimento di Beni Culturali e dell'Identita Siciliana, Palermo, 2014, p. 48-59.

10. C. Goudineau et J. Guilaine (dir.), *De Lascaux au Grand Louvre, op. cit.* C. Goudineau et J. Guilaine, « Les transformations de l'archéologie de la France », *in Archéologie de la France. Trente ans de découvertes*, Éditions de la Réunion des Musées nationaux, Paris, 1989, p. 18-28 ; republié dans la collection « Champs », Flammarion, Paris,

1990, p. 9-42. C. Goudineau et J. Guilaine, « La programmation de la recherche archéologique. Introduction », *in La Recherche Archéologique en France, 1985-1989*, Ministère de la Culture, de la Communication, des Grands Travaux et du Bicentenaire, Paris, 1990, p. 49-51.

11. J. Guilaine, *Un désir d'histoire. L'enfance d'un archéologue*, Garae-Hésiode, Carcassonne, 2010.

CHAPITRE 13

Dix millénaires de questionnements

1. J. Guilaine, F. Briois, J.-D. Vigne (dir.), *Shillourokambos, op. cit.*
2. J.-D. Vigne, J. Guilaine, K. Debue, L. Haye, P. Gérard, « Early taming of the cat in Cyprus », *Science*, 2004, 304, p. 259. J.-D. Vigne et J. Guilaine, « Les premiers animaux de compagnie, 8500 avant notre ère… ou comment j'ai mangé mon chat, mon chien et mon renard », *Anthropozoologica*, 2004, 39 (1), p. 249-273. J.-D. Vigne et J. Guilaine, « Evidence for taming of cats. Response to Tom Rothwell », *Science*, 2004, 305, p. 1714-1715.
3. J.-D. Vigne, F. Briois, A. Zazzo, I. Carrère, J. Daujat, J. Guilaine, « A new Early Pre-pottery Neolithic site in Cyprus : Ayios Tychonas-Klimonas (ca. 8700 cal BC) », *Neo-lithics*, Berlin, 2011, p. 3-18. J.-D. Vigne, F. Briois, A. Zazzo, G. Willcox, T. Cucchi, S. Thiebault, J. Carrère, Y. Travel, R. Touquet, C. Martin, C. Moreau, C. Comby, J. Guilaine, « First wave of cultivators spread to Cyprus at least 10600 y ago », *Proceedings of the National Academy of Sciences USA*, 2012, 109, p. 8445-8449. J.-D. Vigne, F. Briois, Y. Travel, P. Mylona, M. Tengberg, R. Touquet, J. Wattez, G. Willcox, A. Zazzo, J. Guilaine, « Klimonas, a Late PPNA hunter-cultivator village in Cyprus : New results », *in* J.-D. Vigne, F. Briois, M. Tengberg (dir.), *Nouvelles données sur les débuts du Néolithique à Chypre*, Séances de la Société préhistorique française, 2017, p. 21-45.
4. J. Guilaine, « La néolithisation de l'Europe : une hypothèse arythmique », *Zephyrus*, 2001, p. 267-272. J. Guilaine, « The Neolithic Transition in Europe : Some comments on gaps, contacts, arrhythmic model, genetics », *in* E. Starnini (dir.), *Unconformist Archaeology. Papers in honor of Paolo Biagi*, British Archaeological Reports, International Series 2588, 2013, p. 55-64. J. Guilaine, *Les Chemins de la protohistoire*, Odile Jacob, Paris, 2017, p. 27-39.
5. J. Guilaine, C. Manen, J.-D. Vigne, *Pont de Roque-Haute. Nouveaux regards sur la néolithisation de la France méditerranéenne*, Archives d'écologie préhistorique, Toulouse, 2007.
6. J. Guilaine, « A personal view of the neolithisation of the western Mediterranean », *Quaternary International*, 2018, 470, p. 211-225. J. Guilaine, « A new hypothesis on the emergence of the Early Neolithic Cardial culture », *Stone Age, Mélanges J. K. Kozlowski*, à paraître.
7. J. Guilaine, « La Méditerranée et l'Atlantique : influx, symétries, divergences au fil du Néolithique », *in* A. Rodriguez Casal (dir.), *O Neolitico-Atlantico e as orixes do megalitismo*, Universidad de Santiago de Compostela, Saint-Jacques-de-Compostelle,

1997, p. 23-42. J. Guilaine, « Le phénomène dolménique en Méditerranée nord-occidentale », *in* R. Joussaume, L. Laporte et C. Scarre (dir.), *Origine et développement du mégalithisme de l'Ouest de l'Europe*, Musée des Tumulus de Bougon, 2006, p. 253-282. J. Guilaine, « The megalithic tombs of Southern France in their Mediterranean context », *in* Y. Kuraku (dir.), *Meeting on Megalithic Culture. Comparing Prehistoric Ruins of the East und Europe*, The Cultural Heritage Protection Cooperation Office Asia/Pacific, Nara, p. 61-66. J. Guilaine, « De l'Europe à l'Orient, pierres levées et stèles anthropomorphes des IVe et IIIe millénaires », *in* T. Steimer-Herbert (dir.), *Pierres levées, stèles anthropomorphes et dolmens/Standing stones, Anthropomorphic Stelae and Dolmens*, BAR International series 2317, 2011, p. 11-18. J. Guilaine, « Megalitos de Francia : Distribución geográfica y cronologia. Megaliths in France : geographical distribution and chronology », *in* C. Scarre, L. Garcia Sanjuan et D.-W. Weatley (dir.), *Exploring time and matter in prehistoric monuments : Debating absolute chronology and rate rocks in European megaliths, Menga, Serie Monografica*, Antequera, 2011, 1, p. 76-101. J. Guilaine, « Quatre jours parmi les pierres dressées… », *in* G. Rodriguez et H. Marchesi (dir.), *Statues-menhirs et pierres levées du Néolithique à aujourd'hui*, Direction des Affaires culturelles du Languedoc-Roussillon, Groupe archéologique Saint-Ponais, Saint-Pons, 2015, p. 499-503.

8. J. Guilaine (dir.), *Le Dolmen de Saint-Eugène. Autopsie d'une tombe collective néolithique*, à paraître.

9. J. Guilaine, *Les Hypogées protohistoriques de la Méditerranée. Arles et Fontvieille*, Errance, Paris, 2015.

10. J. Guilaine, « Les mégalithes de Malte », *La Recherche*, 1981, 125, p. 962-971 ; « Los megalitos de Malta », *Mundo Cientifico*, Barcelona, 1981, 8, p. 876-885 ; « La préhistoire de Malte », *Encyclopaedia Universalis*, 1985, p. 602-605.

11. J. Guilaine, *Méditerranée mégalithique. Dolmens, hypogées, sanctuaires*, Archéologie Vivante, Lacapelle-Marival, 2011.

12. J. Guilaine, « Sur l'épicardial languedocien », *in* J. Guilaine (dir.), *Les Civilisations néolithiques du Midi de la France, op. cit.*, p. 13-16 ; « Le néolithique ancien en Languedoc et Catalogne. Éléments de réflexions pour un essai de périodisation », *Scripta Praehistorica Francesco Jorda*, Salamanca, 1984, p. 271-286 ; « Le néolithique ancien en Languedoc et Catalogne. Éléments et réflexions pour un essai de périodisation », *in* J. P. Demoule et J. Guilaine (dir.), *Le Néolithique de la France. Hommage à G. Bailloud*, Picard, Paris, 1986, p. 71-82.

13. J. Guilaine, *Proleg a Comunitats agricoles al Pirineu. L'occupación humana a Juberri durant la segona meitat del Ve mil-lenni cal AC (Feixa del Moro, Camp del Colomer i carrer Llinas 28) Andorra*, Monografia del Patrimoni d'Andorra, 2016, p. 11-13. P. Martinez, J. Guilaine *et al.*, « El Juberria. Una primera cultura pirenaica ? », *IIIe Congrès International d'Historia dels Pirineus*, Seo d'Urgell et Andorra, 2017, à paraître.

14. J. Guilaine (dir.), *La Balma de Montbolo et le Néolithique de l'Occident méditerranéen, op. cit.*

15. J. Guilaine, « Le groupe de Bize », in J. Guilaine (dir.), *Les Civilisations néolithiques du Midi de la France, op. cit.*, p. 60-63 ; « La néolithisation du bassin de l'Aude et des Pyrénées méditerranéennes françaises », *Fundamenta. Les débuts du Néolithique de l'Orient à l'Europe du Nord*, 1971, p. 100-121.

16. J. Guilaine et L. Rigaud, « Le foyer de Perairol (Cavanac, Aude) dans son contexte régional de la fin du Néolithique et du Chalcolithique », art. cit. J. Guilaine (dir.), *Le Groupe de Véraza et la fin des temps néolithiques dans le Sud de la France et la Catalogne, op. cit.*

17. J. Guilaine, « Où en est l'étude des vases campaniformes en France ? », art. cit.

18. J. Guilaine, *La Civilisation du vase campaniforme dans les Pyrénées françaises, op. cit.*

19. J. Guilaine, « La civilisation des gobelets campaniformes dans le Midi de la France », *Glockenbecher Symposion* (Oberried 1974), Bussum-Haarlem, 1976, p. 351-370 ; « La civilisation des gobelets campaniformes dans la France méridionale », *in* J. Guilaine (dir.), *L'Âge du cuivre européen. Civilisations à vases campaniformes*, CNRS Éditions, Paris, 1984, p. 139-147 ; « Les campaniformes et la Méditerranée », *Bulletin de la Société préhistorique française*, 2004, 101, p. 239-249. J. Guilaine, F. Claustre, O. Lemercier, P. Sabatier, « Campaniformes et environnement culturel en France méditerranéenne », *in* F. Nicolis (dir.), *Bell Beakers Today. Pottery, People Culture, Symbols in Prehistoric Europe*, Proceedings of the International Colloquium (Riva del Garda, 1998), Trento, 2001, p. 229-275.

20. J. Guilaine, S. Tusa, P. Veneroso, *La Sicile et l'Europe campaniforme, op. cit.*

21. J. Guilaine, « Les campaniformes et la Méditerranée : une réévaluation », *in* J. Guilaine, *Les Chemins de la protohistoire, op. cit.*, p. 179-197.

22. J. Guilaine et J. Zammit, *Le Sentier de la guerre, op. cit.*

23. J. Guilaine, « De la violence préhistorique », *in* Y. Coppens (dir.), *Origine de l'Homme. Réalité, mythe, mode*, Éditions Artcom, Paris, 2001, p. 241-250 ; « Ne négligeons pas les motivations psychiques et idéologiques de la guerre », *La Recherche*, 2004, 373, p. 55 ; « La longue histoire de la violence armée », *Sciences Humaines*, 2004, 151, p. 32-35 ; « La violence dans la préhistoire », *in* J.-M. Jeanneney (dir.), *Concordance des Temps*, Nouveau Monde éditions, Paris, 2005, p. 442-462 ; « Genèse du guerrier », *in* L. Baray, M. Honnegger, M.-H. Dias-Meirinho (dir.), *L'Armement et l'image du guerrier dans les sociétés anciennes*, Éditions universitaires de Dijon, « Art, Archéologie et Patrimoine », Dijon, 2011, p. 5-10 ; « La violence dans la préhistoire », *in* M.-C. Marandet (dir.), *Violence(s) de la préhistoire à nos jours. Les sources et leur interprétation*, Presses universitaires de Perpignan, Perpignan, 2011, p. 13-25 ; « Genèse de la guerre », *in* J. Baechler et J.-V. Holeindre (dir.), *Guerre et politique*, Hermann, Paris, 2014, p. 119-131 ; « La longue histoire de la violence armée », *in* J.-V. Holeindre et L. Testot, *La Guerre, des origines à nos jours*, Éditions Sciences humaines, Auxerre, 2014, p. 26-34 ; « Et si la guerre avait toujours existé ? », *in* J.-F. Dortier (dir.), *Révolution dans nos origines*, Éditions Sciences humaines, Auxerre, 2015, p. 282-284 ; « Les armes du Néolithique et de l'Âge de bronze européens », in J. Baechler et C. Malis (dir.), *Guerre et technique*, Hermann, Paris, 2018, p. 33-40.

24. J. Guilaine et J. Semelin (dir.), *Violences de guerre, violences de masse. Une approche archéologique*, La Découverte-INRAP, Paris, 2016.

25. J. Guilaine, « Ô Bonne Mère… », *Archéopages*, février 2008, hors-série, p. 22-27, repris dans *La Seconde Naissance de l'Homme*, Odile Jacob, Paris, 2015, p. 131-140 ; « Images de la femme néolithique », *Annuaire du Collège de France 1998-1999*, p. 635-644 et *Annuaire du Collège de France 1999-2000*, p. 655-663 ; « Symboles et sociétés de la préhistoire récente », *Annuaire du Collège de France 2001-2002*, p. 691-699 ; « Autour de la "Déesse et le grain" », *in* D. Karadimas, V. Lécrivain et S. Rostain

(dir.), *De l'ethnologie à la préhistoire. En hommage à Alain Testart*, Éditions de L'Herne, « Cahiers d'anthropologie sociale, 16 », Paris, 2018, p. 69-80.

26. J. Guilaine, « Sémiologie du pouvoir. Dominants chalcolithiques de l'Europe du Sud », *in* L. Manolakakis, N. Schlanger et A. Coudart (dir.), *European Archaeology. Identities and Migrations/Archéologie européenne. Identités et Migrations. Hommages à Jean-Paul Demoule*, Sidestone Press, Leiden, 2017, p. 409-427 ; « L'Âge du cuivre en Europe du Sud : où sont les chefs ? Où sont les dominants », *in Les Chemins de la protohistoire, op. cit.*, p. 143-177.

27. J. Guilaine, « Préhistoire et masculinité. La construction du guerrier au Néolithique et à l'Âge de bronze », *in* A.-M. Sohn (dir.), *Une Histoire sans les hommes est-elle possible ?*, ENS Éditions, Lyon, 2013, p. 69-79.

28. J. Guilaine, Compte rendu de A. Fernandez Flores, L. Garcia Sanjuan, M. Diaz-Zorita Bonilla (dir.), *Montelirio : un gran monumento megalitico de la Edad del Cobre*, Sevilla, 2016, *Trabajos de Prehistoria*, 2017, 74 (1), p. 190-193.

29. J. Guilaine, *La Mer partagée, op. cit.*

30. J.-F. Berger et J. Guilaine, « The 8200 cal BP abrupt environnemental change and the Neolithic Transition : A Mediterranean perspective », *Quaternary International*, 200, 2009, p. 31-49.

31. J. Guilaine et G. Rancoule, « Les relations méditerranéennes précoloniales et les débuts de l'Âge de fer languedocien : les influences puniques en Languedoc occidental », *Complutum*, 1996, 7, p. 125-140. J. Guilaine et M. Py, « Le Sud de la Gaule et les relations méditerranéennes et occidentales (– 1000/– 500) », *in* T. Janin (dir.), *Mailhac et le Premier Âge du fer en Europe occidentale. Hommage à Odette et Jean Taffanel*, Lattes, 2000, p. 415-432. J. Guilaine et S. Verger, « La Gaule et la Méditerranée », *in* S. Celestino, N. Rafael et X.-L. Armada (dir.), *Contacto cultural entre el Mediterraneo y el Atlantico (siglos XII-VIII ane). La precolonizacion a debate*, CSIC, Madrid, 2008, p. 219-237.

32. J. Guilaine, G. Rancoule, J. Vaquer, M. Passelac, J.-D. Vigne, *Carsac, op. cit.*

33. J. Guilaine, « Le dépôt de bronzes de Carcassonne », *Revue archéologique de Narbonnaise*, 1969, 2, p. 1-28.

34. J. Guilaine, L. Carozza, D. Garcia, J. Gasco, T. Janin, B. Mille, *Launac et le Launacien. Dépôts de bronzes protohistoriques du Sud de la Gaule*, Presses universitaires de la Méditerranée, Montpellier, 2017.

35. Texte repris et cité dans J. Guilaine et C. Alibert, *Paul Tournal, fondateur de la préhistoire*, Odile Jacob, Paris, 2016.

CINQUIÈME PARTIE
De l'insolite au rêve

CHAPITRE 14
Des moments improbables...

1. J.-P. Daugas, J.-P. Demoule, J. Guilaine, D. Miallier, P. Pétrequin, J.-C. Poursat, « Résumé des recherches effectuées à Glozel entre 1983 et 1990 sous l'égide du ministère de la Culture », *Revue archéologique du Centre de la France*, 1995, 34, p. 251-259.
2. J. Guilaine, « Préface », *L'Âge du bronze atlantique*, Actes du Iᵉʳ Colloque du Parc archéologique de Beynac, Association des musées du sarladais, 1991, p. 7-8. J. Guilaine, B. Gratuze, J.-N. Barrandon, « Les perles en verre du Chalcolithique et de l'Âge du bronze. Analyses d'exemplaires trouvés en France », *in* C. Chevillot et A. Coffyn (dir.), *L'Âge du bronze atlantique*, Actes du Iᵉʳ Colloque du Parc archéologique de Beynac, 1991, p. 255-266. J. Guilaine, F. Brios, J. Coularou, « L'épée de Trèbes (Aude) et les épées du Sud de la France à l'Âge du bronze final », *in* C. Chevillot et A. Coffyn (dir.), *L'Âge du bronze atlantique*, *op. cit.*, p. 305-312.
3. M. Azéma et J. Guilaine, *Shillourokambos. Les origines de Chypre*, 52 minutes, CNRS Images et Passé simple, 2009.
4. *Préhistoire et protohistoire des Pyrénées*, Enseignement télé-universitaire, Saint-Cloud, 1973.
5. J.-P. Baux, *La Révolution néolithique*, Service du film scientifique, 1976 ; *Les Premiers Métallurgistes*, Service du film scientifique, 1976.
6. R. Clarke, J. Audoir, *L'Argile et le Grain*, Société française de production, 1977.
7. R. Clarke, J. Audoir, *Les Cathédrales de la préhistoire*, Société française de production, 1978.
8. R. Clarke, J. Audoir, *Les Métallos de la préhistoire*, Société française de production, 1979.
9. M. Jullian, *Le Roman de l'Homme*, La Cinq, 1997.
10. G. L'Hôte, *Mémoire de pierres d'un Âge de cuivre*, Collège de France-CNRS Audiovisuel, 1996.
11. S. Begoin, *Les Premiers Paysans du monde*, La Compagnie des taxi-brousse, 2002. M. Ribière et P. Coudert, *Malte, le pouvoir des déesses*, La Compagnie des taxi-brousse, 2003.
12. J. Malaterre, *Le Sacre de l'Homme*, Boréales-France 2, 2007.
13. M. Azéma, *De l'eau et des hommes*, Musée de Narbonne, 1998.
14. M. Azéma, *L'Énigme de la Grotte des Fées*, Passé Simple, 2017.
15. J. Guilaine, *Les Hypogées protohistoriques de la Méditerranée, Arles et Fontvieille*, Errance, Paris, 2015.
16. C. Goudineau et J. Guilaine (dir.), *De Lascaux au Grand Louvre*, *op. cit.*
17. A. Langaney, J. Clottes, J. Guilaine, D. Simonnet, *La Plus Belle Histoire de l'Homme*, Seuil, 1998.
18. J. Guilaine et J. Zammit, *Le Sentier de la guerre*, *op. cit.*

CHAPITRE 15
Évasions extra-archéologiques

1. J. Guilaine, D. Fabre, Mans de Breish, *La Fête à Ladern. Histoire, ethnologie et vécu d'une fête de village en Languedoc*, Garae-Hésiode, Carcassonne, 2004.
2. J. Guilaine, *Récits et contes populaires. Languedoc II. Vallée du Lauquet*, Gallimard, Paris, 1978.
3. C. et J. Guilaine, *Contes populaires des Corbières*, J. M. Desbois. Les Baux-de-Provence, 2017.
4. J. Guilaine, *Pourquoi j'ai construit une maison carrée*, Actes Sud-Errance, Paris, 2006.
5. J. Guilaine, *L'Ermite du paradis*, Totem, Poullaouen, 2017.

Épilogue

1. A. Laming-Emperaire, *L'Archéologie préhistorique*, Seuil, « Le rayon de la science », Paris, 1963, p. 68.

Remerciements

J'adresse mes plus vifs remerciements à Odile Jacob pour ses encouragements à puiser dans mes souvenirs et à trouver l'aboutissement de ces cogitations dans le présent ouvrage.

Table

TABLE   469

TROISIÈME PARTIE

La traversée des espaces

QUATRIÈME PARTIE

Au cœur de la discipline :
dans le plaisir de la recherche

TABLE   471

CINQUIÈME PARTIE

De l'insolite au rêve

Les Chemins de la protohistoire. Quand l'Occident s'éveillait (7000-2000 avant notre ère), 2017.

Paul Tournal, fondateur de la préhistoire, avec Chantal Alibert, 2016.

La Seconde Naissance de l'Homme. Le Néolithique, 2015.

« La néolithisation de l'Europe : de quelques aspects culturels, anthropologiques et génétiques », avec Éric Crubézy, *in* Jean-Pierre Changeux (dir.), *Gènes et Culture*, « Collège de France », 2003.

Inscrivez-vous à notre newsletter !

Vous serez ainsi régulièrement informé(e)
de nos nouvelles parutions et de nos actualités :

https://www.odilejacob.fr/newsletter

Cet ouvrage a été composé
en Adobe Garamond Pro
par Nord Compo
à Villeneuve-d'Ascq (Nord).

N° d'édition : 7381-4642-X – N° d'impression : 1902.0291
Dépôt légal : mars 2019

Imprimé en France